조선
공산당
평전

조선공산당 평전

알려지지 않은 별, 역사가 된 사람들

초판 1쇄 발행 2017년 11월 5일 ＼**초판 4쇄 발행** 2019년 1월 10일
지은이 최백순 ＼**펴낸이** 이영선 ＼**편집 이사** 강영선 김선정 ＼**주간** 김문정
편집장 임경훈 ＼**편집** 김종훈 이현정 ＼**디자인** 김회량 정경아
독자본부 김일신 김진규 김연수 정혜영 박정래 손미경 김동욱

펴낸곳 서해문집 ＼**출판등록** 1989년 3월 16일(제406-2005-000047호)
주소 경기도 파주시 광인사길 217(파주출판도시) ＼**전화** (031)955-7470 ＼**팩스** (031)955-7469
홈페이지 www.booksea.co.kr ＼**이메일** shmj21@hanmail.net

ISBN 978-89-7483-887-4 03300
값 19,000원

이 도서의 국립중앙도서관 출판시도서목록(CIP)은 e-CIP 홈페이지(http://www.nl.go.kr/ecip)에서
이용하실 수 있습니다.(CIP제어번호: CIP2017026730)

알려지지 않은 별
역사가 된 사람들

조선
공산당
평전

최백순 지음

서해문집

항일투쟁의 마지막 불꽃, 금기시되고 부정당했던 이름들

'조선공산당 평전'이라… 개인이 아니라 집단의 전기라니 낯설다. 그것도 조선공산당이다. 참으로 오랫동안 금기시된 이름이다. 일제강점기를 연구하는 역사학자라면 좌우를 떠나 누구나 조선공산당이 항일독립운동의 큰 흐름이었음을 인정한다. 하지만 이런 인정이 결코 대중의 상식이 되어선 안 되는 시절이 있었다. 그래서 3·1운동의 야심 찬 반복 시도였던(하지만 기획자가 조선공산당이었던) 6·10만세운동은 이름 정도만 알려지는 게 바람직했고, 해방 직전까지 국내 항일투쟁의 마지막 불꽃이었던 이들이 공산주의자임은 더더욱 널리 알려져선 안 되는 일이었다.

게다가 이런 참혹한 기억 말살은 '반공'을 내세운 한반도 남쪽에서만 벌어진 일이 아니다. 북쪽에서는 또 다른 이유에서 조선공산당이 비난과 저주의 대상이 됐다. 조선공산당 역사에서 이북 집권자들은 단지 조연에 불과했고 정작 주연은 잇단 숙청의 희생자들이었던 까닭에 조선공산당사는 부정당해야 했다. 일제강점기 가장 뜨거웠던 역사는 이렇게 남과 북 모두에서 어둔 밤하늘을 떠도는 외로운 넋이 됐다.

아니, 될 뻔했다. 다행히도 대한민국이 민주항쟁과 혁명을 반복하며 거듭날 때마다 혁명운동의 물줄기를 거슬러 오르다 빼앗긴 역사와 조우한 이들이 있었다. 그들의 노고로 우리는 이 땅에 민주주의를 뿌리 내리고 꽃 피우면서 길동무이자 말벗으로 삼을 만한 풍성한 이야기들을 되찾았다. 이재유와 그의 동지들이 그렇게 우리 앞에 살아 돌아왔고, 이동휘, 여운형, 김원봉, 조봉암 등이 새삼 재조명받기 시작했다.

이제 이런 역사 되찾기 작업에 최백순의 《조선공산당 평전》이 더해졌다. 나를 비롯해 진보정당이나 대안매체 언저리에서 그와 어울려온 이들에게 이는 난데없는 결실만은 아니다. 지인들의 기억 속에 저자는 늘 놀라운 역사 이야기꾼이었기 때문이다. 특히 그가 자신의 서울 살이 둥지이자 진보정당 지역활동 무대인 종로구와 중구를 거닐며 거리 곳곳에 숨은 지난 세기의 전설들을 풀어낼 때면 듣는 이마저 이야기 속 등장인물인 듯 격앙되곤 했다.

더구나 이런 이야기들이 지금 여기에서 만들어지는 이야기, 가령 작년 말의 촛불항쟁 같은 일들과 만나기라도 하면 감흥은 더욱 클 수밖에 없다. 청와대로 가려는 촛불 시민들이 경찰과 대치하던 내자동 사거리에서 그가 가리키는 '한성임시정부 터' 표석을 보며 민주공화국을 새로 세우는 일이란 무엇인지 곱씹던 기억이 아직도 생생하다.

《조선공산당 평전》은 저자가 이렇게 선후배 동지들에게 들려주던 흥미로운 이야기들의 거대한 보물 창고와도 같다. 거리 모퉁이를 돌 때마다 일화와 사연들이 튀어 나오던 것처럼 책장을 펼칠 때마다 이야기들이 쏟아진다. 도대체 평소에 얼마나 많은 문헌을 섭렵하고 인물들의 내력을 좇았기에 이런 서사를 토해낼 수 있는지 궁금할 정도다.

물론 한국 근현대사에 관심이 있어 이런저런 책을 이미 거친 독자들에게는 《조선공산당 평전》 속 인물과 사건이 그리 특별하게 와 닿지 않을 수도 있다. 책장을 들척이며 지나치는 장면 중 몇몇은 언젠가 다른 지면에서 접한 것처럼 느껴질지도 모른다. 역사학자들의 딱딱한 논문까지 찾아 읽는 역사광 수준의 독자라면 더욱 그럴 것이다. 이 책에 등장하는 인물 중에는 상세한 전기나 연구서가 따로 나와 있는 이들도 꽤 있다.

그럼에도 불구하고 《조선공산당 평전》은 이제껏 나온 일제강점기 사회주의운동 관련 저작들과는 뚜렷이 구별되는 개성을 자랑한다. 그래서 이 주제를 처음 접하는 이들뿐만 아니라 상당한 교양을 쌓은 독자들조차 한 번쯤 시간을 내서 읽어볼 만한 값어치를 지닌다.

우선 이 책은 최신 연구 성과들을 조선공산당의 집단 전기라는 하나의 서사로 버무려낸다. 일단, 민주화 세대에 속한 소장(이제는 중진?) 역사학자들의 연구 성과들을 종합한다는 점이 중요하다. 그간 이 방면의 1세대 고전들(가령 로버트 스칼라피노와 이정식의 공저나 김준엽과 김창순의 공저)을 뛰어넘는 새로운 사실의 발견과 참신한 해석이 상당히 축적돼왔다. 이런 성과들은 주로 논문이나 논문 모음 성격의 단행본으로 발표됐다. 역사학 전공자가 아니면 읽기 쉽지 않은 문헌들이었다. 하지만 읽는 이에게 역사란 무엇보다 서사여야만 한다. 새로운 연구 성과가 쌓이더라도 하나의 이야기로 모이지 않으면 힘을 발휘할 수 없다. 《조선공산당 평전》은 바로 그러한 유장하면서 흥미진진한 서사를 제시한다.

다음으로 이 책은 조선공산당사의 후반부보다는 전반부에 집중한다. 첫 장章을 사회주의운동과 직접 관련 없어 보일 수도 있는 창당 전사에 할애하며, 그러고 나서 저 유명한 상해파와 이르쿠츠크파의 형성 과정을 상세히 짚는다. 또한 흔히 화요파로 지목되는 조선공산당 초기 지도자들, 김재봉, 이준태, 강달영 등이 거의 주인공의 위상으로 등장한다. 조선공산당보다 이후의 당 재건운동을 다루는 저작이 더 활발히 출판돼온 사정을 감안하면, 이는 적절한 균형 맞추기라 할 수 있다. 당 재건운동의 서술만 접하다 보면, 정작 조선공산당 자체는 성과보다는 문제와 한계만 많았던 운동으로 여겨지기 십상이다. 그러나 《조선공산당 평전》은 1차부터 4차에 이르는 공산당의 주요 간부들이 펼친 투쟁 또한 재건운동기 활동가들만큼이나 진지하고 치열했음을 설득력 있게 보여준다.

마지막으로 이 책은 손자뻘에 해당하는 진보정당 활동가가 쓴 할아버지·할머니 세대 사회주의 운동가들의 역사다. 운동가가 쓴 운동가들의 이야기인 셈이다. 《조선공산당 평전》을 읽다 보면, 이것이 운동의 역사를 서술하는 데 상당히 중요한 미덕임을 확인할 수 있다. 물론 21세기 진보정치와 일제강점기 사회주의운동 사이에는 큰 거리가 있다. 그러나 거리만큼이나 연속성도 있다. 오늘날 한국의 진보정당과 19세기 유럽 사회주의 정당 사이에 어떤 연속성이 있듯이 일제강점기 지하정당 활동도 마찬가지다. 진보정당이나 노동조합 활동을 해본 이들이라면, 비록 두 세대도 더 지난 일이라 할지라도 좌파정당 대의기구에서 벌어진 논쟁이나 집행부 구성 과정의 우여곡절이 낯설게 다가오지만은 않을 것이다. 이런 점 때문에 사회운동 경험이 있는 저자가 서술하는 사회운동사와 그 해석은 전문 역사학자의 그것과는 또 다른 매력을 지니게 된다. 이는 정확히 《조선공산당 평전》의 매력이기도 하다.

이런 장점이 있다 하더라도 이 책을 선뜻 손에 드는 독자는 아무래도 이미 일제강점기 사회주의운동에 관심이 있는 이들일 것이다. 그러나 나는 《조선공산당 평전》이 더 넓은 독자층에게 다가갔으면 좋겠다. 임시정부든 의열단이든 항일독립운동사를 읽으며 한 번쯤 가슴이 뜨거워지는 경험을 한 모든 이들에게 읽혔으면 좋겠다.

무엇보다도 이 책이 다루는 인물들 때문이다. 그리고 이들이 살아낸 삶 때문이다. 그것은 지금 자신이 선택하는 행동 하나하나가 후대 역사에 어떤 주춧돌이 될지 따지며 살아간 자들의 삶이다. 그들은 당을 만들고 지키고 다시 세우면서 늘 이 행위를 조선 민중의 새 공화국을 세우는 일로, 혹은 이를 미리 살아가는 일로 여겼다. 그래서 어느 사안 하나, 사건 하나 허투루 지나칠 수 없었고, 때로는 그게 너무 과해 끝없는 내분에 빠지기도 했다. 하지만 그랬기에 그들은 누구보다도 근대인이었다. 천황제에 굴종하며 그들을 짓밟던 지배자들보다 훨씬 더 근대인이었다. 또한 그런 한에서 그들은 이미 승리하고 있었다.

그런 그들을 우리가 기억하지 않아서야 되겠는가? 한 사람의 촛불 시민이 쓴《조선공산당 평전》은 그들의 이야기를 망각에서 길어내 동료 촛불 시민들에게 전한다. 언제 처음 타올랐는지 알지 못하지만 끝내 꺼지지 않고 우리에게까지 전해진 불씨를 이어가는 마음으로 더 많은 이들이 이 책을 함께 읽길 기대해본다.

장석준
글로벌정치경제연구소 기획위원

#1   짙푸른 여명의 아침

#2   붉은 심장들의 태동

#3 11월 결정서와 통합당대회

#4 김재봉, 그리고 김찬

#5 조선공산당의 탄생

#6 위기의 조선공산당

#7 당 재건을 위한 분투

주요
활동지

★ 스보보드니

★ 하바롭스크

★ 니콜스크(우수리스크)
★ 블라디보스토크
포시에트

훈춘

평양
서울

안둥(단둥)

★ 상하이

치타 ★

베르흐네우딘스크
(울란우데)

★ 울란바토르

이르쿠츠크 ★

베이징 ★

★ 모스크바

★ 도쿄

고려공산당 이르쿠츠크파

김철훈 1919년 전로한인공산당 설립에 참여해 위원장으로 선출됐다. 1921년 5월 이동휘의 한인사회당에 대립하는 고려공산당 이르쿠츠크파에 참여해 중앙집행위원, 위원장을 맡았다. 1923년 코민테른 동양부 산하 고려부 비서로 활동했다.

한명세 연해주 니콜스크에서 태어났다. 1917년 2월혁명이 일어나자 연해주위원회 집행위원에 선임됐다. 사회혁명당원이었으나 탈당 후 볼셰비키에 입당했다. 1921년 고려공산당 이르쿠츠크파에 참여해 중앙집행위원으로 선출됐고, 1923년 고려공산당 중앙총국 위원으로 활동했다. 1935년 반혁명 혐의로 총살당했다.

김만겸 1920년 코민테른 동양비서부 책임자인 보이틴스키의 통역으로 블라디보스토크에서 상해로 건너왔다. 보이틴스키의 지원을 받아 이동휘와 여운형, 조동호 등의 통합을 주선했다. 이동휘가 코민테른 자금을 독자적으로 사용하자 상해에 이르쿠츠크파 지부를 조직했다. 사회과학연구소를 설립해 박헌영, 김태연, 임원근을 상근시키고 국제공청 가입을 지원했다. 1929년 일본 스파이 혐의로 총살당했다.

조훈 1921년 5월 고려공산당 이르쿠츠크파 창립에 참여하고 국제공청 전권대표로 선임됐다. 같은 해 8월 국제공청의 승인을 받아 베이징에서 고려공청 중앙총국 결성을 주도했다(당시 박헌영이 책임비서로 선임됐다). 1924년 국제공청 4차 대회에서 중앙집행위원으로 선출돼 코민테른에 상근하며 이르쿠츠크파와 고려총국 국내부를 지원했다.

남만춘 축복의 마을이라고 불린 블라고슬로벤노예에서 태어났다. 김나지움에서 정규교육을 받았고 제1차 세계대전에 장교로 징집됐다. 2월혁명이 일어나자 군사소비에트와 볼셰비키 이르쿠츠크위원회에 참여했다. 고려공산당 이르쿠츠크파 중앙집행위원과 코민테른 파견대표로 선임됐다. 코민테른 극동서기국에서 주요 직책을 맡아 활동하다 1933년 반당 혐의로 체포된 후 총살당했다.

고려공산당 상해파

이동휘 1918년 5월 하바롭스크에서 볼셰비키의 지원을 받아 최초의 사회주의 정당 한인사회당을 창당하고 위원장을 맡았다. 1919년 여름 상해로 건너와 임시정부 국무총리에 취임했다. 1920년 겨울 이승만 탄핵을 주도하다 실패한 후 사임했다. 1921년 5월 고려공산당 상해파를 조직하고 코민테른 승인을 시도했으나 실패했다. 고려공산당 중앙총국에 참여했으나 이르쿠츠크파와 대립하다 탈퇴했다. 혁명 운동에 종사하는 사람들을 후원하는 모플MOPR(국제혁명가후원회)에서 활동하다, 1935년 연해주에서 병사했다.

김립 한인사회당에 참여하고 이후 임시정부 이동휘 국무총리의 비서장으로 활동했다. 1920년 한인사회당 전권대표로 코민테른에 파견된 박진순이 40만 루블의 자금을 받는 데 성공하자 이를 상해로 옮기는 역할을 담당했다. 1922년 임시정부 경무국장 김구가 보낸 사람들에 의해 독립운동 자금을 개인적으로 착복했다는 이유로 암살당했다.

박애 한인사회당에 참여하고 박진순과 함께 코민테른 전권대표로 선임됐다. 1920년 극동공화국 설립에 참여해 한인부 책임자에 선임됐다. 1921년 볼셰비키 연해주위원회 약소민족부장으로 활동했다. 자유시참변 당시 상해파를 지원하다 반혁명 혐의로 체포되었으나 석방됐다. 1927년 일본의 스파이 혐의로 총살당했다.

박진순 연해주 파르티잔스크 출신 한인 2세대. 한인사회당에 참여하고 박애와 함께 코민테른 전권대표로 선임됐다. 코민테른 2차 대회에서 한인사회당의 지지를 얻어내고 조선을 대표하는 사회주의 정당 임시 대표로 상근 자격을 확보했다. 레닌과 최초로 회담한 인물이기도 하다. 코민테른을 배경으로 고려공산당 상해파를 대표하며 이르쿠츠크파와 대립했다. 1930년대 초반에 스탈린에 의해 반혁명혐의로 처형됐다.

서울청년회

김사국 한일병탄 이후 10대 후반에 연해주와 간도를 떠돌며 독립운동을 모색하다 20대 중반에 국내로 돌아왔다. 3·1운동 직후 홍진과 종교계를 중심으로 추진하던 한성임시정부에 참여하고, 지도부가 상해로 망명하자 정부 수립을 위한 국민대회를 주도했다. 서울청년회를 창립하고 코민테른 자금 사건을 기회로 조선청년연합회에서 장덕수의 국내 상해파와 민족주의자들을 축출했다. 서울청년회 산하에 전위 정당인 고려공산동맹을 건설하고 김재봉과 박헌영의 화요회와 대립했다.

김영만 와세다 대학을 다니다 한일병탄 이후 국내로 들어와 조선노동대회에서 활동하다 서울청년회에 참여했다. 고려공산동맹에 중앙위원으로 선임되고, 코민테른 승인을 받기 위한 전권대표로 모스크바로 건너가 동양비서부의 승인을 시도했지만 실패했다. 이후 중국 지린성에서 김철수의 국내 상해파와 당 재건을 위한 위원회를 추진했다.

이영 1920년 조선청년연합회 상무위원으로 선임되었으며 서울청년회 결성에 참여했다. 서울청년회의 전위당인 고려공산청년동맹 책임비서로 활동했다. 1924년 통일당 건설을 위한 13인회에 김사국과 서울파를 대표해 참여했다. 3차 조선공산당에 참여했다가 구속된 뒤 1932년에 석방됐다. 전위 조직인 스탈린단을 결성해 적색노조운동에 개입했다.

이정윤 와세다 대학 정치경제학과에 재학하며 김약수의 북성회 결성에 참여했다. 1923년 북풍회와 서울파의 충돌로 일어난 '장안여관 사건' 이후 서울파에 가담했다. 서울청년회 전위당인 고려공산청년동맹의 책임비서로 활동했다. 1926년 봄, 전위 조직인 '레닌주의동맹' 결성에 참여해 서울파와 3차 조선공산당의 통합을 주도했다. 1940년대 전위 조직인 적기파赤旗派를 결성하고 호남 지역의 사회주의자들을 조직했다.

화요회

김재봉　경북 안동 풍산읍 오미마을 출생. 1921년 1월, 상해임시정부의 〈독립신문〉을 배포하다 체포되었다. 출옥 후 조선노동대회 대표 자격으로 모스크바에서 개최된 극동민족대회에 참가했다. 1922년 베르흐네우딘스크에서 열린 고려공산당 상해파와 이르쿠츠크파의 통합당대회에 참여한 후 이르쿠츠크파에 가담했다. 1923년 봄, 고려총국 국내부 전권대표 자격으로 국내에 들어왔다. 김찬과 함께 신사상연구회와 화요회 결성을 주도하고, 13인회에 국내부 대표로 참가했다. 1925년 4월 조선공산당 창당을 주도하고 책임비서에 선임됐다. 신의주 사건으로 체포돼 징역 6년을 선고받았다.

김찬　도쿄에 있는 주오 대학中央大學에 유학하며 일본의 사회주의자들과 접촉했다. 1921년 김약수, 박열과 함께 흑도회 결성을 주도했다. 코민테른이 극동민족대회에 일본 사회주의자들을 초청하기로 결정하자 신원 보증과 대표자 선임을 위해 이르쿠츠크의 동양비서부에 출두했다. 김재봉과 함께 신사상연구회와 화요회 결성을 주도하고, 조선공산당에 참여해 선전책으로 선임됐다. 신의주 사건으로 중국에 망명해 조선공산당 상해부를 조직했으나 강달영 중앙에 의해 해산됐다. 만주총국 결성에 참여해 활동하다 체포되어 징역 10년을 선고받았다.

이준태　안동 풍산읍 우렁골 출생. 1922년 3월, 무산자동지회와 신인동맹회의 통합으로 결성된 무산자동맹회에 참여해 상무위원으로 선임됐다. 1923년 여름, 경성고무 공장 여성 노동자들이 파업을 벌이자 윤덕병과 〈경성 여직공 동맹파업전말서〉를 작성, 전국에 배포해 연대 투쟁을 이끌었다. 1925년 1월, 안동에서 김남수, 권오설과 화성회를 조직하고 창당을 준비했다. 조선공산당 창당에 참여해 중앙위원 후보로 선임됐으며, 2차 조선공산당의 차석비서를 맡아 6·10민중항쟁을 지원했다. 1928년 체포돼 징역 4년을 선고받았다.

권오설 안동 풍산읍 가일마을 출생. 1919년 안동 풍산읍에 원흥학술강습소를 조직하고 민족의식을 교육했다. 이준태, 김남수와 풍산소작인회를 결성하고 화요회 결성에 참여했다. 1924년 조선노동총동맹 상임집행위원으로 선임되었으며, 화성회 결성을 주도했다. 조선공산당 산하 고려공산청년회 중앙집행위원과 조직책으로 활동했다. 2차 조선공산당 고려공산청년회 책임비서를 맡아 6·10만중항쟁을 주도하다 체포돼 징역 7년을 선고받았다.

기타

김약수 1921년 니혼 대학日本大學에 재적하며 박열, 김찬과 흑도회를 창립했다. 박열이 아나키스트주의로 기울자 결별하고 사회주의자들을 중심으로 북성회를 결성했다. 북성회 간부들과 국내로 귀국해 전국적인 강연회를 개최한 후 국내 조직인 북풍회를 창립했다. 통일당 건설을 위한 13인회에 북풍회 대표로 참여하고, 조선공산당 창당에 참여해 중앙집행위원에 선임됐다.

김철수 1920년 가을 장덕수, 이봉수 등과 함께 국내에서 최초로 사회주의를 표방하는 사회혁명당을 조직했다. 1921년 5월, 이동휘의 주도로 결성된 고려공산당 상해파에 참여다. 이후 국외에서 활동하는 상해파와 이르쿠츠크파의 대립을 비판하고 국내 통일당을 주장하는 서울파와 통합을 모색했다. 2차 조선공산당에 참여해 중앙위원으로 선임되었으며, 3차 조선공산당의 소집권자를 자임했다. 전권대표를 맡아 코민테른의 승인을 받기 위해 러시아로 갔지만 실패했다. 1930년 체포돼 징역 10년을 선고받았다.

장덕수 황해도 재령의 부유한 집안에 태어나 와세다 대학에 유학해 정경학부를 졸업했다. 와세다 대학 유학 시절 김철수와 사회혁명당의 모체인 신아동맹당 결성을 주도했다. 〈동아일보〉 부사장과 창간주필에 재임하면서 조선청년연합회 창립을 주도했다. 코민테른 자금을 국내에서 비밀리에 사용한 문제로 김사국의 공격을 받아 정치적으로 고립됐다. 이후 미국으로 유학을 떠나 오리건 대학을 거쳐 컬럼비아 대학에서 박사학위를 받았다. 귀국 후, 친일단체에 가담하는 등 변절했다.

한인사회당

1918년 5월 코민테른 극동 지역 선전위원인 그레고리노프와 볼셰비키 하바롭스크 시 당서기인 한인 2세 김 알렉산드라의 지원으로 하바롭스크에서 창당된 한인 최초의 사회주의 정당이다. 위원장 이동휘, 부위원장 박애, 비서부장 박진순, 정치부장 이한영, 교통부장 김립 등을 선출했다. 한인사회당은 박애, 박진순, 이한영을 코민테른에 파견하고 40만 루블의 자금을 지원받았다.

전로全露한인공산당

1919년 9월 볼셰비키 당원인 한인 2세들을 중심으로 이르쿠츠크에서 창당된 사회주의 정당이다. 처음에는 볼셰비키 민족지부 성격이었으나 이동휘와 한인사회당 지도부가 상해임시정부에 참여하자 정식으로 당의 체계를 갖추고 러시아의 유일한 한인 사회주의 정당을 자임했다. 위원장 김철훈, 비서장 이재복, 선전부장 최고려, 군사부장 오하묵 등을 선출했다.

사회혁명당

1916년 도쿄에서 반제민족해방운동을 기치로 내걸고 한인, 중국인, 대만인들이 결성한 전위 조직 신아동맹단이 모체다. 1920년 봄 경성에서 신아동맹단에 참여하고 있던 김철수, 장덕수, 홍도 등을 중심으로 사회혁명당을 창당했다. 1921년 사회혁명당은 이동휘가 이끄는 고려공산당 상해파에 참여함으로써 흔히 국내 상해파라고 불렸다.

상해 공산주의 그룹

1920년 가을 안창호의 최후통첩에 따라 미국에 있던 이승만이 상해로 건너와 대통령에 취임하자 이동휘 국무총리 주도로 이승만을 실각시키기 위한 그룹이 결성됐다. 한인사회당 출신들과 민족주의 좌파 성향을 가진 여운형, 신채호 등이 참여했다. 이 그룹은 한인사회당이 코민테른의 자금을 독자적으로 사용한 것이 드러나면서 단명했다.

고려공산당 상해파

1921년 1월 이동휘는 한인사회당파들을 중심으로 대회를 개최하고 독자적인 당 건설을 추진하기로 결정했다. 같은 해 5월 러시아 공산당이 극동민족대회를 개최한다는 소식을 듣고 대표단을 파견하기 위해 고려공산당 상해파를 결성했다. 상해파가 코민테른 자금을 독자적으로 사용하기로 결정함에 따라 김만겸, 안병찬, 한명세 등이 이탈해 고려공산당 이르쿠츠크파에 참여했다.

고려공산당 이르쿠츠크파

1921년 5월 전로한인공산당은 상해파에서 이탈한 인물들을 포함해 중앙집행위원회 중심의 고려공산당 이르쿠츠크파를 결성했다. 사실상 극동민족대회를 주관하던 이르쿠츠크파는 같은 해 겨울 김철훈 위원장, 정치부장 이재복, 선전부장 최고려 등으로 당을 전로한인공산당 체제로 복원했다.

서울청년회

1921년 1월 한성임시정부 사건으로 구속되었다가 석방된 김사국과 사회혁명당 장덕수 등의 주도로 설립됐다. 이상재 등과 조선교육회를 만들어 후진 양성을 하던 민족주의자 이득년이 이사장을 맡았지만, 장덕수, 김사국, 김명식 등 일곱 명의 이사가 조직을 이끌었다. 1922년 봄, 중추원 의장 전력이 있는 김윤식을 장덕수 등이 사회장으로 치르려 하자, 사회혁명당이 상해파의 코민테른 자금 일부를 받아 사용한 사실을 알고 있던 김사국이 장덕수 등을 사기 공산당으로 지목해 제명하고 조직을 장악했다. 서울청년회는 해산할 때까지 조선공산당의 창당을 주도한 화요회와 끝임없이 대립했다.

고려공산동맹

1923년 초, 서울청년회는 공개적으로 전조선청년당대회를 개최한다고 선언했다. 서울청년회의 이영을 중심으로 불교, 천도교, 대종교의 청년 조직들이 대거 준비위원으로 참여했다. 일제가 청년당대회의 진행 과정에 촉각을 세우는 사이, 서울청년회의 김사국은 한성임시정부 수립 당시의 경험을 바탕으로 비밀리에 13도 대표들을 선출하고 전위당인 고려공산동맹을 창당했다. 당이라는 명칭을 사용하진 않았지만 조선의 유일한 당임을 자임하고, 코민테른의 승인을 시도했으나 실패했다.

고려공산당 중앙총국

1922년 10월 베르흐네우딘스크에서 열린 이르쿠츠크파와 상해파의 통합당대회가 실패로 돌아가자 코민테른은 두 파의 해산을 통보했다. 12월 코민테른은 블라디보스토크에 국내에 통일당을 건설할 전담 기관인 코르부로, 즉 고려공산당 중앙총국을 설치했다. 두 파의 해산을 통보했지만 현실적으로 국내에 당 건설을 추진할 세력이 없었기 때문에 이르쿠츠크파의 김만겸과 한명세, 상해파의 이동휘와 윤자영, 중립을 자임한 정재달을 위원으로 임명했다. 중앙총국은 국내에 당 건설을 추진하기 위해 김재봉과 신철을 대표로 파견했다. 의장을 맡은 보이틴스키가 이르쿠츠크파를 일방적으로 옹호하자, 상해파가 중앙총국을 탈퇴하면서 와해되었다.

고려총국 국내부

1923년 봄, 국내로 들어온 김재봉과 신철은 당 건설을 위한 전권을 가진 것이 아니었다. 당 건설을 추진하기 위한 소집권자 성격이 강했다. 국내에 한발 먼저 들어온 김찬은 사회주의 성향을 가진 인물들과 접촉하며 사전 작업을 진행했다. 이를 바탕으로 김재봉은 북풍회 김약수, 조선노동연맹회 윤덕병, 무산자동맹회 원우관, 국내상해파 이봉수를 포함해 고려총국 국내부를 건설하고 책임자를 맡았다.

신사상연구회

1923년 7월 새로운 사상을 연구하고 이론서 발간을 목적으로 홍명희, 김찬, 윤덕병, 이준태 등이 설립했다. 연구단체를 표방했지만 전국적인 강연회와 토론회를 개최하면서 대중에게 사회주의와 무산계급의 의의를 설파했다. 무산자동맹회 간부들이 주도적으로 참여했지만 고려총국 국내부의 외곽 대중 조직 성격이 강했다.

신흥청년동맹

1924년 2월, 새로운 사회 건설을 위한 청년들을 양성할 목적으로 김찬, 윤덕병, 박헌영, 김단야, 조봉암 등이 결성했다. 국내부의 김찬이 주도했으며, 그해 1월 평양형무소에서 출소하는 박헌영, 김단야, 임원근을 전면에 내세우기 위해 사전에 준비된 기획이었다. 신사상연구회의 청년 조직이나 마찬가지였다.

화요회

1924년 11월, 서울청년회와 통일당 건설이 무산된 이후 국내부가 독자적인 당 건설을 위해 신사상연구회 지도부의 결정으로 단체의 명칭을 변경했다. 단체 명칭은 마르크스의 생일이 화요일인 것에서 따왔다. 이듬해부터 전국에 당 건설을 위한 화요회 지부를 대대적으로 조직했다. 1925년 3월, 북풍회와 통합해 조선공산당 창당을 주도했다.

북성회

1921년 겨울, 도쿄에서 조선고학생동우회 회원이던 김약수, 박열, 김찬, 정태성을 중심으로 흑도회가 창립됐다. 창립 직후, 아나키즘 경향을 가진 박열이 흑우회를 창립하면서 조직은 이원화되었다. 1922년 가을, 김약수, 정태성, 송봉우 등 사회주의 성향의 회원들이 논의를 거듭한 끝에 이듬해 1월 일본 최초의 사회주의 조직 북성회를 창립했다. 기관지로〈척후대斥候隊〉등을 발행했다.

북풍회

1923년 여름, 김약수는 북성회의 간부들과 일본 사회주의자들과 함께 국내로 들어와 신사상, 곧 사회주의 사상을 전파하는 전국 강연회를 개최했다. 강연회가 선풍적인 인기를 끌자 김약수는 국내 노동자 운동가 일부를 포함해 그해 가을 건설사建設社를 창립했다. 국내에 잔류하며 활동하던 김약수는 1924년 가을, 건설사를 발전적으로 해체하고 북성회의 국내 지부인 북풍회를 창립했다.

조선노동당

1923년 연해주에서 독립운동을 하던 한인 2세 사회주의자들인 이남두, 이극광, 이정수 등은 국내에 통일당을 건설하기 위해 들어왔다. 1924년 8월, 국내 사회주의자들인 전일, 김연희 등과 함께 대중 조직인 조선노동당을 건설했다. 조선노동당 내부에 비밀 전위 조직인 스파르타쿠스단을 만들고 조선공산당 창당에 참여했다.

13인회(통일조선공산당 준비위원회)

1924년 4월, 국내에 통일당을 건설하기 위해 고려총국 국내부, 서울파의 고려공산동맹, 북성회의 까엔당, 신생활파들이 일시적으로 만든 협의기구다. 네 개의 그룹이 각각 두 명의 대표자를 파견했고, 개인 자격으로 다섯 명이 참여해 흔히 13인회라 불렀다. 참여자는 국내부 김재봉, 서울파 김사국, 북성회 김약수, 신생활파 유진희 등이었다.

일월회

북성회 회원들을 이끌고 귀국했던 김약수가 국내에 북풍회를 창립하고 잔류하자 1925년 1월 3일 일본에서 활동하던 북성회 회원 안광천, 박낙종, 하필원을 중심으로 북성회를 해산하고 일월회를 결성했다. 일월회의 안광천은 3차 조선공산당 책임비서를 맡아 서울파와 통합당을 추진했다.

레닌주의동맹

동방노력자공산대학 출신인 고광수와 한빛, 베이징에서 활동하던 혁명사의 양명 등이 1926년 3월 국내에서 결성한 전위 조직이다. 화요회와 서울파의 분파주의를 극복하고 통일당 건설을 조직의 목표로 내세웠다. 서울파(신파)와의 통합으로 3차 조선공산당이 재건된 이후인 1927년 봄에 2차 총회를 개최하고 전국 책임자와 서울신파를 포함한 중앙위원을 선임하고 '당 내 당'으로 활동했다.

경성 트로이카

1933년, 조선공산당 일본총국의 이재유와 조선공산당 고려청년회의 이현상, 김삼룡을 중심으로 건설된 전위 조직이다. 기존 엘리트 중심의 당 건설을 지양하고 노동계급을 중심으로 아래로부터 당 건설을 추진하는 노선을 채택하고 실행한 조직이라는 점이 이전 전위 조직과 확연히 다르다. 금속(철도), 화학 등 산업별로 구분해서 야체이카를 조직하고 정치신문 배포와 파업을 엄호했다.

경성콤그룹

경성 트로이카 와해 이후 계속 조직 재건을 위해 힘쓰던 이관술은 감옥에서 나온 김삼룡을 통해 박헌영과 접촉, 1939년 겨울에서 이듬해 봄 사이 당 재건을 위한 조직을 결성했다. 조선공산당 고려공산청년회의 책임비서 박헌영과 경성 트로이카의 이관술, 고려공산청년회와 경성 트로이카 출신인 이현상, 김삼룡 등이 참여했다. 당 재건을 위한 활동을 계속하던 화요회와 서울 상해파들도 참여한 해방 이전의 마지막 통일 전위 조직이다.

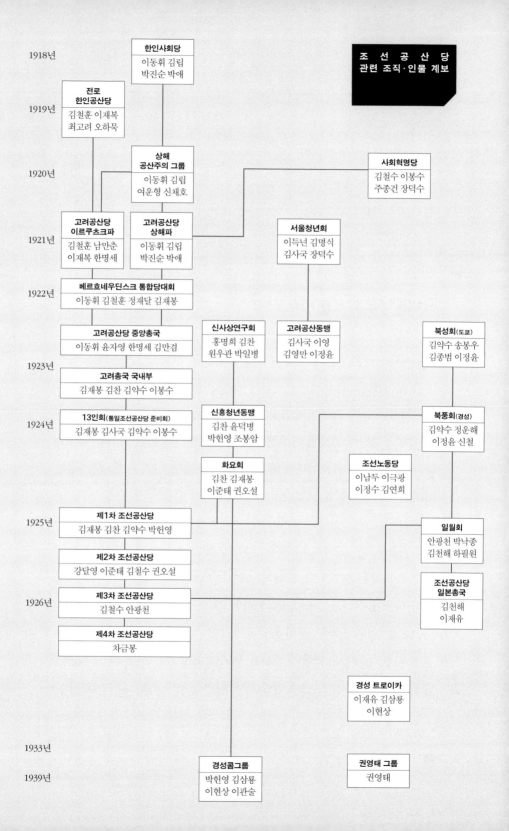

조 선 공 산 당 관련 조직·인물 계보

1918년

한인사회당
이동휘 김립
박진순 박애

1919년

전로
한인공산당
김철훈 이재복
최고려 오하묵

1920년

상해
공산주의 그룹
이동휘 김립
여운형 신채호

사회혁명당
김철수 이봉수
주종건 장덕수

1921년

고려공산당
이르쿠츠크파
김철훈 남만춘
이재복 한명세

고려공산당
상해파
이동휘 김립
박진순 박애

서울청년회
이득년 김명식
김사국 장덕수

1922년

베르흐네우딘스크 통합당대회
이동휘 김철훈 정재달 김재봉

고려공산당 중앙총국
이동휘 윤자영 한명세 김만겸

신사상연구회
홍명희 김찬
원우관 박일병

고려공산동맹
김사국 이영
김영만 이정윤

북성회(도쿄)
김약수 송봉우
김종범 이정윤

1923년

고려총국 국내부
김재봉 김찬 김약수 이봉수

1924년

13인회(통일조선공산당 준비회)
김재봉 김사국 김약수 이봉수

신흥청년동맹
김찬 윤덕병
박헌영 조봉암

화요회
김찬 김재봉
이준태 권오설

조선노동당
이남두 이극광
이정수 김연희

북풍회(경성)
김약수 정운해
이정윤 신철

1925년

제1차 조선공산당
김재봉 김찬 김약수 박헌영

일월회
안광천 박낙종
김천해 하필원

제2차 조선공산당
강달영 이준태 김철수 권오설

조선공산당
일본총국
김천해
이재유

1926년

제3차 조선공산당
김철수 안광천

제4차 조선공산당
차금봉

경성 트로이카
이재유 김삼룡
이현상

1933년

1939년

경성콤그룹
박헌영 김삼룡
이현상 이관술

권영태 그룹
권영태

서대문형무소 터를 바라보며

──────── 굳이 사전을 들먹일 필요도 없다. 평전이란 한 사람의 삶에 대한 이야기다. 그러니 '조선공산당 평전'이라는 조합은 분명 사전적 의미에서 벗어난다. 그럼에도 불구하고, 이 제목을 고집하는 이유는 한 가지다. 조선공산당에 기록된 처절한 역사들은 알려지지 않은 별처럼 많은 사람의 이야기이기 때문이다. 그들의 이야기를 하고 싶었다. 그래서 '평전'이라는 이름을 붙이게 되었다.

1931년, 조선공산당의 초대 책임비서 김재봉은 6년의 형기를 마친 후 서대문형무소를 살아서 나왔다. 당의 '수괴'가 죽음과도 같은 고문을 견디고 살아서 나온 것이다. 김재봉은 인사동 낙세여관에 머물며 몸을 추슬렀다. 숙소를 찾아 소감을 묻는 〈동아일보〉 기자에게 "별다른 소감이 없는 것이 소감"이라고 말한 후 입을 닫았다.

며칠 후, 김재봉은 안동시 풍산읍 오미리 고향으로 돌아갔다. 조선에서 가장 위험한 인물은 13년 동안 일제에 의해 고향마을에 '고착'당했다. 김재봉은 해방을 한 해 앞두고 동지 한 명 참석하지 못한 장례식과 함께 쓸쓸히 세상을 떠났다.

조선공산당 2대 공청 책임비서 권오설은 살아서 감옥 문을 나서지 못했다. 순종 인산일에 맞춰 기획했던 6·10민중항쟁은 수포로 돌아갔고, 그 대가는 죽음이었다. 권오설의 장례는 일제의 통제 아래 집안사람 몇 명만 참석한 가운데 치러졌다. 그 후 문중 노인들 사이에서 기이한 이야기가 입소문으로 전해졌다. 그 소문은 사실이었다. 78년 만에 세상으로 나온 권오설의 관은 납땜을 한 철제관이었다. 잔인한 고문으로 인해 죽은 사실을 감추려는 의도였다.

신의주 사건으로 당이 와해 직전에 처하자 풍산읍에 머물고 있던 이준태가 경성으로 급히 상경했다. 일급비상이 내려진 일경의 추적을 피해 김재봉, 김찬, 이준태 세 사람의 회동이 이뤄졌다. 김재봉과 김찬은 국내를 벗어나 '망명지도부'를 추진하겠다는 계획을 설명했다. 후계당의 책임자를 강달영으로 결정한 이유를 설명하고 새롭게 구성될 중앙집행위원을 직접 접촉하고 동의를 받으라는 것이 요청사항이었다.

김철수와 김찬이 긴급히 협의한 후계 중앙인 홍남표, 김철수, 이봉수를 접촉해 동의를 이끌어낸 인물은 이준태였다. 평소 과묵한 그는 서대문형무소에서도 말이 없기로 유명했다. 검열을 거쳐 감옥으로 서적이 반입되면 사람들이 서로서로 돌려 읽었지만 이준태는 서적에 손도 대지 않았다. 그저 뜨개질로 소일하며 세월을 낚았다.

2년 전 여름, 이준태의 생가를 찾아 나섰다. 안동시 풍산읍 상리 우렁골. 짤막한 단서 외에는 폐가로 방치되어 있다는 것뿐, 정확한 위치를 알지 못했다. 시골 버스는 짐 보따리를 힘겹게 들고 타는 아주머니를 천천히 태우며 자그마한 풍산읍내에 나를 토해냈다. 작은 시골마을에 여름 낮 시간에 돌아다니는 사람이 있을 리 만무했다. 뙤약볕을 헤매다 한 초로의 노인과 마주쳤다. 조심스럽게 이준태 선생의 생가를 묻자, 마을 꼭대기에 있는 어느 집을 찾아가보라고 자세히 알려주었다. 이유는 묻지 않았다.

마을 어른이 알려준 대로 언덕길을 반쯤 올랐을 때 직진인지 좌측인지 분명치 않은 작은 삼거리가 나타났다. 그래서 주변을 두리번거리고 있는데 어느새 뒤따라오던 노인이 한쪽 방향을 가리키며 올라가라는 손짓을 했다. 그러고는 빠뜨렸는지 "문을 세게 두드려, 세게"라는 말을 전하고 오르던 길을 다시 내려갔다.

꼭대기 집에 이르러 문을 두드렸지만 인기척이 없었다. 그때 문득 '세게' 두드리라던 노인의 말이 떠올랐다. 집주인 노인은 귀가 잘 들리지 않는 분이었다. 선생의 생가를 묻자 노인은 잠시 기다리라는 손짓을 하더니 이내 신발을 신고 앞장서 걷기 시작했다. 노인은 왜 생가를 찾는지 묻지 않았다.

오랫동안 폐가였던 생가를 몇 해 전에 새단장한 뒤, 현재는 선생의 손자 며느리가 집을 지키고 있었다. 새로 지은 집인데 천장만 한옥처럼 되어 있는 게 낯설었다. 묻지도 않았는데 내 시선을 눈치챈 손자며느리는 할아버지께서 손수 만든 대들보여서 버리지 못했다고 그 내막을 들려주었다. 거실 옆 작은 서재의 책장에는 묵주처럼 어떤 인물들에 대한 책들이 붙어 있었다. 권오설, 김재봉, 이준태, 김남수. 그들은 조선공산당의 주역들이자 화요회 핵심 멤버들이었다. 모두 이 조그마한 풍산읍 출신이었다.

풍산읍 가곡리 가미마을의 권오설 생가 터는 흔적도 없이 사라져 이름 모를 밭이 되어 있었다. 남아 있는 것은 선생이 고향으로 돌아와 교육기관으로 만들었던 노동재사뿐이었다. 그는 이곳에서 수천 명이 참여하는 풍산소작인회를 조직했다. 권력을 자임하지 않았지만 농민 소비에트였다. 이준태가 경성으로 올라가면 권오설과 김남수가 이 전진기지를 지켰다. 권오설이 조선노농총동맹 중앙집행위원을 맡아 경성으로 올라가면 이준태가 돌아와 김남수와 함께 기지를 사수했다.

노동재사를 둘러보고 내려오는 길에 대추를 말리던 중년의 부부에게 권오설 선생의 무덤 가는 길을 물어보았다. 길을 알려준 부부 역시 마치 약속이나 한 듯 왜 그러느냐고 묻지 않았다. 그들이 넉넉한 웃음을 보여준 것은 나의 착각이었을까.

풍산읍 오미리 오미마을, 조선공산당 초대 책임비서 김재봉의 생가 앞에는 제법 위용을 갖춘 추모비가 있고, "조선의 독립을 목적하고"라는 문구가 크게 새겨져 있었다. 김재봉이 극동민족대회에 참가할 때 위임장에

인적사항과 함께 쓴 사유서다. 그는 이 위임장을 가지고 모스크바와 베르흐네우딘스크를 거쳐 블라디보스토크까지 긴 여정을 떠났다. 그리고 그곳에서 고려총국 국내부를 건설하라는 전권을 가지고 경성으로 돌아왔다. 그 뒤 경성에서 기다리던 김찬과 함께 조선공산당을 건설하기 위해 거침없이 질주했다.

생가로 들어서니 오른쪽에 유일하게 문이 없는 작은 공간에 넉넉한 웃음을 짓는 김재봉의 사진과 위임장 사본이 놓여 있었다. 위임장에 쓴 사유서에는 조선의 독립을 목적하고 "공산주의를 희망함"이라고 적혀 있었다. 과연 언제쯤이면, 끝내 쓸 수 없었던 두 단어를 제막비에 복원할 수 있을까.

내가 살고 있는 집을 빠져나와 동네 골목으로 접어들면 곧바로 서대문형무소 터가 보인다. 10년간 이 길을 무던히 지나다녔다. 집으로 향하던 어느 날, 짧은 상념에 잠겨 그곳을 바라보곤 했다. 독재 시대 수많은 민주인사가 죽음과도 같은 시간을 보냈던 곳이다. 동시대의 끝자락에 함께 서 있었던 나는, 그들의 이름과 이제는 희미해졌거나 달라져버린 얼굴을 떠올리곤 했다. 기념관으로 전락해버린 형무소 터를 둘러보다 반세기도 더 된 이름들과 마주했다. 낯선 이름들이 수많은 점처럼 등장했다. 그때 문득, 그들 모두를 하나의 서사로 호명해보자는 생각이 들었다.

이 서사의 시작에 등장하는 인물은 조선공산당과 직접적인 관련이 없다. 극동민족대회에 참석하기 위해 모스크바로 떠나는 김재봉을 시작으로 해도 좋을 것이다. 또는 도쿄와 경성, 그리고 상해를 거쳐 블라디보스토크까지 국경을 제집 문지방처럼 넘나들던 조선공산당의 기획자 김찬과 조봉암이 도쿄에서 우연히 만난 그날 밤의 이야기에서 시작해도 좋을 것이다. 하지만 만약 신이 짜놓은 각본이 있다면 이들 이전에 누군가의 이야기가 있어야만 한다.

자신의 운명조차 우연이었던 인물이 있다. 동토에서 씨앗을 뿌리고 씨줄과 날줄 안에서 수많은 인물과 조우했던 그의 삶에서 평전을 시작하고자 한다. 이 부족하고 빈약한 서사를 한 작은 거인의 이야기부터 시작하고자 한다.

서대문형무소 터가 바라보이는
행촌동 집에서

짙푸른 여명의
아침

그해 여름은 국경 지역
한인들에게 잊을 수 없는 해로
기록됐다. 동의회 부대가
두만강을 건너 함경북도 경원
지역의 일본군 수비대를
기습해 교전 끝에 궤멸시킨
것이다. 계속된 기습공격으로
국경 전역의 일본군에
초비상이 걸렸다.

표트르 세메노비츠의 여정

▬▬▬▬ 　모든 역사에는 잘 알려지지 않은 그림자 속에 숨겨진 전설과 영웅들이 간혹 있다. 미완성 드라마에 비유해도 좋을 것이다. 어둠 속에 있던 이야기가 한 꺼풀 벗겨져 빛의 영역으로 나오면 숨겨졌던 드라마가 시작된다. 극적인 전개를 위해 '우연'이라는 요소가 숙명처럼 겹친다. 그리고 가장 중요한 것은 주인공이다. 만약 은수저를 물고 태어난 인물이라면 별로 극적이지 않을 것이다. 가난한 삶과 맨손으로 이룬 부, 모든 것을 환원하는 결단력, 그리고 주인공의 비극적인 죽음으로 끝난다면 각본은 따로 필요하지 않다.

　러시아 연해주 최남단에 위치한 항구도시 포시에트만Posyet Bay. 연해주 최대 항구도시로 잘 알려진 블라디보스토크에서 300킬로미터, 즉 800리里 남쪽에 위치하고 있다. 국경이 가로막고 있지 않다면 함경도 선봉군이 더 가깝고, 조선자치구가 있던 중국 땅의 지린성吉林省 훈춘琿春이 바로 코앞이다. 두만강에서 불과 100킬로미터 거리다. 이런 지리적 특성 탓에 포시에트는 영화 〈하바나〉처럼 각자 다른 목적을 가진 사람들이 많이 숨어든다. 대륙 진출을 위해 잠입한 일본인, 러시아의 남하에 항상 촉각을 세우는 중국인, 이들을 견제하기 위해 파견된 차르 군대의 정보요원들이 매일같이 '은밀한 탐색전'을 벌인다. 낮의 화려함과 밤의 은밀함이 교차하는 도시다.

이런 도시의 특징 중 하나는 다양한 상품이 넘쳐난다는 것이다. 블라디보스토크가 군항이라면 포시에트는 무역항인 셈이다. 연해주의 다양한 상품이 상선을 통해 다른 대륙으로 빠져나간다. 연해주로 들어온 상품들을 러시아 본토로 보내는 것도 포시에트의 역할이다. 하지만 대형화물을 블라디보스토크에서 시베리아 횡단열차를 통해 페테르부르크까지 육로로 움직이는 것은 아직 가능하지 않았다.

긴 항해를 떠나려는 상선의 마지막 점검을 위해 선원들이 분주하게 움직이고 있었다. 바로 그때, 굶주림에 지쳐 반쯤 탈진한 아이가 눈에 띄었다. 아마도 선원 중 누군가 아이를 먼저 보았을 것이다. 아니면 이른 새벽, 긴 여정을 앞두고 잠을 뒤척이다 갑판 위에 홀로 나온 선장이 먼저 발견했을 수도 있을 것이다. 어느 쪽이든 예기치 않은 손님의 승선을 결정할 수 있는 권한을 가진 사람은 선장뿐이다. 선장이 무슨 생각을 했는지 알 수는 없지만 아이는 여정에 참여할 기회를 얻었다.

아이의 이름은 표트르 세메노비치Pyotr Semenovich 최. 선장이 이름을 물려주었다니 선장도 같은 이름이었을 것이다. 출발지는 포시에트, 목적지는 페테르부르크였다. 상선이 이동한 항로는 아마도 이렇게 추측해볼 수 있을 것이다. 동해를 빠져나온 상선은 시모노세키 같은 일본 항구에 처음으로 기착했을 것이다. 이 항로는 천 년 전 발해의 항로이기도 했다. 포시에트 지역은 발해 시대 염주鹽州의 성지였고, 주기적으로 다니던 사절단의 도착지는 시모노세키나 나가사키였다. 이를테면 포시에트 지역과 오랫동안 교역이 이루어진 익숙한 항로였다.

남중국해를 빠져나온 배는 베트남이나 인도 어디에 기착했을 것이다. 그렇다면 정박해 물건을 내려준 뒤 다른 물건을 싣고 아라비아해를 지나 수에즈 운하를 통과해 곧바로 지중해로 들어갔을 것이다. 어쩌면 이탈리아 어디에 잠시 기착했을까? 지중해를 빠져나온 뒤 영국과 프랑스 사이의 도버 해협을 지나 코펜하겐을 바라보며 계속 나아가 발트해에 들어서면 최종 목적지인 페테르부르크가 눈앞이었을 것이다. 목적지를 앞두고 당시 최대 항구였던 오늘날 라트비아의 리가Riga에 정착해 상당량의 물품을 하역했을 것이다.

봉건시대에도 그렇지만 당시 항해에서 중요한 것은 정박, 곧 중간 기착지들이다. 정박을 하는 이유는 두 가지다. 전달할 화물을 내려주고 다시 전달할 화물을 싣거나 배에 필요한 생필품을 구하고 선원들의 휴식을 위해서다. 그 과정에서 다양한 사람들과 문화들을 접한다. 보통사람들은 경험하기 힘든 그런 여정에선 다양한 상상력을 가슴 한구석에 간직하게 마련이다. 항해의 꽃은 정박이라고 해도 과언이 아닌 셈이다. 아이는 무엇을 보았을까. 새로운 세계에 대한 생경함이었을까, 설렘이었을까. 아니면 다른 그 무엇이었을까.

최재형이 이 상선을 탄 것은 열 살쯤인 것으로 알려지고 있다. 중간에 여러 차례 정박했다는 것을 감안하면 항해하는 데 족히 수개월은 걸렸을 것이다. 그렇더라도 고향으로 돌아오는 데는 1년 정도면 충분했을 것이다. 그런데 최재형은 돌아오지 않았다. 훗날의 최재형을 떠올려보면 어린 시절에도 영민했을 가능성이 높다. 뱃사람들은 예기치 않은 방문객을 손님으로 맞이하는 경우가 흔치 않다. 아이를 손님으로 받아들였다면 가능성은 하나다. 마스코트다. 헐거운 선원 모자를 쓰고 갑판 위를 돌아다니는 아이를 바라보며 선원들도 힘겨운 뱃일을 잠시 잊고 즐거워했을 것이다. 어린 최재형도 신세계로의 항해를 마다하지 않았을 것이다.

십대 후반이 되면 마스코트의 효용가치도 떨어져 이젠 상선의 선원이나 마찬가지다. 게다가 일찍부터 노동하는 것이 자연스러운 당시의 풍토를 감안할 때, 열일곱 살의 최재형도 자신의 삶을 결정해야 했다. 빈손이었지만 다른 사람이라면 그 나이에 불가능했을 '경험'이라는 자산을 가지고 최재형은 포시에트로 돌아왔다. 무려 7년 만이었다.

구한말을 압축적으로 표현한다면 열강에 의해 조선이 몸살을 앓던 시기라고 할 수 있다. 조선 왕정이 막을 내리지 않으려 마지막 숨을 내쉬던 시기이자 봉건체제가 새로운 체제로 넘어가는 과도기였다. 이런 불안한 시기에 조선이 열강들의 각축장으로 들끓자 인민의 삶은 더욱 곤궁해질 수밖에 없었다. 물론 조선 후기가 인민들에게 먹고살 만큼의 통로를 제공한 것은 아니었지만 가난하면서도 '예측 가능한 삶'은 살 수 있었다. 그러나 격동의 구한말은 예측이 불가능했다. 가난과는 또 다른 문제였다. 혼돈, 그 시대를 민중은 감당할 수 없었다.

기록에 따르면 한인들이 포시에트 인근에 나타난 것은 1860년 전후다. 비슷한 시기에 차르는 이 지역에 경비대를 파견했다. 이유는 간단했다. 극동 지역에서 금광이 발견되기 시작했고, 벌목이 엄청난 돈이 되었기 때문이다. 한인들의 이주와 정착은 순조롭게 이루어졌다. 값싼 노동력이 필요했기 때문이다. 차르의 군대는 한인들에게 기본적인 정착을 지원했다.

10년 가까이 한인들의 이주는 지신허地新墟(치진혜) 지역을 중심으로 산술적으로 증가하기 시작했다.

그때 역사에 항상 등장하는 심술쟁이인 '우연'이 끼어들었다. 1869년과 1870년에 걸쳐 함경도 일대에는 물 한 방울 보기 힘들 정도의 가뭄으로 대흉작이 이어졌다. 민중은 살기 위해 터전을 버리고 떠나기 시작했다. 무역항으로 활기 넘치는 포시에트에선 몸뚱어리만 있으면 밥은 먹을 수 있다는 소문이 함경도에까지 퍼져 있었다. 지신허와 항구의 배후 도시에 해당하는 노보키옙스키Novokievskii까지는 걸어서 3일이면 충분했다. 연해주로 넘어가는 민중의 행렬이 마치 굴을 찾아가는 개미떼처럼 이어졌다. 두 해에 걸쳐 러시아로 넘어간 한인이 수천 명을 넘어섰다. 당황한 조선은 러시아에 공식문서를 보내 국경을 제대로 통제해줄 것을 요청할 정도였다. 통상적인 외교절차에 따라 러시아는 한인들에게 조선으로 돌아갈 것을 명령했다. 하지만 한인들은 조선으로 돌아가느니 차라리 죽겠다고 맞섰다. 조선의 역사에서 유례를 찾기 힘든 가장 비참한 농성이었다. 먹고살기 위한 '집단' 망명이었던 것이다.

최재형의 부친은 노비로 알려져 있다. 봉건체제가 무너지는 과정에서 노비들은 신분이 모호해졌다. 그들은 최소한의 삶을 보장해주던 체제의 연결고리가 끊어지는 과정을 가장 먼저 체감했다. 예기치 못한 혼란기를 접한 지주가 노비의 기본적인 삶을 보장해주지 못하는 상황이 되자 노비는 얼떨결에 반쯤 자유인의 신분을 획득하지만, 그것은 낮은 임금의 정규직에서 언제 해고될지 모르는 계약직 신분이 되는 것이나 마찬가지다. 부업을 하느라 노동 강도는 높아졌지만 생계는 더 불확실한 상태에 놓인 것이 국경 주변 도시에 사는 노비들의 현실이었다.

오늘날 새별군으로 부르는 함경도 경원은 두만강을 코앞에 둔 국경마을이다. 중국의 옌볜延邊 한인자치구로 유명한 훈춘이 불과 하루 거리다. 훈춘을 지나 다시 하루쯤 가면 러시아 국경이다. 겨울이라면 중국 땅을 거치지 않고 얼어붙은 두만강을 지나 직선 거리로 갈 수 있다. 그리고 몸뚱어리 하나만 있으면 밥은 먹는다는 지신허가 눈앞이다. 최재형의 부친은 대가뭄 시기에 가족을 데리고 지신허로 향했다. 마침 친척이 자리 잡고 있었다.

7년 만에 돌아온 최재형의 첫 선택은 무역업을 배우는 것이었다. 십대 후반에 불과한 나이였지만 다른 사람에 비해 경험이 많았던 최재형은 그 경험을 바탕으로 다양한 사업에 뛰어들었다. 하지만 항상 기회와 미래에 주목했다. 10년 정도 착실히 기반을 닦았을 무렵, 첫 번째 기회가 찾아왔다. 니콜스크Nikolsk에서 노보키옙스키까지의 도로 건설 계획이 발표된 것이다. 200킬로미터가 넘는 대공사였다. 도로공사에는 엄청난 노동력이 필요했다. 한인들의 노동력은 도로공사에 중요한 요소였다. 그렇다 보니 한인들을 관리할 사람이 필요해졌다. 다양한 사업 경험이 있고 러시아어가 모국어에 가까운 수준이었던 최재형이 적임자였다. 최재형은 오늘날로 치면 인력공급 및 관리를 책임지는 1차 하청업체를 운영했다.

토목공사만큼 남는 장사가 없다는 것은 지금이나 옛날이나 마찬가지였다. 이 공사는 최재형에게 부와 신망을 한꺼번에 안겨주었다. 정치와 사업에서 가장 중요한 것은 평판이다. 그런데 최재형은 도로공사를 통해 부보다 더 중요한 좋은 평판을 얻는 데도 성공했다. 좋은 평판은 곧바로 새로운 기회를 제공했다. 블라디보스토크에 위치한 극동함대사령부에 생필품을 납품할 수 있는 자격을 얻어낸 것이다. 군납업자는 자신이 납품하는 제품에 관해서는 일종의 독점권을 가지게 된다. 거대한 부를 이룬 사람 중 군납업자들이 많은 이유가 거기에 있다. 안개 자욱한 포시에트를 떠나 경험한 7년의 시간은 최재형에게 엄청난 가능성과 능력을 키우는 기회였던 셈이다.

임오군란과 갑신정변을 거치면서 국경 지역은 사실상 무정부 상태에 놓였다. 그에 따라 중국의 옌볜으로, 러시아의 블라디보스토크 방면으로 국경을 넘는 한인들이 기하급수적으로 늘어나기 시작했다. 블라디보스토크와 같은 대도시의 외곽에도 한인들의 집단 거주지가 생기기 시작했다. 포시에트의 배후 도시인 노보키옙스키와 니콜스크 역시 마찬가지였다. 러시아 정부는 국경을 넘어오는 한인들에 대한 대책이 필요해졌다. 차르체제는 영국이 인도를 지배했던 방식을 그대로 차용했다. 러시아를 잘 이해하고 있는 한인을 자치구의 책임자로 임명하는 방식이었다. 부와 신망, 게다가 좋은 평판을 얻고 있던 최재형은 연추煙秋 한인자치구 책임자로 임명됐다. 그런데 당시 자치구의 책임자는 흔한 명예직이 아니었다. 3000루블 정도의 적지 않은 연봉을 받았다니 일종의 별정직 기초단체장이나 마찬가지였다. 은수저를 물고 태어나지 않았지만 최재형은 이제 은수저마저 갖게 되었다. 하지만 최재형은 전혀 다른 꿈을 꾸고 있었다.

조선을 떠나 연해주 지역에 자리 잡은 독립운동가들은 대개 학교 설립, 신문 발행, 군대 조직에 집중했다. 최재형 역시 연추에 학교를 설립하는 것으로 독립운동에 발을 디뎠다. 이유는 당연히 독립운동에 밑거름이 될 인재를 양성하기 위해서였다. 자질이 뛰어난 인재가 보이면 블라디보스토크, 니콜스크, 페테르부르크까지 유학을 보냈다. 이런 인재 중 한 명이 포시예트 지신허에서 태어나 후일 고려공산당 이르쿠츠크파의 지도자로 활약하며 파란의 한복판에 섰던 한명세다. 또한 노보키옙스키의 수하노프카Sukhanovka 출생으로, 1921년 이른바 '11월 면담' 당시 레닌과 이동휘의 통역을 맡은 김 아파나시 역시 그 수혜자 중 한 명이었다. 김 아파나시는 볼셰비키 포시에트당 서기를 맡을 정도로 두각을 나타냈다.

최재형만 우연히 운명의 인물을 만난 것은 아니었다. 인재 양성과 민족의식 고취를 위한 교육사업에 전념하던 최재형은 이범윤을 만나고 나서 갑자기 관심을 '무력' 쪽으로 기울이게 되었다. 이범윤은 고종의 측근 중 한 명으로 대한제국에 의해 간도관리사로 파견된 인물이었다. 간도 지방의 한인들을 보호하는 것이 주 임무였다. 오늘날로 치면 해외에 거주하는 자국민의 보호를 담당하는 '영사'라고 할 수 있다. 하지만 이범윤은 대범하게도 옌지延吉과 룽징龍井의 경계에 위치한 마오얼산帽兒山(모아산)에 병영을 설치하고 군대를 조직해 일제의 진출을 무력으로 저지하고 나섰다. 그런데 1905년 을사늑약이 체결되면서 외교권이 박탈되자 이범윤은 자동 해임된 것이나 마찬가지 상태가 되어버렸다. 대한제국에서는 일제의 압력에 의해 소환 명령을 내렸고, 청나라마저 이범윤의 귀국을 압박했다. 그러자 이범윤은 부하들을 데리고 연해주로 넘어갔다. 그리고 최재형은 운명처럼 이범윤을 만나게 된 것이다.

시간문제이긴 했지만 을사늑약은 망명한 한인들에게 충격적인 사건이었다. 그동안 최재형은 자신의 재산을 '조국의 독립'에 투자하는 데 아끼지 않았고, 그것이 올바른 길이라고 믿어 의심치 않았다. 그런데 그 조국의 외교권이 어느 순간 사라진 것이다. 바로 그때 이범윤이 찾아왔다. 군대를 조직해 조국의 자주권을 무력으로 되찾아야 한다는 이범윤의 주장은 최재형의 마음을 움직였다. 이범윤이 거물이긴 하지만 더 결정적인 인물이 있었다. 조카인 이위종이었다.

이위종은 고종이 보낸 세 명의 헤이그 밀사 중 한 명이었다. 밀사로 파견될 당시 이위종은 스무 살의 청년에 불과했다. 그러나 외교관인 부친 이범진을 따라 어릴 적부터 워싱턴에서 미국 생활을 경험했다. 부친은 워싱턴 공사를 거쳐 유럽 주재 공사를 지냈고, 이후 러시아 공사로 재직하고 있었다. 이를테면 이위종은 '세계인'이었다. 이상설이 밀사 대표, 이준이 차석 대표라면 이위종은 일종의 대변인 역할로 발탁되었던 것이다. 헤이그 밀사 파견이 실패로 끝나자 일제는 궐석재판을 통해 이상설에게 사형을, 이위종에게 종신형을 선고했다. 이위종의 참여는 이들의 결정에 권위를 부여하는 의미가 있었다.

최초의 연해주 지역 무장 조직이라고 할 수 있는 동의회同義會가 탄생한 것은 1908년 봄이었다. 군대를 유지하려면 적지 않은 자금이 들어가기 마련이다. 1만 루블이라는 거금이 모였는데 러시아 공사를 맡고 있던 이범진이 전액을 제공했다는 설과 최재형이 제공했다는 설이 엇갈리고 있다. 이범진은 이후에도 무관학교 양성 등에 계속 자금을 제공한 것으로 보아 아들이 참여하고 있던 동의회에도 제공한 것이 분명해 보인다. 하지만 최재형이 아무런 자금도 제공하지 않았을 가능성은 없어 보인다. 요컨대 1만 루블의 정체는 둘 중 한 사람이 전액을 제공한 것이 아니라 총액이라고 보는 것이 타당할 것이다.

연해주 지역 한인들의 존경을 받고 있는 최재형, 일제에 무장으로 저항한 것으로 입소문이 퍼져 있던 이범윤, 고종의 밀사 이위종, 그리고 자금 문제까지 모든 준비를 마쳤다. 부대의 규모는 200여 명에서 300여 명 사이였다. 부대 규모가 작다고 할 수도 있지만 대규모 병력은 러시아를 자극할 염려도 있고, 무엇보다 다량의 총을 구하는 것이 어려운 상황이었다. 총대장은 이범윤이 맡았다. 하지만 실제로 전투를 지휘할 사람이 필요했다. 그때 등장한 사람이 안중근이다. 화룡점정, 그렇게 해서 최초의 '국내진공작전'이 역사에 등장했다.

그해 여름은 국경 지역 한인들에게 잊을 수 없는 해로 기록됐다. 동의회 부대가 두만강을 건너 함경북도 경원 지역의 일본군 수비대를 기습해 교전 끝에 궤멸시킨 것이다. 계속된 기습공격으로 국경 전역의 일본군에 초비상이 걸렸다. 먹고살기 바빴던 연해주의 한인들도 술렁거리기 시작했다. 호사다마랄까. 포로로 잡은 일본군들 탓에 누구도 예기치 않은 사건이 일어났다. 안중근이 포로 석방을 지시한 것이다. 부하들의 의견은 달랐지만 군대에선 전투사령관의 의견이 최종적인 성격을 가질 수밖에 없었다. 천주교인이라는 그의 종교적 철학이 크게 작용한 것인지는 분명치 않다. 하지만 석방된 포로들에 의해 부대의 동선과 위치가 노출되고 말았다. 그에 따른 예상치 못한 아군의 희생도 발생했다. 지휘방식을 놓고 내부에서 격론이 일어나면서 안중근은 지휘관에서 '실각'했다.

그동안 연해주 지역 한인들이 일본군에 대항하는 것을 러시아로서도 반대할 이유가 없었다. 일제의 진출을 저지하는 효과가 있었기 때문이다. 하지만 새로 부임한 운테르베르게르Unterberger 연해주 지역 총독의 생각은 전혀 달랐다. 부임 직후 그가 내린 첫 조치는 한인들의 러시아 귀화 금지였다. 한술 더 떠 이미 귀화한 한인들도 차르 소유의 국유지 경작 금지 정책을 단행했다. 사실상 인종에 대한 차별에 가까웠다.

일제는 조선병탄을 완전히 마무리 짓는 데 집중하고 러시아를 상대로 외교를 통해 동의회를 압박하는 방식을 들고
나왔다. 일제의 외교는 손쉽게 힘을 발휘했다.
일제의 입맛에 맞는 총독이 때마침 부임했기
때문이다. 최재형이 집중공격 대상이었다. 결
국 최재형은 한인자치구 책임자 자리에서 물러
나야만 했다. 동의회 역시 활동이 강제로 중단
됐다. 가장 좌절한 사람은 누구였을까. 최재형
이었을까, 이범윤이었을까, 아니면 안중근이었
을까.

1910년대 연해주 항일운동의
중심이었던 최재형

　동의회가 조직되던 비슷한 시기에 교민들
을 상대로 하는 〈대동공보〉가 발행되고 있었다. 신문 발행을 주도한 사람
은 유진율이었다. 발행인으로 러시아 퇴역장성을 내세운 것은 당국의 시
선을 피하려는 의도였다. 그는 정치력이 있는 인물이었다. 주 2회 발행에,
미국과 멕시코에까지 보내질 정도로 상당한 규모의 신문이었다. 동의회
의 활동이 중단된 이듬해 가을, 〈대동공보〉에 가끔씩 기고하던 한 사내가
방문했다. 안중근이었다. 편집실에 거처를 마련한 안중근은 유진율이 제
공한 자금을 가지고 10월 21일 신문사를 나섰다. 그리고 5일 후, 하얼빈
역에서 안중근의 브라우닝 권총에서 총알 여섯 발이 불을 뿜었다. 후폭풍
은 컸다. 이범윤은 이르쿠츠크로 강제 추방됐고, 이제 막 연해주로 넘어
온 헤이그 밀사 전권대사 이상설은 곧바로 체포됐다.

　그렇잖아도 재정난에 시달리던 〈대동공보〉는 파산 위기에 처했다. 최재
형은 학교, 군대에 이어 세 번째 카드를 빼들었다. 〈대동공보〉를 인수한 것
이다. 신문사를 인수한 최재형은 직접 사장에 취임한 후 유진율을 편집인

연해주에서 발행된 교민 대상 소식지 〈대동공보〉

및 발행인으로 선임했다. 정면 돌파였다. 이전에도 그랬지만, 신문의 논조는 오로지 일제에 대한 규탄이었다. 선전과 선동은 구심력을 확보하기 쉬운 전략 중 하나다. 하지만 반대로 공격받을 타깃이 분명해진다는 약점도 동시에 안고 있다. 일제의 외교력에 굴복한 총독은 신문을 정간 처분했다. 표트르 세메노비치 최의 나이는 벌써 50, 하지만 그의 여정은 아직 끝나지 않았다.

민중 속으로

———————— 그동안 조선의 독립운동이 보여준 가장 큰 한계는 상층 중심이 주류를 이루고 있었다는 것이다. 상층 중심은 민중과 분리될 수밖에 없고, 필연적으로 대중적인 운동으로 발전하는 데 한계를 가질 수밖에 없다. 물론 그 이유는 차르 체제의 볼셰비키가 그랬듯이, 일제 치하의 조선 땅에서도 어쩔 수 없는 측면이 존재했다. 조직을 비밀스럽게 유지해야만 하는 이유도 있었지만 조선 땅이 아닌 러시아 연해주 지역에서 상층 중심의 독립운동을 계속하기엔 문제가 있었다. 일제가 조선을 강제로 병탄하면서 연해주로 탈출하는 한인들이 또다시 급증하기 시작했다. 연해주의 한인 숫자가 기하급수적으로 늘어난 것과 마찬가지로 연해주로 향하는 지도자의 숫자도 급격히 늘어났다. 국권을 상실한 한인들의 분노는 절정에 달했다. 누군가 불씨 하나만 던지면 연해주 전역을 태울 것만 같았다.

1911년 5월, 블라디보스토크에도 어김없이 봄이 찾아왔다. 하지만 이해 봄은 연해주 지역의 독립운동에 또 다른 전환점이 되었다. 연해주 지역 한인들은 독립운동을 대대적으로 전개하기 위해 권업회勸業會라는 이름 아래 모여들었다. 블라디보스토크의 신한촌에서 결성된 권업회는 글자 그대로 해석하면 '실업을 장려한다'는 의미였다. 겉으로는 한인들의 친목단체처럼 보였지만 친목회라는 간판은 위장이었다. 러시아의 한인들에 대한 감시와 견제가 한층 극심해지고 있었기 때문에 조직의 성격을 위장한 것이었다.

조직 결성의 실무를 주도한 사람은 엄인섭, 김립, 이종호 등이었다. 삼십대 중반의 엄인섭은 안중근과 함께 동의회에 참여했던 인물로, 이때는 이미 좌장이나 마찬가지였다. 김립은 7년 후 이동휘와 함께 최초의 사회주의 정당인 한인사회당을 주도하는 인물이다. 이종호는 고려대학교의 전신인 보성학교의 설립자 이용익의 손자다. 조부의 사망으로 보성학교의 2대 교장을 맡았으나 한일병탄으로 학교를 천도교에 일시적으로 넘기고 추운 연해주로 망명해야 했다. 독립운동에 필요한 군사, 조직, 재정이라는 3박자에 적임자들이었다. 이들을 배후에서 지원한 인물은 아직도 여정을 계속하고 있는 최재형이었다. 권업회의 회장은 최재형, 부회장은 무장노선을 주도하고 있는 홍범도가 맡았다.

최재형은 그동안 재정적 지원과 후원을 도맡아왔지만 정치력을 갖춘 지도자라고 보기엔 무리가 있었다. 그런 사실은 누구보다 최재형 자신이 잘 알고 있었다. 후일 연해주 지역 독립운동 지도자가 되는 이동휘는 아직 일제총감부에 의해 인천 무의도에 강제로 유배되어 있었다. 그런데 헤이그 밀사 사건이 실패로 돌아가자 미국으로 건너가 절치부심하던 이상설이 연해주로 건너왔다. 연해주 전역의 한인들을 규합하려면 거물급 지도자가 필요하다는 것을 모두가 공감하고 있었다. 게다가 이상설은 '조선을 대표'한다는 명분까지 갖추고 있었다.

그해 겨울, 권업회는 조직을 의사부와 집행부로 분리하는 개편을 단행했다. 의사부는 일종의 국회인 셈이고, 집행부는 내각이라고 볼 수 있다. 내각 제하의 정부를 방불케 하는 체계다. 이상설은 시작 단계부터 권업회를 망명정부로 확대할 의도를 가지고 있었던 것이다. 일제를 상대로 독립전쟁을 하려면 정부의 성격을 가져야 대외적으로 정당성을 확보할 수 있다는 것이 이상설의 지론이었다. 이상설의 생각은 한일병탄 이후 연해주의 독립운동가들 사이에서 빠르게 공감대를 얻어나갔다. 물론 이런 흐름은 암묵적인 공감대였을 뿐, 누구도 공개적으로 정부를 언급하지는 않았다.

권업회가 위장이었다는 것은 조직 운영을 보면 확연히 드러난다. 우선 가입하려면 세 명 이상의 연대서명이 필요했다. 지원자가 50명이 넘으면 임시총회를 소집해 자격을 엄격히 심사해서 가입을 허가했다. 임시총회까지 거쳐서 하는 가입절차는 이전엔 없던 강력한 규정이었다. 예를 들면 마치 볼셰비키의 조직 운영 원리에 가까운 비밀 조직 형태였다. 하지만 처음부터 이상설이라는 명분을 갖춘 지도자와, 연해주 전역의 활동가들이 참여한 것은 생각보다 파괴력이 컸다. 불과 1년 만에 회원 수는 2000여 명, 3년이 지났을 무렵에는 1만여 명에 육박할 기세였다. 자격심사를 거쳐 조직한 회원 수가 이 정도인 것은 전무후무한 일이었고, 그것은 "연해주 지역 독립운동 활동가 거의 모두를 규합한 것"이나 마찬가지였다. 외부적으로는 친목 조직이고 내부적으로는 철저한 비밀 조직이었지만, 이렇게 대규모 독립운동 조직은 이때가 처음이자 마지막이었다.

하지만 한인들의 분노와 뛰어난 지도자들이 있다고 조직이 성장하는 것은 아니었다. 분노를 지속적으로 환기시키고 구심력을 유지하는 것이 무엇보다 중요했다. 신문이 필요한 이유였다. 권업회의 기관지인 〈권업신문〉은 내용이나 규모에서 이전의 신문들과 확연히 달랐다. 우선 신채호가 주필을 맡았다. 한마디로 신문의 '급'이 이전과 달랐다. 신문은 중국과 미주뿐만 아니라 멕시코에까지 배포되었다. 조선에도 비밀리에 배포된 것은 당연했고, 배포자는 총독부의 일급체포 대상에 오를 정도였다. 〈권업신문〉은 강제로 폐간될 때까지 총 126호를 발행했다. 매주 거의 빠짐없이 발행한 셈이다. 이전의 신문들과 달리 탄탄한 체계를 갖추고 있었다는 방증이기도 하다. 특히 한인들이 밀집해 있는 연해주 전 지역에 신문이 배포되었다는 것은 중요한 의미를 지닌다. 그것은 권업회가 설령 자임하지 않았더라도 '준망명정부'의 위상을 한인들에게 심어주기에 충분했다는 사실이다.

역사는 반복된다. 얼마 후 조선을 탈출해 연해주로 오는 이동휘를 포함해 신채호와 이종호는 모두 신민회 출신이다. 한일병탄 직전까지 신민회는 국내에서 독립운동을 위해 비밀 조직으로 운영되는 거의 유일한 단체였다. 신민회 출신들이 권업회의 주요 지도자로 활동하고 조직 운영 방식이 신민회와 유사한 것은 우연이 아니었다. 연해주뿐만 아니라 중국 전역으로 망명한 신민회 출신들은 독립운동 단체들에서 유사한 방식으로 주도적인 역할을 하고 있었다.

중요한 역할을 담당했던 또 다른 사람들은 보성전문 출신들이었다. 앞서 언급했던 이종호는 보성전문학교 설립자의 손자로, 한일병탄으로 사실상 학교를 강탈당한 인물이다. 신채호에 이어 〈권업신문〉의 주필을 맡은 김하구는 이종호가 와세다 대학으로 유학을 보냈던 인물이다. 김하구는 그 뒤 이동휘와 함께 고려공산당 상해파를 주도하는 인물 중 한 명이다. 재정을 담당했던 윤해는 소위 임시정부 창조파의 핵심으로 활동하며 실패한 조선공화국 건설을 주도한다. 재정 문제를 함께 담당했던 김립 역시 고려공산당 상해파의 최고 핵심인물이 된다. 이들의 공통점은 모두 보성전문 출신이라는 것이다. 요컨대, 신민회와 보성전문 출신들이 권업회의 주도적인 인물들이라고 해도 과언이 아니었다.

권업회도 학교 설립을 서둘렀다. 신한촌에 설립된 한민학교는 240명 전원이 기숙하는 학교였다. 어느 나라든 엘리트 학교는 기숙학교인 경우가 대부분이고, 기숙학교가 엘리트 학교가 아닌 경우는 드물었다. 한민학교는 스탈린의 강제이주 정책 때까지 25년간 운영되었다. 정원이 해마다 그대로 유지되었다면 5000명에 달하는 학생들이 한민학교를 통해 배출된 셈이었다. 졸업생 명단을 모두 확인할 수는 없지만 아마도 그중 수많은 사람이 독립운동의 핵심적인 역할을 했으리라는 것만은 분명해 보인다.

한민학교는 중장기적으로 인재를 양성하기 위한 학교였다. 김약연 등이 주도해 만든 북간도의 명동학교와 유사하다고 볼 수 있다. 서간도의 신흥강습소는 애초에 비슷한 성격으로 출발했지만 얼마 지나지 않아 사관학교로 그 성격이 바뀌었다. 일제 치하 후반기에 활약하게 되는 독립운동가들을 배출한 신흥무관학교의 전신이 신흥강습소였다. 북간도의 명동학교, 서간도의 신흥무관학교, 연해주의 한민학교를 통해 배출된 인재들은 향후 30년간 수많은 독립운동 단체들에 실핏줄처럼 퍼져 활약했다.

그런데 권업회가 연해주 지역에 자리 잡기 시작한 1913년에 들어서면서 또 다른 학교의 설립이 추진되었다. 신흥무관학교와 유사한 군사간부 양성을 목적으로 하는 대전무관학교가 그것이다. 권업회는 명동학교와 신흥무관학교의 성격이 혼합된 학교를 설립해, 인재를 양성하는 학교와 무장 간부들을 양성하는 학교를 동시에 추진했다. 권업회가 '무장노선'을 핵심으로 추진하겠다는 의지가 반영된 것이었다.

대전무관학교는 1913년에 추진되어 1914년에 자리를 잡았다. 이 무렵 조선에 억류되어 있던 이동휘가 연해주로 넘어왔다. 이상설과 권업회가 그토록 갈망하던 야전사령관이 마침내 등장한 것이다. 그런데 이동휘의 망명 경로가 다른 사람과 조금 달랐다. 1912년 6월 석방된 이동휘는 해가 바뀌어서야 국내를 빠져나왔다. 워낙 거물인 탓에 망명이 쉽지 않은 이유도 작용했을 것이다.

이동휘는 이듬해 2월 중국의 지린성에 모습을 드러냈다. 북간도의 옌볜 한인자치구로 망명하는 것은 흔한 일이었으니 이상할 것은 없었다. 북간도에 8개월을 머문 이동휘는 돌연 연해주로 거점을 옮겼다. 1913년 가을이 시작될 무렵이었다. 결단력이 분명했던 이동휘답지 않은 행보였다. 그런데 권업회가 그즈음 설립한 대전무관학교는 연해주 지역이 아닌 북간도의 왕칭현에 자리 잡고 있었다.

그동안 권업회뿐만 아니라 연해주의 독립 단체들이 설립한 조직이 연해주를 벗어난 적이 없었는데, 권업회가 야심 차게 설립한 대전무관학교가 연해주가 아닌 중국 땅에 설립된 것은 조금 뜻밖의 결정이었다. 이동휘의 생애를 돌아보면 알 수 있지만 이동휘만큼 즉자적인 인물도 드물었다. 곰처럼 웅크리고 기다리는 것은 그의 생리에 맞지 않았다. 그런데 무의도에서 석방된 이동휘는 8개월 동안 움직이지 않았다. 호랑이가 곰처럼 움직이지 않은 것이다. 영어의 몸에서 막 풀려난 이동휘는 일제의 감시를 피하기 위해 불필요한 행동을 하지 않았다. 하지만 때를 기다리면서 손 놓고 있지만은 않았다. 망명은 기정사실이었지만 망명지를 놓고 고민을 거듭했다.

간도 지역에 무관학교를 세우고 집단으로 망명하자는 것이 신민회의 결정이었다. 하지만 신민회 지도부들의 망명은 간도와 연해주 두 갈래로 나뉘어버렸다. 신민회 자체가 집단지도체제 방식으로 운영되었던 것이 역설적으로 약점이 되어버렸던 것이다. 다수의 지도부는 간도로 향했지만 신채호와 이종호를 비롯한 인물들은 결정과 달리 연해주를 망명지로 선택했다. 이동휘는 간도와 연해주 양쪽에 대한 정보를 모으고 있었던 것이다. 간도를 경유하긴 했지만 이동휘의 목적지는 애초부터 연해주였을 가능성이 높았다. 간도에 머무는 동안 신구파, 즉 기독교와 유교계의 날선 대립을 중재하기 위해 노력했지만 이내 손을 떼고 훈춘을 거쳐 연해주로 넘어갔다. 이동휘는 군인답게 간도 이곳저곳을 지나며 눈여겨보는 것을 잊지 않았다.

연해주 지역은 이른바 무장독립노선을 주장하는 이들이 다수파를 차지하고 있었다. 무력을 통해 조선의 국권을 되찾자는 이들이 다수파라는 것은 필연적으로 군사학교를 설립하는 것으로 연결될 수밖에 없었다. 국내에 있을 때도 이동휘는 일제에 의해 강경파로 분류되어 감시 대상에서 빠지지 않는 인물이었다. 게다가 이동휘는 다른 사람들과 달리 출신 자체가 군인이었다. 대전무관학교가 연해주가 아닌 북간도에 설치된 것은 이동휘의 행보와 무관하지 않았다. 우선 왕칭현은 위치상으로 요충지였다. 중국의 정세가 급변할 경우 국경이 멀지 않기 때문에 러시아로 대피할 수 있는 지리적 이점이 있었다. 또 하나는 연해주에 군사학교를 설치할 경우 러시아의 정세를 감안할 때 여러 가지 제약이 따를 수밖에 없었다. 무엇보다 국내로 진격할 때 연해주보다 지리적으로 유리하다는 점도 작용했다.

어떤 조직이든 파벌은 존재한다. 역사적으로 볼 때 식민지 국가의 독립 투쟁이 파벌의 대립 없이 전개된 경우는 존재하지 않는다. 이때 이미 연해 주에 좌파 민족주의와 초기 사회주의 경향이 꿈틀거리고 있었다. 국내에 서도 정도의 차이는 있지만 그런 '경향'들이 나타났다. 통일된 조직 안에서 도 경향의 차이는 존재하는 법이다. 이것이 일종의 노선 대립으로 확대되 는 것도 일반적이다. 그런데 러시아 혁명 이전의 연해주와 간도 지역의 파 벌은 다른 식민지 국가에서는 흔히 볼 수 없는 묘한 형태를 띠고 있었다.

연해주 지역에서는 이른바 서북파가 다수 세력을 형성하고 있었다. 이 들은 함경도 출신이라는 공통점을 가지고 있었다. 조선 땅을 오가면서 동 향 출신을 만나면 반가운 것이 인지상정이다. 하물며 이역만리 타향에서 만난 동향 출신이라면 더 말할 필요조차 없다. 우선 연해주에는 함경도 출 신들의 숫자가 압도적이었다. 지리적으로 가깝다는 이유도 크게 작용했 다. 그리고 한일병탄 훨씬 이전에 먹고살기 위해 연해주로 넘어와 기반을 잡은 함경도 출신들이 많았다. 먹고살기 위해 먼 타향으로 갈 때는 사돈의 팔촌이라도 찾게 마련이다. 그러다 보면 일종의 연쇄작용이 일어난다. 대 규모 벌목과 금광 개발도 연해주로 가는 선택지의 하나로 작용했다. 자기 땅이 한 평조차 없는 사람은 맨몸으로 일할 수 있는 곳을 찾는 것이 당연 하다.

문창범을 비롯해 이종호, 엄인섭 등 연해주의 독립투쟁을 주도한 사람 들은 모두 함경도 출신이다. 조금 늦게 합류했지만 이동휘 역시 함경도 출 신으로 이종호와 신민회에서 활동한 이력이 있었다. 물론 서북파가 모두 함경도 출신은 아니었으며, 반대로 함경도 출신이 모두 서북파라고 단정 할 수도 없었다. 그런데 이들은 독립투쟁 방식에서 하나의 공통점을 가지고 있었다. 국내 진공 노선, 요컨대 무장을 통해 독립을 쟁취해야 한다는 동일한 경향을 가지고 있었다. 이쯤 되면 단순히 출신 지역을 넘어 하나의 '노선'이라고 할 수밖에 없었다.

평안도와 황해도 출신들을 포함해 범서북파라 통칭하기도 한다. 하지만 이들은 서북파와 별도로 서도파라고 불렸다. 서도파의 좌장이라 할 수 있는 안창호가 무장노선과 거리를 두는 입장이었기 때문이다. 하지만 훗날 임시정부 내에서 무장노선을 주장한 대표적인 인물인 노백린은 황해도 송화 출신이고, 유동렬은 평안도 박천 출신이다. 요컨대 서도파가 범서북파로 지칭된 것은 이런 이유 때문이었다.

교육을 통해 내실을 기하며 준비해야 한다는 것이 안창호의 일관된 주장이었다. 말하자면 실력양성론이었다. 연해주 지역의 한인들을 하나의 조직으로 묶는 논의가 한창이던 1911년 초, 안창호의 행보를 주목할 필요가 있다. 그해 2월 연해주에 들어온 안창호는 블라디보스토크와 치타, 이르쿠츠크를 거쳐 페테르부르크까지 가는 여정을 계속하며 한인들을 접촉했다. 여정은 거기에서 머무르지 않고 계속되어 베를린과 런던까지 이어졌다. 안창호가 미국으로 돌아온 것은 9월경으로, 장장 7개월에 걸친 대장정이었다. 그리고 이듬해 5월, 팔도 대표를 선정해 샌프란시스코에서 흥사단을 창립했다. 안창호의 노선을 실력양성론이라고 말하는 이유다. 무장노선을 주장하는 한인들이 우글거리는 연해주에서 안창호는 한인들을 상대로 자신의 노선을 주장하는 행보로 일관한 것이다.

연해주의 한인들이 서북파를 중심으로 무장노선 경향이 강했다면, 중국은 기호파의 영향력이 강했다. 임시정부 설립에 주도적인 역할을 담당하기도 했던 기호파는 경기도와 충청 출신들을 지칭했다. 황해 출신이지만 경성에서 주로 활동했던 이승만을 비롯해 충청 출신인 신규식과 이동녕이 대표적인 인물이다. 기호파는 상해임시정부가 설립된 후 서북파와 지속적으로 대립했다. 기호파의 일관된 노선은 외교에 의한 독립론이었다. 요컨대 강경론과 온건론이 출신 지역과 맞물리면서 독립운동의 노선으로 확장되었고, 그것은 결정적인 순간에 하나의 족쇄로 작용했다.

임시정부 이전의 '임시'정부

────── 독립전쟁론은 글자 그대로 강압적 한일병탄으로 인해 국권을 잃었으니 무장병력을 동원해 되찾겠다는 뜻이다. 일상적으로 벌어지는 게릴라전 방식의 교전을 하겠다는 것이 아니다. 이를테면 적국에 전쟁을 선포하는 의미에 가깝다. 그러기 위해서는 당연히 '임시'정부가 필요했다. 독립전쟁론은 1930년대 후반부터 본격화되기 시작했지만 당시 이미 구체적인 계획들이 추진되고 있었다.

앞에서 언급한 것처럼 권업회와 신민회는 조직 운영 규약에서 상당히 유사한 측면이 있었다. 일종의 비밀결사이고 회원들의 연대서명을 통해야만 가입이 가능하다는 것도 공통점이다. 1907년 정미7조약으로 조선이 군사력까지 빼앗기자 독립운동 진영의 위기감은 을사늑약이 체결될 때와 완연히 달랐다. 독립협회와 달리 비밀결사 형태로 설립된 신민회는 애초부터 무장노선 경향이 강했다. 하지만 정미7조약으로 군사권마저 무력화시킨 일제의 공세는 멈추지 않았고, 신민회가 할 수 있는 일은 한계가 분명했다. 그렇기 때문에 신채호가 신민회를 합법주의와 문화주의에서 벗어나지 못했다고 비판한 것이다. 그것은 무장노선이라는 합의는 있었지만 실천을 위한 준비는 방치되었다는 의미다.

신채호의 비판에도 불구하고 신민회 내에서 무장노선 경향이 강한 것은 사실이었다. 정미7조약으로 이런 경향이 단일한 노선으로 굳어진 것은 자연스러운 일이었다. 하지만 신채호의 비판처럼 신민회는 '캠페인 노선'을 벗어나지 못했다. 예컨대 교육운동과 계몽운동에 모든 사업이 집중되는 것을 벗어나지 못했다. 무장노선과 관련된 구체적인 준비는 아예 존재하지도 않았다. 하지만 역사는 언제나 무책임하지 않았다. 한일병탄의 그림자가 목전까지 다가온 것을 신민회는 피부로 느끼기 시작했다. 새로운 결단을 내려야만 했다. 매미들이 마지막 소리를 내던 1910년 8월 29일, 조선을 이은 대한제국은 역사의 뒤편으로 사라졌다.

신민회 정도의 조직이라면 자체 정보망이 없을 리 없었다. 여름이 오기 전에 신민회 주요 지도부는 국내를 떠났다. 안창호와 신채호 등을 비롯해 신민회 다수는 국내를 떠나 중국 칭다오로 넘어갔고, 일부는 연해주로 향했다. 국내에 남아 있던 양기탁과 이동녕, 김구 등의 의견이 칭다오에 전달됐고, 칭다오에서 토론이 진행됐다. 안창호의 준비론은 예상대로 기각됐다. 일종의 이원 지도부회의의 다수 의견은 '독립전쟁론'이었다. 독립전쟁론의 핵심은 크게 두 가지였다. 지도부를 비롯한 집단적인 간도 이전과 무관학교 설립을 통한 군대 양성이었다. 임시정부를 자임하지는 않았지만 사실상의 망명정부에 대한 고민도 깊어갔다.

조선의 이데올로그 신채호와 탄탄한 재산을 가진 이종호 등이 칭다오로 떠난 것은 그해 봄이었다. 그런데 둘은 신민회의 결정과 달리 간도에 남지 않고 연해주로 넘어갔다. 이동휘 역시 간도를 경유해 연해주로 넘어갔다. 이들이 왜 그런 선택을 했는지 구체적인 이유는 알려진 적이 없다. 연해주의 정세가 독립전쟁을 수행하기에 더 희망적이라고 판단한 것은 아닐까. 권업회가 한 걸음씩 앞으로 나아갈 무렵, 연해주에는 출처가 불분명한 소문이 밑도 끝도 없이 나돌았다. 소문의 정체는 러일전쟁 10년을 맞아 패전한 러시아가 일제를 상대로 복수전을 할 것이라는 내용이었다.

러일전쟁은 그야말로 전격적이었고, 러시아는 공격다운 공격 한 번 하지 못하고 패전했다. 1904년 2월, 야음을 틈타 시모노세키를 출항한 일본 함대는 동해를 거쳐 그대로 원산에 상륙했다. 후쿠오카를 출항한 첫 번째 함대는 제물포에 정착해 있던 러시아 함대를 전멸시켰다. 한성에 내린 일본 군대는 둘로 나뉘어 하나는 원산으로, 나머지는 평양을 거쳐 신의주로 진출했다. 후쿠오카를 출항한 두 번째와 세 번째 함대는 서해를 지나 러시아가 조차하고 있던 중국의 선양瀋陽과 다롄大連을 순식간에 제압했다. 일제가 선전포고를 한 것은 그다음 날이었다. 러시아로서는 눈 뜨고 코 베인 채 끝난 전쟁이었다.

러일전쟁 이후 권력을 장악한 표트르 스톨리핀Pyotr Stolypin 수상이 1911년 암살당하면서 권력은 진공 상태가 되었다. 니콜라이 2세는 이미 정치에 관심이 없었고 민중은 완전히 방치된 상태였다. 그 틈을 비집고 괴승 그리고리 라스푸틴Grigorii E. Rasputin이 황후를 등에 업고 권력을 장악했다. 권력뿐 아니라 한 체제가 무너질 때 역사에 흔히 등장하는 그림이 펼쳐지기 시작했다. 신비주의에 빠져 있는 황제와 황후, 정치에는 무지한 라스푸틴의 조합은 막대한 부의 지출과 세금 인상으로 연결되었다. 민중에 의해 1905년 러시아 혁명이 재현되는 것은 시간문제였다. 대개 위정자들은 이런 경우 간단한 방법을 구사한다. 민중의 시선을 나라 밖으로 돌리는 것이다. 시베리아 횡단철도의 완공으로 본토에서 블라디보스토크로 물자 공급이 언제든 가능했으며, 무엇보다 이때는 극동함대가 완연히 제 모습을 갖추고 있었다. 러시아의 개전설이 터무니없는 것은 아니었다. 1914년이 러일전쟁 10주년 되는 해라는 것도 소문을 그럴듯하게 부채질했다.

이상설이 권업회를 임시정부에 준하는 형태로 조직했다는 추측은 장막을 벗기자 사실로 드러났다. 권업회를 독립전쟁을 전면에 내세운 대한광복군정부로 개편하기 시작한 것이다. 외교관으로 오랫동안 활약한 이상설은 전쟁에 개입하기 위해서는 '정부'가 필요하다는 것을 누구보다 잘 알고 있었다. 이상설은 정세에 따라 정부를 수립한 것이 아니라 정부 수립을 목표로 정세를 기다린 것이다. 상해임시정부 이전에 최초의 정부가 연해주에서 한발 먼저 탄생했다. 분노가 길어지면 체념이 된다. 권업회를 즉각 정부로 전환한 한인 지도부의 결정은 당연한 것이었다. 최초의 대한광복군정부는 이상설이 정통령, 이동휘가 부통령으로 취임했다. 그런데 불과 두 달도 안 돼 돌연 이상설이 정통령직을 사임하고 이동휘가 그 자리를 이어받았다. 내부에 이견이 존재했다는 의미다. 어떤 조직이든 이견은 있기 마련이다. 하지만 헤이그 밀사 이후 오직 독립전쟁이라는 한길만 달려온 이상설이 이견 때문에 사임했다는 것은 납득하기 힘든 대목이다. 그러자 이동휘와 이종호를 중심으로 한 서북파가 주도권을 과도하게 행사하려는 과정에서 이상설이 사임이라는 극단적인 카드를 꺼냈다는 이야기가 한인들 사이에 광범위하게 나돌았다. 독립전쟁은 시작부터 삐걱거리기 시작했다.

역사에는 때로 보이지 않는 손이 작동하기도 한다. 일본과 러시아의 개

전설이 나돌던 1914년 6월 28일, 사라예보의 밀라차Miljacha 강 위의 라틴 다리The Latin Bridge에서 두 발의 총성이 울렸다. 오스트리아-헝가리 제국의 프란츠 페르디난트 황태자 부부는 그 자리에서 절명했다. 1000만 명의 죽음을 불러온 전쟁의 서막이 오른 것이다.

프로이센에 의해 서쪽 진출이 가로막힌 오스트리아-헝가리 제국은 발칸반도를 향해 세력권을 넓히며 남하하기 시작했다. 그리고 첫 번째 타깃인 보스니아헤르체고비나를 강제로 합병했다. 위기감을 느낀 슬라브 민족들은 세르비아를 중심으로 발칸동맹을 구축하는 것으로 대응했다. 세르비아 입장에서 제국은 적이나 마찬가지였고, 제국은 세르비아가 눈엣가시처럼 거슬리는 존재였다.

역사라는 심술쟁이는 스스로 각본을 쓰고 관객을 불러 모으곤 한다. 황태자가 사라예보를 방문할 날은 세르비아에 특별한 의미를 갖고 있었다. 비도브단Vidovdan, 즉 성 비투스의 날은 1389년 코소보에서 세르비아가 오스만 제국에 대패하고 조공 국가가 된 날이다. 세르비아는 "슬라브는 슬라브다"라는 말로 치욕의 이날을 국경일로 지정하고 '기억'한다. 그리고 절묘하게 500년도 더 지나 성 비투스의 날에 제2차 발칸전쟁으로 세르비아는 마침내 자주국가가 되었다. 그 성스러운 날, 적군 수장 중 한 사람이 마차를 타고 사라예보를 활보할 예정이었다. 참을 수 없는 모욕이었다.

세르비아는 외교를 통해 문제를 해결하려고 모든 방법을 동원했지만 한 달간의 노력이 수포로 돌아갔다. 오스트리아-헝가리 제국이 세르비아에 선전포고를 할 때만 해도 국제외교를 통해 사태를 해결할 가능성이 어느 정도 남아 있었다. 하지만 눈치 없는 러시아가 "슬라브 민족 만세"를 외치며 끼어들어 사태가 걷잡을 수 없는 상황으로 치달았다. 러시아의 개입에 위기를 느낀 독일이 선전포고하자, 프랑스가 독일에 선전포고하는 것으로 확전됐다.

황태자 부부의 저격이 일어나고 한 달 후 전쟁이 시작된 것이다. 외교적인 중재안들이 오가며 세르비아는 무조건 항복하고, 조약에 무조건 서명하겠다며 백기를 내걸었다. 슬라브 민족의 큰형격인 러시아가 얼마든지 개입해서 사태를 수습할 수 있었지만 러시아는 조약 내용에 삐딱한 태도로 일관한 채 태클을 걸고 나왔다. 어설픈 큰형 노릇에 익숙해 있던 러시아가 방관자적 태도를 보인 이유는 하나, 민중의 눈을 국외로 돌리기 위해서였다.

사실상 권력을 장악한 라스푸틴은 민중의 분노를 잠재울 계기가 필요했다. 이럴 때 민족주의만큼 좋은 계책도 없다. 라스푸틴은 황제의 직접 출병을 부추겼다. 슬라브 민족의 큰형임을 재확인시켜주는 동시에 민중의 눈을 밖으로 돌리려는 이 계획에는 치명적인 약점이 하나 있었다. 연해주의 배후에 있는 일제였다. 전쟁의 기본은 배후에 적이 있으면 안 된다는 것이다. 역사의 경험으로 볼 때 방법은 오직 두 가지였다. 배후를 공격해 제압하거나, 외교를 통해 해결한 후 출병하는 것이었다. 러시아는 후자를 선택했다.

러시아와 일제가 연합군이 되자 연해주의 한인들은 직격탄을 맞았다. 연해주 지역의 총독은 곧바로 권업회 해산을 명령했다. 이동휘를 비롯한 주요 인물들에게 추방령이 내려졌다. 추방을 거부한다는 것은 곧 체포를 의미했다. 이동휘와 이종호는 간도로 망명할 수밖에 없었다. 최초의 망명정부인 대한광복군정부는 총성 한 번 울려보지 못하고 와해되었다. 독립운동 역사에서 가장 단명한 '임시'정부였다.

씨줄과 날줄의 인물들

━━━━━━━ 간도 지역에 머물고 있던 안명근이 권총 한 자루를 품고 압록강을 넘어 신의주에 들어온 것은 1910년 11월이 지나서였다. 독립전쟁론이 대세여서 무관학교 설립은 필수적이었다. 그러기 위해서는 상당한 군자금이 필요했다. 독립운동 지도자들이 자금을 모으고 있었지만 한계가 있을 수밖에 없었다. 하지만 안명근에게는 권총보다 더 큰 무기가 있었다. 그것은 안중근의 사촌동생이라는 '혈연'이었다.

황해도 안악, 신천, 재령 등지에는 대대로 부자들이 많았다. 황해평야는 한강 이북의 최대 곡창지대로, 조선시대 이전부터 대규모 지주들이 대를 이어왔다. 신천 출신인 안명근은 황해도 지역을 돌며 지주들에게 협조를 요청했다. 하지만 그것은 협조 이상의 무게를 지니고 있었음이 틀림없다. 그의 등 뒤에는 태산보다 큰 안중근이 있었기 때문이다. 출발은 순탄했다. 그런데 신천 지역의 한 지주가 협조를 거부하면서 사건이 일파만파 커지기 시작했다. 안명근이 권총으로 위협까지 한 듯했지만 한밤중의 협조 요청은 실패로 끝났다.

이 사건이 잘 짜인 계획이라면 순간 무엇인가 판단해야만 하는 상황이었다. 비밀스럽게 추진하던 계획의 퍼즐 하나가 헝클어졌다면 다른 계획이 있어야만 한다. 그런데 '플랜B' 같은 것은 애초부터 없었던 모양이다. 몇 사람에게 자금을 은닉시킨 안명근은 곧바로 평양에서 체포됐다. 협조를 거부한 지주가 일제에 신고했기 때문이다. 그런데 작은 소동은 해가 지나면서 눈덩이처럼 커지기 시작했다.

황해도 안악에 위치한 양산학교는 역사뿐만 아니라 물리학과 경제원론까지 강의할 정도로 황해도 교육의 구심으로 자리 잡고 있었다. 교장은 김구였다. 안창호가 양산학교 같은 것이 조선팔도에 있으면 독립은 요원한 일도 아닐 것이라고 극찬할 정도였다.

애초에 사건 관련자들은 배경진과 박만준, 신석충 정도였다. 부호였던 신석충은 일찍부터 다방면으로 자금을 희사해온 인물이었다. 배경진과 박만준은 아마도 자금관리책이었을 것이다. 예순을 눈앞에 둔 신석충은 이 사건이 어떻게 전개될지 짐작했던지 사리원으로 압송되던 중에 재령 철교에서 감시가 소홀한 틈을 타 투신해 스스로 목숨을 끊었다.

해가 바뀌자 강도 및 강도미수 혐의로 취조를 받던 안악사건은 황해도 전역의 민족지도자들을 연행하는 것으로 확대되었다. 김구를 시작으로 양산학교를 후원하던 부호 김홍량 등 연행자는 순식간에 100명을 넘어섰다. 사건은 거기에서 끝나지 않았다. 압록강 철교 개통을 앞두고 준공식에 데라우치 총독의 방문이 예정되어 있었다. 일제는 안명근 사건에 총독 암살음모라는 어마어마한 혐의를 덮어씌웠다. 일제의 목표는 다른 데 있었다. 아직 국내를 빠져나가지 못한 신민회 회원들과 민족지도자들이었다. 수백 명이 연행되면서 경성은 그야말로 쑥대밭이 되었다.

김구와 이동휘 역시 영문도 모른 채 연행되었다. 그야말로 날벼락이었다. 이 사건으로 안명근은 무기징역, 김구는 10년형을 선고받았다. 이동휘에게는 특별한 혐의를 씌우기 어려웠지만 일제는 개의치 않았다. 이동휘는 인천 앞바다의 무의도에 강제로 연금되었다. 한일병탄을 전후로 민족지도자들은 속속 국내를 떠나 간도와 연해주로 망명길에 올랐다. 하지만 상해에서 민족진영의 독립운동을 지휘할 김구와 연해주에서 사회주의 독립운동의 씨앗을 뿌릴 이동휘, 두 거물은 뜻하지 않은 사건에 휘말려 그렇게 국내에 억류되었다.

무의도에 연금되어 있던 이동휘가 풀려난 것은 1912년 초여름이었다. 일제는 한반도 국내 정세가 불안해지면 사건과 무관하더라도 이동휘를 우선 연금했는데, 그 이유는 간단했다. 독립운동 지도자들 중 몇 명 되지 않는 사관학교 출신 무관이었기 때문이다. 연금 상태에서 풀려난 이동휘는 경성에서 한동안 웅크리고 있었다. 일제의 감시 탓도 있었지만 간도와 연해주에 대한 정보가 부족했기 때문이다. 해가 바뀌자 이동휘는 소리 없이 국내를 탈출했다. 첫 기착지는 북간도에 위치한 광성학교였다. 북간도에서 가장 급진적인 학교라는 광성학교에는 이동휘의 사위인 오영선이 교사로 일하고 있었다. 그 광성학교에서 이동휘는 운명처럼 김립을 만났다.

북간도는 길거리를 걷다 보면 한인들끼리 옷깃을 스친다는 곳이다. 오래전부터 평안도 사람들을 중심으로 한인들이 자리를 잡기 시작했고, 이때는 망명한 독립운동 지도자가 손으로 세기 어려울 정도로 많았다. 특히 신민회 출신들은 연해주보다 간도 지역에 주로 자리를 잡았다. 이동휘가 활동하는 데 적합한 곳이었고 특별히 문제가 될 만한 이유도 없었다. 그런데 이동휘가 북간도에 머문 것은 고작 8개월 정도였다. 그 후 이동휘는 김립을 대동하고 훈춘을 거쳐 연해주로 넘어갔다. 우연이라면 이동 경로가 이종호와 유사했다는 것이다.

강화도 진위대장을 하던 이동휘가 사임한 것은 1905년 봄이었다. 절망한 민족지도자들은 인재 양성이 필요하다는 것에 절감했다. 이동휘가 주도적으로 설립한 강화의 보창학교는 강화 전역에 분교 설치를 추진할 만큼 규모가 컸다. 무엇을 하든 끝장을 보는 이동휘의 노력이 가장 큰 힘이었다. 불과 몇 개월 후 자결하는 민영환이 자금을 대면서 학교는 파죽지세

로 확장되었다. 그런데 또 한 사람이 학교에 거
액을 희사했다. 이종호였다.

군인 출신 독립운동가로 대한
광복군정부 부통령을 역임한
이동휘

보성학교, 곧 오늘날의 고려대학교 2대 이사
장이라고 할 수 있는 이종호는 한일병탄 직후
보성학교를 천도교에 위탁하고 북간도를 거쳐
연해주로 넘어갔다. 신민회 다수가 간도 지역
으로 망명한 상황에서 이종호는 왜 극동을 선
택했을까? 후일 이동휘가 연해주를 최종 목적
지로 결정한 것이 이종호의 영향이었다면 충분
히 설득력이 있다. 그런데 찬바람만 부는 연해
주를 이종호는 왜 혼자서 넘어갔던 것일까?

이종호의 할아버지 이용익은 쌀 서 말도 없는 집안 출신이었다. 하지만
이재에 뛰어나 보부상으로 종잣돈을 마련한 후 이내 금광업에 뛰어들었
다. 탄광업도 마찬가지지만 금광업은 도박에 가까운 사업이다. 운이 따랐
는지 함경도 지역에서 단박에 부호 대열에 이름을 올리는 데 성공했다. 그
런 후, 별기군의 실제 책임자인 민영익에게 줄을 대기 시작했다. 정치적
야망을 드러낸 것이다.

민영익의 추천으로 관직에 나간 이용익은 일종의 경제통으로 자리 잡
았다. 그리고 불과 몇 년 만에 왕실의 모든 재정을 관리하는 내장원경에
올랐다. 황제는 황실 소속 인삼밭과 광산을 통해 일종의 통치자금인 내탕
금을 별도로 조달하고 있었다. 내장원의 책임자는 최측근이 아니면 맡을
수 없는 자리였다. 내장원경을 거친 이용익은 오늘날의 재경부장관에 해
당하는 탁지부대신 자리까지 올랐다. 한 세대에 한 명도 되기 어렵다는 자

수성가는 이용익을 두고 하는 말이었다.

단 한 번의 실수도 없이 성공신화를 쓴 탓일까. 이용익은 만성적인 재정 적자를 해소하기 위해 보조 화폐로 백동화의 발행을 주도했다. 하지만 백동화 발행은 위조하기 쉽다는 치명적인 약점을 가지고 있었다. 위조를 포함한 백동화의 대량 발행은 시중에서 대규모 인플레이션을 불러일으켰다. 보이지 않는 세금이라는 인플레이션이 보이는 세금이 될 정도로 경제는 급격히 악화됐다. 경제를 파탄으로 몰고 간 백동화는 폐지되었지만 황제는 여전히 신임을 거두지 않았다.

을사늑약이 체결되자 황제는 이용익을 강원도관찰사에 임명했다. 하지만 이용익은 임지인 강원도로 향하지 않았다. 놀랍게도 그의 목적지는 프랑스였다. 황제의 밀서를 가지고 비밀리에 조선을 빠져나가고 있던 것이다. 하지만 이용익은 산둥성에서 정박 중이던 배에서 신분이 탄로 나 프랑스 밀사 시도는 실패로 끝났다. 위기에 몰린 황제는 사실을 부인하며 이용익을 관찰사직에서 즉시 해임했다. 헤이그 밀사 이전 최초의 밀사는 허무하게 이국에서 망명객이 되어버렸다. 연해주로 건너가 독립운동을 모색하던 이용익은 얼마 후 블라디보스토크에서 세상을 떠났다.

이종호가 연해주로 향한 유일한 단서다. 조국을 위해 헌신했던 할아버지가 이국에서 객사했고 이제는 나라까지 빼앗겼다. 이종호가 블라디보스토크를 선택한 것은 어쩌면 당연한 일이었다. 할아버지의 마지막 숨결을 찾는 것은 손자가 할 일이기도 했다. 추측을 덧붙인다면 이상설을 떠올렸을지도 모른다. 최초의 밀사 이용익처럼 이국을 떠돌던 헤이그 밀사 이상설은 이때 블라디보스토크에 자리 잡고 있었다.

한 세대에 이재의 천재가 한 명 있다면 학문의 천재도 한 명은 있기 마련이다. 이상설이 성균관 교수로 임명되었을 때 그의 나이는 불과 스물일곱 살이었다. 그리고 같은 해 6월 탁지부 재무관에 임명되었다. 하지만 압권의 맨 위에 있는 답안지의 작성자는 관직에 나가도 출세에 욕망이 적은 경우가 종종 있다. 이상설 역시 학문을 위해 탁지부 재무관직을 사임했다. 그리고 얼마 후 야망으로 뭉친 이용익이 탁지부 전환국장으로 임명됐다. 운명처럼 둘의 만남은 이뤄지지 않았다.

헤이그 밀사가 좌절된 뒤 이상설은 미국에 체류하고 있었다. 미국을 돌며 조국의 독립을 호소하던 이상설은 정재관이라는 인물을 만났다. 샌프란시스코에서 활동하던 이십대 후반의 정재관은 〈공립신보〉 주필 겸 안창호가 설립한 공립협회장을 겸임하고 있었다. 1908년 3월 21일 대한제국의 외교고문 스티븐스D. W. Stevens가 조선 방문을 마치고 샌프란시스코에 도착했다. 그런데 스티븐스는 기자회견에서 "일제의 통감부 정치는 한국에 긍정적이며 많은 한국인이 찬성하고 있다"는 요지의 발언을 했다.

이튿날 이런 내용의 기사가 샌프란시스코 언론들에 실리자 한인 사회는 격분할 수밖에 없었다. 공립협회 대표인 정재관은 다른 몇몇 대표단을 이끌고 스티븐스가 묵고 있는 페어몬트 호텔로 향했다. 기자회견에 대한 사과와 정정을 요청하기 위해서였다. 하지만 스티븐스는 자신의 입장을 굽히지 않았다. 이완용이 애국자라는 망언까지 나오자 정재관의 주먹이 스티븐스의 얼굴을 가격했다. 목숨에 위협을 느낀 스티븐스는 짐을 챙기자마자 워싱턴으로 향하는 기차에 올랐다. 하지만 워싱턴 역에는 전명운과 장인환이 권총을 숨긴 채 그를 기다리고 있었다.

원 마일 시티One Mile City. 콜로라도주의 주도인 덴버가 해발 1마일이라고 해서 붙은 별칭이다. 한여름 날씨는 서부나 동부 출신 사람들이 견디기 힘들 정도다. 그해 여름 폭염을 뚫고 미국 각 지역의 한인 사회를 대표한 30여 명이 원 마일 시티에 모여들었다. 애국동지대표회라고 불린 이 모임은 닷새 동안 밤낮없이 계속됐다. 그리고 이듬해 2월 하와이의 한인 사회 대표자 모임인 합성협회까지 통합한 '국민회'라는 단일 조직이 탄생했다. 하지만 이상설은 국민회라는 통합 조직이 탄생했음에도 불구하고 연해주로 돌아가기로 결정했다. 이때 정재관이 동행했다. 런던을 거쳐 유럽을 횡단한 두 사람은 페테르부르크에서 시베리아 횡단열차를 타고 블라디보스토크에 도착했다. 1909년 4월이었다.

대한제국을 국제적으로 대표하는 인물을 꼽으라면 단연 이상설이었다. 비록 실패로 끝났지만, 헤이그 밀사 전권대표라는 직책이 갖는 무게감은 그만큼 컸다. 그런데 이상설은 외교의 본무대인 미국에서 국민회라는 통합 조직이 출범했음에도 불구하고 추운 연해주로 돌아왔다. 그것은 외교를 통한 독립운동노선의 수정을 의미했다. 요컨대 독립전쟁론에 대한 신념이 확고해졌다는 뜻이다. 동행한 정재관은 '국민회 블라디보스토크 전권위원'이라는 직책을 가지고 있었다. 국민회는 정재관에게 연해주에서 지부를 조직할 수 있는 전권을 부여했지만, 이상설은 냉정하게 국민회의 필요성을 차단하며 외면하는 것으로 일관했다.

이상설은 이범윤, 유인석과 손을 잡았다. 이범윤은 간도관리사를 지내다 일제의 소환령을 거부하고 연해주로 망명한 인물이었다. 이상설이 연해주로 넘어오기 한 해 전 최재형의 후원으로 안중근과 국내 진공 작전을 펼친 바 있는 이범윤은 연해주 한인들의 지지를 받는 대표적인 독립전쟁론자였다. 구한말 대표적인 의병장 출신인 유인석은 정미7조약으로 대한제국의 군대가 강제로 해산되자 칠순을 앞둔 노구를 이끌고 연해주로 망명해 독립전쟁을 준비하고 있었다. 세 사람은 독립전쟁론에 동의하는 세력을 중심으로 단일 조직을 건설하기 시작했다.

1910년 6월, 유인석을 도총재로 추대하고 13도의군이라는 조직이 그 모습을 드러냈다. 군대는 출발에 불과할 뿐이었다. 우선 명분이 필요했다. 명분이야말로 세력을 확대하고, 무엇보다 중요한 자금을 확보할 수 있는 지름길이었다. 군대를 움직이려면 많은 자금이 필요하다. 누구보다 이런 사실을 잘 알고 있는 이상설이 추진한 명분은 다소 뜻밖이었다. 바로 퇴위한 광무황제의 망명이었다. 고종황제가 어딘가에 보관하고 있을 내탕금, 곧 황제의 비자금도 계산 속에 포함되어 있었다. 이상설은 보황주의자保皇主義者였다. 미국에서 조직된 국민회를 반대한 이유는 외교에 집중할 수밖에 없다는 것도 있었지만, 공화제를 내거는 것에 동의하지 않았기 때문이다. 이상설의 기획은 얼마 후 한일병탄이 일어나면서 수포로 돌아갔다. 일제는 그 틈을 기민하게 치고 들어왔다. 외교를 통해 러시아를 압박한 것이다. 이상설은 체포되어 니콜스크에 연금조치됐다. 그리고 유인석과 이범윤에게는 추방령이 내려졌다. 13도의군은 그 짧은 여름에 허무하게 역사의 뒤로 사라졌다.

이듬해 연금이 풀려 블라디보스토크로 돌아온 이상설은 운신의 폭이 좁을 수밖에 없었다. 최재형 역시 마찬가지였다. 두 사람은 막대기를 다른 쪽으로 구부리는 전략을 구사했다. 망명정부 전 단계로 연해주 전역에 걸친 광범위한 조직을 건설하기로 한 것이다. 권업회가 탄생한 배경이다. 당시 독립전쟁론자들에게는 치명적인 약점이 있었다. 군대를 지휘할 야전 사령관이 없다는 것이었다. 뭍이 전혀 보이지 않는 바다 한가운데로 나가 마른땅 구경을 기약하기 힘든 항해를 이끌 인물이 이들에겐 절실했다.

을사늑약이 체결된 이후 경성 이북 지역에선 두 개의 청년 조직을 중심으로 국권회복을 위한 운동이 전개되고 있었다. 평안도와 황해도를 중심으로 하는 서우학회와 함경도를 중심으로 하는 한북학회가 그 중심이었다. 일제의 야욕이 더욱더 노골화되자 이동휘는 두 조직의 통합을 추진했다. 이렇게 탄생한 서북학회의 자금을 댄 사람은 다름 아닌 이종호였다. 이종호는 함경도 명천 출신이었다.

서북학회를 통합하는 과정에서 이종호는 이동휘와 의기투합했다. 이동휘가 함경도 단천 출신이라는 점도 작용했다. 제법 부유한 집안에서 태어난 사내와 야전에서 자라온 사내의 조합은 잘 어울리는 그림이었다. 무의도에 연금된 탓에 출발이 늦었지만 이동휘의 목적지는 연해주였다. 연해주에 도착한 이동휘의 첫 일성은 '단결'이었다. 함경도와 평안도, 황해도의 보이지 않는 대립을 이동휘는 익히 알고 있었다. 이동휘는 "살부살형殺父殺兄의 원수, 곧 아버지와 형을 죽인 원수라도 독립을 위해서는 단결"할 것을 연해주 한인들에게 천명했다. 블라디보스토크의 스베틀란스카야 Svetlanskaya 거리의 낙엽이 붉게 물들던 1913년 가을이었다.

좌절의 겨울

━━━━━ 제1차 세계대전으로 러시아가 일제와 동맹국이 되어버리자 연해주의 한인 조직들은 일제의 적국이나 마찬가지가 되어버렸다. 대한광복군정부의 실질적인 토대라고 할 수 있는 권업회가 해산되고 신문 발행 역시 중단되었다. 연해주 전역에 흩어져 있는 한인들의 연락 수단이 차

단된 것이다. 주요 지도부 또한 위험 상태에 빠졌다. 연해주는 이제 자유의 땅이 아니었다. 지도부들은 중국으로 흩어져야 했고 대한광복군정부는 박제로 남았다.

이상설이 망명지로 택한 곳은 상해였다. 이동휘는 국경 근처인 지린성에서 여전히 연해주에 대한 미련을 버리지 못한 채 기회를 엿보고 있었다. 그런데 상해에는 '상해판 권업회'가 존재하고 있었다. 신규식이 이끌고 있는 동제사同濟社는 여러 면에서 권업회와 유사했다. 우선 신규식은 이동휘처럼 육군참위 출신으로 확고한 독립전쟁론자였다. 조직운영원리 또한 권업회를 따라, 밖으로는 공제를 내걸었지만 안으로는 300여 명에 이르는 비밀결사 형태로 운영되고 있었다. 면면을 보면 권업회보다 더 화려했다. 박은식을 비롯해 김규식, 신채호, 홍명희, 조소앙 등이 주요 구성원이었다.

한일병탄 이후 상해로 망명한 신규식은 쑨원이 이끄는 중국혁명동지회에 가담했다. 그리고 신해혁명을 측면에서 지원했다. 훗날 연해주의 한인들이 볼셰비키에 가담한 것과 같은 판단이었다. 신규식은 임시정부가 들어서고 이승만을 중심으로 하는 내각이 들어서자 단식으로 목숨을 끊었을 만큼 누구보다 처절한 독립전쟁론자였다.

연해주에서 추방된 이상설이 상해로 넘어왔을 때 국내에서 망명한 유동열과 성낙형은 베이징에 머무르고 있었다. 유동열은 신규식이나 이동휘와 마찬가지로 대한제국의 전형적인 군인 출신이었다. 이상설에 이어 유동열마저 상해로 오자 동제사를 개편하자는 논의가 급속도로 전개됐다. 동제사를 이끌고 있던 청년층은 자신들의 망명 조직을 대표할 지도자에 대한 갈증을 절감하고 있었다. 제1차 세계대전이 어떻게 전개될지 난상토론이 계속됐다. 토론은 독일의 승전과 이에 따라 중국이 일본을 공격할 것이라는 다소 비현실적인 결론에 도달했다.

이상설은 독일과 중국의 동맹을 전제로 두 나라가 황제 체제이기 때문에 공화제는 대화에 어려움을 겪을 것이라고 주장했다. 그리고 또다시 광무황제를 망명시켜 정부를 세우고 중국과 동맹을 맺어 독립전쟁을 하자는 주장을 적극적으로 개진했다. 동제사의 젊은 지도자들은 이미 공화제로 기울어 있었지만 이상설을 전면에 내세우기 위해서는 타협이 필요했다. 조직은 혼란기에 더 높은 결속력을 가질 수 있는 '당黨'의 형식을 취하기로 결정했다. 신한혁명당은 당수로 고종황제를 추대하고 이상설이 본부장을 맡았다. 신규식이 상해 대표에, 이동휘가 창춘 대표에 각각 임명됐다. 이동휘는 신한혁명당에 이름을 올리기는 했지만 여전히 국경 근처인 지린성의 창춘에 몸을 웅크리고 있었다.

신한혁명당이 창당된 것은 1915년 봄이었다. 하지만 외교부장을 맡은 성낙형은 7월에 벌써 경성에 잠입했다. 성낙형의 임무는 고종의 망명을 추진하는 것이었다. 성낙형은 먼저 의친왕의 장인인 중추원 참의 김사준에게 접근했다. 왜 성낙형은 한일합방의 공로로 남작작위를 받았고 현직 중추원 참의인 김사준에게 접근했을까?

김사준은 의친왕의 장인이 되고 나서 관직에 나간 인물이 아니었다. 그 이전에 과거를 통해 의정부와 궁내부에서 주요 관직을 맡고 있었다. 비슷한 시기에 이상설을 비롯한 신민회 인물들이 관직을 맡았고 김사준이 딸의 결혼을 결사적으로 막으려 했다는 사실도 사람들은 알고 있었다. 말하자면 김사준은 자포자기한 선비였지, 일제에 스스로 협력한 인물이 아니었다. 성낙형은 김사준의 그 약한 고리를 치고 들어가는 승부수를 띄운 것이다.

덕수궁 함녕전 구석에 유폐되어 있는 광무황제에게 선을 넣으려면 어지간한 인물로는 불가능했을 것이다. 의친왕의 장인이라면 고종황제와 사돈이니, 아무리 감시 대상이라고 해도 사돈의 방문은 수상해 보일 여지가 적었다. 신한혁명당은 중한의방조약中韓誼邦條約이라는 문서에 고종황제가 가지고 있는 정조의 인영 도장을 받으려고 했다. 요컨대 오늘로 치면 군사동맹 문서라고 할 수 있다. 하지만 성낙형의 광무황제 면담은 사전에 누설되어 김사준을 포함한 관련자들이 모두 체포됨으로써 불발로 끝나고 말았다.

그 누구보다 이상설의 실망이 컸다. 그는 광무황제의 망명을, 정부를 세우고 독립전쟁을 하는 마지막 기회로 여겼는데 그 결과가 실패로 끝난 것이다. 확신에 차 있던 사람은 이런 경우 신열을 앓거나 반쯤 미치기 십상이다. 하바롭스크로 돌아간 이상설은 이내 몸져누웠다. 병세가 악화되자 니콜스크에 있는 휴양지로 옮겼지만 상태는 호전되지 않았다. 이상설은 시신을 화장하고 묘비도 세우지 말며 자신과 관련된 모든 것을 불태우라는 유언을 남겼다. 분노였을까, 아니면 회한이었을까.

1914년 8월, 러시아와 동맹을 맺고 전쟁에 개입한 일제는 전혀 다른 방향으로 움직이고 있었다. 독일에 선전포고를 한 일본은 즉시 병력을 움직여 중국의 칭다오를 점령했다. 그리고 산둥성 전체에 대한 권리를 선언했다. 이 지역은 열강이 중국에서 이권을 가져갈 때 독일이 권리를 얻어낸 곳이다. 그런데 일본이 지구 반대편에 있는 독일에 선전포고한 뒤 기본적인 무장만 하고 있는 칭다오를 공격한 것이다. 중국 입장에서는 일제의 행보가 황당했지만, 외교적으로는 반박하기 어려웠다. 교묘한 전술이었다.

산둥성의 교통정리를 끝낸 일제는 해가 바뀌자 전광석화처럼 '5조 21

개항'을 중국에 들이밀었다. 이
미 산둥성 일대에 일제의 병력
이 모두 집결한 상황에서 '5조
21개항'은 거의 협박 수준이었
다. 가토 외무대신의 명의로 위
안스카이에게 보낸 비공식문
서의 제1조는 산둥성에 대한
권리 인정과 철도부설권을 포
함한 4개항이었다. 제2조는 남
만주 일대의 특별 권한을 포함
한 7개항이었다. 제3조는 철과
석탄에 대한 독점권을 포함한
2개항이었다. 제4조는 중국 연

니콜스크에 있는 이상설 유허비

안과 섬들에 대한 일제의 독점권 1개항이었다. 제5조는 재정과 군사에 대
한 일제의 고문관 파견 및 경찰의 공동관리 등 7개항이었다.

조선을 단계적으로 식민지화한 것과 거의 유사한 경로를 요구한 것이
다. 그런데 일제의 치밀한 의도는 이 문서가 공개문서가 아니라 비밀문서
라는 점이었다. 국민당을 해산시키고 총통 자리에 오른 위안스카이는 공
공연하게 황제 자리까지 넘보고 있었다. 이런 사실을 간파하고 있던 일제
는 '5조 21개항'의 대가로 황제 등극을 측면에서 지원하겠다는 비공식 의
견을 전달했다. 위안스카이는 제5조를 제외하는 조건으로 일제의 미끼를
물어버렸다. 이렇게 되어 중국과의 동맹을 통해 독립을 이루려던 신한혁
명당의 계획은 좌초되고 말았다. 1915년 여름, 이상설이 가슴에 절망만

가득 품은 채 러시아로 돌아가 신열에서 깨어나지 못한 것도 이런 배경 때문이었다.

위안스카이는 그해 겨울 어용의회를 통해 마침내 황제 자리에 등극하는 데 성공했다. 하지만 양쯔강 이남에서 황제 타도를 전면에 내세운 대대적인 반란이 북쪽으로 상륙하기 시작했다. 반란 규모가 점점 불어나자 위안스카이의 지지 기반인 북양군벌 내부에서도 '일보후퇴'를 주장하는 목소리가 높아졌다. 이듬해 봄, 위안스카이는 황제 자리를 내놓고 총통으로 돌아가며 공화국 체제로 환원한다고 선포했다. 역사상 유례가 없는 일이었지만 혼란은 멈추지 않았다. 이런 상황에서 위안스카이가 급사하자 일제는 착착 '5조 21개항'을 진행시켰다. 폐기된 5조는 그 의미를 상실하고 있었다. 일제는 혼란을 틈타 중국에 군대와 경찰병력을 조금씩 파견하고 있었다.

열강이 한 나라에 숟가락을 얹기 시작하면 조약은 구체적인 내용보다 조약 그 자체가 효력을 갖는다. 위안스카이의 죽음 이후 '직화전쟁'이라는 군벌들 간의 내전이 발발하자 일제는 다양한 명목으로 군대의 규모를 늘려나갔다. 명목은 얼마든지 가능했다. 치안상의 이유로 철도 부설에 군대가 필요하다고 하면 그만이었다. 철광산 보호 명목을 내세워도 상관없었다. 일제의 진출을 저지할 주체가 존재하지 않았기 때문이다.

일제가 중국 곳곳에서 군대를 늘려가는 상황에서 지린성에 자리 잡고 있던 한인들이 위태로워지는 것은 시간문제였다. 대한광복군정부가 와해된 이후 이동휘는 지린성 왕칭현으로 피신해 정세 변화를 기다리고 있었다. 측근인 김립과 계봉우 역시 왕칭현의 한인촌에 머무르고 있었다. 1916년 11월, 일제는 왕칭현의 한인촌을 급습했다. 이동휘를 체포하기 위해서였다. 계봉우는 현장에서 체포되었지만 이동휘와 김립은 가까스로 몸을 피하는 데 성공했다. 이동휘는 블라디보스토크에서 더 떨어진 러시아의 내륙으로 다시 망명할 수밖에 없었다. 비참한 선택이었지만 겨울은 짧았다. 몇 개월 뒤 2월혁명이 일어난 것이다. 해가 바뀌고 2월혁명이 일어나자 이동휘는 곧바로 블라디보스토크로 돌아왔다. 하지만 임시정부는 이동휘를 독일 스파이 혐의로 체포했다. 연해주는 이동휘에게 봄을 허락하지 않았다.

최초의 사회주의 정당

흔들리는 상해임시정부

이르쿠츠크의 붉은 심장들

코민테른 자금을 둘러싼 암투

역사의 뒤편으로 떠난 사람들

붉은 심장들의
태동

백군은 그녀를 즉결
처형했다. 그녀는 소원으로
열세걸음을 뒤로 걸은 후
죽게 해달라고 요청했다.
열세 걸음은 조선의 13도를
상징하는 것이었다. 러시아
첫 한인 볼셰비키의 불꽃같은
짧은 삶은 그 여름에 끝을
맺었다.

최초의 사회주의 정당

──────── 긴 겨울 동안 아무르강을 몰아치던 살을 에는 칼바람이 물러가고 하바롭스크에 녹음이 모습을 드러내기 시작했다. 한겨울에는 영하 40도까지 내려가는 동토의 땅에도 봄이 왔고, 아무르스키 거리에는 활기가 넘쳤다. 하바롭스크는 50년 전만 하더라도 군사적인 용도 외에는 러시아 극동의 맨 끝에 자리 잡은 '유배의 땅'에 불과했다. 하지만 시베리아 철도가 건설되면서 군사도시에서 연해주 최대 산업도시로 탈바꿈하기 시작했다.

녹음이 완연한 1918년 5월, 하바롭스크 중심가에서 조금 떨어진 낡은 건물 2층에 낯선 무리들이 하나둘 모여들기 시작했다. 옷차림을 조금만 눈여겨보면 한인들이 분명한 이들이 모인 이유는 하나였다. 조선 최초의 사회주의 정당인 '한인사회당'을 건설하기 위해서였다. 회합을 위해 모인 건물이 위치한 카를 마르크스 거리 22번지는 볼셰비키 하바롭스크 당사였다.

한인들이 볼셰비키 건물을 사용할 수 있었던 것은 조금 특별한 이유가 있었다. 볼셰비키 하바롭스크 시당 비서를 맡고 있는 김 알렉산드라가 한인이었기 때문이다. 김 알렉산드라는 한인 최초 사회주의 정당 건설을 위한 산파역을 맡은 핵심인물이었다. 당시 시베리아 우랄 지역 곳곳에서 대규모 벌목이 일어나고 있었다. 러시아로서는 가장 매력적인 국가 수입 중 하나였고, 일제 치하를 피해 함경도 지역에서 넘어온 한인들에게는 가장 손쉽게 얻을 수 있는 일자리였다. 그렇다 보니 당연히 '통역'이 필요해졌다.

열 살 때 세상을 떠난 아버지와 친구가 맺은 정략결혼이 불행하게 끝났을 때 김 알렉산드라는 삼십대를 코앞에 두고 있었다. 그녀는 블라디보스토크에서 학교를 졸업하고 임시교편을 잡은 적 있는, 당시로 치면 '엘리트'였다. 그런 그녀가 이혼 후 벌목장에서 통역으로 일하게 된 것은 한 가지 이유 때문이었다. 혼란한 차르 시대에 사회주의자의 길을 선택한 것이다.

당시 볼셰비키는 공세적으로 활동할 수 있는 여건이 아니었다. 정식 당원을 확대하기보다는 '세포' 형태의 준당원들이 러시아 전역에 넓게 조직을 구축하며 미래를 도모하는 시기였다. 김 알렉산드라는 볼셰비키의 예카테린부르크위원회와 관계를 맺고 있었다. 하지만 벌목장이 어떤 곳인가. 소금 냄새, 땀 냄새가 코를 찌르는 남자들의 땅 아닌가. 아무리 통역이라고 하지만 어지간한 배짱이 아니면 여성이 일하기 힘든 곳이다. 벌목장의 또 다른 특징은 사람이 들고나는 일이 잦다는 것이다. 그만큼 러시아 본토의 소식들이 넘나들고 때론 부풀려지기도 했다.

1917년 2월혁명이 일어나자 시베리아 벌목장들에는 온갖 소문이 떠돌았다. 하지만 하나의 공통점이 있었다. 차르 체제가 끝나고 새로운 세상이 시작된다는 것이었다. 볼셰비키와 연결선이 있던 김 알렉산드리아는 이인섭, 오성묵, 심백원 등과 함께 우랄노동자동맹을 조직해 '극동에서의 혁명'을 준비하기 시작했다. 그리고 그녀는 결단을 내려 볼셰비키에 입당원서를 제출했다. 1917년 혁명의 봄에 그녀는 정식 볼셰비키가 되어 있었다. 김 알렉산드라는 최초의 한인 볼셰비키였다.

또 다른 후원자는 코민테른 준비위원회 극동 지역 선전위원을 맡고 있는 그레고리노프Gregorinov였다. 하지만 이때 창당된 한인사회당은 좌파 민족주의자와 아직 덜 다듬어진 사회주의자들이 뒤섞인 정당이었다. 온전한 의미의 사회주의 정당이라고 하기엔 무리가 있었다. 익히 알고 있는 것처럼 2월혁명으로 탄생한 임시정부는 사회혁명당과 멘셰비키가 다수파를 차지하고 있었다. 하지만 볼셰비키는 10월혁명 과정을 통해 세계사에 새로운 페이지를 장식하면서 진정한 의미의 사회주의가 아닌 경향과 단절했다. 그런 볼셰비키가 왜 한인사회당이라는 '모호한' 사회주의 정당을 지원하고 나선 것일까.

하바롭스크라는 도시 자체가 답을 가지고 있었다. 10월혁명을 통해 권력을 장악한 볼셰비키는 그 직후 러시아 전역에서 반혁명세력인 백군白軍의 도전에 직면했다. 연해주 지역은 본토에서 밀려난 백군이 전열을 가다듬기에 적합한 장소였다. 하지만 하바롭스크 지역의 볼셰비키 소비에트는 자체적으로 백군의 공세를 감당할 수 있는 전력이 아니었다.

또 하나는 중국의 헤이룽장성黑龍江省까지 진출해 있는 일본군도 언제든지 침략할 가능성이 상존해 있었다. 하얼빈에서 하바롭스크까지 불과 이틀밖에 걸리지 않는다는 점은 이제 막 탄생한 소비에트에 심각한 수준 그 이상으로 작용했다. 당연히 동맹군이 절실했다. 김 알렉산드라와 그레고리노프가 한인사회당의 창당을 지원한 데는 이런 배경이 작용했다. 요컨대, 비록 낮은 수준의 사회주의 정당이지만 하바롭스크를 중심으로 한 인들의 구심점을 만드는 것은 이제 갓 태어난 볼셰비키 소비에트들의 당면과제이기도 했다.

1918년 5월 회합에서 한인사회당이 정식으로 창당됐다. 최초의 한인 사회주의 정당이 러시아 영토에서 그 모습을 드러낸 것이다. 당 대표 성격인 위원장은 이동휘가 맡았고, 부위원장에는 박애, 정치부장에는 이한영, 비서부장에는 박진순이 선출됐다. 연락을 총괄하는 교통부장은 김립이 맡았다. 역사는 때로 하나의 공통점을 보여준다. 단 한 번의 회합으로 사회주의 조직이 건설된 역사는 없다는 것이다. 한인사회당의 탄생 배경을 추적하면 2월혁명으로 돌아간다.

2월혁명의 바람이 본격적으로 연해주까지 넘어온 것은 4월의 문턱에 다다라서였다. 블라디보스토크와 하바롭스크 등 연해주 지역에서 활동하는 한인들도 입장을 정리할 필요가 있었다. 1917년 5월, 연해주 각 지역을 대표하는 한인들의 모임이 블라디보스토크 신한촌에서 개최됐다. 모임을 주도한 것은 한족회, 대한교육청년연합회, (재건)권업회 등이었다. 이날의 모임은 '전로한족대표회의'로 명명됐다. 하지만 이날의 모임은 연해주 지역 한인들에게 분열의 서막이나 다름없었다.

이날 모임은 사발통문 형식을 띠고 있었다. 요컨대, 유력한 지도자 몇 명이 주도하는 모임이 아니었다. 연해주 전역의 한인들이 모인 형식이었지만 대회를 주도한 것은 러시아 국적을 가지고 있는 한인들이었다. 국적이 없는 한인들은 의결권을 아예 박탈당했다. 특정한 조건을 가진 한인들만 의결권을 갖는다면 결정사항은 그 내용을 떠나 시작부터 분열을 조장할 가능성이 컸다.

대표회의에서는 2월혁명으로 탄생한 임시정부를 지지하자는 의견이 다수를 차지했다. 또한 독일과의 전쟁을 계속한다는 임시정부의 노선에 대해서도 지지를 보냈다. 참가자 중 민족주의 성향이 강한 사람이 많았기 때문만은 아니었다. 회의에서 이런 조급한 결정을 내린 가장 큰 배경은 6월로 다가온 선거에서 한인 몫의 의석이나 영향력을 확보하려는 시기적 이유가 크게 작용했다. 그동안 연해주 지역 구심점 역할을 했던 권업회 소속의 김립이 결정에 제동을 걸고 나섰다. 하지만 의결권조차 없는 김립의 주장은 허공을 가를 뿐이었다.

박진순은 당시 이십대 초반으로 모스크바 유학생 출신이었다. 게다가 그는 김립과 달리 러시아 태생이었다. 일단 회의에서 꼬투리를 잡힐 약점이 전혀 없는 셈이었다. 박진순의 주장은 간단했다. 모든 권력은 소비에트로. 볼셰비키의 노선을 지지하는 것이 지금 한인 총회에서 결정해야 할 핵심사항이라고 주장하고 나섰다. 총회는 이 젊은 청년의 주장에 잠시 술렁거렸지만 결정은 다수파의 예정된 수순으로 막을 내렸다.

회의를 주도한 다수파는 이후 실시된 선거에서 임시정부 다수파인 사회혁명당을 지지했다. 내륙과 달리 연해주 지역에서 블라디보스토크를 제외하고는 볼셰비키의 조직력이 대단히 취약했다. 실제로 선거에서 볼셰비키는 블라디보스토크에서 가까스로 과반을 획득했지만 나머지 지역에서는 처참한 득표율에 그쳤다. 농민을 기반으로 하는 사회혁명당이 농촌 지역에서 압도적인 득표율을 올리는 것은 어쩌면 당연했다.

이동휘와 김립은 독일 스파이 혐의로 임시정부에 의해 체포되었다. 볼셰비키 노선을 지지한다는 것은 독일과의 전쟁에 반대한다는 의미였기 때문이다. 소수파는 다른 결정을 내려야만 했다. 블라디보스토크와 하바롭스크를 오가는 사회주의자들의 발걸음이 잦아졌다. 하지만 한인 다수의 입장은 변하지 않았고 케렌스키Kerenskii의 임시정부와 사회혁명당의 권력은 여전히 굳건한 것처럼 보였다. 그런데 연해주의 매서운 겨울이 다가올 무렵, 러시아 정국이 급변하기 시작했다. 10월혁명이 일어난 것이다. 권력을 장악한 볼셰비키는 소비에트를 새롭게 재편하기 시작했고, 해가 바뀌면서 '붉은 물결'이 연해주 전역으로 퍼져나갔다. 이동휘 역시 김 알렉산드라의 도움으로 감옥 문을 열고 나올 수 있었다.

볼셰비키 하바롭스크 시당 비서를 맡았던 한인 2세 김 알렉산드라

그즈음, 연해주 지역 볼셰비키 당대회에서 김 알렉산드라가 하바롭스크 당 서기 겸 극동소비에트 외무위원에 선출되자 소수파는 강력한 원군을 얻게 되었다. 인고의 시간을 보낸 이동휘는 다수파를 견제하는 동시에 볼셰비키를 지지하는 한인들을 조직하는 것이 급선무라고 판단했다.

1918년 3월, 하바롭스크에서 볼셰비키를 지지하는 한인 좌파들의 모임이 개최됐다. 주최자는 이동휘가 아니라 후일 극동공화국의 수상을 역임하는 크라스노셰코프Krasnoshchekov였다. 당시 극동소비에트 의장을 맡고 있던 크라스노셰코프는 볼셰비키를 지지하는 한인들의 통일단결이 시급한 문제라는 것을 잘 알고 있었다. 블라디보스토크를 제외한 연해주 지역에서 볼셰비키의 지지 기반이 취약했기 때문에 곳곳에서 사회혁명당과 멘셰비키의 저항에 직면했다. 가장 큰 문제는 반혁명세력인 백군이 점점 힘을 모으고 있다는 것이었다. 러시아 국경 코앞까지 진출한 일제도 시한

폭탄이나 마찬가지였다. 볼셰비키로선 동맹세력으로 한인들만큼 적당한 대상도 없었다.

볼셰비키 입장에서는 한인들의 독립적인 망명정부가 없는 상황에서 단일한 정당의 존재가 필수적이었다. 이를테면 공식적으로 힘을 실어주려면 대표권이 있어야 했다. 볼셰비키 극동 책임자가 전면에 나섰지만 이날 회의는 공전을 거듭했다. 이동녕, 유동렬, 양기탁을 중심으로 한 그룹들은 독립을 위해 소비에트의 지원이 필요하긴 하지만 볼셰비키의 혁명 노선에 참여하는 것에는 동의하지 않는다는 의견을 분명히 했다. 이동휘가 보기에 이들의 주장은 볼셰비키에 하나마나한 이야기였다. 이동휘는 볼셰비키 노선을 전면적으로 지지해야 한다고 주장하고 나섰다. 당연한 일이지만 오하묵과 오성묵, 김립 등도 이동휘의 의견에 동의했다. 상해에 있는 신한혁명당과의 단일 정당 결성은 실패로 돌아갔다.

한인사회당 지도자인 이동휘는 넓은 의미에서 사회주의자로 분류할 수 있을 것이다. 하지만 냉정하게 보면 좌파 민족주의자 정도였을 뿐이다. 그런데 왜 이동휘는 볼셰비키의 지원을 배경으로 사회주의 정당을 만들려고 한 것일까. 정치적 후각이 뛰어난 이동휘는 볼셰비키의 소비에트가 일시적인 권력이 아니라는 것을 직감했다. 독립운동을 하기 위해서는 현실적으로 동맹군이 필요했고, 무엇보다 '재정'도 문제였다. 볼셰비키가 주도하는 제3인터내셔널, 즉 코민테른은 1국가 1당 원칙을 채택하고 있었다. 코민테른의 가입을 위해서는 '선점'이 필요한 상황이었던 것이다.

우려는 곧 현실이 되었다. 여름이 되기도 전에 옴스크를 중심으로 알렉산드르 콜차크Aleksandr Kolchak 장군이 볼셰비키 타도와 황제 옹립을 내걸고 반혁명군을 규합하고 나선 것이다. 극동의 여름은 급속도로 얼어붙었고, 변변한 군사력을 가지지 못한 볼셰비키의 소비에트는 순식간에 와해되기 시작했다. 바이칼호의 녹음은 피로 물들었다. 이르쿠츠크와 베르흐네우딘스크의 소비에트가 무너졌다. 곧이어 치타마저 반혁명군의 수중에 떨어지고 말았다. 김 알렉산드리아를 중심으로 하는 하바롭스크 소비에트도 결정을 내려야 했다.

김 알렉산드리아는 하바롭스크 소비에트의 소개령을 내리고 전면적인 철수를 선택했다. 한인사회당 역시 코민테른 문턱에도 가보지 못하고 북만주나 우랄산맥의 오지로 흩어져야만 하는 긴급한 상황에 직면했다. 김 알렉산드리아는 철수를 진두에서 지휘했다. 그녀의 계획은 아무르강을 거슬러 올라가 콤소몰스크 나아무레를 기점으로 파르티잔 활동을 하자는 것이었다. 후퇴 전략은 아무런 문제가 없었다. 문제는 그녀가 소비에트 서류를 챙겨 마지막 배에 올랐다는 것뿐이었다. 아무르강을 거슬러 올라가던 그 마지막 배는 중간에서 백군에 나포되었다. 백군은 그녀를 즉결 처형했다. 그녀는 소원으로 열세걸음을 뒤로 걸은 후 죽게 해달라고 요청했다. 열세걸음은 조선의 13도를 상징하는 것이었다. 러시아 첫 한인 볼셰비키의 불꽃같은 짧은 삶은 그 여름에 끝을 맺었다.

비보는 그것으로 끝나지 않았다. 10월에 들어서면서 일제가 7만 명 넘는 대병력을 이끌고 블라디보스토크에 상륙했다. 난데없이 체코군 구출을 이유로 일제가 중국에 주둔하고 있던 전군을 블라디보스토크에 파견한 것이다. 블라디보스토크에 체코 군대라니.

유럽에서는 여전히 제1차 세계대전이 계속되고 있었다. 러시아와 일제는 같은 연합국이었다. 그런데 2월혁명이 일어나면서 러시아에 임시정부가 탄생했다. 하지만 임시정부는 독일과의 전쟁을 계속하기로 결정했기 때문에 여전히 일제와 연합국이긴 하지만 언제 깨질지 모르는 불안정한 동거였다. 헝가리-오스트리아 제국의 식민지인 체코가 참전한 이유는 독립국 건설을 위해서였다. 블라디보스토크의 지구 반대편인 유럽의 동부전선에서 싸우던 체코 군대 4만 명이 러시아에 포로 아닌 포로로 잡히는 사건이 발생했다. 그런 상황에서 러시아에서 10월혁명이 일어난 것이다.

볼셰비키로선 독일과 첨예하게 대치하고 있는 전쟁 중에 동부전선을 통해 체코 군대를 석방하는 것은 위험천만한 일이었다. 볼셰비키는 시베리아를 횡단해 블라디보스토크로 보낸 다음 바다를 통해 돌려보내기로 결정했다. 그런데 순탄하게 동진하던 체코 포로들이 우랄산맥 동쪽 미아스강 연안의 첼랴빈스크Chelyabinsk에 도착했을 때 예기치 못한 사고가 일어났다. 체코 군대가 역시 포로가 된 헝가리-오스트리아 군대와 우연히 조우한 것이다. 감정이 폭발한 체코 군대는 대규모 충돌을 일으켰고, 이를 저지하려는 볼셰비키의 무장을 해제시켜버렸다. 불과 하루 거리인 옴스크의 백군이 체코 군대와 동맹을 맺자 단순한 해프닝으로 볼 수 없는 상황으로 급변했다.

볼셰비키가 무력진압을 결정하고 군대를 집결시키자 일제는 그 틈새를 비집고 들어왔다. 체코는 같은 전선에서 화약 냄새 한번 맡아본 적 없지만, 어쨌든 일제는 같은 동맹국이었다. 일제는 동맹국인 체코 군대를 블라디보스토크로 안전하게 귀환시킨다는 명분을 내세우고 7만 명 넘는 사상 최대 군대를 출병시켰다. 이제 막 발걸음을 뗀 한인사회당은 본격적으로 움직이기도 전에 최악의 상황에 직면했다.

흔들리는 상해임시정부

━━━━━━━ 1918년 가을을 기점으로 한인사회당의 활동은 중지되었다. 조직을 결성한 지 불과 몇 달 만이었다. 이동휘를 비롯한 핵심 활동가들은 기약도 없이 뿔뿔이 흩어져야만 했다. 한인사회당 지도부가 일사불란하게 후퇴하지 못한 것은 급변하는 정세 탓도 있었지만 조직이 아직 강력한 체계를 갖추지 못했다는 방증이었다. 러시아 태생이거나 귀화한 한인들은 볼셰비키의 적군赤軍(Krasnaya armiya)에 편성되어 파르티잔 활동에 참여했다. 수면 위로 드러나지 않은 간부들은 전로한족중앙총회의 우산 밑으로 피신해 비공개적으로 활동하는 우회로를 선택했다.

대규모 시베리아 출병을 감행했지만 일제도 무차별적으로 한인촌들을 공격할 수는 없었다. 일제는 오직 체코 군대의 구출을 명분으로 내세우고 있었기 때문에 볼셰비키 적군만이 합법적인 공격 대상일 뿐이었다. 적군에 가담한 한인들을 공격할 수는 있었지만 그렇지 않은 한인들을 감시하는 것 이상의 행동을 하는 데는 한계가 있었다. 이런 기묘한 동거 상황에서 연해주 한인들은 평온한 척하며 불안한 나날을 보냈다.

연해주를 경악시킨 소식은 국내에서 날아왔다. 3·1운동은 연해주의 한인들에게 놀라움 그 자체였다. 이동휘의 이론가라고 할 수 있는 한형권의 "어떤 정당도 지도하지 않았는데 이런 즉각적이고 전국적인 봉기는 놀라운 것"이라는 표현이 연해주의 정서를 대변할 정도였다. 이런 정서가 과도한 것만은 아니었다. 이들은 자연 발생적인 봉기로 차르 체제를 무너뜨린 2월혁명을 경험했으며, 볼셰비키가 주도한 10월혁명을 몸으로 체험하고 있었기 때문이다.

먼저 움직인 것은 전로한족중앙총회였다. 총회는 블라디보스토크에서 조직을 대한국민의회로 전면 개편했다. 일제가 대규모 군대를 연해주에 배치하고 있는 현실을 감안한다면 놀라울 만큼 전격적인 결정이었다. 대한국민의회는 이상설이 꿈꾸었던 조직 형태를 그대로 답습하고 있었다. 그것은 망명정부로서 의회와 행정부를 분리한 일종의 내각제 국가였다. 의회 의장과 부의장은 문창범과 김철훈이 맡았고, 행정부 수반은 손병희를 대통령으로, 박영효를 부통령으로 지명했다. 국무총리는 이승만이었다.

급조된 정부 아닌 정부였다. 이승만뿐만 아니라 내무총장에 이름을 올린 안창호 역시 미국에 체류하고 있었고, 심지어 손병희는 3·1운동의 주범으로 체포되어 국내에서 가혹한 고문을 받는 상황이었다. 한때 개화파였지만 지금은 조선총독부의 중추원 고문을 맡아 일제에 협력하고 있는 박영효가 부통령에 이름을 올리고 있을 정도였다. 이동휘는 군무총장, 그와 가까운 유동열은 참모총장으로 임명됐다. 요컨대 문창범과 김철훈을 중심으로 하는 그룹과 이동휘를 중심으로 하는 두 개의 그룹이 의회와 행정부를 분리해서 하나의 임시정부를 수립한 형태였다. 나머지 사람들은 이들에 의해 '지명'된 것에 불과했다. 이 문제는 같은 시기에 탄생한 상해 임시정부에서 더 심각한 양상을 띠게 된다.

격변기에 주도권을 잡고 싶지 않은 세력이 어디 있을까. 그것은 욕심이 아니라 자신들의 생각이 올바르다고 생각하기 때문일 것이다. 그런데 민중을 지도하겠다고 최초의 사회주의 정당을 만든 사람들이 있다. 그들 역시 독자적으로 움직였다. 대한국민의회가 탄생하자 흩어졌던 한인사회당 지도부들이 위험을 무릅쓰고 연해주로 집결했다. 블라디보스토크에서 열린 한인사회당의 2차 당대회는 형식적인 창당을 위한 1차 당대회와는 확연히 달랐다. 특기할 만한 것은 대회가 한인사회당과 대한신민단의 합동회의 형태로 진행되었다는 점이다. 대한신민단은 연해주 지역에서는 다소 생소한 김규면이라는 인물이 이끌고 있었다. 그도 그럴 것이 신민단은 연해주가 아니라 중국 지린성의 왕칭현과 훈춘을 중심으로 하는 군사 조직이었다. 이들이 왜 합동으로 회의를 진행했을까? 그 열쇠는 다시 이동휘에게서 찾을 수 있다.

1916년 여름, 이동휘는 제1차 세계대전이 일어나면서 러시아와 일제가 연합국이 되자 왕칭현으로 망명한 바 있다. 러시아 혁명으로 인해 연해주로 다시 돌아와 한인사회당을 조직하고 독립전쟁을 준비했지만 일제의 시베리아 출병으로 또다시 북간도로 망명해야만 했다. 반복하건대, 어떤 조직이든 한 번에 만들어지는 경우는 없다. 1919년 봄에 신민단은 이미 잘 조직된 군대였다. 그렇다면 그 이전 북간도에서 군대가 조직되면서 자리를 잡아가고 있었던 것이다. 신민단이 만들어진 시기는 이동휘의 행적과 겹친다. 태생이 군인인 이동휘가 이전에 이들과 관련 없을 리 없었다. 만약 그렇지 않다면 어느 날 갑자기 합동회의가 열리긴 불가능했을 것이다. 이동휘에게 필요한 것은 잘 조직된 군대였고, 김규면에게 필요한 것은 뛰어난 정치력이었다. 이날 회합에서는 박진순과 박애, 한형권을 코민테른 대표로 파견하기로 결정했다.

회합에서는 조선에서 프롤레타리아 독재가 필요하다고 결정 내렸다. 이전까지 한인사회당의 노선은 볼셰비키와의 협력을 통해 조선을 독립시키자는 것이었다. 하지만 독립된 조선이 어떤 정부 형태로 구성되어야 하는지는 확정된 노선이 없었다. 그것은 한인사회당뿐만 아니라 독립전쟁론을 주장하는 다른 조직들도 마찬가지였다. 물론 조선의 프롤레타리아가 어떤 조건인지는 검토되지도 않았다. 이날의 결정은 다분히 러시아 혁명과 3·1운동의 영향이 혼재된 성격이 강했다. 그만큼 연해주의 정세가 급박하게 돌아갔다.

국내를 떠난 망명객들은 연해주보다 중국에 훨씬 더 많았다. 처음에는 간도 지역에 주로 분포해 있었지만 중국의 혼란을 틈타 일본 군대가 간도까지 진출하자 상해가 새로운 거점으로 부각되기 시작했다. 이동휘가 일제의 급습을 받아 천신만고 끝에 왕청현을 빠져나간 그해 여름, 상해에서는 또 다른 정당이 탄생하고 있었다. 상해에 망명객이 늘어나고 있다는 것은 청년들도 모여들기 시작한다는 의미였다. 주도적인 지도자는 없었지만 오히려 그것이 청년들을 자연스럽게 결집시키는 결과를 낳았다.

청년들의 좌장은 여운형이었다. 여운형은 이들 중에서 신뢰할 만한 소수의 인물을 모아 비밀스러운 조직을 결성했다. 장덕수, 조동호, 한진교 등을 포함해 총 여섯 명으로, 출범한 조직의 이름은 '신한청년당'이었다. 청년당이라는 독특한 명칭을 사용하게 된 것은 여운형의 제안이었다. 영어에 뛰어났던 여운형은 국제도시인 상해에서 다양한 사람과 책들을 접하고 틈틈이 번역하는 데 몰두하기도 했다. 그가 착안한 것은 케말 파샤의 터키청년당이었다. 4년 전 조직된 신한혁명당의 권위를 계승한다는 의미도 있었다.

때마침 1918년 11월, 민족자결주의를 주창하는 윌슨 대통령의 특사 찰스 크레인Charles Crane이 상해를 방문하자 여운형은 단독 면담을 가졌다. 이 자리에서 이듬해 파리에서 피압박민족의 자결권을 논의하는 강화회의가 열린다는 사실을 확인할 수 있었다. 여운형과 신한청년당은 파리강화회의에 대표를 파견하고 이를 위해 조직을 확대하는 것이 시급하다는 결정을 내렸다. 김규식을 영입한 것은 미국에서 오랫동안 유학한 경력이 있어 영어에 뛰어나다는 점이 우선적으로 고려됐다. 신한청년당은 김규식을 파리강화회의에 파견해 외교전을 하는 동시에 조소앙을 일본에 파견해 유학생들을 조직하도록 하는 등 다방면으로 움직였다. 3·1운동보다 먼저 일본에서 2·8독립선언이 일어난 데는 신한청년당의 영향도 작용했다.

3·1운동이 일어나자 상해임시정부 수립을 '사실상' 주도한 것은 신한청년당과 이동녕이었다. 1919년 4월 11일 수립된 임시정부에선 임시의정원 의장 이동녕, 국무총리 이승만, 내무총장 안창호, 외무총장 김규식, 법무총장 이시영, 재무총장 최재형, 군무총장 이동휘, 교통총장 문창범 등이 임명되었다. 임시정부를 주도하는 신한청년당은 주로 실무를 총괄하는 차장을 맡았다. 이동녕을 제외하고 모두 상해에 거주하지 않는 사람들이었다. 동의 절차도 없는 일방적인 지명 혹은 추대에 불과했다. 미국에서 활동하는 이승만과 안창호를 임명한 것은 상해임시정부가 단일한 정부라는 정통성을 인정받기 위한 포석이었다. 이미 연해주 지역에 생긴 임시정부 성격의 대한국민의회에 이름을 올리고 있던 이동휘와 문창범 등을 임명한 것도 마찬가지였다. 김규식은 신한청년당 몫이었다.

한눈에 봐도 이동녕과 미주위원회가 요직을 독식한 정부였다. 게다가 극동 지역과는 협의조차 되지 않은 '일방적인 임명'에 불과했다. 더 직설적으로 이야기하자면 상해임시정부를 기호파가 장악한 모양새였다. 일종의 안배를 고려한 인선이었지만 연해주 지역이 쉽게 동의하기 어려운 출발이었다. 그러나 상황은 상해임시정부의 뜻대로 돌아가지 않았다. 경성에서 또 하나의 임시정부가 '이미' 탄생하고 있었기 때문이다.

3·1운동의 여진이 들불처럼 전국으로 퍼져나가던 1919년 3월 17일,

경성 내자동 한성오의 집에서는 일제의 시선을 피해 은밀한 모임이 열렸다. 모임의 좌장은 변호사 홍진이었으며 이규갑, 한남수, 김사국 등이 참석했다. 구한말 검사로 재직하던 홍진은 한일병탄이 일어나자 곧바로 사표를 제출한 뒤 감옥에 있는 독립운동가들의 변호를 주업으로 삼고 있었다. 이규갑은 구한말 의병으로 활동하다 기독교에서 독립운동을 지원하는 역할을 맡고 있었다. 이를테면 기독교 대표로 모임에 참석한 셈이었다. 후일 조선공산당을 주도한 화요회와 한 치의 타협도 없는 대결을 계속했던 서울파의 영수인 김사국은 청년을 대표해 참석했다. 이날 모임에 극소수만이 참석한 이유는 논의 내용이 일제의 통치를 부정하는 정부 건설을 추진하는 것이었기 때문이다. 홍진은 3·1운동의 불꽃이 계속 타오르려면 중심이 필요하고, 대외적인 정당성을 획득하기 위해서는 정부가 필요하다는 의견을 피력했다. 반대 의견이 없자 계획은 급물살을 타기 시작했다.

모임에 참석한 사람들의 다수 의견은 13도 대표자대회를 열어 정부를 건설하자는 것이었다. 이를테면 제헌의회를 소집해 정부를 건설하는 방식이었다. 그러나 김사국이 이견을 주장했다. 김사국은 대표자회의 내용을 민중에게 공개적으로 선언하는 국민대회가 필요하다고 주장한 것이다. 논란 끝에 김사국의 과감한 제안이 받아들여졌다. 4월 2일 인천 만국공원에서 소집된 13도 대표자대회는 '국민대회취지서'와 '임시정부약법'을 검토하고 이를 채택했다. 헌법에 해당하는 약법까지 채택함으로써 정부의 성격을 분명히 했다. 한성임시정부가 탄생하는 순간이었다. 3·1운동의 여파로 사람들이 계속 감옥으로 끌려가는 시기였다는 점을 감안하면 대담한 계획이었다.

특이한 것은 정부 형태로 집정관제도를 도입한 것이다. 고대 로마 시대에 따르면 집정관은 '통령'이라고 할 수 있다. 대표자회의는 집정관총재에 이승만, 국무총리 이동휘, 내무총장 이동녕, 군무총장 노백린, 재무총장 이시영, 노동국총판 안창호, 참모총장 유동열 등을 '선출'했다. 문제는 이승만의 직책을 집정관총재라고 한 것이다. 이승만은 자신이 한성임시정부의 '프레지던트President'로 선출되었다고 소개하기 시작했다. 한글이 영어로 번역되는 과정에서 갖는 약한 고리를 이용해 이승만이 어느새 '대통령'으로 둔갑해버린 것이다.

대표자회의는 국민대회를 총괄할 책임자로 홍진과 한남수를 선임하고 폐회했다. 그런데 며칠 후 홍진과 이규갑, 한남수가 한성임시정부의 수립을 해외에 있는 독립운동가들과 상의한다면서 상해로 망명길에 올라, 순식간에 국민대회를 책임질 지도부가 공백 상태에 빠져버렸다. 하지만 후퇴는 없었다. 열흘 후 통의동 김사국의 집에서 국민대회를 점검하기 위한 마지막 모임이 열렸다. 감리교의 현석칠과 천도교의 안상덕이 재정을 지원하고 김사국을 중심으로 청년들이 국민대회를 강행하기로 결정했다.

한성임시정부의 건설 방식은 대한국민의회나 상해임시정부와 중요한 면에서 차이가 있었다. 13도의 대표자를 소집해 제헌의회 형식을 취하고 정부를 조각한 것은 무엇보다 '정통성'을 우선시했기 때문이다. 특히 국민대회를 개최해 정부의 건설을 선포하기로 한 것이 가장 커다란 차이점이었다. 국민대회는 정부의 구성을 '선출' 방식으로 채택했기 때문이다. 물론 선출이라고 해도 짜인 각본에 의한 추천에 따라 만장일치로 결정될 것은 불을 보듯 자명한 일이었다. 하지만 국민대회와 선출 절차를 거쳤다는 점에서 정부가 '민주적'으로 건설되었다는 '또 다른 정통성'을 가질 수 있었다. 비록 형식적이긴 했지만 이런 민주적인 절차는 훗날에도 알 수 있지만, 김사국에게는 언제나 중요한 형식 그 이상이었다. 한성임시정부의 가장 큰 정통성은 따로 있었다. 그것은 해외가 아니라 국내에서 건설되었다는 점이다.

이들은 1919년 4월 23일 보신각에서 '국민대회취지서'와 '임시정부약법'이 적힌 선전물을 뿌리며 한성임시정부의 건설을 선포했다. 선전물에는 일제의 조선통치권 폐지와 군대의 철수가 선명하게 찍혀 있었다. 한성임시정부가 조선의 유일한 정부라는 것을 일제에 공개적으로 통보한 것이다. 3·1운동에 이어 일제를 경악하게 한 일대 사건이었다. 대회를 주도한 사람들은 김사국과 보성고보의 장채극, 김유인, 전옥결 등이었다. 김사국이 감옥에 다녀온 후 서울청년회, 곧 '서울파'의 창립을 주도한 인물들이었다. 한성임시정부 현판은 인근 서린동에 있는 조선요릿집 '봉춘관'에 내걸었다.

한성임시정부의 내각을 보면 이동녕이 내무총장으로 선출되는 정도였지만 군무총장으로 지명되었던 이동휘가 국무총리로 격상되는 등 전반적으로 상해임시정부보다 폭넓게 구성되어 있었다. 게다가 정통성에서도 상해임시정부는 불리한 위치에 놓여 있었다. 상해임시정부는 새로운 돌파구가 필요한 상황이었다. 그런데 6월 들어 내무총장으로 지명된 안창호가 미국에서 상해로 건너왔다. 국무총리로 지명된 이승만은 미국에서 움직이지 않았기 때문에 안창호가 국무총리서리까지 겸직하는 기묘한 임시내각이 성립됐다. 안창호는 연해주 지역과 통합하기 위해서는 타협책이 필요하다고 판단했다. 그해 여름 한성임시정부와도 연결선을 가지고 있던 현순과 김성겸이 특사로 파견되었다.

어쨌든 미주위원회가 상해를 지지하는 형식을 취하고 있었기 때문에 대한국민의회도 협상을 완전히 외면할 수는 없었다. 이동휘 역시 김사국에 뒤지지 않는 원칙론자였다. 이동휘는 한성임시정부의 정통성을 인정하는 조건으로 상해임시정부와 대한국민의회가 통합한다는 데 동의했다. 대한국민의회는 1919년 8월 30일 총회를 열고 "대한국민의회와 상해임시정부를 해산하고, 집정관총재제도에 의한 한성임시정부의 결정에 따라 정부를 인계할 것"을 결정했다.

합의안을 마련하고 한쪽으로 방향을 결정하는 것이 때론 파기하는 것만 못하다. 파기하고 최종 합의에 이르지 못해 노선이 다르다고 생각하면 그만이다. 하지만 '반칙'이 끼어들면 상대에게 모멸감을 안겨주는 것을 피할 수 없다. 이동휘와 문창범이 짐을 꾸려 상해로 향하는 사이, 의정원 의장인 이동녕은 임시의회를 열고 국무총리제를 대통령제로 바꾸는 동시에 이승만을 대통령으로, 이동휘를 국무총리로 추대하는 안을 통과시켰다. 불과 일주일 후 상해에 도착한 이동휘에게는 분노와 경악 그 자체였다.

합의안의 잉크가 마르기도 전에 양자 간의 신뢰에 커다란 금이 간 것이다. 집정관총재제도로 정부를 운영하기로 한 한성임시정부의 결정을 변경한 것은 이동휘 같은 원칙론자에겐 용납할 수 없는 일이었다. 내무총장 안창호와 의정원의장 이동녕의 생각은 안이한 측면이 있었다. 미국에서 이승만은 여전히 움직일 기미를 보이지 않고 국무총리인 이동휘가 임시정부를 실질적으로 이끌기 때문에 충분히 타협할 수 있는 방안이라고 생각했던 것이다. 하지만 한번 합의를 변경하는 선례를 만들면 그다음에도 선례는 계속 만들어지는 법이다. 무엇보다 이동휘는 기존 상해임시정부가 실질적으로 해산하지 않고 계속해서 어떤 식으로든 작동하는 것이 더 큰 문제라고 보았다. 이동휘와 문창범은 취임을 거부했다.

이들이 대립과 논쟁으로 지루하게 시간을 보내고 있을 때 바이칼호 자락의 한 도시에서는 새로운 붉은 기운이 타오르고 있었다. 이르쿠츠크는 원래 유배의 땅이었다. 가깝게는 군주제와 농노제 폐지를 주장하며 반란을 일으킨 데카브리스트들이 유배되는 등 언제나 감시의 땅이었다. 그런 이르쿠츠크가 시베리아 철도가 개통되면서 페테르부르크와 블라디보스토크의 중간 기착지로 급성장했다. 10월혁명이 일어나자 곧바로 이르쿠츠크에도 소비에트가 들어섰다. 교통과 통신이 주요 산업으로 자리 잡아 그에 따른 노동계급의 지지를 받을 수 있었기 때문이다. 하지만 오래전부터 농업이 도시의 기반이었고, 교통의 중심지로 급성장하면서 무역업자들 또한 급격히 늘어나고 있었다. 이들은 여전히 사회혁명당과 멘셰비키를 지지하는 입장이었다. 여름이 오면 바이칼호의 물속으로 사라져버리는 눈처럼 불안한 집권이었다.

1918년 1월 이르쿠츠크에서 볼셰비키 한인 조직이 결성되었다. 지금도 이르쿠츠크는 인구의 90퍼센트가 러시아인이다. 과거에는 이보다 더해 한인뿐만 아니라 다른 민족은 극소수였다. 한인 조직에 참여한 이들은 이르쿠츠크 이민 1세대의 후손들이었다. 요컨대 부모들이 이미 귀화했기 때문에 러시아 태생이거나 일찍부터 러시아에 귀화한 한인들이 주류를 이루고 있었다.

지도자 중 한 명인 김철훈은 함경도 태생이지만 귀화한 러시아인이었고, 군대를 이끌게 될 오하묵과 이르쿠츠크파의 이론가인 최고려는 니콜스크 태생이었다. 전선에서 싸우느라 얼마 후 참여한 남만춘 또한 아무르의 블라고슬로벤노예Blagoslovennoe가 고향이었다. 또 다른 핵심 멤버인 한 안드레이와 박 이노겐치는 이름에서 볼 수 있듯이 러시아 태생이었다.

미국의 흑인을 가리켜 아프리카-아메리칸이라고 하는 것에 비유하자면 이들은 고려-러시아인이었다. 페테르부르크에서 5000킬로미터, 블라디보스토크에서 5000킬로미터 떨어진 이르쿠츠크에서 10월혁명을 지지하는 작은 불꽃이 타오르고 있었다. 하지만 이 작은 불꽃은 향후 30년간 조선 전역을 활활 태우는 불꽃의 밑알이었다.

이르쿠츠크의 붉은 심장들

──────── 함경도의 한인들이 두만강을 건너 러시아의 관문 도시인 하산Khasan에 도착하면 노보키엡스키까지는 꼬박 3일이 걸린다. 한 무리의 한인들이 하산을 지나 포시에트만을 따라 올라가 노보키엡스키의 지신허에 처음 정착한 것은 1864년경이었다. 물론 그 이전에도 한인들이 포시에트만 주위에 나타나지 않은 것은 아니다. 한인들은 그 이전부터 국경 너머 포시에트만 주변의 땅을 개간해 농사를 짓곤 했다. 봄에 가서 씨를 뿌리고 가을에 추수한 뒤 돌아오는 이른바 '월경 농업'이었다. 누구의 간섭도 없고 소작료도 없는 기회의 땅, 월경 농업이 아니라 완전한 이민을 꿈꾸는 사람들이 생기는 것은 당연지사였다.

이민자가 없었기 때문에 러시아 정부 차원의 한인정책이 존재할 리 만무했다. 따라서 지역 책임자의 결정이 모든 것에 우선했다. 망명 보고를 받은 연해주 지역 군무지사軍務知事 카자케비치P. V. Kazakevich는 한인들에게 정착에 필요한 물품을 지급하라고 지시했다. 지금도 그렇지만 그 당시 러시아는 중국인에 대해 적대적이고 인종적인 색안경을 쓰고 있었다.

물론 국경을 맞대고 있어 잦은 소요가 일어났지만 유라시아인 특유의 우월의식이 존재했다. 그런데 한인들에게는 그렇지 않은 것을 보면 카자케비치가 인도적으로 일처리하는 사람이었음을 알 수 있다.

이듬해 봄, 월경 농업을 위해 이곳을 찾은 한인들에게 이 소식은 충격이었다. 순식간에 경흥, 회령, 무산 등 함경도 일대에 입소문이 퍼지면서 이민 행렬은 꼬리에 꼬리를 물었다. 불과 몇 년 만에 지신허 한인촌은 경작은 차치하고 수용하기조차 불가능한 상태에 이르렀다. 인근에 위치한 얀치혜Yanchihe에 새로운 한인촌이 만들어지고 뒤이어 또 다른 한인촌들이 북쪽 니콜스크 방향으로 추가로 건설되기 시작했다. 인도적인 책임자가 할 수 있는 선을 넘어버린 것이다.

1869년 함경도에 유례없는 대흉년이 밀어닥쳤다. 당시 흥선 대원군은 경복궁 중건을 위해 당백전을 발행해 조선은 유례없는 인플레이션을 겪고 있었다. 그러다 보니 서민들의 삶은 극도로 피폐해졌고, 척박한 땅일망정 가진 게 없던 함경도 주민들의 선택지는 하나뿐이었다. 수천 명의 한인이 연해주로 탈출하기 시작했다. 당황한 것은 조선이 아니라 러시아였다. 하지만 한인들은 차라리 여기서 굶어죽겠다고 농성을 벌이며 망명을 요구했다.

니콜스크를 넘어 한인촌은 계속해서 늘어났다. 불과 몇 년 만에 러시아는 한인들에 대한 정책이 필요해졌다. 하지만 여전히 한인들에 대한 정책은 본토의 정책이 아니라 연해주 책임자의 자체적인 결정 수준이었다. 러시아는 한인들을 러시아로 귀화시키는 것이 시급하다고 판단했다. 한인들이 자신들만의 공동체를 만들어 살며 다른 민족과 잘 섞이지 않는다는 것도 해결해야 할 문제였다.

1871년 초여름, 러시아는 처음이자 마지막으로 한인들을 위해 본토 내륙 깊숙이 시범 정착마을을 추진했다. 이는 한인 사회에 획기적인 분기점이기도 했다. 먼저 강제적인 방식이 아니라 한인들을 대상으로 자발적인 이주 선택 기회를 제공한 것이다. 게다가 주택과 2년 치에 해당하는 식량, 그리고 농사에 필요한 가축을 추가적으로 제공한다는 조건이었다. 또한 오늘날의 주민세에 해당하는 인두세를 영구히 면제하고 토지세 또한 20년간 면제한다는 조건이었다. 지신허의 박도언과 얀치헤의 박선옥이 이끄는 400여 명의 한인이 또 다른 여정을 선택했다. 사실 아무르강(중국쪽에선 헤이룽강, 러시아 쪽에선 아무르강이라 부름) 유역은 천혜의 옥토라고 말할 정도로 기름진 땅이었다. 한인들이 미리 그런 정보를 알았더라면 자원한 인원이 400여 명에 그치지 않았을 정도로 러시아의 정책은 대단히 호혜적인 내용이었다.

대장정에 오른 한인들은 아무르강을 따라 스파스코예Spasskoe를 거쳐 달네레첸스크Dalnerechensk에 도달했다. 하지만 아직도 1차 목적지인 하바롭스크까지는 절반에 불과한 거리였다. 한인들이 하바롭스크에 도착했을 때는 한여름이 시작되고 있었다. 다행스러운 것은 하바롭스크에서부터는 기선을 타고 아무르강을 거슬러 올라갈 수 있다는 것이었다. 한인들이 고단한 여정을 끝낸 곳은 아무르강과 부레야Bureya강이 만나는 삼각주 인근이었다. 아무르강과 제야Zeya강이 만나는 아무르주의 주도인 블라고베셴스크Blagoveshchensk는 군사 요충지인 동시에 극동 최대 농업지대였다. 한인들이 블라고베셴스크에 도착했을 땐 이미 기선을 통해 집을 지을 각종 재료와 식량들이 정착지에 도달해 있었다. 러시아의 재정 지원으로 건설된 최초이자 마지막 한인촌이 탄생했다. 한인촌의 이름은 블라고슬로벤노예, 러시아어로 '축복의 마을'이라는 뜻이었다. 한인들은 이 축복의 마을을 사만리四萬里라고 불렀다. 고국 땅까지 사만리라는 뜻이었을까.

20년 후 이르쿠츠크 고려공산당에서 활약하는 남만춘이 축복의 마을에서 태어났다. 남만춘이 태어날 때 마을의 인구는 2500여 명에 이르렀다. 20년이 지났을 때라지만 자연적으로 늘어난 숫자라고 볼 수는 없다. 블라디보스토크보다 더 아래쪽에서 시작된 한인촌은 하바롭스크까지 진출해 있었고, 그중 일부가 자발적으로 축복의 마을까지 넘어왔던 것이다. 여전히 블라디보스토크와 니콜스크를 중심으로 한인들의 숫자가 계속 늘어나고 있었다.

두 달 동안 농성 아닌 농성을 하던 이동휘가 국무총리에 취임한 것은 1919년 11월이었다. 이동휘가 후퇴한 이유는 두 가지였다. 우선 미주위원회가 상해임시정부를 지지하는 상황에서 연해주만 철수를 결정하는 것이 커다란 부담이었다. 그리고 김립과 박진순을 비롯한 한인사회당 핵심들이 연해주 활동을 정리하고 속속 상해로 넘어오고 있었기 때문이다. 해산을 선언한 대한국민의회의 결정을 뒤로 돌리는 것 역시 분열로 보일 것이 자명했다. 등 뒤에서 급습당한 이동휘는 상해임시정부 안에서 한인사회당의 주도권을 행사하기로 마음먹었다.

1918년 1월 이르쿠츠크에서 결성된 한인 조직은 백군에 맞서 볼셰비키의 소비에트를 지키기 위한 적군을 지원하는 것이 주요 목표였다. 하지만 어느 정도 적군의 우위가 진행되는 동안 그해 11월 옴스크의 군사장관인 알렉산드르 콜차크Aleksandr Kolchak가 반란을 일으키면서 바이칼호 일대까지 삽시간에 백색으로 얼어붙었다. 해가 바뀌자 콜차크에 호응하는 백군이 바이칼호 주변 도시들을 위협하며 기세를 올리기 시작했다. 페테르부르크로 진격하려던 콜차크의 계획이 좌절되자 백군은 극동과 연해주 방면으로 동진하기 시작했다. 엉뚱하게 이르쿠츠크가 콜차크의 유탄을 맞을 위기에 처해 있었다. 볼셰비키를 지지하는 한인들이 독자적인 조직을 결성하기 위해 움직인 것은 이즈음이었다.

이동휘가 상해로 넘어가던 비슷한 시기인 1919년 가을, 이르쿠츠크에서는 전로全露한인공산당All-Russian Korean Communisty Party이 결성되었다. 한 해 전에 만들어졌던 볼셰비키 한인 조직이 공식적인 정당으로 탄생한 것이다. 한인사회당에 이은 두 번째 사회주의 정당이 이번에는 이르쿠츠크에서 모습을 드러낸 것이다. 당명을 한인공산당이라고 명명했지만 러시아인들이 볼 때는 고려공산당이나 마찬가지였다. 한인공산당의 인물 구성에서 가장 두드러진 특징은 대부분이 러시아 국적을 가진 한인들이라는 것이었다. 러시아 국적의 한인들이 망명한 한인들과 달리 러시아어를 자유롭게 사용하는 것은 당연했다. 볼셰비키 입장에서 보면 러시아 태생이고 러시아어에 익숙한 한인 조직을 우선적으로 지원하려 했을 것이다. 코민테른 극동서기국 책임자로 파견된 보리스 슈미아츠키Boris Z. Shumiatsky는 이르쿠츠크의 사회주의자들을 적극적으로 지원했다. 전로한인공산당의 위원장엔 김철훈, 군사부장 오하묵, 정치부장 한 안드레이, 선전부장 최고려, 교통부장엔 박 이노겐치가 각각 선출됐다.

러시아 태생인 오하묵은 제1차 세계대전이 일어나자 이르쿠츠크에서 단기교육을 받고 장교로 임관해 전선에 배치됐다. 2월혁명 당시에는 연대 소비에트 위원으로 선출됐고 10월혁명 후에는 볼셰비키의 적군에 가담해 활약한 경력을 가지고 있었다. 한인공산당의 적군 조직을 총괄했으며 이후 시베리아의 한인적군부대를 실질적으로 지휘한 인물이다.

볼셰비키 당원인 남만춘은 러시아 공산당 이르쿠츠크위원회 간부로 활동했다. 그가 맡은 소수민족부장은 여러 민족의 신뢰를 받고 있는 인물만이 임명될 수 있는 중책이었다. 남만춘은 축복의 마을, 사만리 출신이었다. 남만춘은 김나지움에 재학할 당시부터 볼셰비키의 세포로 활동하면서 일찍부터 사회주의 활동에 가담했다. 오하묵과 마찬가지로 장교로 임관해 전선에 나갔으며 연대 소비에트 위원으로 선출됐다. 10월혁명이 일어나자 볼셰비키였던 그는 당연히 적군에 가담했다. 전로한인공산당에는 한 해 뒤 참여해 이른바 '이르쿠츠크파'의 지도자로 활동하며 조선공산당의 탄생에 큰 영향을 미쳤다. 한인사회당은 독립을 위해 볼셰비키의 도움이 필요한 입장이었던 반면, 이들은 애초부터 볼셰비키를 지향하는 인물들이 다수였다.

두 달간의 대립 끝에 그해 11월 이동휘는 상해임시정부의 초대 국무총리에 취임했다. 비서장에는 그의 그림자라고 할 수 있는 김립이 임명됐다. 여론에 밀려 단일 임시정부가 탄생했지만 연해주의 주요 조직들이 상해로 옮긴 것도 아니었고 가능한 일도 아니었다. 이동휘를 비롯해 연해주에서 활동하던 한인사회당의 핵심들만 상해로 온 것이었다. 게다가 문창범은 대한국민의회의 재건을 선언하며 연해주로 돌아가버렸다. 요컨대 임시정부를 실질적으로 이끌고 있지만 독자적인 기반은 취약한 상황이었다. 게다가 이승만은 상해로 취임할 생각을 하지 않고 워싱턴에 별도의 구미위원회를 설치했다. 대통령 집무실을 워싱턴으로 옮긴 것이나 마찬가지였다. 그것은 자금을 독점하는 결과를 낳았다. 그동안 미국 각지의 주요 한인 단체들은 다양한 경로와 방법을 통해 상해와 연해주에 자금을 지원해왔다. 하지만 구미위원회가 설치되고 이승만이 대통령 명함을 한인 단체들에 돌리자 모든 자금이 자연스럽게 구미위원회로 흘러들어갔다. 하지만 이 자금은 상해로 넘어오지 않았다. 취임도 하지 않는 대통령, 견제기구로 작동하는 의정원, 그리고 자금경색까지. 이동휘로서는 억울하고 분노할 일이었지만 지도자가 안고 가야 하는 숙명 같은 것이었다.

하지만 손발이 묶인 채 일만 하고 있을 수는 없었다. 이듬해 봄, 이동휘는 상해에서 독자적인 사회주의 그룹을 결성하기 시작했다. 상해에 있는 한인사회당 핵심들을 포함해 이승만 체제에 비판적인 흐름들을 통합하는 방식이었다. 우선 독자적인 조직은 없지만 신망과 실력을 갖춘 신채호와 안병찬을 끌어들이는 데 성공했다. 그런데 또 한 갈래의 흐름을 선택한 것이 나름 절묘했다. 여운형과 조완구, 조동호, 선우혁 등 젊은 그룹들을 하나로 통합하는 데 성공한 것이다. 신한청년당에 참여했던 이들은 임시정부의 차장 등 실무를 장악하고 있었다. 게다가 이들은 젊었기에 아직 의정원에 자리가 없었던 터라 의정원의 영향에서 자유로웠다. 이들은 '한인공산당'이라는 비밀 그룹을 결성했다.

상해임시정부는 출발부터 '임시'정부였고, 지붕만 같이 쓰는 세 가족이었다. 원칙주의자인 이동휘는 이런 비상식적인 상황에 직면하면 정면돌파하는 성격이었다. 독자적으로 조직을 정비한 이동휘는 여름이 다가오자 임시정부의 차장들을 전면에 내세우고 이승만 불신임운동을 시작했다. 하지만 이동녕, 이시영을 비롯한 소위 '기호파' 총장들의 격렬한 반대에 부딪혔고, 안창호는 이승만을 빠른 시일 내 상해로 취임시키자는 의견을 주장하며 사실상 반대하는 입장을 취했다. 상해에서는 이승만 불신임이냐 아니냐를 놓고 연일 대립했다. 안창호는 워싱턴에 있는 이승만에게 최후통첩에 가까운 의견을 보냈다. 안창호의 최후통첩이 효과를 발휘한 것인지, 아니면 더 이상 명분이 없다고 생각했는지 이승만은 상해로 건너와 대통령에 취임하겠다는 의사를 밝혔다.

1920년 12월 5일, 마침내 이승만이 상해에 도착했다. 그리고 한 달 후 이동휘는 국무총리직을 사임했다. 이듬해 봄이 오자 이승만도 책상 서랍에 두고 온 명함이 생각났는지 워싱턴으로 돌아가버렸다. 임시정부는 원점으로 돌아갔고 실세들은 여전히 의정원 의장과 총장들뿐이었다. 그런데 이동휘가 전면전을 준비하고 있던 그해 여름, 국무총리 비서장이 오영선으로 교체됐다. 사임한 김립은 조용히 상해를 빠져나가 러시아로 향하고 있었다.

코민테른 자금을 둘러싼 암투

거짓만 여러 개의 얼굴을 하고 있는 것이 아니라 진실도 그럴 때가 있다. 시간이 흘러 진실에 대한 기억이 희미해진 경우도 있지만 진실을 자신의 기억에 유리하게 편집하는 경우도 있다. 사건을 둘러싼 사람들이 여러 명이고 그것이 치명적인 내용일 때, 그중 하나는 완전히 창작일 수도 있다. 독립운동 진영을 파탄으로 몰고 간 200만 루블의 진실은 무엇일까.

1919년 4월 한인사회당과 신민단의 연합대회 형식으로 개최된 2차 당대회는 맨 마지막으로 중요한 내용 하나를 의결했다. 박진순과 이한영, 박애를 코민테른에 파견하기로 한 것이다. 박애가 병으로 인해 출발하지 못하자 박진순과 이한영이 먼저 모스크바로 향했다. 박진순은 이동휘의 젊은 최측근이고 한인사회당의 이론가였다. 게다가 그는 러시아 태생이기 때문에 언어 장벽이 전혀 없었다. 3박자를 모두 갖춘 그의 임무는 보기에 따라서는 간단했다. 한인사회당을 조선 혁명의 유일한 사회주의 정당으로 인정해달라는 것이었다. 코민테른이 일국일당 원칙을 고수했기 때문에 이 임무는 중요한 의미를 지니고 있었다. 두 번째 임무는 조선의 독립을 지원해달라는 것이었다. 한인사회당이 코민테른에서 유일 정당으로 승인받는다면 당연한 요청에 불과했다. 그리고 마지막 임무는 자금 지원 요구였다. 요구사항은 세 가지로 보이지만 그 실타래를 풀 출발점은 하나였다. 한인사회당이 유일 정당으로 승인받는 것, 그것이 모든 것의 해법이었다.

박진순와 이한영이 모스크바로 떠난 것은 1919년 여름이었다. 얼마 후 이동휘는 임시정부 국무총리로 취임하기 위해 연해주의 기반을 정리하고 상해로 향했다. 한인사회당 핵심들이 역할을 분담한 것이다. 러시아 태생인 박진순과 이한영을 한인사회당의 이름으로 모스크바에 파견하고 이동휘를 중심으로 나머지 측근들은 상해로 움직인 것이다. 그해 겨울 내내 박진순은 차가운 모스크바강을 따라 크렘린Kremlin을 제집처럼 드나들었다. 하지만 한인사회당은 코민테른의 승인을 받는 데 실패했다.

코민테른은 한인사회당의 2차 당대회와 비슷한 시기에 창설되었다. 백군과의 내전이 계속되고 있었지만 볼셰비키 입장에선 국제혁명을 확산하기 위한 국제공산당의 창설이 시급한 문제였다. 혁명이 다른 나라로 확산되지 않으면 볼셰비키는 고립될 수밖에 없고 러시아 혁명은 실패할 것이라는 우려 때문이었다. 이런 혼란 상황에서 한인사회당의 박진순과 이한영이 모스크바로 파견된 것이다. 그런데 코민테른은 창설과 동시에 산하에 극동서기국을 설치하고 불과 한 달도 안 돼 이르쿠츠크를 비롯해 하바롭스크와 블라디보스토크 등에 책임자를 파견하기 시작했다. 기존 볼셰비키 당 조직을 활용하는 형태였지만 코민테른은 엄연히 별개의 조직이어서 그 책임자들이 파견된 것이다. 게다가 한인사회당이 2차 당대회를 하던 시기에 극동서기국의 지원 아래 이르쿠츠크에서 전로한인공산당이 조직되고 있었다. 요컨대 코민테른은 극동서기국을 통해 한인 조직들의 움직임과 활동들을 주기적으로 보고받았다. 그런 상황에서 한인사회당만을 유일 정당으로 승인할 수는 없었다.

해가 바뀌자 희소식이 날아들었다. 박진순의 노력이 다른 쪽으로 중요한 성과를 거둔 것이다. 7월로 예정된 코민테른 2차 대회에 한인사회당이 참여할 수 있을 것이라는 언질이었다. 실제로 박진순은 조선을 대표해 코민테른 참가 자격을 획득했고, 식민지 문제를 주제로 대표연설을 하는 데도 성공했다. 게다가 박진순은 코민테른에 상근 직책을 얻었다. 코민테른은 조선에 대한 창구가 필요한 입장이었고, 러시아어를 자유롭게 구사하는 한인사회당의 박진순은 신뢰할 수 있는 적임자였다. 또 다른 성과는 한인사회당에 필요한 자금을 지원하기로 결정한 것이다. 지폐 100만 루블을 지원하기로 결정했고, 그중 일부를 수령한 이한영이 상해로 들어왔다. 그런데 이승만 불신임을 추진하기 위해 새로운 사회주의 그룹을 결성한 이동휘는 자금의 존재를 비밀에 부쳤다. 자금의 소유권자는 한인사회당이라는 묘한 논리였다. 게다가 코민테른이 우호적인 입장을 보이고 있다는 것을 확인한 이동휘는 곧바로 측근인 김립을 추가로 모스크바에 파견했다.

이동휘는 자신이 임시정부의 국무총리로 선출됐으며 한인사회당이 상해의 사회주의자들과 단일한 당을 건설했음을 강조했다. 여운형 등과 건설한 한인공산당이 임시정부의 사실상 집권당이라고 주장한 것이다. 코민테른은 여전히 유일 정당의 승인을 유보했지만 임시정부의 국무총리라는 이동휘의 지위와 통합 정당인 한인공산당의 건설을 중요한 전환점이라고 판단했다. 지폐가 아닌 금화 200만 루블의 지원이 결정된 것이다. 인출권자는 박진순이었다. 이에 따라 200만 루블 중 우선 제공받은 60만 루블 가운데 20만 루블을 모스크바에 예치하고 40만 루블을 가지고 이르쿠츠크에 도착한 것이 9월이었다. 그런데 이제 막 조직된 이르쿠츠크의 전로한인공산당이 볼셰비키의 지원을 받는 유일한 한인 정당이니 자금의 사용권한이 자신들에게 있다고 주장하며 탈취했다. 이른바 국제공산당자금 사건이다. 여기까지가 그동안 정설로 알려진 편집된 진실이다. 이것이 정설로 그대로 받아들여진 이유는 엇갈리는 사람들의 기억에도 불구하고 일본 경찰의 공문서에 기초하고 있었기 때문이다.

1920년 초, 상해임시정부가 러시아 소비에트 정권에 어떤 태도를 취할 것인가 하는 논의가 수면 위로 부상했다. 여운형이 외교사절로 방문하겠다는 의욕을 적극적으로 보이자 논의는 순조롭게 정리되는 분위기였다. 이동휘는 국무회의를 열고 여운형, 안공근, 한형권을 파견하기로 의결했다. 그런데 모스크바에 있는 박진순이 이동휘에게 전보를 보내면서 상황이 급변했다. 전보 내용은 3월에 지폐 100만 루블이 지원될 것이며 추가로 더 많은 자금이 지원될 것이라는 소식이었다. 이동휘는 국무회의의 결정을 뒤틀고 한인사회당 출신인 자신의 측근 한형권만 비밀리에 모스크바로 파견했다. 시간이 흐른 뒤에야 여운형은 이 사실을 알았지만 문제제기를 단념했다. 이동휘와 행보를 같이하는 상황이었기 때문이다.

외교적으로 볼 때, 한형권은 박진순과 확연히 다른 지위였다. 한형권은 임시정부 국무총리의 신임장을 가진 전권대사일 뿐만 아니라 밀서까지 지니고 있었다. 소비에트로선 당연히 최소한의 예우를 해야만 하는 입장이었다. 한형권은 소비에트 외무위원인 치체린O. Tschitscherin과 면담하는 데 성공했다. 1920년 7월 중순 레닌과의 면담이 성사되면서 한인사회당 그룹은 뜻하지 않은 기회를 갖게 되었다. 레닌과 최초로 회담을 한 사람은 한형권과 박진순이었다. 레닌과의 회담에서 한형권은 임시정부를 조선의 유일한 정부로 승인해줄 것을 요청했다. 한형권은 임시정부의 전권대표였기 때문이다. 또한 한형권이 모스크바에 급파된 또 다른 목적인, 독립운동 자금 지원도 요청했다. 그런데 자금 수령자를 누구로 할 것인가 하는 미묘하고도 중요한 문제가 남아 있었다. 한형권과 박진순은 상해임시정부의 집권당이 한인사회당이라고 주장했다. 볼셰비키 쪽에서도 상해임시정부가 민족주의자들이 주도한 정부라는 것을 당연히 알고 있었다. 하지만 한인사회당이 내전 기간에 볼셰비키와 함께 백군에 맞서 싸운 사회주의자들이라는 사실 또한 알고 있었다. 게다가 임시정부의 '일시적인 수반'은 이동휘였다. 자금 최종 수령자가 누구인지 헷갈리기에 충분한 상황이었다.

이동휘의 승부수가 빛을 발했다. 1차 자금이 상해로 향할 무렵 박진순은 코민테른 2차 대회 집행위원 자격을 얻는 데 성공했다. 1920년 7월에 개최된 코민테른 2차 대회에 박진순은 집행위원 자격으로 참가했다. 그리고 단순한 면담이 아니라 코민테른의 공식회의에서 레닌과 토론하고 조선의 독립이 가능한 경로를 제시했다. 물론 그것은 한인사회당을 코민테른의 유일당으로 확정하는 것뿐이라는 취지였다. 코민테른은 아시아의 식민지 국가들이 민족해방을 위해 다양한 조직과 임시정부를 주장하며 각개약진하는 현실을 잘 알고 있었다. 코민테른으로선 임시정부든 망명정부든 명칭은 중요하지 않았다. 코민테른의 노선에 부합하는 사회주의 정당이 중요할 뿐이었다. 그렇기 때문에 박진순의 주장은 핵심을 꿰뚫고 있었던 것이다. 유일당으로 인정받아야만 한인사회당을 중심으로 모든 한인 조직의 주도권 확보가 가능하다고 확신했기 때문이다. 누가 내무총장을 맡고 누가 외무총장을 맡느냐는 중요하지 않았다. 중요한 것은 코민테른의 지지를 받는 '당' 그 자체였다.

이동휘가 임시정부 차장들을 앞세워 이승만 탄핵운동을 전격적으로 시작하던 1920년 9월, 문제의 2차 자금이 승인됐다. 수령자는 박진순과 한형권이었고 인출 장소는 모스크바였다. 금액은 금화 60만 루블이었다. 어쨌거나 1차 자금은 한인사회당이 추진한 것이었고, 이동휘가 국무총리에 취임하기 이전에 진행된 일이었다. 하지만 2차 자금은 이동휘가 국무총리로 있으면서 한형권을 밀사로 보내 추진한 일이었다. 한인사회당이 유일당으로 인정받는 것뿐만 아니라 상해임시정부가 '유일' 정부라는 것도 코민테른에 포함되어 있었다. 실제로 한형권은 볼셰비키에 2차 자금을 요구하는 동시에 상해임시정부가 유일 정부라는 것을 인정해달고 요청했다. 모스크바는 최종 수령권자를 결정했을지 몰라도 그 귀착지가 상해임시정부인지 한인사회당인지는 모호할 수밖에 없는 상황이었다. 문제는 또 있었다. 수령자가 여러 명이었던 것이다.

볼셰비키는 코민테른을 통해 유럽뿐만 아니라 아시아 전반에 대해 지원했다. 베트남과 인도네시아를 비롯해 심지어 일제의 본토도 대상에 포함되었다. 그렇기 때문에 자금 지원을 할 경우 당연히 기본적인 원칙을 가지고 있다. 자금 수령자가 누구인지, 운송자가 누구인지, 그리고 최종 수령자 혹은 조직에 대해 적시한다. 최종 수령자는 당연히 수령 사실을 다시 볼셰비키에 보고할 의무를 갖는다. 자금 지원이 1회성으로 끝나지 않기 때문에 이런 장치는 당연한 것이었다.

만약의 경우에 대비해 20만 루블은 모스크바에 예치하고 40만 루블을 여러 갈래로 나누었다. 김립이 12만 루블을 수령해 이태준에게 4만 루블을 맡겼다. 박진순은 22만 루블을 수령해 그중 3만 루블을 박애 등과 나누었다. 나머지 6만 루블은 한형권이 수령했다. 한형권의 6만 루블과 김립의 8만 루블, 그리고 박진순의 19만 루블은 무사히 상해에 도착했다. 그런데 왜 이렇게 복잡하게 자금을 나누었을까? 아마 보안상의 이유가 가장 컸을 것이다. 입소문으로 마적에게 들어갈 수도 있고, 상해임시정부와의 수령권자 문제도 있었다. 특히 러시아 태생 한인 볼셰비키들이 언제나 위험요소였다. 1차 자금과 달리 인출지를 모스크바로 지정한 것도 그런 이유 때문이었다. 실제로 박애 등이 수령한 3만 루블은 아무르 볼셰비키가 압수했다. 박애와 이용이 수령한 3만 루블을 김규면이 최종적으로 소지하고 있었는데 압수당한 것이다. 이 세 사람은 한인사회당 군사 책임자였다. 요컨대 이것은 애초부터 상해로 오는 자금이 아니라 블라고베셴스크를 중심으로 아무르 일대의 군사자금이었을 가능성이 높다. 이르쿠츠크 혹은 하바롭스크의 한인 볼셰비키들이 문제제기를 했을 것이 분명하고, 아무르 볼셰비키는 어느 정도 타당하다고 판단했던 것이다. 그렇기 때문에 아무르 볼셰비키 입장에서는 탈취가 아니라 압수일 뿐이었다. 이태준의 4만 루블은 행방이 묘연했다.

1920년 1월, 전로한인공산당은 고려공산당으로 명칭을 바꾸고 전열을 정비했다. 김철훈을 비롯한 고려공산당 이르쿠츠크파는 볼셰비키의 결정에 격분할 수밖에 없었다. 1차 자금의 인출지가 이르쿠츠크였기 때문에 소문이 삽시간에 퍼져나간 것이다. 이르쿠츠크파 입장에선 역지사지라는 말이 딱 어울렸다. 당원의 절대다수가 러시아 태생인 한인이지만 일관되게 볼셰비키를 지지해온 것은 자신들이었기 때문이다. 민족주의자와 정체성이 분명하지 않은 사회주의자들이 뒤섞인 한인사회당이 볼셰비키를 지지한 가장 큰 이유는 조국의 독립 때문이었다. 그들에겐 조국의 정부 형태가 중요하지 않았다. 이르쿠츠크파 사회주의자이기 때문에 볼셰비키를 지지했던 것이다. 한인이기 이전에 국제주의자이기 때문에 제국주의에 의해 식민지가 된 국가들의 독립은 당연한 일이었다. 그리고 새롭게 만들어질 정부는 소비에트여야만 했다. 그런데 자금이 엉뚱한 곳으로 흘러들어가고 있었으니 격분을 넘어 배신감마저 들 수밖에 없었다.

역사의 뒤편으로 떠난 사람들

──────── 페치카 앞 소파에 담담히 앉아 있었을까? 아직은 봄기운이 덜 다가온 집 뒤편 자작나무가 백색 기운을 조용히 내뿜고 있는 러시아식 2층 가옥에서 한 남자가 자신의 최후를 준비하고 있었다. 자정을 넘긴 시각, 니콜스크의 한인촌 곳곳에서 불길이 타오르고 있었다. 타오르는 불꽃과 함께 사람들이 죽어나갔고, 어두운 그림자들은 또 다른 목적지인 2층 가옥을 향하고 있었다. 50년 전 고향을 떠나온 최재형은 이국땅에서 쓸쓸하게 최후를 맞이했다. 1920년 4월 5일 새벽, 일제는 블라디보스토크를

비롯해 하바롭스크 등 연해주 지역의 한인촌들을 급습해 무차별적으로 학살을 자행했다. 상해로 떠나지 않고 연해주를 지키던 한인 지도자들은 학살 리스트 맨 위에 이름이 올라 있었다. 그중에서도 최재형은 최우선 순위였다.

볼셰비키가 독일과 단독 강화를 맺자 위기감을 느낀 영국과 프랑스는 중국과 연해주에 대규모 군대를 파견하기 시작했다. 협정에 따르면 일제는 1만2000명을 파견해야만 했으나 무려 7만 명 넘는 군대를 파견해 연해주의 주요 도시를 완전히 장악해버렸다. 기회 있을 때마다 교묘히 같은 편과의 협정도 비틀며 교두보를 만드는 방식은 일제의 오랜 전술이었다. 연해주의 한인들은 감시 대상이긴 했지만 공격할 대상은 아닌 모호한 상황이었다. 본토와 떨어진 연해주에선 10월혁명의 반혁명 세력이 기승을 부렸고, 일제는 그들을 적극적으로 지원했다. 하지만 1919년 가을 반혁명 세력의 핵심인 콜차크 부대가 바이칼호에서 최후를 맞이하자 연해주의 분위기는 반전되기 시작했다.

당시 볼셰비키와 결합한 한인 부대들은 수찬Suchan(파르티잔스크)과 이만Iman(달레네첸스크)을 중심으로 백군과 게릴라전을 벌이고 있었다. 수찬은 언제든 블라디보스토크와 니콜스크를 위협할 수 있는 지리적 이점에 나홋카Nakhodka항을 통해 바다로 진출할 수 있다는 장점도 있었다. 이만은 하바롭스크로 가는 시베리아 철도의 길목을 차단하는 효과가 있으며 한카Khanka호를 낀 밀림 지역을 통해 중국으로 넘어가기에도 효과적인 곳이었다. 구심력을 잃은 연해주의 백군이 버틸 수 있었던 것은 순전히 일제의 지원 탓이었다. 볼셰비키와 박 일리아가 이끄는 사할린 부대가 움직인 것은 바로 그때였다.

우스리스크(당시 지명은 '니콜스크')에 있는 최재형의 생가

1920년 3월, 적군 연합 부대는 아무르강 하구에 있는 니콜라옙스크 Nikolayevsk의 일본군을 직접 공격하는 전면전을 감행했다. 전투는 적군의 승리로 끝났지만 이것은 곧바로 연해주 전역의 한인들이 보복 학살을 당하는 '4월참변'을 가져왔다. 이름에서 알 수 있듯이 박 일리아는 러시아 태생이지만 한인사회당에 소속되어 있었다. 몇 년 후 이르쿠츠크파와 이동휘의 상해파가 군사적으로 대립해 비극적인 결말을 맺은 자유시참변의 당사자이기도 했다. 한 달 후 새벽, 한인촌들이 불타오르고 연해주의 새벽을 열었던 최재형은 마지막까지 그 자리를 지키며 담담하게 최후를 맞이했다.

역사의 그림자 속에 숨은 또 하나의 인물인 이태준의 삶도 최재형만큼이나 드라마틱했다. 이태준은 경상도 함안의 가난한 시골마을에서 태어났지만 천재적인 머리를 지니고 있었다. 지리산 자락의 산마을에서 이제 막 생긴 세브란스의학교에 입학한 것만으로도 알 수 있었다. 하지만 천재라고 해도 모두 경성제대나 세브란스의학교를 갈 수 있는 것은 아니었다. 게다가 가난한 시골마을의 아이라면 더욱 그랬다. 추측건대, 누군가의 도움이 있었을 것이다. 상투적이지만 이런 경우 도움을 주면서 조국을 위해 일하라는 당부의 말이 있었을 것이다. 그런데 그가 의학교를 다니는 동안 조국이 사라지고 말았다.

졸업하자마자 이태준은 상해로 망명했고, 이후 몽골에 자리 잡았다. 중국은 열강들에 의해 의술이 빠르게 발전하고 있었다. 열강의 침략에서 한발 비껴나 있고, 의학이 전무한 나라에서 이태준의 의술은 빛을 발했다. 몽골 황제의 어의가 되었다니, 그의 의술 또한 머리만큼이나 천재적이었던 모양이다.

어느 정도 자리 잡은 그가 다음으로 선택한 것은 뜻밖에도 한인사회당 지지자였다. 이르쿠츠크에서 중국으로 오는 방법은 두 가지였다. 시베리아 철도를 이용해 블라디보스토크까지 온 다음 국경을 넘는 방법은 기차를 이용하기 때문에 신분이 탄로 날 위험이 높았다. 그리고 몽골을 가로지르는 방법은 교통수단이 어렵고 마적들에게 노출될 위험이 컸다. 10월혁명이 없었다면 볼셰비키도 없었을 것이고, 한인들이 모스크바로 향하는 일도 생기지 않았을 것이다. 바로 그런 절묘한 타이밍에 몽골 지배계급의 지원을 받고 있던 이태준이 한인사회당의 비밀당원으로 등장했다. 이동휘와 한인사회당이 거점을 상해로 옮긴 후 연해주 지역을 거쳐야 하는 업무가 있지 않은 한 모스크바로 향하는 루트는 이태준의 포스트를 이용했다. 그렇다면 이동휘와 이태준은 어떤 연결고리가 있었던 걸까.

역사에 드러나지 않은 또 한 사람, 세브란스의학교 1회 졸업생인 김필순에게서 그 단초를 찾을 수 있다. 황해도 장연 태생인 김필순은 김규식의 매제이자 최초의 개신교 집안 출신이었다. 이태준과는 정반대로 부유한 집안에서 태어난 인물이었다. 언더우드의 지원 아래 배재학당을 졸업한 후 세브란스의학교 첫 입학생으로 의학의 길에 접어들었다. 당연히 1회 졸업생이었고 최초의 한인 의사면허 일곱 개 중 하나도 그의 몫이었다. 모교의 교수 자리는 덤이었다.

김필순이 세브란스에서 의사로 일하고 있을 때 그의 동생인 김윤오가 병원 앞에서 김형제상회라는 가게를 운영하고 있었다. 출세 길이 열린 형을 보고 상인으로 머리가 튼 동생이 병원 앞에 가게를 연 것일까. 지금도 그렇지만 병원에는 자질구레한 물품이 많이 필요하다. 약간의 인맥만 있다면 최소한 망할 일은 없다. 그렇다고 본다면 가게 이름을 '형제'라고 붙인 것도 다분히 동생의 '재치'였을 것이다.

신민회 회원 중 가장 나중에 망명한 사람은 이동휘다. 정미7조약으로 군대가 해산되자 신민회 회원들은 서둘러 망명길에 오르기 시작했다. 국내에 남은 신민회 회원들의 회합 장소 중 하나가 김형제상회 2층이었다. 김필순은 이미 신민회에 가담하고 있었던 것이다. 그 회합 장소에는 안창호는 물론 이동휘까지 포함되어 있었다. 병원 앞 김형제상회는 신민회의 비트였다. 김형제상회에서 스물세 살 청년 한 명이 점원으로 일하고 있었는데, 그가 바로 이태준이었다.

이태준은 세브란스의학교 2회 입학생이었다. 일곱 명만 배출하는 의학교라면 바닥이 좁을 수밖에 없었다. 이태준의 멘토가 바로 김필순인 것은 우연이 아니라 필연이었다. 안창호와 이동휘 같은 거물들의 움직임이 일경에게 포착되지 않을 리 없었다. 김필순은 이미 노출된 것이나 마찬가지였다. 105인 사건으로 신민회가 와해되고 독립운동가들이 대대적으로 체포되자 김필순도 신변의 위험을 느낄 수밖에 없었다. 섣달 그믐날 신의주에 급한 산모가 있어 출장 간다는 짤막한 메모를 남기고 김필순은 조용히 망명길에 올랐다. 중국으로 망명한 김필순은 처음에는 지린성의 퉁화通化에 자리 잡고 한인들의 이상촌 건설운동을 벌였다. 하지만 지린성은 일제의 영향력이 미치는 지역이었기 때문에 그의 노력은 번번이 좌절되고 말았다. 김필순은 일제의 입김이 더 적은 북쪽의 헤이룽장성으로 옮겨 두 번째 시도를 이어갔다. 헤이룽장성의 제2도시인 치치하얼齊齊哈爾에 병원을 차리고 의술 및 포스트 역할을 하기 시작한 것이다. 치치하얼은, 동쪽으로는 러시아의 아무르와 서쪽으로는 몽골과 접해 있고, 남쪽으로는 지린성으로 신속하게 이동할 수 있는 교통의 요지였다.

이태준은 곧바로 중국 망명길에 올랐다. 그런데 김필순과 정반대쪽인 난징南京으로 향했다. 이런 경우 둘 중 하나다. 김필순과 이태준이 사전에 망명지와 역할을 논의했을 가능성과 이태준이 김필순의 망명을 전혀 눈치채지 못했을 가능성이다. 난징에서 이태준이 편지로 김필순의 행방을 물어본 기록이 있는 것으로 보아 후자가 더 설득력 있어 보인다. 이태준은 난징에 불과 1년 남짓 체류하고 몽골의 고륜(울란바토르)으로 옮겨갔다. 어쩌면 도중에 퉁화에 들러 김필순을 만났을지도 모른다. 하지만 이태준은 울란바토르에 자리를 잡았고 이르쿠츠크와 상해를 곧바로 잇는 한인사회당의 포스트 역할을 하기 시작했다.

1921년 미친 남작이라고 불리는 운게른 슈테른베르크Ungern-Sternberg의 백군이 몽골을 기습하고 대대적인 학살을 자행했다. 백군이라지만 운게른의 부대는 반쯤 마적들에다 다양한 목적을 가진 인종들이 뒤섞여 있었다. 시베리아 출병을 하면서 일세는 특무대라는 새로운 조직을 만들었는데, 운게른의 부대에 일제의 특무대원도 포함되어 있었다. 최재형과 마찬가지로 이태준 역시 미리 조준된 목표물이었다. 서른여덟 살의 짧은 삶이었다. 그의 죽음과 함께 코민테른의 2차 자금 중 김립이 맡긴 4만 루블의 행방은 안갯속으로 사라졌다.

상해 북쪽에 위치한 자베이閘北 구역은 기차역이 위치한 탓에 들어오는 길목 역할을 했다. 그렇다 보니 도시로 들어오거나 나가는 사람들을 위한 숙박시설과 식당, 유흥음식점이 꼬리를 물고 골목으로 이어져 있었다. 파오퉁寶通 거리를 걷는 중국인 옷차림의 남자들 한 무리가 연신 주변을 경계하며 발걸음을 재촉하고 있었다. 바로 그때 갑자기 두 남자가 그들 앞을 막아섰다. 묻지도 따지지도 않았다. 권총을 빼든 두 남자는 한 명만을 목표로 열두 발이나 쏟아부었다. 남자는 그 자리에서 절명했다. 대낮에 벌어진 일이었다. 1922년 2월 11일, 숨진 남자의 이름은 양춘산으로 알려져 있었지만, 이 비극의 주인공은 바로 김립이었다.

김립이 상해 거리에서 대낮에 암살된 것은 충격이었다. 하지만 더 충격적인 것은 그를 암살한 사람들이 임시정부의 경무국장인 김구가 파견한 오면직과 노종균이라는 사실이었다. 김립이 임시정부에 의해 일종의 사형선고를 받은 이유는 그가 임시정부의 자금을 횡령해 호화생활과 축첩을 했다는 죄목이었다. 바로 모스크바에서 인출된 코민테른의 2차 자금을 의미하는 것이었다. 2차 자금의 소유권을 둘러싸고 상해에 일촉즉발의 냉기류가 흐르고 있을 때, 베를린에서는 한형권에 의해 3차 자금인 20만 루블이 인출됐다. 그해 겨울 평생 만져보지도 못할 거금이 상해를 떠돌고 있었다.

　김립의 죄목은 횡령이었다. 횡령이라는 것은 흔히 개인적인 행위를 지칭한다. 그런데 김립이 피살된 이날 함께 있던 사람들 중 한 명이 김철수였다. 훗날 조선공산당에서 주요한 역할을 하게 되는 김철수는 김립이 피살되자 자금을 다른 안전한 곳으로 옮겼다. 결과적으로 임시정부의 주장에 따르면 횡령은 김립 한 사람이 아니라 김철수를 포함해 집단적으로 공모했다는 의미였다. 또 다른 두 명은 훗날 조선공산당의 창립 멤버인 유진희와 이동휘의 측근인 김하구였다. 이것은 횡령의 문제가 아니라 소유권의 문제였다. 3차 자금의 책임자인 한형권에게도 암살 지령이 내려졌다는 사실이 이를 뒷받침한다.

　그렇다면 김립이 호화생활과 축첩을 했다는 것은 진실일까? 밤하늘별의 색깔이 마음에 들지 않으면 떼어내야 직성이 풀리는 이동휘가 그런 사실을 알고도 방치했을 가능성은 거의 없다. 무엇보다 훗날 그들의 행보에서 알 수 있지만 김철수와 유진희가 먼저 용납하지 않았을 것이다. 한인사회당 활동가들이 예외 없이 거의 다 독립유공자가 되었지만 김립만은 지금도 예외다. 그것은 《백범일지》에 김립이 "임시정부의 자금을 횡령해 호화생활과 축첩을 했기 때문에 암살"했다고 기록되어 있기 때문이다. 그런데 소련이 붕괴하고 비밀문서들이 판도라처럼 열리고 있다. 따라서 자금 소유권자는 한인사회당이며 코민테른이 집행 내역을 보고받았다는 내용이 문서들로 확인되고 있다. 어쨌든 1922년 코민테른은 이 문제를 좌시할 수 없었다.

#3

11월 결정서와
통합당대회

극동민족대회는
이르쿠츠크파에 마지막
고비였다. 한국, 중국, 일본의
대표권을 갖는 사람들 100명
이상이 이르쿠츠크에 모이는
대규모 국제대회였다. 대회를
성공적으로 마치는 것만이
이르쿠츠크파가 한국 유일의
공산당임을 국제적으로
인정받는 마지막 단계였다.

조선고학생동우회

━━━━━ 누군가 먼저 '기획'했다면 그 길을 따라가기란 훨씬 수월한 법이다. 식민지 국가가 독립하는 가장 간단한 방법은 무장투쟁이다. 하지만 식민지 국가 내부가 지배자들에 의해 다양한 방법으로 분열되는 것은 역사적으로 볼 때 불행하게도 일반적인 현상이다. 요컨대 무장투쟁이 쉽지 않은 이유다. 진지전을 선택할 수밖에 없는 이유도 거기에 있다. 남는 것은 기획이다. 권투선수가 맷집이 좋다고 매번 맞기만 할 수는 없다. 피해를 최소화할 수 있는 기획이 필요한 이유다.

1919년 1월, 두 사람의 청년밀사가 일본을 떠났다. 이광수의 목적지는 상해였고, 송계백의 목적지는 국내였다. 송계백의 사각모 안에는 깨알 같은 글씨로 쓰인 비단수건이 숨겨져 있었다. 비단수건의 정체는 '독립선언서'였다. 국내 밀사로 송계백이 선택된 데는 보성중학교 출신이며 와세다 대학 정치과에 재학 중이라는 점이 크게 작용했다. 송계백이 접촉할 대상은 보성중학을 수료한 후 와세다 대학 사학과를 졸업하고 귀국한 현상윤이었다. 현상윤은 천도교를 기반으로 활동하는 보성중학교 교장 최린과 가까운 사이였고, 최린은 최남선, 손병희 등과 막역한 관계였다. 최린과 송계백은 사제지간이었다. 국내 독립운동 지도자들과 핫라인을 개설하는 방법으로 '학연'을 활용한 것이다.

손병희를 비롯한 지도자들은 송계백이 가져온 '독립선언서' 초안을 보고 놀라움을 금치 못했다. 이전에 없던 새로운 기획인 데다 도쿄 한복판에서 평화적으로 독립을 선언한다는 대목에 이르자 지도자들은 충격에 빠졌다. 제1차 세계대전의 후속 처리를 위한 파리강화회의를 겨냥해 외교적으로 한국의 독립을 요청하자는 것도 시기적으로 볼 때 핵심을 짚은 판단이었다. 과거 광무황제의 헤이그 밀사가 비밀스러운 방식이라는 한계를 가지고 있었다면, 이들은 독립운동을 공개된 광장으로 끌고 나오자는 초유의 기획을 한 것이다. 헤이그 밀사의 업그레이드이자 확장판인 셈이었다. 손병희는 송계백에게 자금을 지원하는 동시에 종교계 등을 중심으로 국내에서 같은 기획을 추진할 것을 약속했다. 1월 말에 현해탄을 건너 일본으로 돌아가던 송계백의 가슴은 터질 것만 같았다.

2·8독립선언의 최초 기획자는 최팔용이었다. 당시 와세다 대학 유학생이던 최팔용은 한인 유학생학우회 기관지인 〈학지광〉의 편집장을 맡고 있었다. 유학생 사이에서도 글 솜씨와 기획력을 인정받고 있었다. 1918년 1월, 윌슨 미국 대통령이 주창한 민족자결주의는 태평양을 건너 일본에까지 전해졌다. 민족자결주의에서 독립운동의 돌파구가 생길 수 있다고 생각한 최팔용은 유학생들을 중심으로 조직화에 나섰다. 11월에 제1차 세계대전이 끝나고 파리강화회의가 열린다는 소식이 재차 일본으로 날아들었다. 그리고 영국인이 발행하는 〈재팬 애드버타이저The Japan

Advertiser〉에는 미국의 독립 한인단체들이 파리회의에 참석해 독립을 청원할 것이라는 기사가 실렸다. 최팔용은 마지막 퍼즐인 이광수를 일본으로 불러들였다.

이광수는 이십대 초반에 미국에서 발행하는 〈신한민보〉 주필로 초청받을 정도로 천재적인 필력을 지녀 이미 국내외에 명성이 자자했다. '독립선언서' 초안이라면 이광수 정도가 작성해야 된다는 것이 2·8독립선언 대표자들의 생각이었다. 와세다 대학 철학과에서 유학 중이던 이광수는 건강 악화로 귀국한 상태였다. 병간호를 하던 여의사와 재혼한 이광수는 그해 10월 신혼여행과 휴식을 겸해 상해 등지를 유람하고 있었다. 이광수가 국내로 돌아온 것은 11월이 되어서였다. 신혼에다 이제 막 건강을 회복한 이광수가 누군가의 연락도 없이 일본으로 향했고, 우연히 독립선언 계획을 들었을 가능성은 없다. 연락이 있었던 것이 분명하다. 송계백을 비롯해 2·8독립선언에 참여한 대표자들은 대부분 이십대 중반을 넘지 않았다. 이십대 후반은 같은 와세다 대학 유학생에다 이 드라마의 기획자인 최팔용 정도였다. 최팔용이 이광수에게 구조 신호를 보냈다는 것이 설득력 있는 추론일 수밖에 없다.

한겨울에도 진눈깨비가 고작인 도쿄에 보기 드물게 눈발이 흩날렸다. 한인 유학생들은 삼삼오오 도쿄 조선기독교청년회관에 모여들기 시작해 이내 수백 명을 넘어섰다. 회관 주위에는 경찰들이 대놓고 진을 친 채 눈을 부라렸지만 유학생들은 아랑곳하지 않았다. 도쿄 한복판에서 벌어진 이 대담한 시도의 개회를 선언한 것은 백남규였다. 대회 명칭은 학우회 총회였고 백남규가 회장이었기 때문이다. 그때 계획된 각본대로 최팔용이 긴급 발언을 요청해, 대회 명칭을 조선청년독립단 발족식으로 하자고 제안했다.

조선청년독립단 대표단은 최팔용을 비롯해 이광수, 송계백 등 열한 명이었다. 대표자 중 한 명인 백관수가 '독립선언서'를 읽어 내려가자 회관은 박수와 함성으로 뒤덮였다. 하지만 거기까지였다. 수백 명이 참가하는 공개적인 대회의 감춰진 성격이 무엇인지 일경도 손을 놓은 채 구경만 하고 있지 않았다. 실체가 드러나기를 기다렸던 것이다. 덫에 걸린 목표물이 확인되자 대회는 중단되었다. 최팔용을 비롯한 대표단과 참가자 수십 명이 현장에서 체포되었다.

메이지 유신을 통해 아시아에서 가장 먼저 근대국가의 틀을 잡은 일제는 기본적인 법률 정비를 마친 상태였다. 일본은 재빠르게 다시 중원을 향한 제국주의 행보를 시작했다. 그 첫 번째 먹잇감으로 조선을 삼켰지만 그들도 예상하지 못한 치명적인 약한 고리가 존재했다. 반체제 세력에 대한 처벌 규정이 없었던 것이다. 대회에 참가한 한인 유학생들의 죄목은 출판법 위반이었다. 최팔용이 금고 1년, 송계백은 7개월이었다. 형량이 낮았기 때문에 다른 가혹한 형벌이 형량을 대신했다. 송계백은 보성중학과 서울 기독교청년회 영어과를 거쳐 와세다 대학에 유학 온 엘리트였다. 하지만 7개월은 그에게 너무 긴 시간이었다. 그가 도쿄 감옥에서 숨을 거둘 때 그의 나이는 고작 스물네 살이었다.

최팔용은 형기를 마치고 귀국했지만, 3·1운동의 후폭풍이 한반도 전역을 휩쓸고 있을 때였다. 1급 감시와 건강악화로 최팔용도 불과 몇 년 살지 못하고 송계백의 뒤를 따라갔다. 타오르는 불꽃은 그렇게 꺼졌지만 또 다른 불꽃들이 피어오르고 있었다.

한글의 어원이 우랄알타이어의 한 갈래라는 가설을 맨 처음으로 주장한 사람은 아이러니하게도 핀란드의 비교언어학자인 마티아스 카스트렌Mattias Aleksanteri CastrAn이었다. 물론 그의 관심사는 핀란드어의 기원이었다. 헬싱키 대학에서 동양어를 전공한 카스트렌은 핀란드어의 기원을 찾기 위해 19세기 중반 두 차례에 걸쳐 시베리아 곳곳을 답사했다. 그 과정에서 우연히 한글 인쇄물을 접하게 됐다. 한글의 독창성에 흥미를 느껴 비교연구를 거쳐 가설을 세우긴 했지만, 관심사는 여전히 핀란드어였다. 가설이 체계적인 연구를 거쳐 입증된 것은 그로부터 100년이 지난 후, 핀란드인 구스타프 람스테트Gustav J. Ramstedt에 의해서였다. 방대한 연구서인《한국어 어원 연구Studies in Korean Etymology》가 발간된 것은 그가 죽기 불과 1년 전이었다.

하지만 언어학자인 람스테트가 연구하던 것은 몽골의 칼무크Khalmuk 어였다. 러시아에 의한 강제 합병 상태였던 핀란드가 10월혁명을 틈타 기습적으로 독립을 선언하면서, 신의 장난은 그에게 예기치 않은 운명을 선사했다. 신생 핀란드에 새로운 정부를 구성하기 위해 많은 사람이 필요했지만 더 큰 문제는 외교였다. 신망 있는 사람을 대사나 공사로 파견하는 일은 정부 구성보다 훨씬 더 어려운 문제였다. 그때 핀란드 정부는 학자로 명망이 높은 람스테트에게 재일본 초대 핀란드 공사를 제안했다. 그동안 연구를 잠시 중단한다는 것이 망설여지긴 했지만, 새로운 언어를 접한다는 것도 달콤한 유혹이었다. 일본에 부임하면서 그의 인생은 마치 신이 짜놓은 각본과 같은 운명을 마주하게 되었다.

한인 유학생들은 모두 독립에 대한 갈망을 가지고 있었지만 경제 사정에 따라 생활은 하늘과 땅 차이였다. 잘사는 집안 유학생들은 보성고보를 거쳐 경성기독교청년회 영어과를 수료하고 일본으로 유학을 가는 것이 하나의 코스처럼 되어 있었다. 집안이 부유하기 때문에 특별한 사건만 없으면 대부분 무사히 졸업장을 손에 쥘 수 있었다. 하지만 대부분은 가난한 고학생 신분이었다. 1920년 6월 8일 자 〈동아일보〉에는 "만리 이역에서 부모를 그리며 고향을 사모하여 가면서 혹은 신문배달과 엿장사로서 고학을 하며 혹은 살이 으서지고 뼈가 빠지도록 노동을 하여"와 같이 유학생들의 어려움이 절절이 묘사되어 있었다. 이들은 학비와 생활비를 벌기 위해 학교에 다니는 틈틈이 다양한 육체노동을 해야만 했다. 대부분이 졸업장 대신 '중퇴' 학력을 남긴 이유도 그런 탓이었다.

주오 대학中央大學에 유학 중이던 유진걸 역시 가난한 집안 출신이었다. 그런데 우연히 핀란드 공사관에 일자리를 구했다. 람스테트는 부임한 지 얼마 안 돼 일본 땅에 많은 한국인이 거주하고 있다는 것을 알게 되었다. 불과 얼마 전 핀란드와 같은 상황이었다. 하지만 그의 눈길을 사로잡은 것은 그런 역사적 동질감이 아니라 한글이었다. 간단한 한글 문서 몇 개를 본 후 이 언어가 대단히 독창적이라는 사실을 단번에 알아차렸다. 람스테트는 유진걸에게 한글을 가르쳐달라고 요청했다. 회화란 단기간에 끝나지 않을 일이니 유진걸로선 추가수입을 마다할 이유가 전혀 없었다. 문서수발병이 사단장의 회화 선생이 된 셈이었다. 람스테트는 이후 25년간 한글의 언어체계와 어원에 대한 연구에 몰두했다.

람스테트 덕분에 생활에 여유가 생긴 유진걸은 평소 같은 대학에 다니면서 좌익 사상을 가지고 있던 김찬과 새로운 유학생 조직의 필요성에 대해 계속 논의한 끝에 지금이 적기라고 결론 내렸다. 조직을 만들려면 이론가와 조직가도 필요하지만 연단에서 청중을 선동할 사람도 반드시 필요하다. 연설로 말하면 유학생 사이에서 빠지지 않는 송봉우가 있었다. 이들은 평소 친분이 있는 니혼日本 대학의 송봉우와 잦은 술자리를 가지며 논의를 이어갔다. 김찬은 평소 한 걸음 거리를 두고 있던 같은 주오 대학의 홍승로에게 접근했다. 김찬을 비롯한 두 사람은 아직 덜 여물었지만, 어쨌든 사회주의자의 길로 접어들고 있었다. 하지만 홍승로는 과격한 아나키스트였다.

당시 유학생들에게 민족주의를 넘어 새로운 세계관을 갖는 데 영향을 준 일본인이 두 사람 있었다. 가타야마 센片山潜은 일본 마르크스주의의 선구자이며 코민테른 집행위원이었으며, 볼셰비키 지지자이자 러시아 혁명을 강력하게 옹호하는 입장이었다. 김찬을 비롯한 유학생들은 가타야마 센에게 영향을 받았던 것이다. 그리고 한 사람은 1920년 전후 일본에서 가장 급진적인 아나키스트, 오스기 사카에大杉栄였다. 오스기 사카에는 볼셰비키를 전면적으로 비판하는 동시에 러시아 혁명을 반민주적인 '쿠데타'라고 공개적으로 비난하면서 사회주의자들과 격렬하게 대립했다. 오스기는 관동 대지진 당시 일본인에게 살해당한 일본인으로 더 유명할 정도로 일제에도 위험인물 최상위에 올라 있었다. 분열은 예고된 것이나 마찬가지였지만, 그들은 그동안의 민족주의를 뛰어넘는 좌익들의 단결이 필요한 시기라는 공감대를 가지고 있었다. 또 다른 아나키스트 이시카와 산시로石川三四郎의 영향을 받은 박열과 정태성도 이 새로운 흐름에 참여했다.

1920년 1월 25일, 조선고학생동우회朝鮮苦學生同友會라는 조직이 탄생했다. 회원은 300여 명이었다. 동우회는 대외적으로 고학생 및 노동자들의 상부상조를 목적으로 하는 친목단체를 표방했다. 얼핏 보면 유학생 학우회와 비슷해 보이지만 안으로는 전혀 다른 성격의 새로운 불꽃이 움직이고 있었다. 좌익 사상을 가진 사회주의자들과 아나키스트들이 실질적으로 조직을 운영하고 있었기 때문이다. 연해주의 권업회를 연상케 하는 조직이었다. 권업회와 다른 점이라면 이들은 조직 안에 사회주의자 그룹을 만든 것이다. 김약수, 김찬, 유진걸, 송봉우 등 사회주의자들과 홍승로, 박열, 정태성 등 아나키스트들이 한배를 탔다. 20여 명으로 구성된 조직 내 좌익 조직의 이름은 '흑도회'였다.

흑도회는 창립 과정에서 국내의 한 사람을 비밀리에 초청했다. 서울청년회를 이끌고 있는 김사국이었다. 김사국은 1921년 11월 일본으로 건너갔다. 단순히 이름만 올리는 것은 김사국의 방식이 아니었다. 흑도회가 김사국을 발기인으로 끌어들인 이유는 간단했다. 김사국이 국내 사회주의의 상징적인 인물이었기 때문이다. 요컨대 김약수 정도를 제외하고는 조직을 대표할 만한 명망 있는 인물이 없다는 것이 최대 약점이었다. 역사에는 빈 공간이 존재하는 법이고, 이번에는 그 빈 공간의 적임자로 김사국이 선택되었다. 하지만 사회주의자 그룹을 대표하는 김약수는 국내 진출이라는 또 다른 계획을 가지고 있었다. 흑도회가 단일 조직으로 오래가지 못할 것이라고 확신했는지는 알 수 없지만, 뛰어난 정치 감각을 지닌 김약수가 그런 '징후'들을 놓치지는 않았을 것이다.

해가 바뀐 1922년 1월, 김약수는 김사국을 앞세우고 국내로 들어와 전격적인 선언을 단행했다. 이른바 '동우회선언'이었다. 동우회는 조선고학생동우회를 의미했다. 1922년 2월 〈조선일보〉에 발표된 동우회선언의 제목은 '전국 노동자 제군에게 격함'이었다. 제목도 도발적이었지만 그 내용은 국내 민족주의 진영에 충격을 주기에 충분했다. 선언문을 요약하면 동우회는 고학생 및 노동자의 구제 기관임을 버리고 계급투쟁의 직접적 행동 기관임을 선언한다는 것이었다. 민족주의를 기반으로 독립운동을 하던 기존 선배들에 대한 도전인 동시에 젊은 사회주의자들의 새로운 선언이었다. 민족주의 진영에서는 우려의 목소리가 공공연히 터져나왔지만 젊은 청년들은 이들의 선언에 귀를 기울이기 시작했다.

무엇보다 큰 반향을 일으킨 것은 지방 순회강연이었다. 이때는 조선노동공제회의 주도권을 사회주의자들이 장악하고 있었기 때문에 젊은 선동가들의 목소리는 시너지효과를 내기에 충분했다. 1920년 봄, 박중화, 장덕수, 윤덕병, 차금봉 등을 중심으로 창립된 조선노동공제회는 최초의 전국적 노동운동단체였다. 일본 경찰은 회장인 박중화를 구속하면서 경고를 보냈지만 사회주의자들은 이를 기회로 집행위원제를 도입하고 단기간에 다수파를 형성했다. 다수파를 이끌던 윤덕병과 차금봉은 김약수와 김사국에게 당연히 우호적이었다. 이들 간의 동맹으로 사회주의는 파도를 타고 급속도로 커지기 시작했다. 선언문은 김약수, 김사국, 조봉암, 박열, 정태성 등 열두 명의 명의로 되어 있었다.

명의는 동우회로 되어 있지만 실질적으로는 흑도회 회원들이 주도한 것이 분명했다. 태생적 한계를 안고 깃발을 올린 흑도회는 결과적으로 오래가지 못했다. 조직이 출범하고 얼마 후, 오스기 사카에가 일본 사회주의자들을 정면으로 겨냥해 공개적인 사상 투쟁을 시작했다. 오스기 사카에의 사상은 자율적인 사람들에 의한 혁명적 노동조합을 통해 자유인 세상을 건설하는 것이었다. 전형적인 아나코생디칼리즘이었다. 그런 그의 눈에 볼셰비즘은 전체주의의 다른 이름에 불과했다. 오스기 사카에는 "볼셰비키 지지자들은 자본주의 정당들과 마찬가지로, 아나키스트들의 적"이라는 격렬한 문구를 동원해가며 사회주의자들을 공격했다. 적이라고 규정하는 순간 모든 논쟁은 더 이상 무의미해진다.

흑도회는 합의 이혼하는 부부처럼 조용히 둘로 갈라졌다. 김약수를 중심으로 하는 사회주의자들은 북성회를, 박열을 중심으로 하는 아나키스트들은 흑우회라는 간판을 내걸었다. 한인 최초 사회주의자들의 전선체는 짧게 막을 내렸다.

그들은 누구인가

━━━━━ 히카리. 일본말로 '빛'이라는 뜻이다. 부산에서 경성을 거쳐 지린성의 성도인 창춘까지 운행하는 고속열차를 히카리라고 불렀다. 오늘날로 치면 KTX인 셈이다. 일반열차와 달리 주요 역에만 정차했다. 경성과 개성 간 부설 철도가 있었지만 러일전쟁이 발발하면서 신의주까지 이어지는 초고속 철로가 건설되기 시작했다. 부산항으로 입항한 일본의 물자와 군대들이 '빛'의 속도로 이동할 필요가 있었던 것이다. 일제의 꿈은 조선을 징검다리 삼아 대륙을 제패하는 것이었다. 이 놀랄 만한 전시 속도는 1910년대 중반에 모두 마무리되었다. 이런 전시체제는 많은 일용직 노동자들을 필요로 하게 되었고, 그에 따라 일종의 '정규직' 노동자들도 생겨났다. 임금 노동자의 탄생이 3·1운동과 맞물리면서 국내의 독립운동은 전혀 다른 방향으로 전개되기 시작했다.

3·1운동의 여진이 계속되던 그해 겨울, 박중화를 중심으로 이전에는

볼 수 없던 모임이 진행되고 있었다. 박중화는 신민회에 가입해 활동하던 청년 지도자 중 한 명으로, 지도자들이 하나둘 망명길에 오르자 청년들을 중심으로 조직을 재구축하는 데 앞장섰다. 일반적인 경우 조직이 완전히 와해되면 더욱 비밀결사 형태로 움직이기 마련이다. 그런데 이들은 정반대 방향으로 움직였다. 공개적인 청년 조직인 청년학우회를 만든 것이다. 평소 실력양성론을 강조했던 안창호가 주도한 탓도 있었다. 경시청의 감시망을 벗어나는 것이 불가능하다면 어쨌든 합법적인 범위에서 최소한의 활동을 하자는 것이었다. 하지만 조직을 주도했던 안창호는 곧 망명길에 오르고 윤치호는 친일파로 변신해버렸다. 박중화는 청년학우회의 한성 대표를 거쳐 전국 대표를 맡으면서 국내에서 조용히 웅크리고 있었다. 그런데 3·1운동이 새로운 영감과 기회를 동시에 주었다.

박중화 그룹은 철도, 항만, 토목 등에서 급격히 늘어나는 임금 노동자들에 주목했다. 이전의 독립운동 지도자들은 상층 운동 중심이었고 불특정 다수를 겨냥한 반면, 이들은 목적의식적으로 노동자에게 초점을 맞추었다. 하지만 이들 역시 지식인이라는 한계를 가지고 있었고, 노동자에게 직접 개입하는 고민은 아직 해결하지 못한 상태였다. 그 고민은 조직의 명칭을 조선노동문제연구회라고 선택한 것에서 고스란히 묻어났다. 비유하자면 1980년대 한국노동운동 초기에 흔히 등장했던, 지식인들이 주도하는 연구회와 같은 맥락이라고 할 수 있었다. 하지만 상황은 이들의 생각과 전혀 다른 방향으로 돌아갔다.

19세기 말에 일어났던 런던 부두파업이 승리한 요인은 여러 가지가 있겠지만, '그들은 누구인가.' 하는 공감대가 물밑으로 흘렀던 것이 또 다른 배경이었다. 당시 부두 노동자들은 대부분 일종의 일용 노동자였다. 새벽에 부두에 모인 노동자들을 회사의 관리인들이 필요한 인원만큼 선택하는 형태여서 부두 노동자들은 며칠씩만 일하는 극심한 불안정 노동에 시달리고 있었다. 바로 악명 높은 '호출 대기Call-On' 제도 때문이었다. 이런 노동자들이 단결한다는 것은 상상으로나 가능하고 파업은 목숨을 저당 잡혀야만 하는 일이었다. 하지만 파업이 시작되자 가장 먼저 런던 외곽에 위치한 공장의 여성 노동자들이 동참하고 나섰다. 그러자 선박에서 일하는 선원 노동자들에 이어 선박의 짐을 옮기는 짐마차 노동자들이 연대파업을 선언했다. 템스 강변을 들불로 타오르게 한 장장 5주간의 파업은 부두 노동자들의 승리로 막을 내렸다. 그들은 누구인가? 공장의 여성 노동자들은 부두 노동자들의 아내이거나 동생이었고, 짐마차 노동자들은 부두 노동자들의 형이거나 친척이었다. 노동조건과 고용형태는 다르지만 그들은 급증하는 산업화의 그늘 아래 하나의 가족이나 마찬가지였다.

박중화가 노동문제연구회라는 간판으로 성냥불을 댕기자 그 불길은 산처럼 타올랐다. 곳곳에서 비슷한 문제의식을 가진 사람들이 속출했던 것이다. 그런 사람들 중에는 지식인뿐 아니라 '현장 노동자'들도 끼여 있었다. 또한 사회주의자들 역시 노동 문제에 개입할 필요성을 느끼고 있었다. 박중화 그룹은 사회주의와 거리가 있었다. 박중화가 귀국을 종용해 국내로 잠입한 김약수 역시 '연구회'와 같은 간판으로는 감당하기 어렵다고 선을 그었다. 결국 연구회는 곧바로 재편되었다.

1920년 4월에 건설된 조선노동공제회는 노동자들의 저축 장려, 위생과 품성 향상, 직업 소개 및 노동실태 조사 등 6개항을 강령으로 채택했다. 한 무리의 사회주의자들과 노동자 출신이 참여하고 있었지만 여전히 '계몽주의'와 '조합주의' 사이를 오갔다. 이때 참여한 대표적인 노동자가 용산

기관차화부 견습공 출신 차금봉이었다. 3·1운동 당시 노동자 시위를 주도한 바 있는 차금봉이 공제회에 참여했을 때, 그는 스물세 살의 청년이었다. 군인 출신 이동휘와 노동자 출신 차금봉을 비교할 수 있다. 오로지 앞만 바라보고 전진하는 스타일에, 변화구 같은 것은 던질 줄 모른다는 점에서 둘은 완전히 닮아 있었다. 하지만 공제회의 모체는 엄연히 조선노동문제연구회였다. 박중화가 회장, 박이규가 총간사에 선임되었다. 그리고 의결기관인 중앙집행위원 25인 중에는 차금봉을 비롯 한 무리의 사회주의자들과 민족주의자들이 뒤섞여 있었다.

조선노동공제회 기관지인 〈공제控除〉 창간호는 두 가지로 화제가 되었다. 하나는 창간호에 실린 '조조早朝'라는 이름의 판화였다. 당대를 뛰어넘는 예술가에게는 언제나 비극이라는 심술쟁이가 끼어드는 것일까. 진명여고 수석 졸업, 한인 최초 도쿄 여자미술학교 입학, 최초 서양화 여류개인전. 시대를 너무 빨리 태어난 천재 예술가 나혜석의 결혼식은 시작부터 장안의 화제였다. 결혼 상대자가 유부남이었는데, 나혜석과 결혼하기 위해 수년간 구애했다는 것부터가 당시의 사고로 볼 때 화제일 수밖에 없었다. 그런데 나혜석의 결혼조건 중 하나가 충격적이었다. 도쿄 유학 시절에 사귄 첫사랑, 하지만 폐암으로 요절한 최승구의 묘지에 비석을 세워달라는 것이었다. 이쯤 되면 당시의 고정관념으로 볼 때, 경성 거리를 둘이 발가벗고 뛰자는 것이나 마찬가지였다. 소문은 경성 전체에 떠돌았고, 술자리에선 숱한 이야기가 오갈 수밖에 없었다. 조선노동공제회 기관지인 〈공제〉 창간호는 그것 하나만으로도 시선을 끌었다. 그런데 그런 나혜석에게 판화를 부탁한 사람은 누구였을까?

역사적으로 사회주의자들은 노선을 중요하게 생각한다. 따라서 강령의 핵심 내용도 백화점식으로 이것저것 갖다 붙이는 것을 혐오한다. 불행하게도 조선노동공제회의 강령은 사회주의자들이 동의할 수 없는 것이었다. 하지만 조직에 가담하고 있는 이상 용납할 수 없었다. 계몽주의와 조합주의를 주도한

1920년 9월 발행된 〈공제〉 창간호

박중화 그룹을 겨냥한 전면적인 공격 역시 창간호에 곧바로 실렸다. 집행위원인 유진희는 기고문에서 "국가라는 신비한 형이상학적 미명하에 횡포를 자행하는 특권계급에게 유순한 귀의를 뵈이는 불순한 정체를 가진 군등이여 다 가거라 가서 저 지상지옥의 독와사毒瓦斯의 세례를 바다라"라며 직격탄을 날렸다. 독와사, 곧 독가스의 세례를 받으라는 격렬한 비난은 같은 조직에서 활동하는 사람을 겨냥한 것이라고는 도저히 믿어지지 않을 정도였다.

유진희는 상해에서 활동하고 있는 현정건을 통해 이동휘 그룹과도 연결되어 있었다. 2년 후, 상해에서 김립 암살 사건 당시 김철수와 함께 현장에 있었던 바로 그 사람이었다. 그런데 어떻게 지도부를 전면으로 공격하는 글이 기관지에 실렸을까. 이때 기관지의 편집진은 조성돈, 남상협, 정태신이었다. 그런데 이들은 공제회 창립 직후인 5월에 김약수, 정운해 등

과 함께 7인으로 구성된 '마르크스주의 쿠르조크'라는 비밀 조직을 결성했다. 그들 역시 조합주의 노선에 분명한 반대 입장이었다. 그렇기 때문에 같은 조직은 아니지만 유진희를 엄호한 것이다.

하지만 조선노동공제회를 대표하는 사람은 엄연히 박중화였다. 그동안 잠자고 있던 불길은 곳곳에서 지회를 건설하는 흐름으로 이어졌다. 그런데 그 속도와 규모가 박중화뿐 아니라 사회주의자들도 당황스러울 정도였다. 불과 몇 달 후인 그해 여름, 박중화가 대전 강연회 및 지회 건설을 위해 방문한다는 소식이 전해지자 그를 보려고 온 예상치 않은 인파 때문에 일제는 행사를 강제로 취소시켜야만 했다. 박중화는 대전지회 창립 간부들과 간단한 간담회로 행사를 대신할 수밖에 없었다.

아직 탄생하지 않은 조선공산당과 마주치지 않은 일제는 어떤 노선이 더 위험하다고 보지 않았다. 대중에게 파괴력 있는 명망가들이 훨씬 위험한 존재였다. 그런데 그들은 대부분 민족주의자들이었다. 일제는 박중화를 구속시키는 것으로 조선노동공제회에 경고장을 보냈다. 하지만 이것은 일제의 치명적인 오판이었다. 공제회가 사회주의자들 손에 장악되기 시작한 것이다. 일제는 아직 사회주의자라는 숙명의 확신범들을 보지 못해 당연히 과소평가하고 있었다.

창립 당시 윤덕병은 서무부 간사를 맡고 있었다. 총간사는 박중화 그룹의 박이규가 맡았지만 사실상 '바지사장'이었을 뿐 실질적인 일은 윤덕병이 맡고 있었다. 양정의숙에서 법률을 전공한 윤덕병은 이전에 김약수, 신백우와 친분이 있었다. 김약수는 신민회에서 함께 활동했던 박중화의 요청에 따라 귀국했지만 마침 윤덕병과 친분이 있었고, 이때 이미 조직 내에서 비밀리에 사회주의 조직을 운영하고 있었다.

이듬해 공제회에 참여한 신백우 역시 이승만의 사퇴를 주장하며 임시정부를 사퇴한 인물로 사회주의자 색깔이 짙게 배어들고 있었다. 이런 단체일수록 교육이 중요할 수밖에 없었다. 교육부 간사인 홍증식은 과거 상해에서 활동할 때는 이동녕과 가까운 사이였으나 이때는 이미 민족주의자들과 결별한 상태였다. 이듬해 대표직을 폐지하고 집행위원 중심의 집단지도체제를 도입했을 때 홍증식은 총간사를 맡았다. 일제의 경고장은 공제회가 불과 1년도 되지 않아 사회주의자들에 의해 장악되는 결과를 낳고 말았다. 유진희, 윤덕병, 김약수, 홍증식은 몇 년 후 역사적인 아서원 모임에서 다시 자리를 함께한다.

일제가 조선노동공제회가 창립한 지 불과 몇 개월 만에 박중화를 구속하고 각종 강연회를 차단하고 나선 데는 이유가 있었다. 지방에서 지회들이 우후죽순으로 설립되었기 때문이다. 그동안 지방에선 목이 말라 있었다. 자신들을 이끌어줄 무언가를 기다리고 있었는데 때마침 조선노동공제회가 등장한 것이다. 그들에게는 노선보다 구심이 필요했다. 불과 1년이 지나지 않아 공제회 회원은 무려 1만 명을 넘어섰다.

조선노동공제회의 불길이 들불처럼 타오르던 1920년 가을, 김사국이 서대문형무소 문을 나섰다. 상해임시정부의 도화선이 된 한성임시정부를 주도했던 김사국이 형기를 마치고 자유의 몸이 되자 경성의 시선은 일제히 그에게 집중됐다. 그도 그럴 것이 한성임시정부는 최초의 독립정부 선언이라는 권위를 지니고 있었고, 김사국은 그 추진 과정에서 핵심 역할을 했기 때문이다. 소집권자인 홍진을 비롯해 이규갑, 한남수 등의 지도부는 이른바 4월 23일 국민대회 이전에 모두 상해 망명길에 올랐고, 대회를 실제로 주도한 것은 김사국과 장채극 같은 청년들이었다.

상해임시정부가 급박하게 결성된 이유는 3·1운동의 영향도 있었지만 상해로 망명한 홍진이 한성정부 수립과 정부 인선안, 그리고 국민대회를 개최한다는 13도 대표자회의 결정서를 들고 나타났기 때문이다. 상해 및 중국 등지에 망명해 있던 독립운동 지도자들은 한성임시정부 수립을 어떻게 받아들여야 할지 격론에 빠져들었다. 실제로 상해임시정부의 첫 번째 안건으로 "한성임시정부의 실체를 부정하자"는 의견이 제출되었다. 장시간 토론 끝에 "한성임시정부의 정통을 계승하되, 실체는 상해임시정부로 하는 안"으로 결정할 수밖에 없었다. 상해임시정부에게 한성임시정부는 계륵 그 자체였다. 그 파란의 주인공인 김사국이 감옥을 나서자 당연히 그의 행보에 시선이 집중되었다.

김사국은 홀어머니 밑에서 어린 시절을 보내고 금강산 유점사에서 독학했다. 아마도 그의 어머니는 유점사의 일을 도와주는 보살이었을 것이다. 김사국이 독립운동 과정에서 종종 불교계와 연관되어 등장하는 것도 이때의 인연이었을 가능성이 높다. 실제로 한성임시정부 수립을 위한 대표자 논의에서 불교계의 지원은 큰 힘이 되었다.

김사국은 이미 덩치가 커질 때로 커진 조선노동공제회로 눈길을 돌리지 않고 '청년'을 선택했다. 조선노동공제회 이후 전국 각지에서 기존 청년 조직에다 새로운 청년 조직들이 기하급수적으로 늘어났다. 이를 하나의 단일한 대오로 묶으려는 일에 〈동아일보〉가 전면에 나섰다. 〈동아일보〉의 주간을 맡고 있던 장덕수는 기회 있을 때마다 지면을 통해 그 필요성을 역설했다. 김사국이 감옥에서 뜨거운 여름을 보내고 있을 때 전국 청년 조직들의 회합은 그 열기를 더해갔다. 김사국이 감옥을 나선 지 석 달 후 조선청년연합회가 탄생했다. 김사국은 개인 자격으로 참여해도 충분히 중책을 맡을 수 있는 위치에 있었다. 그런데 새로운 청년 조직을 만들고 이 조직이 연합회에 참여하는 방식을 택했다. 서울청년회였다. 이후 김사국 그룹은 언제나 '서울파'로 지칭됐다.

하지만 서울청년회의 면면을 보면 조금 고개가 갸우뚱해진다. 이사장을 맡은 이득년은 철저한 민족주의자였다. 장덕수 역시 이동휘 그룹에 한발 걸치고 있지만 민족주의 노선을 벗어나지 못한 인물이었다. 여기에 오상근, 김명식, 윤자영이 참여했다. 그런데 이들은 이동휘 그룹의 국내 조직원이었다. 감옥에서 나온 지 얼마 되지 않은 탓에 김사국이 이런 구체적인 정치 지형을 몰랐을 가능성이 높다. 그런데 더 납득할 수 없는 것은 서울청년회 핵심 멤버들의 조선청년연합회 직책이었다. 오상근은 연합회 집행위원장, 곧 실질적인 대표였다. 윤자영은 서무 상무위원, 정당으로 치면 사무총장이나 마찬가지였다. 또 다른 한 명인 이영은 재무 상무위원으로 연합회의 모든 재정을 총괄하는 위치에 있었다. 요컨대 조선청년연합회 지도부가 서울청년회를 만들고 다시 가입한 후 주도권을 행사하는, 어떻게 보면 조금 기묘한 형태였다. 민족주의자들과의 동거인 데다 청년연합회 지도부들이 실세인 서울청년회에 김사국은 말없이 참여했다. 그리고 조용히 기회를 기다렸다.

사건은 곧바로 터졌다. 청년연합회 기관지 〈아성我聲〉의 편집인 겸 교무부 상임위원을 맡고 있던 안확은 대표적인 민족주의자였다. 1921년 3월 발행된 창간호에서 안확은 "청년은 (정치)사업이 우선이 아니라 수양이 목적"이라고 주장했다. 동우회선언에 민족주의자들이 경계의 눈초리를 보낸 것과 일맥상통하는 주장이었다. 김사국을 비롯한 사회주의자들 입장에서는 그냥 넘어갈 수위가 아니었다. 게다가 이런 주장은 일회성 에피소드가 아니라 민족주의자들의 '노선'이라는 것이 분명했기 때문이다.

김사국은 4월 1일 열릴 예정인 연합회 정기총회를 정조준했다. 그런데 그 방법이 김사국답지 않았다. 아니, 교묘했다. 노선 투쟁을 하는 대신《개조론改造論》등을 비롯한 안확의 저서가 청년연합회 명의로 발간된 것을 비난한 것이다. 개인의 저서를 청년연합회 명의와 재정으로 발간한 것은 조직의 민주주의를 훼손한 일이라며 즉각적인 사임을 요구하고 나섰다. 오늘날로 비유하자면 기업의 대주주가 '업무상배임'을 저질렀다며 주주 총회에서 공개적으로 비난하는 것이나 마찬가지였다. 총회장은 싸늘하게 얼어붙었지만 이제 막 사회주의 세례를 받기 시작한 청년 대표자들은 약속이나 한 듯 김사국을 옹호하고 나섰다. 장덕수가 중간에서 중재하려고 애썼지만 총회장의 대세가 이미 기운 뒤였다. 논쟁이나 노선 투쟁을 한 것이 아니었기 때문이다. 이미 시위는 화살을 떠나 과녁에 꽂혀버렸다. 안확은 견딜 수 없었다. 김사국은 조직의 민주주의라는 이름으로 안확을 사임시켰지만 이 사건은 노선 투쟁의 서막에 불과했다.

1921년 한 해 동안 김사국은 순회강연에 주력했다. 심금을 울리는 선동가 스타일은 아니지만 이론가로서 그의 강연은 많은 청중을 사로잡았다. 김사국의 강연 주제는 청년뿐만 아니라 노동과 근대주의를 넘어서야 한다는 내용 등 광범위했다. 심지어 1921년 4월 인사동에 위치한 불교청년회관에서 가진 강연의 주제는 '부인 해방의 의의'였다. 특이한 것은 이런 강연들이 무료가 아니었다는 것이다. 큰 액수는 아니지만 30전 내외의 입장료를 받았다. 강사의 거마비를 청중이 내는 방식이었다. 전업 활동가들의 경우 고정적인 수입이 없어 경제적으로 어려움을 겪는 경우가 많았기 때문에 나온 고육지책이었다.

김사국을 비롯한 서울청년회가 강연 장소로 주로 이용한 곳은 불교계 건물이었다. 김사국 자신이 불교에 연줄이 있는 데다 김성숙의 도움도 작용했다. 성숙이 법명이었으니 김성숙은 스님이었다. 3·1운동 시위로 김성숙이 먼저 서대문형무소에 들어갔고, 한성임시정부라는 대형 사건을 주도한 김사국이 뒤이어 들어갔다. 집시법 사범들이 우글거리는 곳에 국가를 전복하려는 '젊은 수괴'가 나타난 셈이라고 하면 지나친 비유일까. 아무튼 감옥 안에서 민족주의와 다른 목소리를 내는 논리 정연한 김사국의 말에 귀를 기울이는 사람도 적지 않았다. 김사국보다 젊은 김성숙도 그중 하나였다. 예컨대 김성숙의 사상적 스승은 김사국이었다. 실제로 출소 후 김성숙은 무산자동맹회에 가담하는 등 사회주의자의 길을 걸었다.

후일 김성숙은 망명길에 올라 또 다른 사람의 사상적 스승이 된다. 바로 〈아리랑〉의 주인공 김산이다. 만난 적은 없지만 김사국과 김산은 사상에 영향을 미친 의미에서 보면 사손師孫지간인 셈이다. 김사국은 5년 후 가회동의 북악청년관 사무실 한구석에서 지병인 폐병으로 서른네 살에 요절했다. 요절했기 때문에 천재인지, 천재이기 때문에 요절한 것인지는 알 수 없지만 김사국 앞에는 '요절한 천재'라는 수사가 따라붙었다. 김성숙은 해방 이후 줄곧 혁신 정당에서 활동한 탓에 말년에 집 한 칸 없이 이곳저곳을 전전하며 살았다. 보다 못한 동지들이 기금을 모아 집 한 칸을 마련하고 비나 피하라는 뜻으로 피우정避雨亭이라는 문패를 달아줬다. 모두가 가난한 시대였다.

김사국은 계속해서 강연을 다니고 글을 기고하며 사람들을 서울청년회 중심으로 규합해나갔다. 강연의 주 내용은 일종의 실력양성론이라고 할 수 있는 민족주의 경향을 비판하고 새로운 사상, 곧 사회주의의 필요성에 대한 것이었다. 그해 겨울, 일본으로 건너가 흑도회 발기인으로 참여하고 이듬해 김약수 등과 귀국해 동우회선언을 통해 민족주의와 전면적인 노선 투쟁을 선언했다. 그런데 일본을 방문한 김사국은 묘한 이야기를 전해 들었다. 상해에 있는 이동휘가 청년연합회의 특정 인물들에게 자금을 지원했는데 그 자금의 출처가 코민테른이라는 내용이었다. 사실 그동안 국내에서도 특정 인물들이 자금을 여유롭게 사용하는데 그 출처가 불분명하다는 소문이 은밀하게 나돌았다.

서울청년회의 지도자 김사국

귀국한 김사국은 몇몇 사람들과 함께 소문의 진원지를 조용히 추적했다. 자금을 여유롭게 쓰는 사람들은 이미 어느 정도 알려져 있었다. 그리고 그들은 비밀리에 독립된 조직을 유지하고 있었다. 그들의 실체는 1921년 5월 상해에서 이동휘를 중심으로 창당된 고려공산당 상해파의 국내 조직이었다. 이들은 한 해 전 비밀리에 사회주의를 표방한 사회혁명당이라는 조직을 만들었다. 사회주의를 표방하긴 했지만 민족주의 경향이 다분한 모호한 조직이었다. 이들이 김철수를 통해 상해의 이동휘와 연결하고 있었고 고려공산당 상해파가 창당될 때 참여하기로 결정하면서 국내 조직으로 재편된 것이었다. 게다가 장덕수, 오상근, 이봉수, 최팔용 등은 모두 서울청년회 핵심이기도 했다. '국내 상해파'가 보이지 않게 청년연합회를 움직이고 있었던 셈이다.

김사국이 분노한 이유는 그들이 사회주의자들이 아니라 민족주의자들이 뒤섞인 회색분자들이었기 때문이다. 김사국은 4월에 열린 조선청년연합회 3차 정기총회에서 이 문제를 공개적인 광장으로 끌고 나왔다. 김사국은 사회주의자들도 아닌 잡탕들이 공산당을 참칭해 코민테른의 자금을 사용한 '사기공산당 사건'이라고 격렬하게 비난했다. 그들의 신상을 모두 공개한 다음 제명해줄 것을 정식 안건으로 상정했다. 경성에서 주로 활동하는 청년회 간부들은 정확한 실체는 몰랐지만 자금이 외부에서 흘러들어왔을 것이라 추측하고 있었다. 이렇게 되면 오상근에게 술 한 잔 얻어먹은 사람도 자유롭지 않

사회혁명당 출신으로 서울청년회 핵심 멤버였던 장덕수

은 처지이고, 요릿집에서 장덕수에게 대접받은 사람은 완전히 공범이 될 수밖에 없었다. 가장 충격을 받은 사람들은 지방에서 올라온 대표들이었다. 시쳇말로 그들은 자신의 집에 쌀 한 말 가져다주지 못하면서 배고픈 운동을 마다하지 않았던 것이다.

제명 안건은 부결됐다. 김사국도 예견했는지 모르지만 공교롭게 경성의 대표자들이 주로 제명 안건에 반대하는 표결에 찬성했다. 제명 안건에 찬성한 지방의 주요 대표자들은 부결 결과에 분노했다. 김사국은 총회를 마치자마자 장덕수를 비롯해 오상근, 이봉수, 최팔용, 김명식 등을 서울청년회에서 모두 제명해버렸다. 그런 후, 조선청년연합회 탈퇴를 선언하며 이번에는 시위를 날리는 대신 봉화를 올렸다. 지방의 주요 청년 조직들이 줄지어 탈퇴에 가담했다. 청년연합회는 정치적으로 무력화되었고, 서울청년회가 사실상 국내 사회주의 그룹의 대표권을 획득했다. 서울청년회는 이사장과 이사제를 폐지하고 중앙집행위원 체제로 조직을 개편했다. 집

행위원에는 낯선 인물이 한 명 포함됐다. 김사국과 함께 한성임시정부의 국민대회를 주도했던 장채극이었다.

그런데 김사국이 일본에서 국내로 넘어오던 1922년 1월 또 다른 조직이 만들어지고 있었다. 국내 최초 사회주의자들의 조직이었다. 윤덕병, 김한, 신백우, 진병기, 김성숙 등이 주도한 이 조직의 이름은 무산자동지회였다. 윤덕병은 조선노동공제회가 출발할 때부터 민족주의자들을 비난했다. 김한은 불교계를 대표하는 인물로 김사국과 막역한 사이이자 서울청년회 조직원이었다. 김성숙은 앞에서 언급한 것처럼 김사국과 남다른 인연이 있었다.

그런데 불과 한 달도 지나지 않아 또 다른 사회주의자들의 조직이 출범했다. 이영, 장병천 등을 중심으로 하는 이 조직의 이름은 신인동맹회였다. 이영 역시 서울청년회 조직원인 동시에 김사국과 조직을 대표하는 양 날개 역할을 하는 인물이었다. 장병천은 부유한 집안의 아들로 조직의 자금줄이기도 했다. 무산자동지회와 신인동맹회의 공통점은 노동도, 청년도 아니었고 사회주의라는 점이었다. 김한과 이영 모두 서울청년회 소속인 동시에 이른바 김사국 그룹이고 김성숙은 김사국과 남다른 관계였다. 두 조직은 곧바로 통합해 무산자동맹회라는 단일 조직으로 거듭났다. 마침내 국내에 사회주의의 봄이 열린 것이다.

이해조는 1925년 이전을 대표하는 개화파 소설가 중 한 명이다. 《자유종》으로 대표되는 그의 작품들은 기존 봉건제도에 대한 비판이 주류를 이뤘다. 독특하게도 이해조는 여성의 사회적 권리, 즉 성평등을 작품에 많이 반영했다. 그의 마지막 작품은 실화를 바탕으로 한 것이었다. 평양 출신

기생 강명화라는 인물이 한 남자를 사랑하면서 비극이 시작됐다. 부유한 집안의 남자 역시 강명화를 사랑했지만 남자의 집안은 두 사람 사이를 격렬하게 반대했다. 3류 영화의 한 토막처럼 강명화는 유서를 남기고 자살했다. 그리고 뒤늦게 강명화의 죽음을 알게 된 남자 역시 그녀의 뒤를 따라 짧은 생을 마감했다. 남자의 이름은 장병천이었다. 폭풍 같은 시절, 모두가 절망 속에서 길을 찾아 헤맬 때 누군가는 길을 잃기도 했다.

고려공산당 상해파

───── 1921년 2월, 이승만 탄핵에 실패한 이동휘는 국무총리 직을 사임하고 조직 재정비에 나섰다. 하지만 이동휘 그룹은 치명적인 약점이 있었다. 그것은 이동휘 1인 조직에 가깝다는 것이었다. 김립, 이한영, 김철수 같은 한결같은 최측근이 있다는 것은 장점이었다. 하지만 국무총리 취임을 위해 상해로 건너오면서 한인사회당이 모두 움직인 것은 아니었다. 여운형을 비롯해 일단의 사람들을 끌어들여 상해공산주의 그룹을 만들 수밖에 없었던 이유도 거기에 있었다. 그런데 코민테른 자금을 한인사회당 그룹만 공유한 것이다. 한인사회당 출신이 아닌 상해공산주의 그룹 조직원들은 배제한 것이다. 그것은 스스로 분열을 자초한 것이나 다름없었다. 조직이 유지될 리가 없었다. 가장 분노한 것은 김만겸과 조동호였다.

1920년 봄, 보이틴스키G. Voitinsky는 코민테른의 전권을 가지고 중국으로 들어왔다. 그의 임무는 한인 사회주의자들을 지원하는 것이 아니라 중국에 공산당을 건설하는 것이었다. 그는 두 사람과 접촉했다. 베이징대 교수로 재직하며 마르크스주의연구회를 이끌던 리다자오李大釗(이대교)와, 휴직하고 연구저작을 집필 중이던 천두슈陳獨秀(진독수)였다. 코민테른은 보이틴스키를 통해 1년 동안 자금과 지원을 쏟아부었지만 결과는 실망스러웠다. 1921년 7월, 훗날 세계를 뒤흔든 중국공산당의 창당대회 참석 인원은 고작 열세 명뿐이었다. 그 자리에 베이징대 도서관 직원이며 마르크스주의연구회 회원인 마오쩌둥도 와 있었다.

러시아 태생인 김만겸은 블라디보스토크에서 학업을 마쳤다. 반복해서 언급하지만 러시아어를 자유롭게 구사할 경우 때로는 결정적인 역할을 맡기도 했다. 10월혁명 전까지 김만겸은 국경 지역 러시아 자치정부 통역원으로 일하고 있었다. 보이틴스키가 상해로 들어올 때 김만겸이 통역을 겸해 길잡이 역할을 한 것은 자연스러운 일이었다. 여운형이 이동휘의 상해공산주의 그룹에 가담한 것도 김만겸의 권유였다. 최소한 김만겸은 한국 사회주의자들에게 지원을 아끼지 않았다. 그런 김만겸조차 이동휘의 자금에 관한 행보에 실망감을 감추지 않았다. 김만겸과 조동호는 이동휘의 개인 행보를 비난하는 사람들을 모아 반反이동휘파 사회주의 조직을 만들었다. 조직의 말석에는 까만 뿔테 안경에 말수가 적은 충남 예산 출생 박헌영이 자리 잡고 있었다.

이동휘는 사면초가에 몰렸지만 더 커다란 위기가 이르쿠츠크에서 들려왔다. 1921년 5월, 이르쿠츠크 사회주의자들은 그동안 이동휘에 의해 차단되었던 코민테른과의 주도권을 확보하기 위해 고려공산당이라는 이름으로 대대적인 창당대회를 진행했다. 당을 대표하는 중앙집행위원으로는 남만춘, 한명세, 한규선, 안병찬, 김만겸이 선출됐다. 이른바 '이르쿠츠크파'의 탄생이었다. 이들의 목표는 6월에 열리는 코민테른 3차 대회와 겨울에 있을 극동민족대회, 그리고 상해에 독자적인 조직을 구축하는 것이었다.

남만춘은 블라고슬로벤노예에서 태어났다. 한인들이 러시아로부터 처음이자 마지막으로 토지와 자금을 지원받아 건설한 바로 그 '축복의 마을'이다. 비옥한 토지에서 성실하게 일한 한인들은 대부분 부농으로 성공했다. 부유하지는 않더라도 먹고살 만한 집안에서 태어난 남만춘은 김나지움에 입학하면서 차르 체제에 반대하는 그룹에 가담해 일찍 '혁명'에 눈을 떴다. 장교로 제1차 세계대전에 참여한 그는 2월혁명이 일어나자 군사소비에트위원으로 선출되면서 본격적으로 볼셰비키의 길을 걸었다. 내전이 끝난 뒤 남만춘은 볼셰비키 이르쿠츠크 시당위원회 간부로 활동했다.

한명세는 최재형의 가슴의 고향인 포시에트 한인촌에서 태어났다. 그런데 2월혁명이 일어나자 한명세는 볼셰비키가 아니라 사회혁명당에 참여했다. 한명세가 이전에 농민조합운동을 한 경력이 있었고 농민들 대부분 사회혁명당을 지지하고 있었기 때문이다. 하지만 내전과 일제의 연해주 진출을 겪으며 한명세는 사회혁명당을 탈당하고 볼셰비키에 입당했다. 남만춘과 한명세는 볼셰비키였기 때문에 코민테른과 창구를 만드는데 적임자였다. 한동안 상해에서 활동했던 안병찬의 임무는 상해에 이르쿠츠크 조직을 구축하는 것이었다. 요컨대 러시아와 중국을 아우르는 통합 고려공산당의 위상을 염두에 둔 행보였다. 그동안 이르쿠츠크 사회주의 그룹을 대표하던 김철훈과 최고려 등이 2선으로 후퇴한 것은 이런 이유 때문이었다. 12일간 계속된 당대회는 남만춘과 한명세를 코민테른 3차대회에 대표로 파견하기로 결정하고 막을 내렸다.

이동휘 역시 빠르게 움직여야 하는 상황이었다. 하지만 코민테른 자금 문제로 기존 상해 사회주의자들과 대거 결별하고, 연해주에 남아 있던 한인사회당도 일제의 연해주 침략으로 대부분 뿔뿔이 흩어진 상태였다. 게다가 시간마저 이동휘 편이 아니었다. 기존 한인사회당 핵심들을 중심으로 김철수를 통해 구축했던 국내 조직, 즉 장덕수와 최팔용 등을 포함해 새로운 당의 건설을 곧바로 추진했다. 고려공산당 이르쿠츠크파가 창당한 지 5일 후였으며 당대회 기간도 불과 4일에 불과했다. 누가 봐도 급조된 것이 분명한 당대회였다. 이른바 고려공산당 상해파의 등장이었다. 군사담당 중앙위원에는 박 일리아가 임명됐다. 코민테른 3차 대회가 꼭 한 달 남은 무렵이었다.

이동휘가 3차 대회에 참여하는 것은 물리적으로 불가능한 일이 아니었다. 하지만 직선거리로 모스크바로 가려면 몽골을 지나 이르쿠츠크 혹은 치타를 경유해야만 하는 루트였다. 당시 정세로는 이동휘가 선뜻 선택할 수 있는 루트가 아니었다. 더 결정적인 문제는 따로 있었다. 대회에 참석하려면 모스크바에 미리 도착해 '정치'를 해야 하는 것이 당연했지만 이마저 물리적으로 불가능했다. 이동휘는 두 장의 카드를 선택했다. 하나는 레닌과의 독대와 겨울에 열리는 극동민족대회에서 주도권을 장악하는 것이었다. 이동휘는 중앙아시아를 거쳐 유럽을 횡단해 모스크바로 가는 루트를 선택했다. 중간 기착지야 다르겠지만 최재형이 40년 전에 떠났던 바로 그 길과 흡사했다. 하지만 당대회를 끝낸 고려공산당 이르쿠츠크파는 거리상의 이점을 최대한 살려 전광석화처럼 움직였다. 3차 대회 전체회의에 남만춘과 한명세가 발언권을 얻고, 남만춘은 대회장에서 한국 사회주의 정당을 대표해 연설하는 기회를 얻었다. 더 결정적인 것은 코민테른 집행위원회, 즉 일국일당 원칙에 따라 각국을 대표하는 34인 중 한 명으로 남만춘이 선출된 것이다. 상해파의 코민테른 안테나인 박진순이 완전히 실각한 것이다.

이르쿠츠크파의 대표단 중에는 낯선 두 사람이 포함됐다. 한 명은 프로핀테른, 즉 국제적색노동조합의 대표권을 획득한 서초였다. 아무도 눈여겨보지 않았던 프로핀테른의 국내 노동 대표권도 이르쿠츠크파가 장악한 것을 의미했다. 또 한 사람은 같은 기간에 열린 국제공청 대회에 대표자로 파견된 조훈이었다. 모스크바에 거주하고 있던 조훈이 박진순의 자리를 대체한 것이었다. 평소라면 이동휘가 했어야 할 정지 작업을 이르쿠츠크파가 물샐틈없이 끝내버린 것이다. 그만큼 일국일당주의는 파벌 대결이라는 문제에서 자유롭지 않았다.

6월에 상해를 출발한 이동휘가 먼 길을 돌아 모스크바에 도착한 것은 9월 중순이었다. 하지만 이동휘가 상해를 떠날 때 모두가 예측할 수 없는 비극적인 사건이 연해주에서 터졌다. 니콜라엡스크-나-아무레 Nikolaevsk-na-Amure (니항)는 아무르강과 헤이룽강을 있는 거점도시이자 항구다. 연해주에 진출한 일제 역시 이곳에 군대를 주둔시키면서 대륙 진출 기회를 엿보고 있었다. 게릴라 부대인 러시아 적군과 한인 연합 부대가 이곳을 공격해 일본군에 치명적인 패배를 안겨주었다. 한인 부대의 별칭이 니항 부대였고, 부대를 이끌고 있던 사람은 고려공산당 상해파 군사담당 중앙위원인 박 일리아였다. 김좌진의 청산리대첩과 홍범도의 봉오동 전투에서 치명상을 입은 일제는 대규모 군대를 편성해 대대적인 추격에 나섰다. 당시 한인 부대는 크게 김좌진의 북로군정서, 이청천의 대한독립단, 홍범도의 대한독립군에다 사할린의용대로 이름을 개칭한 박 일리아 부대가 연해주와 간도의 경계를 넘나들며 일제와 싸우고 있었다. 한인 부대들이 일제의 대대적인 공격을 피해 움직일 필요가 있었고, 무엇보다 한인 부대를 단일 부대로 힘을 모을 필요가 있었다. 볼셰비키의 입장도 마찬가지였다.

한인 부대들은 일단 싱카이호가 바라보이는 간도의 미산密山으로 집결했다. 이곳에서 대한독립군단이라는 단일 부대를 조직했다. 총재는 서일, 부총재는 김좌진과 홍범도가 맡았다. 대종교의 서일이 총재를 맡은 것은 그동안 독립적으로 활동하던 부대들의 기존 지휘자가 전권을 행사하면 분란이 일어날까 봐 염려되었기 때문이다. 요컨대 서일은 통합적인 군지휘권은 가지지 못한 명예직에 가까웠다. 부대는 국경을 넘어 이만(달레네첸스크)으로 이동해 오하묵이 이끄는 자유보병대대와 회동했다. 오하묵의 부대는 볼셰비키 산하에 편성된 한인 부대였다. 오늘날에도 한낮에 컴컴할 정도로 밀림 지역이긴 하지만 무엇보다 일제가 장악하고 있는 블라디보스토크와 멀지 않다는 것이 커다란 부담이었다. 대한독립군단은 아무르주 방향으로 국경을 넘어 러시아로 이동해 부대를 재정비하기로 결정했다. 부대가 이동한 곳은 알렉세옙스크Aleckseyevsk, 오늘날 스보보드니Svobodny였다. 러시아 '스보보다Svoboda'가 '자유'를 뜻한다고 해서 흔히 '자유시'라고 불리는 곳이었다. 스보보드니는 제야강 중류에 위치해 있고 날씨만 풀리면 아무 곡식이나 뿌려도 한 해를 날 수 있는 옥토였다. 3000명 넘는 대한독립군단에 한 끼 한 끼는 고통의 연속이었다. 게다가 무엇보다 아무르주의 수도인 블라고베셴스크가 걸어서 2~3일, 낡은 군용차량을 밤새 몰아 다음 날이면 도착할 수 있는 거리였다. 군량미를 비롯해 필요한 물품을 지원받을 수 있다는 것이 최대 이점이었다.

청산리대첩과 봉오통전투의 패배로 일제는 대대적인 보복에 나섰고, 독립군 부대들은 일단 '안전'을 도모해야만 하는 상황에서 볼셰비키 부대가 주둔하고 있는 블라고베셴스크는 바리케이드 역할을 해주었다. 한인 부대들이 스보보드니에 집결한 것은 지리적으로나 군사적으로 적절한 선택이었다. 하지만 새로운 희망으로 시작된 역사는 처절한 비극으로 막을 내렸다.

박 일리아의 사할린의용대와 오하묵의 자유보병대대가 이곳에 집결하면서 비극의 서막이 올랐다. 한인 부대들은 '형식상' 볼셰비키 산하의 통합 부대로 편성될 계획이었다. 10월혁명 이후 볼셰비키의 적군과 한인 부대들이 연합 부대를 만들거나 형식상 산하 부대에 편성되어 연해주 지역 곳곳에서 게릴라전을 하는 경우가 흔했다. 하지만 형식상이라고 해도 독립해 활동하던 한인 부대들이 하나로 통합될 경우 최종 군사권을 누가 갖느냐는 전혀 다른 문제였다. 대한독립군단 총재를 맡은 서일의 경우는 명예직에 가까웠지만, 이 경우는 명예직이 아니라 실질적인 군사권을 의미하기 때문이었다. 오하묵은 볼셰비키 산하이기 때문에 자신이 군사권을 갖는 것이 당연하다는 입장이었으며 한인 부대 역시 자유보병대대를 중심으로 재편되어야 한다고 주장했다. 그런데 오하묵은 고려공산당 이르쿠츠크파의 군사담당 중앙위원이었다. 상해파 중앙위원인 박 일리아가 오하묵의 주장에 동의할 리 없었다. 하지만 오하묵이 볼셰비키 소속이었기 때문에 박 일리아는 다른 방법을 찾아야만 했다.

박 일리아는 극동공화국의 한인부를 활용하기로 결정했다. 극동공화국은 일제가 극동에 출병하자 완충 역할을 하기 위해 만들어진 것으로, 독립된 국가라고 보기는 힘들었다. 실제로 4년 정도 유지되다 사라졌다. 하지만 스보보드니에서 한인 부대들끼리 대립하는 상황에서 어쨌든 권한을 가진 극동공화국이 개입해야 했다. 문제는 극동공화국이 사실상 '무늬만' 공화국이었다는 것이다. 당시 극동공화국 한인부 책임자는 박애였다. 한인사회당이 창당되고 러시아로 파견했던 바로 그 박애였다. 물론 박애는 철저한 이동휘파였고, 치타를 기반으로 고려공산당 상해파의 기반을 강화하는 데 전력을 기울이고 있었다. 전쟁이나 전투에 '정치'가 끼어들면 모두가 감당하기 어려워진다. 박 일리아는 극동공화국을 통해 지휘권을 장악하기로 결정했다.

극동공화국은 박창은을 총사령관, 그레고리예프를 참모부장, 박 일리아를 군정위원장으로 임명했다. 스보보드니에 도착한 박창은은 지휘권을 행사하려고 했지만 자유보병대대는 동의하지 않았다. 오하묵은 이미 스보보드니를 벗어난 상태였다. 무력 충돌 분위기마저 감돌자 박창은은 총사령관직을 사임했지만 박 일리아는 멈추지 않았다. 모든 군대에 인근 지역인 마사노프로 이동할 것을 명령했다. 충돌을 피하기 위해 최 니콜라이가 이끄는 다반군과 김 표토르의 이만군이 명령에 따랐다. 홍범도 역시 무력 충돌은 피해야 한다고 생각했다. 하지만 자유보병대대는 요지부동이었고 최고려 역시 강하게 반발했다. 최고려는 거기에 그치지 않고 홍범도를 비롯한 각군 대표들에게 코민테른에 직접 부당함을 알리자고 제안했다. 한밤중에 열린 비밀회담에서 자유보병대대의 최고려, 대한독립군의 김규찬, 이만군의 김 표토르가 대표단으로 선발됐다. 이들은 박 일리아의 사할린의용대의 눈을 피해 스보보드니를 빠져나가는 데 성공했다. 뒤늦게 이 사실을 알게 된 박 일리아는 이성을 잃었다. 한인 부대들에 식량 배

러시아 연해주 우스리스크에 있는 4월참변 추모비

급을 중단하는 조치를 취하는 등 공포정치로 몰고 갔다. 그리고 자유보병대대를 무장해제시켜 극동공화국의 코자크 부대 산하로 강제 편입시켜버렸다.

하지만 코민테른, 정확히 코민테른 동양비서부는 정반대 결정을 내렸다. 고려군정의회라는 단일 조직을 만들고 사령관에 갈란다라시윌린, 부사령관에 오하묵, 군정위원에 김하석을 임명해 전권을 위임했다. 갈란다라시윌린은 적군 파르티잔 부대의 전설적인 인물이었다. 단순한 명예직이 아니었던 것이다. 김하석은 최고려의 분신이었다. 사실상 이르쿠츠파에 지휘권을 넘겨준 것이나 마찬가지였다. 이유는 간단했다. 코민테른 동양비서부장을 맡고 있던 스미야스키는 이르쿠츠파가 만들어질 당시부터 고문이었고 강력한 후원자였다. 극동공화국 경찰에 박애가 체포되면서 상황은 박 일리아에게 점점 불리하게 돌아갔다.

6월 초 스보보드니에 도착한 고려군정의회 사령관 갈란다라시월린은 인근 마사노프에 있는 박 일리아의 사할린의용대에 무장을 해제하고 스보보드니로 집결하라고 통보했다. 하지만 박 일리아는 통보에 불응하면서 대치했다. 그러나 홍범도를 비롯한 부대가 무장해제에 응하면서 박 일리아는 점점 고립됐다. 얼마 후, 극동공화국의 그레고리예프가 마사노프를 떠나 스보보드니로 넘어왔다. 볼셰비키인 그레고리예프가 볼셰비키와 무력으로 대립할 수는 없었기 때문이다. 그레고리예프와 면담한 갈란다라시월린은 다음 날 강제 무장해제를 지시했다. 장비와 화력에서 압도적으로 열세라는 사실을 확인했지만 박 일리아는 무장해제에 응하지 말고 정면대응하라고 지시했다. 아침부터 시작된 전투는 제야강을 붉은 피로 물들이면서 해 질 녘에 끝났다. 사망자 숫자는 아직까지도 기록과 주장마다 다르고 역사의 뒤편에 묻혀 있다. 하지만 자유시참변이라 불리는 이 비극이 상해파와 이르쿠츠파의 주도권 다툼으로 발생한 것은 분명한 사실이었다. 사할린의용대 소속 많은 한인이 죽었지만 전투 중에 박 일리아는 마사노프를 빠져나가 이만으로 탈출했다.

이동휘의 마지막 반격

────── 이동휘는 인내심을 가지고 먼 길을 돌아 모스크바로 향하고 있었다. 어차피 시간상으로도 상해파를 창당한 지 한 달 안에 코민테른 3차 대회에 참가하는 것은 무리임을 알고 있었기 때문이다. 무엇보다

지름길을 선택하려면 이르쿠츠크를 거쳐야 했고, 게다가 당을 창당하던 5월에는 스보보드니가 최악의 상황으로 치닫고 있었다. 게다가 폭풍의 중심에 고려공산당 상해파가 군사담당 중앙위원으로 임명한 박 일리아가 있었다. 박 일리아의 사할린의용대를 무장해제하기 위해 스보보드니에 갈란다라시월린이 들어온 것은 6월 6일이었다. 5월 말경엔 그런 사실이 스보보드니에도 전달되었을 것이다. 이르쿠츠크와 극동, 상해를 잇는 당시 연락수단은 전보였고, 수신하는 데는 특별한 사고가 없는 한 며칠이면 충분했다. 스보보드니에서 아무르의 주도인 블라고베셴스크는 군용차량으로 하루면 충분한 거리였다. 확인된 역사적 기록은 없지만 블라고베셴스크와 상해의 이동휘 사이에는 최소한 몇 차례 전보가 오갔을 가능성이 높다.

6월 18일에 이동휘는 뱃길을 이용해 상해를 떠났다. 그런데 또 다른 인물이 블라고베셴스크로 직접 이동하는 임무를 부여받았다. 홍도는 일본 메이지 대학 유학 시절 김철수 등과 함께 비밀결사 조직인 신아동맹당新亞同盟黨을 조직한 적이 있었다. 공교롭게도 이 조직의 주요 구성원들이 고려공산당 상해파 국내지부 조직원으로 재결합한다. 이르쿠츠크파에 홍도는 낯선 인물이었다. 블라고베셴스크로 떠날 때 홍도의 임무는 현지 상황을 구체적으로 확인하는 것이었다. 하지만 그가 도착했을 때는 이미 스보보드니의 비극이 끝난 상태였다. 홍도는 본의 아니게 조사요원으로 둔갑했다.

3개월의 긴 여정 끝에 이동휘는 모스크바에 도착했다. 이동휘의 여정에는 상해파와 관련 없는 이극로가 동행했다. 20년 후, 조선어학회 사건의 주범으로 고초를 겪은 그 이극로다. 이극로는 상해에 독일인들이 설립한 동제대학에 다니고 있었다. 덕분에 평소에도 어학에 관심이 깊었던 이극로는 한인 중 드물게 독일어를 자유롭게 구사하고 있었다. 이동휘의 목적지는 베를린의 독일공산당이었다. 코민테른의 유럽 창구가 독일공산당이었기 때문이다.

9월 16일, 모스크바에 도착한 이동휘는 타깃을 코민테른에 집중했다. 어쨌든 2차 대회까지 한인사회당은 한국의 대표권을 획득한 코민테른의 유일한 정당이었다. 그러니 여당의 지휘를 되찾아야만 했다. 상해파가 작성한 문서의 핵심 요지는 "한인사회당부터 상해파 고려공산당까지 우리가 해온 사회주의 활동"을 다시 한 번 구체적으로 적시하는 것이었다. 코민테른 집행위원회에 제출하는 모든 문서는 동아시아 각국 정당들이 해석상의 분쟁을 피하기 위해 러시아로 제출하게 되어 있었다. 한 문단이 거사를 망칠 수도, 상황을 역전시킬 수도 있기 때문에 번역 과정에서 정교하게 다듬을 필요가 있었다.

10월 초, 상해파의 문서가 코민테른 집행위원회에 제출되었다. 또 다른 타깃은 소비에트러시아, 즉 볼셰비키의 외교인민위원인 치체린에게 관련 문서를 제출하고 외교전을 벌이는 것이었다. 마지막 문서는 상해파 대표단의 면담 요청서였다. 작성자는 박진순이었고, 명의는 '(상해파)고려공산당 비서'로 되어 있었다. 면담을 요청받은 사람은 레닌이었다. 코민테른 집행위원회를 집중적으로 공략한 이동휘의 전략은 적중했다. 10월 중순이 지나면서 코민테른 집행위원회가 두 개의 공산당에 대한 분쟁을 해결할 '한국위원회' 설치를 검토하고 있다는 이야기가 흘러나왔다.

이르쿠츠크파가 격앙한 것은 당연했다. 한명세는 코민테른 집행위원회 앞으로 항의 가득한 문서를 제출했다. 고려공산당 이르쿠츠크파만이 러시아 본토를 비롯해 연해주, 상해, 국내를 망라한 '통일' 공산당이라는 것이 요지였다. 그렇기 때문에 분쟁은 존재하지도 않으며 일부에서 분파적으로 공산당을 참칭하는 그룹이 있을 뿐이라는 점도 강조했다. 덧붙여 불과 3개월 전 코민테른 3차 대회 때 집행위원회 등 각종 기구에서 의결권과 심의권을 획득한 사실도 재차 환기시켰다. 이르쿠츠크파가 재빨리 대응하지 못한 이유는 다른 데 있었다. 11월 이르쿠츠크에서 열릴 예정인 극동민족대회 때문이었다.

극동민족대회는 이르쿠츠크파에 마지막 고비였다. 한국, 중국, 일본의 대표권을 갖는 사람들 100명 이상이 이르쿠츠크에 모이는 대규모 국제대회였다. 대회를 성공적으로 마치는 것만이 이르쿠츠크파가 한국 유일의 공산당임을 국제적으로 인정받는 마지막 단계였다. 형식상으로는 코민테른 극동비서국이 총괄하고 있지만 사실상 모든 실무는 이르쿠츠크파가 진행했다. 특히 어느 단체에 국내 대표권을 부여하느냐는 향후 국내 사회주의운동에 대단히 중요한 문제였다. 본국으로부터 이역만리 떨어진 곳에서 취약한 정보를 바탕으로 신뢰할 만한 대표권을 결정하고 그들의 안전한 참여를 보장하기란 쉽지 않은 일이었다. 이르쿠츠크파가 마지막 지상전으로 마무리하려 하고 있을 때 이동휘 역시 최후의 공중전으로 반격을 시도하고 있던 것이다.

상황은 상해파에 유리하게 돌아가고 있었다. 10월 말 코민테른 집행위원회는 상설기구인 상임간부회에 두 개의 공산당에 관한 분쟁을 해결할 '한국위원회'를 설치하고 분쟁을 조사하기로 결정했다. 이동휘의 반격이 일단 성공을 거둔 것이다. 조사위원으로는 오토 쿠시넨Otto W. Kuusinen, 벨라 쿤Bela Kun, 사파로프Safarov가 임명됐다. 쿠시넨은 핀란드 사회민주당에 입당해 좌파 블록을 형성하고 당내 투쟁을 거쳐 당권을 장악한 인물이었다. 10월혁명이 일어나자 핀란드소비에트공화국 건설을 주도했지만 실패하고 러시아로 망명해 있었다. 벨라 쿤 역시 비슷한 시기에 헝가리소비에트공화국 건설을 시도하다 실패하고 망명한 상태였다. 두 사람은 북유럽과 동유럽의 공산당을 대표하는 거물이었다. 하지만 이들은 아시아에 대해서는 가지고 있는 문서 이외에 정치적으로 판단할 수 있는 정보가 거의 없다는 것이 약점이었다.

위원회는 두 개의 공산당이 주장한 내용을 검토하고 대립되는 내용들을 중심으로 당사자들을 불러 직접 면담했다. 조사는 불과 보름 만에 끝났다. 애초에 코민테른 집행위원회에 한국위원회를 설치한 것부터 어느 정도 '의도'가 있었을 것이다. 그렇다고 하더라도 이런 중대한 문제에 대해 보름 만에 결정서를 제출한 것은 다소 뜻밖이라고 할 수밖에 없었다. 이른바 '11월 결정서'라고 불리는 이 문서의 핵심은 통일된 공산당을 조직하기 위해 "두 당은 동등하게 원점에서 재출발"한다는 것이었다. 결정서 1항은 다음과 같았다.

> 고려공산당Корейская Комм Партия이라는 동일한 명칭을 사용하는 현존하는 두 단체는 한국 민족운동의 두 중심인 대한국민의회와 상해임시정부의 존재와 관련해 형성되었다. 양자를 분립시킨 차이점은 원칙적 성격을 띠지 않으며, 위에서 말한 두 중심 사이 알력의 단순한 연장일 뿐이다.

두 개의 공산당이 존재하고 분쟁이 있다는 것을 확인한 것이 1항의 핵심 결정이었다. 눈여겨볼 대목은 두 개의 공산당이 대한국민의회, 상해임시정부와 관련 있다고 결론 내린 것이다. 요컨대 상해파는 임시정부의 사회주의 블록이고, 이르쿠츠크파는 대한국민의회의 사회주의 블록이라고 본 것이다. 두 공산당 모두 민족주의 단체에서 활동했고 강령에서도 큰 차이가 없으며, 결론적으로 단순히 '알력'이 있을 뿐이라는 것이다. 그렇다면 어느 쪽에선가 '한국위원회'에 잘못 해석할 여지가 있는 문서를 제출한 것이다. 결정서에 따르면 이르쿠츠크파가 자신들의 기원이 대한국민의회라고 서술한 대목이 존재했다. 하지만 그것은 민족주의 단체에서 활동한 조직으로 평가절하되면서 이르쿠츠크파의 발목을 잡고 말았다. 북유럽의 사회주의자들이 볼 때 두 조직은 노선에서 큰 차이가 없었던 것이다.

1항의 충격적인 결정타는 따로 있었다. 코민테른 극동서기국이 이르쿠츠크파를 편파적으로 지원함으로써 갈등을 조장했다고 결론 내린 대목이었다. 누가 봐도 상해파의 심판 전원일치 판정승이었다. 두 개의 공산당을 인정한 것에 대한 후속조치가 뒤따랐다. 임시연합중앙위원회를 같은 수로 구성하고 이후 통합당대회를 개최한다는 결정이었다. 이로써 이르쿠츠크파의 주도권은 완전히 사라졌다.

그리고 또 하나의 중요한 결정이 포함되었는데, 자유시참변에 대한 재결정 문제였다. 체포된 사할린의용대의 지휘관들이 '반혁명'이라는 혐의를 받고 있었기 때문에 이동휘는 반드시 명예를 회복해야만 했다. 결정은 크게 두 가지로 나뉜다. 우선 참변의 책임이 사할린의용대와 고려혁명군정의회 모두에 있다고 결정했다. 이에 따라 임시특별혁명재판소에서 징역 10년을 선고받은 박애를 즉각 석방하도록 조치했다. 또한 조사위원회를 구성해 체포된 지휘관 모두에게 재심 기회를 부여하도록 했다. 사실상의 석방 조치였다.

2차 코민테른 대회에 참가한 박진순(레닌 오른쪽)

하지만 상해파가 완승을 거둔 것은 아니었다. 양쪽 모두에 책임이 있다고 결정했지만, 참변의 1차적인 책임은 사할린의용대의 종파적 행동이 크게 작용했다고 결정했기 때문이다. 덧붙여 박 일리아와 그레고리예프에게 종파적 행동의 책임이 있다고 구체적으로 명시했다. 상해파로서는 완승을 거두지 못했지만 이르쿠츠크파에는 그동안의 모든 노력이 원점으로 돌아간 충격적인 결정이었다. '11월 결정서' 맨 마지막에는 코민테른 극동서기국이 결정을 충실히 이행하라고 못 박았다. 이르쿠츠크파는 "한국혁명을 정체불명의 투기꾼들에게 넘겨준 결정"이라며 강력히 반발했다. 코민테른 극동서기국은 총사퇴하는 것으로 격렬히 저항했다. 하지만 재심 요구에도 불구하고 문구 수정 하나 없이 '11월 결정서'는 그대로 확정됐다.

11월 28일에 이동휘, 박진순, 홍도는 레닌의 초청에 따라 크렘린으로 향했다. 통역으로는 최재형이 포시에트에 설립한 학교를 졸업한 김 아파나시가 배석했다. 면담 예정 시간은 30분이었다. 비서는 "많이 바쁘신 분이니 시간을 꼭 지켜달라"고 요청했다. 화기애애한 분위기에서 한국혁명의 방법론에 대한 의견이 오갔다. 면담은 레닌의 요청으로 30분 더 연장됐다.

우크라이나의 귀여운 애칭은 '유럽의 빵 바구니'다. 동유럽 최대 곡창지대인 우크라이나는 서쪽으로는 루마니아와 헝가리 같은 동유럽 대부분 국가와 지리적으로 가까운 이점이 있었다. 게다가 동쪽은 러시아이고, 크림반도 앞에 있는 흑해를 건너면 바로 터키이며, 곧바로 이라크 같은 아시아 나라와 연결되었다. 곡창지대에서 생산된 최상품 밀은 차르 황제뿐만 아니라 모두가 탐내는 것이었다. 모스크바 한가운데서 우크라이나에서 생산된 밀로, 그것도 유명한 우크라이나 기술자가 만든 빵이라면 과연 어떤 결과를 가져왔을까? 모스크바에 진출한 이반 필리포프Ivan Filippov의 빵집은 아마도 오늘날 러시아의 맥도날드 체인점 전체와 맞먹을 정도로 대성공을 거둔 모양이다. 그러자 그의 아들은 모스크바에 호텔 프란치야Hotel Frantsiya라는 대규모 호텔을 지었다. 우크라이나 말로 프랑스라는 뜻이고, 실제로도 프랑스풍 호텔이었다. 호텔을 지은 지 불과 6년 후 10월혁명이 일어났을 때 호텔 프란치야는 코민테른 상임기구들의 사무실 겸 숙소로 '징집'됐다. 호텔 이름은 '럭스 호텔Hotel de luxe'로 개칭됐다. 정확히 말하면 개칭이라기보다 럭셔리하다는 의미로 사람들에게 회자되어 그렇게 불렸다. 말하자면 애칭인 셈이었다. 이 호텔은 10월혁명 이후 코민테른 집행위와 상임간부회 같은 상설기구들의 집무실 겸 숙소로도 사용됐다. 이를테면 국제외교 특권구역 같은 곳이었다.

레닌과 면담을 마친 후 박진순은 이 호텔에 다시 숙소를 배정받았다. 일시적으로 코민테른 집행위원회에 복귀한 것이나 마찬가지였다. 상해파에는 따뜻한 겨울이 시작되는 것 같았지만, 그들이 원하는 진정한 봄은 여전히 안갯속이었다.

극동민족대회는 1921년 11월 11일에 열릴 예정이었다. 이르쿠츠크파가 코민테른 극동서기국을 등에 업고 주도적으로 조직한 대회였다. 처음에는 대회 준비가 순조로웠다. 그런데 이동휘의 공중전에 치명상을 입고 우왕좌왕하면서 조금씩 차질을 빚기 시작했다. 게다가 대표단들의 도착이 늦어지고 있었다. 일본군이 철수하고 백군이 진압되었다고 하더라도 몽골과 이르쿠츠크를 잇는 길목에선 마적이 날뛰고, 게다가 겨울이었다. 일본과 중국의 대표단도 도착이 늦어지고 있었다.

하지만 이르쿠츠크파가 주도한 이 대회의 가장 큰 문제점은 '대표권'이었다. 이르쿠츠크파거나 최소한 우호적인 사람들 위주로 대표권이 발급되었기 때문이다. 심지어 조선청년연합회는 이르쿠츠크파의 영향력이 거의 없는 조직인데도 버젓이 자파의 인물로 위임장을 발급했다. 상해를 대표하는 사람으로는 여운형을 비롯해 김단야, 임원근 등이 포함됐다. 1년 만에 이동휘의 상해공산주의 그룹은 한인사회당 출신을 제외하면 이르쿠츠크파에 모두 흡수된 것이나 마찬가지였다. 모두 모스크바 자금으로 인한 후폭풍이었다.

그런데 뜻밖의 인물 한 명과 낯선 인물 한 명이 포함되었다. 상해를 대표해 위임장을 발급받은 사람들 중에 김규식의 이름이 올라 있었다. 불과 얼마 전까지 김규식은 상해임시정부에서 활동했지만 지금은 이르쿠츠크파를 지지하는 쪽으로 노선을 완전히 바꾸었다. 이것은 곧 임시정부와 완전히 결별한다는 의미였으며, 코민테른의 지지를 통해 독립을 획득하는 것으로 노선을 완전히 바꾼다는 뜻이었다. 파리강화회의 민족대표 중 한 사람이었던 김규식의 노선 변화는 극동민족대회 이후에도 커다란 파장을 낳았다.

조선노동대회를 대표하는 사람 중 한 명으로 김재봉이라는 낯선 인물이 포함된 것은 다소 뜻밖이었다. 김재봉은 대구를 중심으로 상해임시정부의 〈독립신문〉을 배포하는 위치에 있었다. 그 이전에는 내세울 만한 경력도 없었고, 신문 배포를 계획하다 체포되었으나 한 달 전에 석방되었다. 그런 인물이 한 달 만에 이르쿠츠크파 국내 조직의 핵심 중 한 명으로 갑작스럽게 급부상한 것이다. 이르쿠츠크파가 자파들로 대표권을 확대하는 과정에서 생긴 에피소드였을지도 모른다. 하지만 김재봉이 이르쿠츠크행 티켓을 들고 시베리아 열차에 몸을 실으면서 국내 사회주의운동은 완전히 새로운 역사와 직면하게 된다.

11월 11일로 예정된 대회의 대표단들은 12월이 넘어서야 대부분 도착했다. 일정이 늦어진 만큼 대회를 빨리 개최하기 위해 코민테른 극동서기국은 코민테른 집행위원회에 날짜를 확정해줄 것을 요청했다. 하지만 집행위원회는 뜻밖에도 대회 장소를 모스크바로 변경하라고 통보해왔다. 대표단들을 태운 특급열차가 모스크바를 향해 출발한 것은 12월 말이었다. 설경을 헤치고 모스크바로 향하는 기차 안에서는 수많은 대화가 오갔을 것이다. 열흘이면 짧지 않으니 수많은 군상이 나눈 대화는 한 편의 드라마 같았을 것이다. 불행하게도 이 열차에 시인이나 소설가는 타지 않았던 모양이다. 여운형의 회상에 따르면 기차역 환영 인사를 자신이 하기로 결정되었으며 영하 30도의 날씨에 영어로 감사 연설을 했다는 이야기가 나온다. 주목할 만한 대목은 특급열차 안에서 그가 연설자로 선출되었다는 부분이다. 이르쿠츠크파는 모스크바로 가는 열흘 동안 선거라는 방식을 통해 역할 분담까지 차곡차곡 정리해놓았던 것이다.

모스크바에 체류하고 있던 이동휘는 코민테른 집행위원회를 통해 자파 대표들을 대회 구성원에 포함시키기 위해 동분서주하고 있었다. 이동휘는 이르쿠츠크파가 극동민족대회를 준비하는 동안 코민테른을 공략해 '11월 결정서'라는 반격의 카드를 획득했다. 그 이야기는 거꾸로 극동민족대회에 대한 대응을 전혀 준비하지 못했다는 의미였다. 대표권의 위임장을 받은 한인은 총 56명, 그중 상해파는 7~8명에 불과했다. 형식만 한국대표단일 뿐 사실상 이르쿠츠크파가 완전히 장악하고 있었다. 한국대표단 집행위원회 의장으로는 김규식이 선출되었다. 상해임시정부에서 활동할 당시 김규식과 이동휘는 이승만이라는 공동의 적과 싸우기 위해 한배를 탄 동지였다. 하지만 지금은 피할 수 없는 외길에서 만나 서로에게 총을 겨누는 적대적인 관계에 있었다. 집행위원회 서기로 지명된 채동순이 이르쿠츠크파의 새로운 카드였다.

채동순 역시 남만춘과 비슷한 경로를 걸었다. 그는 제1차 세계대전이 일어나자 단기사관학교를 졸업하고 장교로 복무했다. 이후 볼셰비키에 입당해 옴스크를 중심으로 활동했다. 자유시참변으로 해산된 한인 부대가 적군 5군 산하의 고려군정의회로 강제로 통합되었을 때 정치부장을 맡았다. 채동순이 대표단 위임장을 받은 곳 역시 고려군정의회였다. 톰스크

대학에서 공부하고 교사로 일하기도 했던 채동순은 군인이지만 논리적인 이론가였다. 그가 서기를 맡은 이유도 거기에 있었다.

　대회 개막일에 한국 대표단을 대표해 연설한 사람은 김규식이었다. 역시 특급열차 안에서 '선거'로 선출되었을 것이다. 김규식의 연설은 간명하고 명확했다. 미국을 제국주의 국가로, 러시아를 사회주의 국가로 단칼에 구분해버린 것이다. 제국주의 국가의 도움으로 독립을 얻는 것은 또다시 식민지로 전락하는 것과 마찬가지라는 주장이었다. 김규식이 이렇게 단호한 어조를 보인 것은 비슷한 시기에 워싱턴회의가 개최되었기 때문이다. 상해임시정부는 워싱턴회의에서 독립을 청원하는 외교전략을 구사하기로 이미 결정한 상태였다. 요컨대 김규식의 연설은 코민테른의 지원을 요청하는 동시에 상해임시정부를 비판한 것이었다. 하지만 그 이면에는 상해파를 상해임시정부와 동일시하려는 의도가 숨어 있었다. 이런 대회의 대표 연설문을 개인이 작성했을 리 없었다. 연설은 이르쿠츠크파의 반격을 알리는 서막이었다.

　본회의가 개최되자 그림자 속의 정체들과 인물들의 역할이 드러나기 시작했다. 본회의 첫 번째 토론 안건은 국제정세와 워싱턴회의였고, 발제자는 코민테른 집행위원장인 지노비예프였다. 지노비예프는 워싱턴회의에 환상을 가진 일부 한국 공산주의자들이 있다고 주장했다. 그것은 곧바로 이르쿠츠크파에 기회를 제공했다. 토론에 나선 인물은 한국 대표단의 서기인 채동순이었다. 채동순은 워싱턴회의에 환상을 가지고 있는 조직은 상해임시정부라고 공개적으로 지목했다. 곧이어 상해임시정부에서 활동하는 가짜 공산주의들이 그런 환상에 동조하고 있다는 주장이었다. 사실상 고려공산당 상해파를 지목한 것이나 마찬가지였다. 상해파는 격분했다. 코민테른 집행위원회에 강력한 항의를 전달했지만 채동순은 상해파를 의미한 것은 아니라고 한발 물러섰다. 실로 교묘하게 상해파를 치고 빠진 것이었다. 하지만 채동순의 공격은 멈추지 않았다.

아시아에서의 민족통일전선 노선에 대한 발제를 맡은 사파로프는 한국이 아직 농업국가이므로 노동자 혁명이 아니라 민족통일전선을 통해 독립과 부르주아민주주의를 달성해야 한다고 주장했다. 요컨대 민족주의자들과 동맹을 맺어야 한다는 뜻이었다. 사회주의혁명은 다음 단계라는 것이 요지였다. 또다시 토론에 나선 채동순은 사파로프의 의견에 반대하지 않았다. 다만 제국주의에 타협하지 않는 혁명적 민족주의 조직들이 통일전선의 대상이어야 한다고 주장했다. 채동순에 따르면 워싱턴회의에 지지 의사를 보낸 상해임시정부는 통일전선의 대상이 아니었다. 채동순의 혁명적 민족주의라는 교묘한 논리는 실체가 없었지만 쉽게 반박하기도 어려웠다. 하지만 역사에서 '혁명적 민족주의' 조직이란 존재하지 않는다. 마찬가지로 식민지 국가는 또 다른 제국주의 국가의 힘을 빌리려는 절박감이 있을 수밖에 없다. 아이러니하게도 채동순의 주장을 거꾸로 적용하면 파리강화회의에 대표단으로 참석한 김규식이 비판해야 할 첫 번째 대상이었다.

앞에서 언급했듯이 이동휘는 한국을 떠날 때 독립의 유일한 방법은 '무장투쟁'이라고 확신했다. 국내 망명객 중 무장투쟁을 목표로 극동에서 사람들을 조직하고 최초의 사회주의 정당을 만든 이동휘가 극동민족대회에서 이르쿠츠크파에 의해 집단적으로 사보타주를 당하고 있었다. 이르쿠츠크파의 목적은 분명했다. 코민테른에 자신들의 입장을 다양한 방법으로 집요하게 전달하는 것이었다. 신호를 여러 번 보내면 상대방도 한 번쯤 반응하는 것이 일반적이다. 신호에 반응한 것은 사파로프였다. 대회가 끝나자 사람들은 자신의 원래 소속 지역으로 돌아가기 위해 재빠르게 움직였다. 하지만 네 사람은 대회가 끝난 후에도 모스크바에서 웅크린 채 움직이지 않고 있었다. 김규식과 한명세를 비롯한 이르쿠츠크파 인물들이었다. '11월 결정서'에 따라 통합당대회를 준비하기 위해 반드시 필요한 핵심 인물들이 움직이지 않고 있었다. 이들은 통합당대회의 결말이 어떻게 날지 예감하고 있었다. 극동민족대회에 참여한 김단야와 임원근은 통합당대회가 열리는 베르흐네우딘스크로 향하지 않고 박헌영이 있는 상해로 곧바로 돌아갔다.

베르흐네우딘스크로 가는 길

────── 1922년 여름방학이 시작되자 조봉암은 경성으로 가기 위해 짐을 꾸렸다. 김찬의 조언에 따른 결정이었다. 시모노세키에 도착한 조봉암은 부산으로 향하는 관부연락선에 다시 몸을 실었다. 세이소쿠 영어학교 4개월, 주오 대학 8개월을 합해 꼭 1년 만이었다. 고마루高麗丸였을까? 시라기마루新羅丸였을까? 현해탄을 건너는 연락선 안에서 조봉암은 김찬이 소개해준 인물들을 머릿속에 다시 떠올렸다. 하지만 이날의 결정이 길지 않은 일본 유학의 마지막이 될 줄은 전혀 예상하지 못했다.

사람에게 평판만큼 중요한 것은 없다. 김찬은 일본 유학생 그룹 사이에서 신망을 얻고 있었다. 그런 김찬의 소개는 일단 경성의 사회주의자들 사이에서 조봉암에 대한 기대감을 갖게 했다. 조봉암은 서울청년회 지도자인 김사국과 무산자동맹회의 김한 등을 만났다. 그들은 조봉암에게 이런 저런 질문들을 던지며 의견을 물었다. 일종의 인터뷰인 셈이었는데, 조봉암은 모두에게 좋은 평가와 인상을 남겼다. 첫 만남에서는 인상만큼 중요한 것도 없다. 조봉암은 단시간에 경성에서 주목받는 새로운 인물로 떠올랐다. 조봉암에게 적극적으로 접근한 것은 무산자동맹회 지도부였다. 이때는 국내 주요 조직들을 비밀리에 지도해왔던 조선공산당(중립당)이 사실상 분열하기 직전이었다. 그 이유는 베르흐네우딘스크(현재 지명 울란우데)의 통합대회에 국내 대표자를 파견하는 문제를 놓고 지도부들 간에 의견이 격렬하게 대립하고 있었기 때문이다. 김사국을 중심으로 하는 서울청년회 그룹은 대표자 파견은 있을 수 없는 일이라고 못 박았다. 이들의 주장을 폐쇄적이라고 비판할 수는 있지만 그들의 노선으로 볼 때 일관성 있는 주장이었다.

  서울청년회를 비롯한 국내파 사회주의자들은 그동안 상해파와 이르쿠츠크파에 대한 불신이 극에 달해 있었다. 상해파에 대해서는 코민테른 자금을 독단적으로 사용했다는 이유로, 이르쿠츠크파에 대해서는 자유시참변에 대한 책임을 물어 두 조직 모두 정통성이 없다는 것이었다. 특히 해외에서 분열적으로 활동하면서 국내를 '원격조종'하는 등 국내 사회주의 세력을 지속적으로 교란하고 있다는 것이 근본적인 반대 배경이었다. 그런데 중립당을 이끌고 있는 또 다른 축인 김한을 비롯한 무산자동맹회가 참가하자는 입장을 개진하면서 조직은 파국으로 치달았다. 중립당의 분열이 그들이 지도했던 대중 조직들의 분열로 이어지리라는 것은 예고된 일이었다. 이런 혼란스러운 상황에서 김한과 신백우가 장기간 국내를 비우는 것은 곤란한 일이었다. 따라서 배정된 두 장의 티켓 중 한 장은 또 다른 지도부의 일원인 정재달에게 주었다. 그리고 남은 한 장은 전혀 새로운 인물인 조봉암에게 돌아갔다. 정재달과 조봉암은 중립당의 대표 자격으로 베르흐네우딘스크로 가는 시베리아 열차에 몸을 실었다.

김재봉이 감옥에서 나온 것은 1921년 가을이었다. 형량이 6개월에 불과할 정도로 거물은 아니었지만 운신할 수 있는 폭이 아주 좁았다. 그 이유는 상해임시정부가 시도한 연통제 때문이었다. 이승만이 미국에 거주하는 탓에 초창기 임시정부의 실질적인 책임자는 안창호였다.

김규식, 여운형, 신채호 등과 함께 신한청년회 핵심이었던 김철

안창호는 국내에 도 단위 비밀행정 체계를 만들자는 안을 통과시켰다. 이른바 연통제였다. 실로 광대한 기획이었다. 이를 위해 국내 각 지역에 1차적으로 교통국, 즉 자금 모집과 연락 및 선전을 책임지는 기초 단위를 구축하고자 했다. 이 무렵 경북 안동 출신의 안상길이 상해로 망명했다. 안상길은 임시정부의 교통차장을 맡고 있던 김철을 만났다. 교통총장으로 내정된 문창범이 정치적인 이유로 연해주에서 움직이지 않고 있었기 때문에 김철은 실질적인 책임자나 마찬가지였다. 게다가 김철은 신한청년당, 즉 김규식, 여운형, 신채호가 주도한 조직의 핵심 멤버였다. 김철이 임시정부의 실질적인 모태라고 할 수 있는 신한청년당 출신이라는 사실은 탄탄한 지원을 약속하는 것이나 다름없었다.

경북 교통 책임자를 맡은 안상길은 곧바로 경성으로 다시 침투했다. 경성의 청진동에 포스트를 마련한 안상길이 접촉한 사람은 〈만주일보〉 경성지사 기자로 있던 김재봉과 조선총독부에서 측량기사로 일하다 그만두고 새로운 길을 모색하던 이준태였다. 비밀조직 최초의 맹아가 그렇듯이 이들은 경북 안동의 작은 마을인 풍산읍 출신으로 이미 서로 잘 아는 사이였다. 상해임시정부 경북교통국 초동 모임이 결성된 것이다. 하지만 이들의 시도는 오래가지 못했다. 일제에 의해 활동이 노출되면서 안상길과 김재봉이 체포되었기 때문이다. 다행히 이준태만 겨우 구속을 피했다. 연통제라는 꼬리표가 붙은 김재봉은 출옥 후 망명을 결심했다. 국내에서 다양한 조직이 분출하며 동시에 사상적인 대립을 통해 이합집산할 때였다. 같은 시기에 이르쿠츠크에서 코민테른이 주도하는 극동민족대회가 예정되어 있었다. 국내에서도 각 조직이 대표자들을 파견하기 위해 논의하고 있었다. 김재봉에 대한 첫 번째 미스터리는 이때 시작됐다.

감옥에서 나온 김재봉은 불과 한 달 만에 조선노동대회라는 단체를 대표해 파견하는 사람 중 한 명으로 선임됐다. 극동민족대회에 대표권을 가진 인물들은 면면을 군이 나열하지 않더라도 그야말로 글자 그대로 조직을 대표하는 '거물들'이었다. 그런 데 반해 김재봉은 무명인사에 가까웠다. 또 하나는 그는 이제 막 민족주의에 눈을 뜬 인물이었지 사회주의와는 거리가 멀었다. 결정적으로 그는 조선노동대회를 대표할 특별한 이유조차 없었다.

조선노동대회는 광문사 사장으로 재직할 때 국채보상운동을 발기했던 김광제 등이 주도해 설립된 단체였다. 대표를 맡고 있던 민족주의자 김광제가 급작스럽게 죽자 문탁이 그 뒤를 이어받았다. 문탁은 노동대회를 일제와 대립하지 않는 방향으로 이끌어 가려 했으며 '노자협조주의' 노선을 넘어서려 하지 않았다. 노동대회 지도자로 또 다른 축을 이끌고 있던 노병희를 비롯한 사회주의자들은 이런 노선과 지속적으로 대립했다. 김재봉이 감옥에서 나올 무렵 조직은 사실상 정치적으로 양분된 것이나 마찬가지였다.

바로 이런 혼란기에 극동민족대회 국내 대표권에 대한 논의가 시작되었다. 조선노동대회 민족주의자들은 극동민족대회에 관심을 가질 이유가 없었다. 하지만 노병희는 이르쿠츠크 고려공산당과 연락선을 가지고 있는 국내 조직원이었다. 연락선은 이르쿠츠크 고려공산당의 정치담당 중앙위원인 서초였다. 서초는 이르쿠츠크에서 국제노동을 맡고 있었고, 국내에 몇 차례 잠입하면서 노동운동에 자신들의 거점을 만드는 데 주력했다. 서초는 프로핀테른, 즉 코민테른이 주도해 만든 '국제적색노동조합'에서 활동하는 거물이었다. 그런데 대표권을 획득한 또 다른 인물인 김시현과 권정필 등을 노동대회 소속이라고 보기엔 무리가 있었다. 이들은 당시 국내에 거주하지도 않았고, 의혈단 소속으로 만주에서 활동하고 있었다. 극동민족대회로 가는 마지막 티켓을 거머쥔 김재봉이 가장 미스터리할 수밖에 없었다. 대표자 중 한 명으로 선임될 만큼 거물도 아니었고, 더군다나 사회주의와도 거리가 먼 인물이었기 때문이다. 대표자격 심의를 위한 코민테른 제출 서류에 "조선의 독립과 공산주의를 희망"한다고 기록한 것은 아마도 형식적인 절차에 불과했을 것이다.

게다가 김재봉은 노동대회에서 활동한 적도 없었다. 아마도 감옥에서 나온 지 불과 한 달 만에 김재봉이 대표 자격을 획득할 수 있었던 것은 노병희와 관련 있었을 것이다. 김시현과 권정필에서 보듯이 극동민족대회로 가는 조선노동대회 대표 자격은 사실상 노병희를 비롯한 몇 명에 의해 주도된 것이 분명했다. 우연하게도 노병희는 김재봉과 같은 안동 출신이었다. 그렇다고 하더라도 연배로 보나 위치로 보나 김재봉이 노병희를 이전부터 알았을 가능성은 희박하다. 그렇다면 남은 가능성은 이준태뿐이다. 이준태는 이때 조선노동공제회나 조선노동대회와 달리 사회주의자들이 주도권을 가진 노동 대중 조직을 만들기 위해 사람들과 접촉하고 있었다. 불과 몇 개월 후 탄생할 무산자동지회가 바로 그것이다.

노동이라는 공통분모를 통해 노병희와 이준태는 서로 알고 지냈을 것이라고 추측할 수 있는 대목이다. 그리고 이들은 안동이 고향이라는 공통점을 가지고 있었다. 게다가 의혈단 출신인 김시현이 조선노동대회 대표권을 가지고 참가한 것도 우연이라고 보기 어렵다. 김시현도 안동 출신이었다. 극동민족대회로 가는 대표권을 가장 많이 배정받은 단체는 조선노동대회였다. 여섯 장의 티켓 중 한 장이 김재봉의 손안에 들어간 연결고리는 아마도 이준태에게서 찾을 수 있을 것이다. 후일 1차 조선공산당이 와해되고 김재봉이 체포된 후 재조직되는 2차 조선공산당 핵심 인물 중 한 명이 이준태였다. 노병희와 이준태의 결정에 의해 김재봉이 이르쿠츠크 극동민족대회로 가게 되었다면, 그들은 자신들도 모르게 실로 엄청난 역사적인 결정을 내린 셈이었다.

김재봉은 시베리아 횡단열차를 타고 이르쿠츠크로 향했다. 하지만 이 노선은 대단히 위험한 경로였다. 초행자에겐 쉽고 빠른 길이지만 블라디보스토크에서 치타 구간은 언제든 일제에 의해 기차에서 강제연행될 수 있었기 때문이다. 따라서 이름과 얼굴이 알려진 거물들은 몽골을 거치는 긴 여정을 선택하는 것이 일반적이었다. 여운형의 여정이 그랬다. 하지만 김재봉은 거물도 아니었고, 이름조차 생소한 말석이었을 것이다. 시베리아 횡단열차에 탑승한 김재봉은 창 너머로 보이는 끝없는 겨울 정경을 바라보면서 무슨 생각을 했을까. 호기심이 일었을까, 아니면 두려움을 느꼈을까. 일기를 쓰지는 않았지만 평소 꼼꼼하게 일처리하는 스타일이었던 김재봉은 이따금 창문을 파고드는 시베리아의 칼바람을 느끼며 개인적인 메모를 남기지 않았을까. 역사는 다양한 인물들을 미지의 동토, 베르흐네우딘스크로 불러 모으고 있었다.

김재봉이 칼바람 몰아치는 혁명의 도시 모스크바에 발을 내디딘 것은 이듬해 1월 7일이었다. 김규식과 여운형을 비롯한 쟁쟁한 인물들이 선두에 선 대회에서 김재봉의 구체적인 활동은 알려진 바가 없다. 하지만 하나는 추론할 수 있다. 김재봉이 조선노동대회 대표자 중 한 명이 될 수 있었던 것은 고려공산당 이르쿠츠크파에 의해서였다. 52명의 대표단 중에서 안면 있는 인물이 거의 없던 김재봉은 이르쿠츠크파 인물들과 행동을 같이했을 것이다. 그리고 당연히 이동휘를 중심으로 하는 상해파 고려공산당에 대해서도 수많은 말을 들었을 것이다. 이르쿠츠크파가 주도한 극동민족대회는 성공적으로 막을 내렸다. 하지만 코민테른은 이르쿠츠크파와 상해파가 단일한 공산당을 건설하기 위한 통합당대회를 개최하라는 결정을 내렸다. 이것이 이른바 '11월 결정서'다.

극동민족대회는 이르쿠츠크파의 짧은 환상이었다. 이르쿠츠크파가 상해파에 우위를 장악한 것처럼 보였지만 내용상으로는 완벽한 패배였다. 베르흐네우딘스크에서 열릴 통합당대회가 어떤 식으로 전개될지는 여전히 안갯속이었다. 극동민족대회가 끝나자 김재봉은 극동공화국의 수도인 치타로 향했다. 10월에 개최될 통합당대회까지는 8개월 정도 남아 있었지만, 김재봉은 왜 잠시 머물 도시로 하필이면 치타를 선택했을까. 이미 심장의 절반은 이르쿠츠크파의 색깔을 띠고 있는 김재봉이 여전히 상해파

김재봉과 김재봉 생가(경북 안동)

이준태와 이준태 생가(경북 안동)

가 득실거리는 치타로 향한 것은 상식적으로 볼 때 의문이었다. 모스크바에서 시베리아 철도를 타고 이르쿠츠크에서 내려 바이칼호 끝자락을 따라 계속 극동으로 향하면 베르흐네우딘스크다. 치타는 베르흐네우딘스크에서 600킬로미터 더 가야만 하는 곳이다. 그리고 치타는 이르쿠츠크에서 10킬로미터가 넘는 거리에 있다. 이국땅에서 그나마 연줄이라면 이르쿠츠크파 사람들뿐이었지만 김재봉은 치타에 짐을 풀었다. 하나의 가능성을 추론해본다면 상해파에 김재봉은 생소한 인물이라는 것에서 단초를 찾을 수 있다. 그런 인물이라면 치타에서 눈여겨보는 사람도 거의 없었을 것이다. 이런 경우 그의 임무는 딱 하나, 상해파에 대한 동향 파악이다. 혹시 이르쿠츠크파 지도부의 누군가가 그런 임무를 맡긴 것은 아니었을까.

터무니없는 추론이 아닌 이유는 극동민족대회가 끝나고 임원근, 김단야는 베르흐네우딘스크로 향하지 않고 곧바로 몽골을 가로질러 상해로 되돌아왔던 것이다. 그들의 임무는 국내에 침투해 고려공산청년회를 건설하는 것이었다. 물론 이르쿠츠크파 지도부의 지시였다. 김재봉은 치타의 한인학교에서 산수와 한문을 가르치며 조용히 시간을 보냈다. 그리고 본격적으로 사회주의에 대한 공부를 시작했다.

그즈음 상해로 돌아오던 이르쿠츠크파의 안병찬이 암살당했다. 안병찬은 사실상 이르쿠츠크파 상해 총책이었다. 마적에 의해 암살당했다는 주장과 상해파의 보복이라는 주장이 떠돌았으나 진실은 확인되지 않았다.

김재봉, 그리고
김찬

김재봉의 임무는 이런
조직들이 이르쿠츠크파만의
'단일한 경향'으로
구성되었다는 시선을 피하는
것이었다. 통일된 조직을
건설해야 할 임무를 맡은
국내부 책임자로서는 당연한
행동이었다.

니콜라옙스크에서 시작된 비극

───────── 니콜라옙스크(니항) 한인 학교를 중심으로 소규모 빨치산이 조직되기 시작했다. 소규모 한인 빨치산들은 독자적으로 일제에 대항하는 것이 불가능해 러시아 적군과 연합 부대를 편성해야만 했다. 적군과의 연합 부대 편성은 비단 니콜라옙스크만의 특수한 현상이 아니라 시베리아 전역에 걸친 공통점이었다. 소비에트에 반대하는 반혁명세력인 백군이 일제와 '제국주의 동거'를 이루고 있었기 때문이다.

당연히 니콜라옙스크에는 일제뿐 아니라 백군도 한구석에 똬리를 틀고 있었다. 니콜라옙스크의 한인 빨치산은 인원은 적었지만 계속 늘어났고, 적군과의 연합 부대 편성을 위한 교섭이 필요해졌다. 이때 한인이면서 러시아 교사인 박 일리아가 적극적으로 그 역할을 맡았다. 재차 말하지만 러시아를 모국어처럼 말할 수 있는 한인의 역할은 그 어느 때보다 중요한 의미를 지녔다.

적군 빨치산 사령관인 야코프 트리아피친Yakov Triapitsyn은 뛰어난 경력을 지닌 인물이었다. 트리아피친은 1917년 혁명 과정에서 소비에트에 참여한 것이 아니라 그 이전부터 볼셰비키 당원으로 활동하던, 말하자면 '중고참 볼셰비키'였다. 트리아피친은 아무르강을 따라 금광에서 일하는 노동자들과 어업에 종사하는 주민들을 대상으로 백군에 대항하는 적군을 조직하기 시작했다. 수천 명의 적군 빨치산을 조직하는 데 성공하자 트리아피친은 한인 빨치산과 함께 항구도시인 니콜라옙스크를 포위하며 일제를 향해 항복할 것을 권고했다. 전세가 불리해진 일제가 항복에 응하자 적군은 니콜라옙스크를 접수하기 위해 입성했다. 하지만 일제는 평화로운 분위기에서 만찬이 열리던 1920년 3월 11일 자정 무렵, 적군을 기습해 전세를 일시적으로 역전시켰다. 기습 과정에서 트리아피친이 부상을 입고 그의 오른팔인 참모장 나우모프Naumov가 현장에서 절명했다. 하지만 트리아피친은 한인 빨치산과 반격에 나서 니콜라옙스크를 다시 완전히 평정했다. 한인 빨치산은 400여 명, 적군은 최소 2000명 이상이 전투에 참여했다. 일제는 군대와 거류민을 포함해 700여 명이 몰살당했다.

하지만 두 달이 지난 1920년 5월, 일제가 대규모 증원 군대를 파견하면서 역사는 전혀 다른 방향으로 전개되기 시작했다. 방어가 불가능하다고 판단한 트리아피친이 일시적으로 후퇴를 결정한 것까지는 문제가 없었으나, '소개령'이라는 정치적으로 이해할 수 없는 결정을 내리고 말았다. 포로로 잡힌 일본인 130명을 처형한 데 이어 그동안 일제의 침략에 방관했다는 명목으로 러시아 주민들마저 살해한 다음 도시를 완전히 불태워버렸던 것이다.

일제의 철수를 놓고 협상 중이던 극동공화국은 트리아피친의 행동에 격분했다. 일제도 언론을 통해 대대적인 규탄에 나섰고 소비에트는 외교적으로 완전히 고립되었다. 게다가 백군과의 전투를 빠르게 마무리하지 않으면 소비에트 자체가 위태로울 수 있는 상황이었다. 트리아피친의 엇나간 정치 행보는 계속되었다. 아무르 주도인 블라고베셴스크로 이동해 이른바 '극동공화국 완충안'에 반대하는 극좌 투쟁을 전개하기로 결정한 것이다. 극동공화국의 존재 자체를 부정한 것이다. 모스크바는 발 빠르게 움직였다. 소비에트에 충성심 강한 군대 볼셰비키 당원들에게 트리아피친의 체포를 지시했다. 7월 3일, 소비에트 병사들이 비밀리에 움직였다. 트리아피친과 정치적 행보를 같이하던 지도자들은 저항할 사이도 없이 체포됐다. 병사들은 총회를 개최하고 함께 이동 중이던 주민들에게 배심원을 선정하도록 했다. 7월 8일, 배심원들은 트리아피친과 일곱 명에게 사형을 선고했다. 그리고 이튿날 곧바로 총살형이 집행됐다. 소비에트 병사들은 기습적으로 지도자들을 전복시키고 속전속결로 마무리하는 놀라운 정치력을 보여주었다.

니콜라옙스크가 평정을 되찾은 전후로 또 하나의 한인 군대가 생겼다. 청년들을 중심으로 창설된 이 군대는 도시 내 시급한 치안과 민원을 담당했다. 지도자는 박병길과 고명수 등이었다. 니콜라옙스크에 소개령이 내려진 이후 박 일리아는 트리아피친과 행동을 같이하면서 블라고베셴스크로 향했지만 박병길의 부대는 독자적으로 움직였다. 박 일리아는 트리아피친의 행동이 정당하다고 주장했지만 박병길 부대는 동의하지 않았다. 러시아 주민들까지 처형한 것은 학살이라고 본 것이다. 그리고 극동공화국을 부정하는 트리아피친의 극좌적인 행보에도 반대 의사를 명확히 했다. 이들의 심각한 대립은 이내 논쟁 수준을 넘어버렸다.

트리아피친을 전복하는 데 박병길 부대가 소비에트 병사들과 함께 참여하면서 대립은 막다른 골목으로 들어섰다. 박 일리아는 박병길 부대를 격렬하게 비난했다. 일제와 싸우는 동지를 전복시킨 '반독립적인 행위'라며 인민재판식으로 몰아붙였다. 한인 군대에 박 일리아의 책략이 먹혀들어, 정치적으로 실각한 박병길은 일단의 사람들만 데리고 떠날 수밖에 없었다. 블라고베셴스크의 한인 부대는 정치적으로 양분되었고, 둘 사이에는 또 다른 비극적인 결말이 예정되어 있었다.

극동공화국의 존재를 다시 확인해보자. 일제가 이른바 시베리아 출병을 하자 소비에트는 극동공화국을 일시적으로 독립국가로 만들어버렸다. 극동공화국은 소비에트의 통제를 받지만 엄연한 독립국가이고 일제는 외교적으로 극동공화국과 협상해야만 하는 상황이었다. 완충국가라는 표현은 여기에서 기인했다.

니콜라옙스크 전투를 시간대별로 재정리해보자. 트리아피친과 한인 빨치산 군대가 도시를 포위한 것은 2월이었다. 일본 군대와 공존하던 백군은 잇따른 탈영으로 사실상 와해 상태였다. 3월 초, 일본 군대는 백기투항 의사를 밝혔고, 빨치산은 평화롭게 도시에 입성했다. 그런데 일본 군대가 기습에 나서자, 빨치산은 반격에 나서 수백 명을 살상하고 니콜라옙스크를 재차 해방시켰다. 당시 시베리아 철도보다 더 빠르고 정확한 것은 전보였다.

연해주에 상륙한 일본 군대는 그 보복으로 이른바 '4월참변'을 일으켰다. 길고 긴 여정을 계속하던 최재형도 이때 살해됐다. 4월참변의 비보가 니콜라옙스크에 날아들었다. 비보는 니콜라옙스크의 5월 소개령이 잔인하게 전개되도록 만든 이유 중 하나였다. 전쟁이 이성적으로 진행될 수는 없기 때문이다. 연해주 곳곳에서 활동하던 한인 빨치산들은 일본 군대의 공세를 피해 안전지대로 이동해야만 했다. 선택의 여지도 없이 극동공화국의 아무르주가 유일한 대안이었다.

한인 빨치산이 군대를 재정비하기 위해 후퇴하면서 자연스럽게 '하나의 군대'로 통합하자는 의견이 대세로 떠오르기 시작했다. 극동공화국도 이런 의견에 강력한 지지 의사를 밝혔다. 시베리아와 연해주의 한인 빨치산이 극동공화국의 주도인 블라고베셴스크로 이동하기 시작했다. 이때 이동한 한인 빨치산 부대들을 따라가보자.

니콜라옙스크 전투에 참여한 한인 빨치산은 트리아피친이 실각한 이후 이동을 계속해 그해 10월 알렉세옙스크Alekseyevsk에 도착했다. 제야 강변에 형성된 이 마을의 오늘날 이름은 스보보드니. 흔히 '자유시'라고 부른다. 이 군대의 주도권을 장악한 것은 박 일리야였고, 흔히 사할린 부대라고 불렀다. 스보보드니로 한인 부대들이 이동한 것은 애초의 목적지인 블라고베셴스크가 국경 도시인 데다 철수 협상을 벌이고 있는 일제를 자극할 우려가 있다는 극동공화국의 판단에 따른 것이었다. 한인 부대는 제야강을 거슬러 내륙 도시인 스보보드니로 집결했다. 스보보드니에 도착한 사할린 부대는 '형식적'으로 극동공화국 인민혁명군 산하에 편성됐다. 이를테면 산하 부대로 편성되긴 했지만 사실상 독립적인 부대나 마찬가지였다.

블라디보스토크와 하바롭스크 중간에 위치한 이만에도 한인 빨치산이 조직되었다. 도시 이름을 그대로 차용해 이만 군대로 불렸으며 지도자는 황하일이었다. 황하일은 블라디보스토크에서 동쪽으로 한참 떨어진 수찬, 곧 오늘날의 파르티잔스크Partizansk에서 태어나 어린 시절을 보냈다.

제1차 세계대전 때 징집되어 참전했지만 10월혁명이 일어나자 제대하고 적군에 가담해 백군과 싸웠다. 이만은 블라디보스토크와 하바롭스크의 중간에 위치해 두 도시를 잇는 시베리아 철도의 요충지다. 하바롭스크와는 우수리강을 따라 기선이 다니는 기점에 해당하는 동시에 불과 하루나 이틀이면 중국으로 넘어갈 수 있는 국경 도시였다. 전쟁 시기라는 것을 감안하면 한인과 적군 부대에는 연해주에서 손꼽히는 전략 도시 중 하나라고 할 수 있다.

1919년 겨울, 황하일을 중심으로 김표돌과 박공서 등이 소규모 한인 빨치산을 조직하기 시작했다. 다른 한인 빨치산과 마찬가지로 점점 숫자가 늘어나 100여 명을 넘어서면서 부대의 면모를 갖추었다. 1920년 4월참변이 일어나자 적군과 연합해 일본군이 주둔하고 있는 하바롭스크를 공략했다. 1개월 넘게 계속된 전투에서 적군에 의해 공급된 탄약이 바닥나 볼로차옙카로 퇴각할 수밖에 없었다. 이만 부대를 주도한 황하일은 엄연히 러시아 공산당에 입당한 당원이었다.

그해 여름, 황하일이 스보보드니로 발령 나자 김표돌이 부대의 지휘권을 인수했다. 이만 부대는 치타를 향해 세묘노프의 백군과 전투를 계속하며 전진했다. 그러나 겨울이 다가오기 시작하는데 제대로 된 군수품을 공급해주는 곳이 없었다. 이만 부대는 영하 40도를 오르내리는 혹한을 뚫고 한겨울이 되어서야 스보보드니에 도착했다.

하바롭스크주의 라조브스키Razowski 지역 한인촌에서도 또 하나의 한인 빨치산이 조직되고 있었다. 최 니콜라이와 박춘봉을 중심으로 조직된 이 부대는 한인촌의 이름을 따 '다반 부대'라고 불렸다. 황하일과 마찬가지로 최 니콜라이 역시 징집병으로 전선에 끌려갔다가 10월혁명으로 제대해 고향으로 돌아와 있었다. 보병이 아니라 기병 출신이었다는 것은 나름대로 지휘 능력이 있었음을 보여준다. 애초에 이들은 이 지역에서 활동하는 러시아 빨치산들에게 필요한 물품을 지원하는 역할을 했으나 하바롭스크를 장악하고 있던 백군의 칼미코프 군대가 대규모 공세에 나서자 한인 빨치산을 조직해 길목을 기습하며 전세를 역전하는 결정적인 단초를 제공했다.

1919년 겨울, 한인과 러시아 빨치산 연합 부대의 전과는 놀라울 정도였다. 하바롭스크시를 제외한 주요 농촌 지역을 차례로 적색으로 물들이는 데 성공했으며, 연합 빨치산의 규모는 1000명을 넘어 하나의 독립 군대가 될 정도로 급성장했다. 다반 군대도 100명을 훌쩍 넘어섰다. 하바롭스크를 겨냥한 겨울 전투에서 칼미코프는 도시를 버리고 중국령으로 탈출하려 했지만 러시아 빨치산에 체포되어 처형당했다. 1920년 2월, 하바롭스크를 백색공포로 몰아넣었던 2년간의 칼미코프 왕국이 막을 내리고 소비에트가 도시를 일시적으로 장악했다. 하지만 4월참변을 일으킨 일제는 하바롭스크에 대공세를 취해, 이만 군대와 마찬가지로 다반 군대 역시 아무르 방면으로 퇴각할 수밖에 없었다. 그해 겨울 다반 군대 역시 스보보드니로 향했다.

러시아 적군은 스보보드니를 장악하고 칼미코프 정권을 와해시켰다. 스보보드니가 해방되자 최고려를 중심으로 한인 총회가 소집되었다. 총회의 목적은 하나, 빠르게 한인 군대를 조직하는 것이었다. 연해주의 다른 도시들과 달리 자유로운 상태에서 군대를 조직하자 수월하게 진행됐다. 500여 명의 한인 부대가 조직되는 데 오랜 시간이 걸리지 않았다. 길지 않은 시간 동안 몇 차례 개편을 통해 러시아 부대에서 지휘관으로 일하던 오하묵이 지휘책임을 맡았고, 최고려가 군정을 총괄하는 자리를 맡았다. 이만 부대를 지휘했던 황하일도 이 부대에서 군수를 총괄하는 중책을 맡고 있었다. 부대 이름은 자유보병대대라고 불렀다. 자유보병대대 역시 형식적으로는 러시아 부대에 편입되었지만 다른 한인 부대들과 마찬가지로 독립적인 부대나 마찬가지였다.

한인 부대들은 두 가지 특징을 가지고 있었다. 20~30명 규모의 소규모 부대로 출발했다는 점과 자생적으로 조직되었다는 점이다. 따라서 부대를 조직한 지도자의 결정이 가장 중요하게 작용한다는 공통점을 가지고 있었다. 이를테면 최초의 이만 부대를 '황하일 부대'라고 부른 것이 대표적이다. 그런데 자유보병대대는 연해주의 다른 부대 혹은 빨치산과 다른 조건에 놓여 있었다. 소비에트가 장악한 도시에서 체계적으로 조직된 부대라는 것이었다.

4월참변으로 연해주에서 활동하던 대한국민의회의 지도부도 아무르로 넘어왔다. 상해임시정부가 존재하고 있었지만 국민의회도 여전히 '망명정부'를 자임하며 활동하고 있었다. 연해주와 아무르주에서 활동하는 한인 빨치산들은 상해임시정부를 자신들의 망명정부라고 생각할 특별한 이유가 없었다. 물론 대한국민의회를 유일한 망명정부라고 생각한 것도 아니었다. 하지만 지리적으로 이들은 연해주라는 같은 공간에서 활동해왔으며 필요할 경우 도움을 받기는 할지언정 대립적인 관계는 아니었다. 자유보병대대의 군정 책임자인 최고려는 국민의회 출신이며 의회에서 의원으로 활동한 이력을 가지고 있었다. 부대의 지휘권자인 오하묵은 이르쿠츠크파의 핵심 지도자 중 한 명이었다. 오하묵이 국민의회를 지지할 아무런 이유도 없었다.

박 일리아가 사할린 부대를 이끌고 스보보드니로 향하면서 파국이 시작되었다. 박 일리아는 동로군東路軍 사령관이었던 이용과 더불어 상해파의 중앙위원으로 활동하고 있었다. 상해파의 군사 책임자였으며, 이동휘의 최측근 중 한 명이기도 했다. 오하묵과 최고려는 자유보병대대를 국민의회 소속으로 결정했다. 국민의회를 망명정부로 인정한 것은 아니지만 상급 지도기관으로 결정한 것이다. 바꾸어 말하면 스보보드니에 집결하고 있는 한인 부대들은 국민의회의 지도를 받아야 한다는 의미였으며, 그것은 곧 자유보병대대가 지휘권을 장악한다는 뜻이나 마찬가지였다. 요컨대 이르쿠츠크파가 군대 지휘권을 행사한다는 의미였다.

스보보드니에 도착한 박 일리아는 당장이라도 총을 꺼내 상황을 진압할 것 같은 태도로 오하묵과 최고려의 결정에 격렬히 반대했다. 1920년 초겨울부터 이듬해 봄까지 한국사에 유례없는 비극이 시작되었다.

피로 물든 제야강

──────── 사할린 부대를 이끌고 스보보드니에 도착해 박병길과 마주친 박 일리아는 격분했다. 트리아피친 사건 당시 정치적으로 실각한 후 부대를 떠난 박병길이 자유보병대대에 소속되어 있었기 때문이다. 게다가 박병길은 간부로 일하고 있었다. 그것은 정치적으로 복권되었다는 징표였다. 박 일리아는 격렬하게 항의하며 박병길의 징계를 요구했지만 오하묵은 냉정하게 거절했다. 트리아피친의 체포에 박병길이 가담한 일을 한인 부대의 시각으로 보는 것은 이해할 수 있을지 모르지만, 소비에트는 트

리아피친이 불필요한 학살을 자행했다고 판단했으며 공식적인 결정에 따라 체포를 지시한 것이기 때문이었다. 러시아 공산당원인 오하묵이 볼 때는 박병길이 처벌받을 하등의 이유가 없었다. 극동공화국도 마찬가지 입장을 견지할 수밖에 없었다.

제야 강변의 자작나무를 바라보던 박 일리아는 지금과 같은 상황이 계속된다면 통합 한인 부대의 지휘권이 이르쿠츠크파로 넘어갈 것이 분명하다고 판단했다. 그것은 이르쿠츠크파가 수천 명의 한인 부대를 단시간에 장악한다는 의미이기도 했다. 사할린 부대마저 동요하는 기색이 역력했다. 스보보드니로 향하는 다른 한인 부대들이 추가로 도착하기 전에 상황을 반전시켜야만 했다. 박 일리아는 치타로 사람을 파견했다.

하바롭스크는 여전히 교착 상태였지만 소비에트가 제야강 일대를 완전히 장악하자 극동공화국은 안정되기 시작했다. 1920년 여름이 되면서 극동공화국은 자체 조직 개편에 착수했다. 그 과정에서 극동공화국 한인부라는 것이 탄생했다. 그런데 박애, 계봉우, 장도정 등이 한인부를 장악하고 있었다. 박애는 이동휘가 주도한 한인사회당에 가담한 후 박진순과 함께 코민테른에게 국내 유일 사회주의당임을 인준받기 위해 밀사로 파견된 인물이었다. 계봉우 역시 이동휘의 최측근이었으며, 장도정은 이동휘가 상해임시정부로 거점을 옮기자 연해주에 남아 한인사회당을 계속 유지시킨 인물이었다. 요컨대 이들은 모두 상해파라는 DNA를 가지고 있었다. 극동공화국의 초대 대통령을 맡고 있던 알렉산드르 크라스노쇼코프도 한인부의 적극적인 후원자였다.

박 일리아는 이 조건을 십분 활용했다. 치타에서 상해파 주요 지도자들이 비밀리에 회합을 시작한 것이다. 회합에서 결정된 사항은 극동공화국 한인부의 공식 입장으로 둔갑했다. 한인부의 공식 입장은 다시 극동공화국에 전달됐다. 크라스노쇼코프는 이를 승인했다. 단일한 정치 조직이 자신들만의 밤의 정치를 통해 이런 중대한 문제를 손쉽게 해결할 수 있었던 것은 일제강점기 중 이때가 처음이자 마지막이었을 것이다.

해가 바뀌자마자 첫 번째 신호탄이 날아올랐다. 극동공화국 한인군사위원회 명의로 된 포고문이 발표되었다. 군정위원장은 박 일리아와 함께 상해파의 중앙위원 역할을 하고 있는 이용이었다. 위원들 역시 대부분 장도정을 비롯해 상해파이거나 우호적인 인물들로 채워졌다.

포고문의 핵심 내용은 500명 정원의 사관학교를 설치하고 이를 통해 사단 규모의 부대를 연속적으로 만든다는 계획이었다. 물론 이것은 러시아 공산당과 합의한 내용임을 강조했다. 정확하게 말하면 극동공화국의 러시아 공산당과 합의한 내용이었다. 모스크바는 이런 결정을 인지할 수 있는 상황이 아니었다. 아무르와 연해주의 정세가 시시각각 급변하는 탓도 있었지만, 무엇보다 완충 국가인 극동공화국의 위상 자체가 모호한 점도 작용했다.

한인군사위원회의 포고문이 통보되자 박 일리아는 즉각 정치적 공세를 시작했다. 오하묵이 과거에 백군에 가담해 부역한 사실이 있다고 고발한 것이다. 더불어 최고려가 부대원들을 함부로 태형한 사실이 있다고 주장했다. 한인군사위원회 명의의 포고문과 더불어 스보보드니 전체가 술렁거릴 수밖에 없었다.

박 일리아의 의도는 제대로 먹혀들었다. 하지만 산전수전 다 겪은 이르쿠츠크파의 오하묵은 공세적으로 대응했다. 우선 박 일리아의 공세에 해명하는 쪽보다는 박 일리아를 공격하기로 결정했다. 박 일리아는 니콜라엡스크에서 한인 부대가 창설된 이후 참여했으며, 그 이전에는 콜차크 백군의 밀정이었다고 역공세를 취했다. 이 고발의 선두에 선 것은 니콜라옙스크에서 박 일리아와 활동했던 박병길이었다. 당사자가 이런 주장을 하니 전세를 흔들 수 없었다. 그리고 오하묵은 곧바로 치타로 가는 두 번째 행보에 나섰다. 치타에 도착한 오하묵은 극동공화국의 사무적인 태도와 한인부의 싸늘한 외면을 마주했다.

오하묵이 전세를 역전시키기 위해 치타로 떠난 후 스보보드니에서는 첫 번째 비극이 일어났다. 한밤중에 테러로 박병길이 처참하게 죽임을 당한 것이다. 자유보병대대는 격분했지만 오하묵이 치타로 떠나면서 자신의 결정 없이는 어떤 군사적 행동도 하지 말 것을 주문한 것이 발목을 잡고 말았다. 박병길의 장례식은 그를 애도하는 사람들과 외면하는 사람들에 의해 스보보드니를 반으로 가른 채 진행됐다. 며칠 후 그의 무덤 옆에서 약혼녀가 유서를 남기고 목숨을 끊은 채 발견됐다. 두 사람의 비극적인 죽음도 또 다른 비극적인 죽음들을 멈추게 할 수는 없었다.

박 일리아의 상해파가 영향력을 미치고 있는 극동공화국이 먼저 움직였다. 박창은을 사령관으로, 그레고리예프를 참모장으로 하는 한인군사위원회 지휘부가 스보보드니에 도착한 것이다. 스보보드니 모든 한인 부대의 지휘권은 자신들에게 있다는 극동공화국의 군사명령서를 휴대하고 나타났다. 박 일리아가 전면에 나서지 않고 박창은을 내세운 것은 자유보병대대를 제외한 나머지 부대들의 동요를 막기 위한 제스처였다. 이들은 곧바로 부대를 재편하는 데 착수했다. 그것은 사실상 박 일리아의 사할린 부대를 중심으로 부대를 재편하는 것을 의미했다. 자유보병대대는 이런 결정에 동의하지 않고 격렬하게 반발했다. 최고려는 이런 시도가 정파적으로 한인 부대들의 군사권을 장악하려는 상해파의 음모라는 것을 직감했다.

눈에 뻔히 보이는 이런 지휘 체계를 그대로 믿는 사람은 없었다. 박창은이 지휘권을 행사하려고 하자 자유보병대대는 군인총회를 여는 등 집단적으로 반기를 들었다. 견디다 못한 박창은은 극동공화국 앞으로 사임서를 제출하고 스보보드니를 떠나버렸다. 박창은 카드가 실패로 끝나자 박일리아는 정공법을 쓰기로 결정하고 극동공화국을 다시 움직여 그레고리예프를 사령관으로, 자신을 군정위원장으로 임명한 새로운 명령서를 자유보병대대에 내밀었다. 명령서를 보면 상해파에 의해 지휘관이 교체된 것이지만, 한인인 박창은과 볼셰비키인 그레고리예프가 지휘관인 것은 그 무게감이 전혀 달랐다. 최고려는 볼셰비키가 행사하는 지휘권을 거부하는 것은 위험한 행동임을 직감했다.

상해에서 임시정부가 수립되었지만 무장투쟁을 벌이던 독립군들은 연해주에 인접한 북간도에 자리 잡고 있었다. 독립군들이 북간도를 무장투쟁의 거점으로 삼은 이유는 두만강을 건너면 언제든지 국내로 진입할 수 있기 때문이었다. 게다가 불과 하루 이틀이면 삼림 지역으로 이동할 수 있어 방어하기에도 유리했다.

1920년 여름, 일제가 간도에 대대적으로 침입하자 독립군 부대들은 삼림 지역으로 질서 있게 후퇴했다. 지리에 익숙하지 않은 일제는 부대를 양갈래로 나누어 추격을 계속했다. 전열을 정비하고 길목을 지키고 있던 북로군정서의 김좌진은 백운평에서 일제를 섬멸했고, 봉오동을 지키던 홍범도 부대는 추격하던 일제를 측면에서 공격해 대승을 거두었다. 일제는 북간도의 주력부대를 재정비해 전면전에 나섰지만, 독립군 부대는 천보산 인근의 청산리 지역에서 김좌진과 홍범도 부대의 협공으로 무장투쟁의 최대 성과를 거두었다. 일제가 부대를 대규모로 증원하며 반격을 준비하자 흩어져 있던 독립군 부대들은 안전한 지역으로 퇴각할 것을 논의하기 시작했다.

한인 부대들은 회합을 통해 미산에 집결하기로 결정했다. 미산은 먹을거리가 풍부한 데다 교통의 요지였다. 러시아 국경과 멀지 않다는 점도 염두에 둔 선택이었다. 미산에 집결한 부대는 홍범도의 독립군군대, 최진동의 총군부군대, 안무의 국민군대, 그리고 김좌진과 서일이 이끄는 군정서군대 등이었다. 한인 부대들은 각 부대들을 독립적으로 유지하는 동시에 대한독립군단이라는 단일한 명칭의 부대로 일시나마 통합하기로 결정했다. 하지만 대한독립군단이 미산에서 겨울을 나는 것은 위험부담이 크다는 의견들이 나왔다. 결국 소비에트가 장악하고 있는 이만으로 이동한 후 스보보드니로 이동하기로 의견을 모았다.

그런데 국경을 넘어 이만에 도착했을 때 예기치 않은 문제가 발생했다. 극동공화국이 무장을 해제한 후 특급열차로 스보보드니로 이동하면 새로운 무기를 제공하겠다고 한 것이다. 연해주에서 철수 협상을 하고 있는 일제를 자극할 수 있다는 이유였다. 대한독립군단 내에서는 의견이 엇갈렸다. 총군부군대, 국민군대, 독립군군대는 논란 끝에 극동공화국의 의견에 동의했지만 김좌진과 서일은 끝내 동의하지 않았다. 김좌진은 군정서군대를 이끌고 간도로 돌아가기로 결단을 내렸지만 부대원 상당수가 스보보드니행에 따라나서면서 군대는 반분되고 말 것이었다.

우여곡절 끝에 스보보드니에 대한독립군단이 도착했지만 마주한 것은 사할린 부대의 강압적인 부대 편성이었다. 우선 박 일리아는 사할린 부대와 다반 부대를 반나절 정도 떨어진 마사노프로 이동시켰다. 그리고 강압적인 태도로 간도 부대에도 마사노프로 이동할 것을 요구했다. 당혹스러운 상황에 놓인 간도 부대들이 결정을 유보하자 박 일리아는 군량을 중단하는 초강수를 들이밀었다. 군수품과 군량을 극동공화국이 지원하는 상황에서 한두 명도 아닌 간도 부대가 군량 중단을 견딜 방법은 없었다. 남은 것은 오하묵이 자리를 비운 자유보병부대였다. 무게추를 기울이는 데 성공한 박 일리아는 자유보병대대를 무력으로 해제시키는 결정을 단행했다. 무장해제된 자유보병대대는 극동공화국의 지방수비대에 넘겨졌다. 포로 아닌 포로였다.

자유보병대대의 오하묵과 최고려는 박 일리아에 의해 생긴 강압적인 교착 상태를 다른 방법으로 풀어야만 한다고 판단했다. 그들이 선택한 것은 이 문제를 코민테른에 직접 전달하고 상황을 반전시키는 것이었다. 러시아 공산당이 백군과의 내전에서 우위를 점하고 그 세력권이 점차 극동까지 미치자 코민테른은 산하에 동양비서부를 설치했다. 국내를 포함한 동양 전반에 대한 지원과 결정을 하는 상설기구였다. 1차적으로 몽골, 중국, 그리고 국내였다.

지리적인 특성 탓에 동양비서부는 모스크바가 아닌 이르쿠츠크에 본부를 두고 있었다. 이르쿠츠크파는 처음부터 음으로 양으로 러시아 공산당의 지원을 받아왔다. 그들이 처음에 조직을 결성했을 당시 고문을 맡아 후원해준 사람은 다름 아닌 보리스 슈미아츠키Boris Z. Shumiatsky였다. 그런데 동양비서부 책임자가 바로 슈미아츠키였다. 코민테른의 직속 기구이고 체계상 극동공화국의 상부 조직이나 마찬가지였다.

오하묵과 최고려는 동양비서부에 사태 해결을 요청했다. 동양비서부는 "한인 부대들 간의 대립으로 혁명 운동이 막대한 지장을 받고 있다"고 선언했다. 따라서 동양비서부 산하에 고려군정의회를 설치해 한인 부대를 재편하기로 결정했다. 극동공화국 한인부의 개입으로 분란이 발생했기 때문에 상급기관인 동양비서부가 문제를 해결한다고 결정함으로써 마치 중립적인 태도를 취한 것처럼 보였지만, 실상은 슈미아츠키가 고려군정의회를 통해 이르쿠츠크파에 반격 기회를 준 것이나 마찬가지였다.

코민테른 자금 집행 문제로 상해파는 계속해서 문제를 일으켰다. 박 일리아는 니콜라옙스크 사건 당시 트리아피친을 옹호하는 입장을 취했다. 소비에트는 트리아피친을 반혁명 혐의로 체포할 것을 지시했지만 박 일리아는 사보타주로 일관했고, 트리아피친의 체포에 가담했던 박병길은 스보보드니에서 비참하게 암살되었다. 증거가 없을 뿐, 박병길의 암살에 박 일리아의 사할린 부대가 개입했을 것이라는 추측은 누구도 부정하지 못했다.

모든 것을 차치하더라도 슈미아츠키는 언제나 이르쿠츠크파의 정치적 후원자였다. 요컨대 상해파의 박 일리아에게 힘을 실어주어야 할 어떤 이유도 없었다. 고려군정의회는 총사령관에 러시아 빨치산의 영웅 갈난다라시윌린을 내세웠다. 그리고 부사령관에 오하묵, 군정위원에 김하석을 임명했다. 김하석은 대한국민의회 군사 책임자였지만 최고려와 행보를 같이해온 인물이었다.

극동공화국 한인부가 스보보드니에 박창은을 사령관으로 파견했을 때, 이들은 '군사명령서'라는 무기를 가지고 있었다. 하지만 이미 지휘권은 상급기관인 동양비서부로 바뀌었고, 고려군정의회는 군사명령서만 휴대하지 않았을 뿐이었다. 기병 600명에, 보병 600명이 스보보드니행에 동행했다. 고려군정의회가 치타에 도착한 것은 1921년 4월이었다. 극동공화국의 한인부를 장악하고 있던 상해파는 이 결정을 원점으로 돌리려 기를 쓰고 있었다. 스보보드니가 박 일리아의 사할린 부대에 의해 완전히 장악되기를 바라면서 시간을 끄는 것이 유일한 방법이었다.

하지만 일종의 사보타주인 이런 행동은 동양비서부를 자극했다. 동양비서부는 강경책을 들고 나왔다. 박애와 계봉우를 비롯한 극동공화국 상해파는 모두 반혁명 혐의로 체포되었다. 전세는 이르쿠츠크파 쪽으로 완전히 역전되었다.

스보보드니에 도착한 고려군정의회는 인근 마사노프에 위치한 박 일리아의 사할린 부대에 출두명령을 내렸다. 박 일리아는 이 통보를 무시했다. 이런 가운데 홍범도가 마사노프를 떠난 데 이어 안무의 부대도 스보보드니로 출두했다. 박 일리아에게 결정타를 먹인 것은 그동안 사령관 역할을 했던 그레고리예프가 스보보드니로 넘어간 것이었다. 그레고리예프는 극동공화국의 결정으로 책임을 맡은 것이기 때문에 상급기관의 결정을 부정할 수 있는 위치가 아니었다. 박 일리아는 고립되었지만 고려군정의회의 명령에 따르지 않았다.

그레고리예프가 투항한 다음 날인 1921년 6월 28일, 갈난다라시월린은 사할린 부대를 무력으로 해산시키기로 결정했다. 스보보드니에는 극동적군 제2군단 제12여단이 주둔하고 있었다. 장갑차 등 중화기까지 동원된 이날의 전투는 일방적으로 끝났다. 아침에 시작된 전투는 제야강을 피로 물들이면서 해 질 녘에 끝났다.

이날의 비극적인 참사에 대한 증언은 엇갈린다. 고려군정의회는 사할린 부대의 사망자가 36명, 행방불명자가 59명, 포로가 864명이라고 동양비서부에 보고했다. 하지만 3개월 후 간도 지역의 한인 부대들은 공동성

명서를 통해 이날 사망자는 272명, 행방불명자는 251명, 포로는 917명이라고 주장했다. 눈길을 끄는 대목은 익사자가 31명이라고 발표한 점이다. 사할린 부대로 재편된 간도 한인 부대원들이 같은 민족끼리 총을 겨누고 죽일 수 없다며 제야강으로 뛰어들었기 때문이다. 무장해산에 나선 고려군정의회에는 자유보병대대가 포함되어 있었다. 이 참극의 원인은 이르쿠츠크파와 상해파가 헤게모니를 장악하기 위해 극한적인 대립을 마다하지 않았기 때문에 벌어진 일이었다.

경성으로, 경성으로

———— 1922년 봄, 일본을 떠난 김찬은 중국의 다롄에 여장을 풀었다. 원래 김찬의 목적지는 연해주였다. 하지만 격동으로 빠져들고 있는 조선 사회주의운동의 새로운 기착지가 어디일지는 누구도 알 수 없었다. 김찬은 일본의 사회주의자 가네코 유키 히토시金子雪齊의 도움으로 헤이룽장성의 성도인 하얼빈의 남쪽에 위치한 닝안寧安으로 다시 움직였다. 일제의 조차지로 전락한 다롄은 안전을 장담하기 어려웠기 때문이다. 극동민족대회에 참가하지 않은 김찬이 닝안에 자리 잡은 이유는 간단했다. 코민테른의 결정이 조선의 사회주의운동과 독립에 결정적인 영향을 미칠 것은 분명하지만 무게추가 어떤 식으로 흔들릴지는 알 수 없었기 때문이다. 그런 상황에서 다음 행선지로 닝안만큼 적절한 곳은 없었다. 블라디보스토크로 갈 것인지, 간도로 갈 것인지, 국내로 돌아갈 것인지……

무엇보다 닝안은 망명한 한인들이 많이 거주하고 있었기 때문에 여러 가지 소문이 넘나들었다. 소문이 모두 사실은 아니지만 다양한 경험을 가진 사회주의자들에게는 '정보'가 될 수 있었다. 극동민족대회가 끝나자 코민테른은 이르쿠츠크파와 상해파가 베르흐네우딘스크에서 통합대회를 개최하고 단일 당을 건설하라고 통보했다. 두 파를 비롯해 국내 대표자들도 10월에 개최되는 통합대회에 참석하기 위해 베르흐네우딘스크로 일제히 움직이기 시작했다.

하지만 김찬은 여전히 움직이지 않았다. 대표권이 없어서였을까? 그렇지는 않았을 것이다. 김찬이라면 언제든지 참관도 가능했을 것이며, 필요하다면 국내 대표자 중 한 명으로 이름을 올리는 것도 불가능하지 않았을 것이다. 그렇다면 김찬은 베르흐네우딘스크 대회마저 원점으로 돌아갈 것이라고 생각하지 않았을까?

사실 이런 상상을 하는 것도 무리는 아니었다. 코민테른이 내린 두 번의 조선문제결정서에도 불구하고 두 파의 대립으로 모든 것이 항상 원점으로 돌아갔기 때문이다. 대회가 당연히 양파의 단합으로 축복 속에 막을 내릴 것이라고 기대한 사람은 국내 대표자들 일부에 불과했다. 극으로 치닫는 고려공산당 상해파와 이르쿠츠크파의 대립은 멈출 기미를 보이지 않았다. 베르흐네우딘스크 통합대회는 서로 함께할 수 없다는 것을 확인하는 자리에 불과했다.

마지막 카드조차 실패하자 코민테른은 최후통첩을 빼들었다. 이르쿠츠크파와 상해파 모두 당을 해산하라는 결정이었다. 후속 조치는 코민테른 동양비서부 산하에 '꼬르뷰로(고려국)', 이른바 고려총국을 설치하고 당 건설의 중심을 국내로 옮기라는 것이었다. 요컨대 해외에서 어떤 명망가들이 중심이 되어 조직을 건설하더라도 코민테른은 그 대표권을 인정하지 않겠다는 것이었다. 코민테른의 최후통첩은 국내에 통일 당을 건설하라는 것이었다.

이를 위해 일종의 사무국인 고려총국이 블라디보스토크에 설치됐다. 김찬이 움직인 것은 바로 그때였다. 김찬이 블라디보스토크에 넘어온 것은 1923년 1월경이었다. 이때 이르쿠츠크파와 상해파의 지도부들도 이곳에 머물면서 이후 상황을 지켜보고 있었다. 하지만 김찬은 블라디보스토크에서 양파 지도부들을 만나 의견을 교환하는 것이 목적이 아니었다. 코민테른 동양비서부와 풀어야 할 숙제가 있었기 때문이다.

시간을 잠시 뒤로 돌리면, 1920년 가을에 김찬은 코민테른 동양비서부에 출두한 적이 있었다. 코민테른은 극동민족대회를 앞두고 다른 국가 사회주의자들의 공식적인 항의를 받아야만 했다. 예정된 대회의 명칭이 '피압박민족대회'였기 때문이다. 코민테른이 대회에 일본 사회주의자들의 참석을 기정사실화하자 '피압박'이라는 대회 명칭이 문제가 되었다. 일본은 피압박 국가가 아니라는 항의였다. 따라서 대회의 명칭이 극동민족대회로 수정되었다. 코민테른은 대회 명칭을 변경하면서까지 일본에서 참석할 사회주의자들을 '누가 보증할 것인가' 하는 문제를 검토할 수밖에 없었다.

일본에 유학 중이던 청년 사회주의자들은 스스로 단결하고 조직을 만드는 것을 당연하게 여겼다. 물론 김찬도 그런 유학생 중 한 명이었다. 하지만 김찬은 그들과 조금 다른 행보를 보이기도 했다. 대표적인 것은 김찬이 한인 유학생뿐만 아니라 일본 사회주의자들과도 광범위하게 접촉했다는 것이다. 그런 김찬에 대해 일본의 사회주의자들은 무한한 신뢰를 보냈다. 김찬이 코민테른에 출두한 이유는 극동민족대회에 참석할 일본의 사회주의자들을 설명하고 보증하기 위해서였다. 이르쿠츠크에 도착한 김찬은 최고려의 소개로 코민테른 동양서기국 책임자인 스미야스키를 면담했다. 스미야스키는 대표단 30명을 선발해 하얼빈으로 보내줄 것을 요청했다. 김찬은 요청을 수락했고, 면담은 성공적으로 마무리됐다. 사고는 그다음에 일어났다.

코민테른은 다른 나라와 마찬가지로 일본 사회주의자들이 극동민족대회에 참가하는 데 사용하라며 경비를 지원했다. 김찬은 자금을 고헤이 모기茂木久平에게 전달했는데, 경찰의 감시를 받던 그가 체포되면서 사건이 일파만파로 커져버렸다. 경찰은 거액의 출처를 캐물었지만 고헤이는 함구로 일관했다. 고헤이는 자금을 극동민족대회 참가자들에게 지원하는 대신 일본 내 사회주의자들의 활동비로 전용할 생각이었다. 그런데 상황이 완전히 틀어졌을 뿐만 아니라 일본 대표단의 대회 참가도 허공으로 날아가버렸다.

동양비서부의 김찬에 대한 신뢰는 완전히 바닥으로 추락해버렸다. 블라디보스토크에 도착한 김찬이 풀어야 할 해묵은 숙제는 바로 추락한 신뢰를 회복하는 것이었다. 하지만 끊어진 신뢰를 한 번에 회복하기란 불가능했다. 동양비서부에 그가 설 자리는 없었다. 김찬은 이르쿠츠크파를 통해 시간을 가지고 관계를 회복하려는 우회로를 선택하지 않고 자신의 능력으로 실력을 증명하는 방식을 택했다. 블라디보스토크를 가장 먼저 떠난 사람은 김찬이었다. 목적지는 당연히 경성이었다.

호드러지게 흩날리는 안산의 벚꽃이 시야에 들어오자 김재봉은 그제야 경성에 도착한 것을 실감할 수 있었다. 김재봉은 꼬박 24개월 만에 경성으로 돌아왔다. 경성을 떠나 모스크바에 도착한 후 극동민족대회에 참석하고 치타에 잠시 머무르다 베르흐네우딘스크를 거쳐 경성으로 돌아온 긴 여정이었다. 경성의 조용한 곳에 자신만의 아지트를 마련한 후 한발 앞서 경성에 잠입한 신철을 찾아 나섰다. 신철은 국내에 먼저 들어와 기반을 구축하고 있던 김찬을 만나 국내 현황을 파악하는 중이었다. 세 사람의 회동은 쉽게 이뤄졌다. 김재봉은 고려총국 국내부를 조직하는 것이 자신의 임무라고 설명했다. 코민테른 동양비서부 고려총국이 파견한 김재봉과 신철의 임무가 공식적으로 확인되는 순간이었다. 신철을 통해 이미 어느 정도 파악하고 있던 김찬은 신속하게 움직일 것을 제안했다. 경성의 세력들이 빠르게 변화하거나 분화되고 있었기 때문이다.

김찬은 자신이 연계를 맺고 있는 무산자동맹회와 조선노동연맹회에 주목하고 있었다. 그동안 전국적인 노동단체로 활동하던 조선노동공제회는 국내 상해파의 장덕수, 서울청년회의 차금봉, 사회주의 그룹의 윤덕병 등이 공존하고 있었다. 개량적인 노선을 지속하던 장덕수를 실각시킨 윤덕병과 차금봉 그룹도 노선 차이로 결별했다. 선제공격에 나선 윤덕병은 인쇄, 전차, 양복 등 핵심적인 직공조합을 비롯해 지역 조직들까지 흡수해 조선노동공제회 해산대회를 개최했다. 해산대회를 기점으로 윤덕병과 강달영 등이 주도하는 조선노동연맹회가 출범했다. 단일한 전국적인 노동단체의 시대는 막을 내리고 사회주의 성향의 '다수파'가 출현한 것이다.

김재봉과 김찬이 조선노동연맹회의 윤덕병과 신백우, 무산자동맹회의 원우관 등을 만나 고려총국 국내부 건설에 참여할 것을 제안한 것은 바로 이때였다. 이 제안은 쉽게 의견일치에 도달했다. 제안이 설득력을 가질 수 있었던 이유는 몇 가지가 있었다. 우선 시기적으로 국내 각 조직들은 사회주의 경향과 민족주의 경향이 대립을 지나 빠르게 분화하고 있었다. 재조직화도 필연적이었지만 단일한 조직을 건설해야 한다는 필요성이 자연스럽게 대두되었다. 그리고 그 갈증을 더 느끼는 쪽은 사회주의자들이었다.

또한 그동안 국외에서 계속된 이르쿠츠크파와 상해파의 대립이 국내까지 전달되어 국내 사회주의자들의 피로도가 극도로 누적되어 있었다. 두 파의 배격 노선을 통해 서울청년회가 조직을 확대할 수 있었던 것도 그런 이유가 작용한 측면이 컸다. 백지 위에 새롭게 당의 맹아를 '함께' 건설하자는 제안은 빠르게 힘을 얻었다. 결정적인 것은 코민테른이 고려총국 국내부를 직접 지원한다는 것이었다. 코민테른 동양비서부가 김재봉에게 부여한 대표권의 힘이 강력하게 작용했다.

또 하나의 희소식은 북성회가 참여 의사를 밝힌 것이었다. 정태신을 베르흐네우딘스크에 대표로 파견했던 재일본한인공산주의자단체라는 조직은 지난해 겨울, 이름을 북성회라고 변경했다. 하지만 국내 사회주의 경향의 다수파인 서울청년회는 이 제안에 끝내 동의하지 않았다. 김재봉이 조선노동대회의 대표 중 한 명으로 베르흐네우딘스크 대회에 참석한 것을 문제 삼았다. 김재봉이 주도적으로 건설한 적은 없지만 어쨌든 조선노동대회 대표 중 한 명으로 대회에 참석한 것은 사실이었기 때문이다. 당시 서울청년회는 국내 조직들이 베르흐네우딘스크 대회에 참가하는 것을 격렬히 반대하고 있었다. 그때의 일이 발목을 잡고 있는 셈이었다.

게다가 조선노동공제회의 해산을 둘러싸고 윤덕병 그룹과 서울청년회의 차금봉이 대립한 것도 악재로 작용할 수밖에 없었다. 하지만 서울청년회가 동의하지 않았던 이유는 전혀 다른 데 있었다. 서울파는 베르흐네우딘스크 대회가 진행되던 비슷한 시기에 '서울 콤그룹'이라는 전위 조직을 건설했다. 독자적으로 국내에서 당을 건설하겠다는 계획을 가지고 있었던 것이다.

해가 바뀌자 서울파는 전조선청년당대회를 개최한다는 사실을 대대적으로 선전하고 나섰다. 서울청년회의 이영을 비롯해 천도교 유신회, 불교청년회, 대종교 중앙청년회 등에서 대표자들이 준비위원으로 선임되었다. 전위 조직 외곽에 전국적인 청년 조직을 새롭게 건설하려는 기획은 적절한 선택이었다. 청년당대회라는 명칭도 이전에 없던 독특한 아이디어였다. 일본 경찰의 시선이 온통 청년당대회의 움직임에 몰려 있을 때, 서울파 김사국의 주도로 비밀리에 13도 대표를 선임하고 고려공산동맹이라는 전위당을 결성했다. 서울파의 지도자인 김사국과 이영의 역할 분담은 완벽한 호흡을 자랑했다.

그런데 이 기획은 2년 후 또 다른 기획과 상당히 닮아 있다. 바로 조선공산당 창당이다. 김재봉과 김찬은 전국적인 민중대회와 기자대회를 개최하면서 일본 경찰의 시선이 거기에 집중된 틈을 이용해 아서원에서 조선공산당을 창당하는 데 성공했다. 거슬러 올라가보면, 아서원의 조선공산당 창당 기획 저작권자는 김사국과 이영이었다. 정치적 감각이 뛰어난 김사국은 한성임시정부를 설립할 때도 그랬지만 고려공산동맹을 창당한 것역시 언제나 한발 앞서나갔다.

그런데 고려공산동맹을 전위당이라고 그 성격을 분명히 한 것은 사실이지만 당의 이름을 '동맹'이라고 한 것은 이해하기 어려운 대목이었다. 고려공산동맹은 코민테른의 승인을 받기 위해 김사국을 전권대표로 블라디보스토크에 파견했다. 김재봉이 고려총국 국내부를 함께 건설하자고 서울파를 설득하고 있을 때, 고려공산동맹의 전권대표인 김사국은 블라디보스토크로 향하고 있었던 것이다. 이런 상황에서 서울파는 국내부 건설에 어떤 답변도 주지 않았다.

이런 사실을 전혀 모르고 있던 김재봉과 김찬은 서울파를 제외하고 국내부를 건설하기 위해 곧바로 움직였다. 이르쿠츠크파, 북성회, 중립당, 고려공산당 국내 상해파를 중심으로 김찬의 집에서 고려총국 국내부가 건설됐다. 김재봉, 김찬, 신철을 포함해 북성회의 김약수, 중립당의 원우관, 윤덕병, 신백우, 그리고 국내 상해파의 이봉수가 참여했다. 국내부 책임비서는 김재봉으로 결정됐다. 윤덕병과 신백우는 조선노동연맹회를, 원우관은 무산자동맹회를 주도하는 인물이기도 했다.

그런데 이봉수가 포함된 것은 의외였다. 이봉수는 소위 '사기공산당' 사건과 관련된 인물이었기 때문이다. 상해파의 이동휘는 코민테른이 지원한 자금 일부를 국내 상해파에만 비밀리에 전달했는데, 김사국이 그 사실을 폭로하면서 조선청년연합회 가입 단체들은 격분했다. 서울청년회는 사기공산당이라고 지칭하면서 조선청년연합회에서 장덕수와 이봉수 등의 제명을 요구했지만 수적 열세로 성공하지 못했다. 그러자 서울청년회는 다른 단체들과 함께 집단적으로 탈퇴하면서 전국적인 청년 조직들을 좌우파로 정립하는 계기를 만들었다. 그런데 특이하게도 이봉수는 민족주의와 뒤섞인 사회주의 우파와 결별하고 좌파로 자신의 행보를 옮기는 중이었다. 그렇다고 하더라도 출발선상에 선 국내부가 이봉수를 받아들이기엔 상당히 부담스러웠다. 하지만 이런 과감한 선택을 할 수 있는 사람은 한 사람뿐이었다. 그것은 김재봉이 아니라 김찬이었다.

또 하나는 정재달의 행보였다. 코민테른 동양비서부 고려총국은 국내에 조직을 건설한다는 목표를 가지고 출범했다. 그 과정에서 이르쿠츠크파와 상해파 모두 해산을 명령하는 극약처방도 마다하지 않았다. 하지만 실체적 존재를 코민테른도 부정할 수는 없었다. 고려총국은 이르쿠츠크 파의 한명세, 상해파의 이동휘, 중립파의 정재달을 위원으로 선임했다. 고려총국 책임자는 보이틴스키였다. 상해파 입장에서 볼 때 고려총국은 시작할 때부터 이르쿠츠크파 쪽으로 기울어진 것이나 마찬가지였다. 그런데 고려총국은 국내 조직을 건설할 전권위원으로 정재달을 파견하기로 결정했다. 두 파의 대립을 막기 위해 총괄책임자로 중립파를 보내는 것이 유리하다고 판단한 것이다. 하지만 역사에서 보듯이 중립파는 양쪽 모두에게 배척당하는 경우가 더 흔하다.

정재달은 도쿄를 거쳐 경성으로 들어왔지만, 이미 고려공산동맹을 결성해 움직이고 있던 서울파는 전권위원이라는 직책에 대해 냉소적인 반응을 보였다. 뜻밖에도 국내부에 참여 의사를 밝힌 김약수조차 정재달의 의견들에 별다른 반응을 보이지 않았다. 일본에서 흑도회 결성 때 함께 참여하는 등 동지관계를 유지했던 것에 비춰볼 때 김약수의 이런 태도는 정재달에 대한 신뢰가 예전과 다르다는 것을 의미했다.

정재달에 대한 그런 태도는 김찬도 예외가 아니었다. 하지만 정재달은 블라디보스토크에 보고서를 보내면서 자신을 고려총국 국내부 대표라고 서명했다. 물론 국내부가 김재봉 외에 별도의 대표를 선임했다는 근거는 존재하지 않는다. 정재달은 모두의 외면 속에서 자신의 대표권을 유지하기 위해 외롭게 고군분투하고 있었다.

국내부라는 전위 조직이 공개적으로 활동하기 위해서는 별도의 대중적인 외곽 조직이 필요했다. 1923년 여름, 일본 경찰의 눈을 피해 다양한 모임이 계속됐다. 신사상연구회라는 단체가 탄생한 것은 그해 7월이었다. 김찬, 윤덕병, 이준태 등이 앞장섰고, 글 솜씨가 뛰어난 홍명희를 끌어들였다. 표면적으로는 홍수처럼 넘쳐나는 신사상을 연구한다는 것이었지만, 실제로는 대중적인 강연 등을 통해 국내부의 잠재적인 조직을 확대하는 것이었다. 하지만 김재봉은 전면에 나서지 않고 잠행했다. 김찬과 역할 분담을 한 것이다. 신사상연구회는 조금씩 덩치를 불리며 조직을 확대해나갔지만 국내부는 여전히 자리를 잡지 못했다. 전위 조직이라는 특수성도 작용했지만 북성회가 독자적인 강연을 계속하며 활동하는 것도 국내부의 구심력을 강화시키지 못하는 또 다른 이유였다. 국내부 책임비서 김재봉과 전권위원 정재달의 신호가 서로 다른 것도 계속 혼선을 야기하고 있었다.

얼마 후 사건은 엉뚱한 곳에서 터졌다. 서울파의 차금봉이 정재달에게 테러를 가한 것이다. 정재달이 조선노동공제회를 마치 자신이 주도적으로 만든 것처럼 헛소문을 퍼트리고 다닌다는 이유였다. 차금봉은 정재달이 첩자임에 분명하다고 주장하면서 테러를 실행했다. 그러잖아도 좁았던 정재달의 입지는 설 곳조차 없는 상황으로 치달았다. 경성으로 들어온 지 불과 몇 개월 만에 정재달은 블라디보스토크로 돌아가야만 했다.

정재달이 경성을 떠난 것과 비슷한 시기에 조봉암이 경성으로 돌아왔다. 동방노력자대학에 입학해 첫 학기를 보내던 조봉암은 모스크바의 칼바람을 이겨내지 못하고 폐결핵에 걸리고 말았다. 이때 폐결핵은 사망률이 대단히 높은 병이었다. 조봉암은 죽어도 고국에서 죽겠다며 아픈 몸을 이끌고 경성으로 돌아왔다. 수소문해서 찾아간 신사상연구회에서 조봉암은 두 팔을 벌리고 맞아주는 김찬과 살아서 다시 해후할 수 있었다.

국내부의 분열, 화요회의 탄생

———————— 이번 사건은 매우 유감으로 생각합니다. 그들은 (사회)주의자들이라 경찰의 처지로는 상당히 경계도 하였으나 다시 한편으로는 그들의 인격을 깊이 신뢰하였습니다. 그러나 이번 사실을 보니 무식한 노동자들도 지팡이를 들고 남의 방에 함부로 침입하여 그와 같은 폭행을 한 것은 유감 중에도 유감이외다. 나 개인으로는 어쨌든 그들의 사정에 깊이 동정하나 사법 당국자의 처지상 이번 사건은 도저히 용서할 수가 없습니다.

1923년 8월 26일 〈동아일보〉에 실린 종로경찰서장 모리森의 인터뷰 내용이다. 대체 무슨 일이 있었던 걸까? 북성회가 경성으로 무대를 옮기면서 서울청년회는 날선 반응을 보였다. 사회주의에 대한 책과 이론들은 경성보다 도쿄에 훨씬 더 많았다. 최신 이론으로 무장한 북성회가 경성을 무대로 본격적인 활동을 벌이자 서울청년회가 위기감을 느낀 것은 어쩌면 당연했다. 이를테면 두 조직의 이미지가 겹치지만 상품성은 북성회가 나을 수밖에 없었다. 그해 여름 북성회가 주도한 강연회들은 흥행뿐만 아니라 신선함을 주면서 전국적으로 돌풍을 일으켰다.

북성회가 내세운 연사부터 이목을 끌기에 충분했다. 뜻밖에도 연사는 후세 다츠지布施辰治라는 일본인 변호사였다. 후세 다츠지는 일본 한인 유학생들이 주축이 된 2·8독립선언 당시 구속자들을 변호하면서 독립의 정당성을 옹호한 것으로 유명해졌다. 김해청년회 초청으로 열린 강연회에서는 조선공산당 재건과 관련해 중요한 역할을 하게 되는 안광천 같은 인물이 북성회에 참여하는 계기가 되기도 했다.

요컨대 강연회는 독립의 필요성을 우회적으로 선전하는 장이기도 했지만 청년들에게 사회주의라는 영감을 주려는 목적도 있었다. 단순히 말하면 전국적으로 자파 세력의 기반을 넓히는 것이었다. 그러니 북성회라는 강력한 라이벌의 등장을 서울파가 달가워할 리 없었다. 그런데 조선노동공제회의 총간사를 맡았던 박이규가 전국적인 강연을 마친 북성회를 위해 연회 자리를 마련하면서 우려는 현실로 드러났다. 서울파의 지도자인 김사국과 이영을 제외하고 지도부 그룹에 속하는 인물들은 김영만, 최창익, 장채극 정도였다. 장채극은 김사국이 한성임시정부 건설을 위한 국민대회를 추진할 때 학생대표로 활약했었다. 김영만은 한마디로 서울파의 야전사령관이라고 할 수 있었다. 그런 김영만이 서울파를 대동하고 낙양관 연회장에 나타났다. 김영만은 박이규가 코민테른 자금을 사사로이 쓴 가짜 공산주의자라고 목소리를 높이면서 연회장에 들이닥쳤다. 김영만의 벚나무 몽둥이가 허공을 가르자 비명 소리와 함께 연회장은 아수라장으로 변했다. 예기치 못한 테러에 북성회는 속수무책으로 당할 수밖에 없었다. 이날 사건으로 신백우가 중상을 입었고 김약수 등 북성회 회원 여러 명이 다치는 충격적인 일이 벌어졌다. 사건은 여기에서 끝나지 않았다.

이튿날 김약수는 장안여관에 숙소를 마련하고 있던 서울파의 최창익을 찾아 나섰다. 서울파의 김사국은 코민테른에 고려공산동맹의 승인을 받기 위해 국내를 떠나고, 김영만은 일본 경찰에 의해 종로경찰서에 연행된 상태였다. 김약수는 이 사건을 주도한 서울파 지도부에 최소한 정치적 책임을 물어야만 했다. 김약수와 동행한 배덕수는 오히려 당당한 최창익의 태도에 분개했다. 배덕수는 김해청년회를 조직해 3·1운동을 주도하고, 강연을 통해 북성회에 가담한 인물이었다. 사건은 최창익에 대한 보복 테러로 이어졌다. 이른바 낙양관 사건과 장안여관 사건이었다. 서울파의 김영만은 징역 1년, 북성회의 김약수와 배덕수 등은 징역 5개월을 선고받았다.

사회주의자들과 대립관계에 있던 민족주의 신문 〈동아일보〉는 '질탕跌宕한 기악妓樂 중에 혈우血雨가 쏟아져'라는 선정적인 제목의 기사를 사회면 헤드라인으로 뽑았다. 1923년 가을부터 이듬해 초까지 중요한 시기에 두 파의 지도자들이 저잣거리의 입방아에 오르내리면서 함께 감옥에 갇히는 희극적인 결말이었다. 어쩌면 종로경찰서장 모리의 인터뷰는 단호함이 아니라 비아냥에 가까웠다.

미묘한 시기에 김약수의 빈자리는 국내부의 구심력을 더욱 약화시키는 계기로 작용했다. 북성회는 독자적으로 국내에 기반을 마련하기 위한 움직임을 계속했고, 고려총국 국내부는 신사상연구회를 통해 외연을 강화하기 시작했다. 그나마 한 지붕 두 가족은 이름뿐인 상태로 전락했다. 해가 바뀌자 신철은 국내부에서 이탈하겠다고 선언했다. 그것은 곧 북성회에 가담한다는 의미였다. 서울파를 제외한 각 세력을 중심으로 국내부를 구축하려는 시도는 일단 수포로 돌아갔다. 사실상 이르쿠츠크파와 중립당 중심의 조직으로 외형은 축소되었다.

1920년대는 주로 일상생활에 필요한 생필품들을 생산하는 2차 산업이 급격히 커져갔다. 이를테면 고무신 공장이나 양말 공장 같은 것이 대표적이었다. 특히 질 좋은 조선의 쌀을 수탈하기 위해 증기기관을 이용한 대규모 정미소가 생기기 시작했다. 이에 따라 일본인 지주들이 속속 생겨났고 소작조건도 심각할 정도로 악화되었다. 단순작업 위주의 공장들이 늘어난다는 것은 여성 노동자들의 숫자도 늘어난다는 것을 의미했다. 게다가 식민지라는 특수성까지 감안한다면 저임금·장시간 노동에 성차별과 성추행은 덤이었다. 1923년 7월 3일 경성 고무 공장 여성 노동자들의 연대 파업이 그 단적인 예였다.

일본인들이 운영하는 경성의 주요 고무 공장은 담합을 통해 일방적으로 임금을 삭감한다는 통보를 내렸다. 일자리를 원하는 여성들은 얼마든지 있었기 때문에 손쉽게 이익을 올리는 방법을 선택한 것이다. 하지만 상황은 일본인들의 생각처럼 돌아가지 않았다. 해동海東을 비롯한 네 개 회사의 여성 노동자들이 연대 총파업에 나섰기 때문이다. 여성 노동자들은 자신들의 결사체를 아사동맹餓死同盟이라고 명명했다. 공장 입구를 점거하고는 굶어죽겠다고 선언한 것이다. 회사를 대신해 경찰들은 도로취체법과 치안경찰법을 들이밀며 강제해산을 시도했다. 오늘날로 말하자면 도로교통법과 집시법 위반을 들고 나온 것이었다.

고려총국 국내부의 핵심들이 주도하는 조선노동연맹회가 개입하면서 싸움은 확전되기 시작했다. 조선은 식민지이기 때문에 일본의 법률을 적용받을 수밖에 없었다. 그것은 역으로 노동조합을 결성할 권리가 보장되어 있다는 뜻이기도 했다. 여성 노동자들은 '경성고무 여직공조합'을 결성하고 조선노동연맹회에 가입 신청서를 제출했다. 조선노동연맹회는 여론작업과 기금 마련을 주도했고, 여성 노동자들은 점거투쟁을 하는 동시에 노동조합의 권리를 들이밀었다. 법률에 따라 일종의 단체협상을 요구한 것이다. 절묘한 반격이었다. 파업은 열흘 만에 여성 노동자들의 승리로 막을 내렸다. 같은 해 여름, 평양 양말 공장 여성 노동자 1000여 명이 파업에 나섰고, 인천의 가토정미소에서도 500여 명이 임금 삭감에 반대해 파업하는 등 노동자들의 저항이 전국적으로 분출되고 있었다.

윤덕병과 안동 출신 김남수는 〈경성고무 여공女工 동맹파업의 전말顚

未)이라는 보고서를 제작해 전국에 배포하는 등 발 빠르게 움직였다. 파업의 실상을 알리는 것이 주목적이었지만 이면에는 조선노동연맹회의 역할을 환기시키는 의도도 숨어 있었다. 이 무렵 조선노동연맹회가 새로운 전국 조직을 만들겠다고 선언하고 나섰다. 그런데 조직의 명칭이 조선노농총연맹이었다. 노동자뿐만 아니라 농민들도 포괄하는 전국 조직을 건설하겠다는 것이었다.

국내부에 깊숙이 참여하고 있는 조선노동연맹회의 윤덕병과 강달영의 움직임에 대해 서울파는 즉각적으로 맞불을 놓으며 대응했다. 조선노동공제회 출신 서울파 차금봉을 중심으로 조선노농대회 준비위원회 결성을 선언한 것이다. 고려총국 국내부는 당 건설과 이를 위한 대중 조직의 확대를 놓고 서울파와 계속되는 대립 상태를 피할 수 없었다. 일단 조선노동연맹회가 주도하는 조선노농총동맹이 우위를 점하고 있었다.

그해 봄 비밀리에 결성한 서울파의 고려공산동맹은 코민테른의 승인을 받기 위해 김사국을 러시아로 파견했다. 낙양관 사건으로 북성회의 지도자인 김약수도 감옥에 있는 상황이었다. 김재봉은 잠행을 계속하면서 고려총국 국내부의 야체이카(세포 조직)를 구축하는 데 전념하고 있었고, 김찬은 신사상연구회를 통해 대중의 기반을 넓히는 데 주력했다. 신사상연구회가 주도하는 강연회의 단골 연사는 조봉암이었다. 거기에 윤덕병이 노동과 농민을 통합하는 조직을 전면에 내세웠다. 3박자가 잘 물려 돌아갔고 조선노농총동맹이 주도권을 잡는 것은 시간문제처럼 보였다.

두 개의 중앙 조직이 대립하면 지방 조직은 난감할 수밖에 없었다. 지방의 작은 조직들은 오랫동안 학연과 지연으로 관계가 얽혀 있고, 시골의 경우 혈연으로 연결된 경우도 적지 않다. 중앙의 어느 노선이 옳은가는 중요하지 않다. 지방 조직이 분열되는 것은 모두가 동의하지 않았다. 지방 조직의 반발은 예상을 넘어 거세게 몰아쳤다. 중앙의 조직을 단일한 조직으로 통합하라는 압박이 경성을 포위하기 시작했다. 지방 조직들은 '적은 일제다'라는 간명한 슬로건으로 중앙의 조직을 압박했다.

1923년 가을부터 겨울까지 이런 흐름들은 조직적으로 움직였다. 이듬해 대구와 안동을 중심으로 광주까지 거의 대부분의 지방 조직들이 가입한 남조선노농동맹(남선노농동맹)이 결성되었다. 서정희, 최원택, 정운해 등이 중심이 된 남선노농동맹은 국내부의 조선노동총동맹과 서울파의 조선노농대회 준비위원회에 통합을 주문했다. 남선노농동맹은 3대 강령 중 하나로 "노농운동의 전력戰力을 집중하기 위해 전국적 총단결"을 명시할 정도였다. 충청권 이하 영호남의 거의 대부분 노농단체가 가담하자 강령은 단순히 하나의 선언을 넘어서는 의미를 가지게 되었다.

국내부와 서울파 모두 예기치 않은 전개였다. 이럴 경우 선택은 두 가지 중 하나다. 정면 돌파냐 타협이냐. 국내부의 노동총책이나 마찬가지인 윤덕병은 언제나 정면 돌파를 선택해왔다. 하지만 김재봉은 국내부의 야체이카를 비밀리에 전국적으로 확대하는 것이 최우선이었고, 김찬은 언제나 전략가였다. 성급한 이보 전진보다는 우회로를 만들고 그것을 통해 일보 전진하는 것에 탁월한 인물이었다.

서울파에도 치명적인 약점이 있었다. 지도자인 김사국이 국내에 없었기 때문이다. 서울파는 자신들을 중심으로 비밀리에 고려공산동맹을 건설하고 코민테른에 단일 정당으로 승인받기 위해 김사국을 파견한 상태였다. 하지만 김사국이 코민테른 동양비서부에 도착했을 때 고려총국은 모든 것을 국내부 중심으로 움직여야 한다는 확고한 방침만 전달했다. 추운 블라디보스토크에서 김사국은 길을 잃었다. 먼 모스크바의 코민테른 본부에 그가 가진 안테나는 존재하지 않았다. 게다가 블라디보스토크의 고려총국은 내분에 휩싸여 있었다.

국내부와 서울파는 '타협'을 선택했다. 이르쿠츠크파가 주도하는 국내부와, 서울파가 건설한 고려공산동맹은 여전히 '두 개의 당' 상태로 존재했다. 하지만 노농 조직은 조선노농총동맹이라는 이름으로 통합하는 데 성공했다. 조직의 주요 방향을 결정할 중앙집행위원은 50명으로 국내부와 서울파, 그리고 독자 조직들이 균형을 이루면서 구성됐다. 그리고 중앙에 상근하면서 필요할 때 주요 결정을 하는 상무집행위원도 10명으로 확정했다. 역시 적절한 타협으로 상무집행위원들이 인선되었다. 풍산소작인회를 이끌던 권오설도 상무집행위원 중 한 명으로 선출되어 안동에서 경성으로 올라왔다. 풍산소작인회 싸움에서 한 획을 그었던 권오설에 대해 사람들이 주목하기 시작한 것도 이 무렵이었다.

국내에서는 고려총국 국내부와 서울파의 지속적인 대립으로 당 건설을 위한 발걸음은 순조롭지 못했다. 하지만 대중 조직은 조선노농총동맹으로 통일되면서 새로운 전환점을 마련하는 계기가 되었다. 국내부는 전국적인 대중 조직의 공간을 활용해 당의 야체이카를 구축하기 위해 공세적으로 움직였다. 김재봉과 김찬이 아래로부터의 요구를 수용해 '타협'을 추진한 또 다른 이유도 거기에 있었다.

그런데 악전고투하며 전진하고 있는 국내부와 달리 블라디보스토크의 고려총국은 스스로 와해되고 있었다. 고려총국이 설치됨에 따라 이르쿠츠크파와 상해파의 대립은 일단 수면 아래로 가라앉았다. 그런데 보이틴스키가 난데없이 아군 진영에 화살을 쏜 것이다. 1923년 여름, 보이틴스키는 '윤자영 그룹'이 적대적인 행위를 계속하면서 혁명운동을 방해하고 있다고 공개적으로 비난하고 나섰다. 윤자영 그룹이란 곧 상해파를 가리키는 것이었고, 그것은 이동휘를 겨냥한 것이나 마찬가지였다. 그동안 보이틴스키는 지속적으로 이르쿠츠크파를 옹호하고 있었다. 심지어 국내에서 들어오는 보고들을 이르쿠츠크파와만 공유하고 있다는 것도 공공연한 비밀이었다. 요컨대 고려총국에서 진행되는 회의는 형식적이라는 의심을 상해파는 거두지 않고 있었다. 그런 상황에서 보이틴스키가 "상해파가 분열 행동을 계속하고 있다"고 비난하자 격분할 수밖에 없었다.

가을에 접어들면서 독자적으로 국내부를 지도하다 실패한 정재달이 블라디보스토크로 돌아왔다. 국내에 잠입해 있는 동안 정재달은 자신이 고려총국 국내부 전권위원이라는 직책에도 불구하고 모든 세력이 냉랭한 태도를 보이자 당혹해할 수밖에 없었다. 한때 일본에서 함께 활동했던 북성회의 지도자인 김약수도 정재달에 대해 덤덤한 반응을 보였다. 게다가 김재봉과 김찬 또한 자신과 거리를 두는 것에 충격을 받았다. 블라디보스토크로 돌아온 정재달은 보이틴스키가 이르쿠츠크파를 옹호하는 것이 국내에도 영향을 미친다고 확신했다. 일관되게 중도파 입장을 가지고 있던 정재달도 반이르쿠츠크파로 선회하기 시작했다. 보이틴스키를 중심으로 하는 코민테른 동양비서부가 이르쿠츠크파를 옹호하면서도 상해파를 완전히 배제하지 못한 이유는 오로지 이동휘라는 거목의 영향력 때문이었다. 무늬뿐인 고려총국의 파국을 선택한 것은 이동휘였다.

새해를 하루 앞두고 이동휘, 정재달, 이성은 공동 명의로 고려총국 탈퇴를 선언했다. 이동휘는 "고려총국이 정치적 매음자와 간통"하는 데 열중하면서 지도할 자격을 상실했다고 맹비난했다. 파국이었다. 그러잖아도 아슬아슬하게 외줄을 타고 있던 고려총국 국내부는 그 위치마저 불분명해졌다. 상부 기관이 사실상 와해된 것이나 마찬가지였기 때문이다. 단적인 예로 고려총국 국내부는 이제 '국내부파'로 호명되기 시작했다. 그해 겨울 국내부는 힘겨운 시기를 넘기고 있었지만 핵심 멤버들은 조용히 계속 움직이고 있었다.

해가 바뀌고 평양교도소에서 트로이카가 감옥 문을 열고 나왔다. 고려공산청년회 중앙을 국내로 이전하려다 체포된 박헌영, 김단야, 임원근이 1년 6개월의 형기를 마치고 출옥한 것이다. 트로이카가 경성에 입성하자 김재봉과 김찬은 곧바로 국내부의 또 다른 외곽 조직인 청년 조직 결성에 착수했다. 1924년 2월에 결성된 신흥청년동맹은 김찬과 박일병을 전면에 내세웠지만 트로이카와 조봉암 등이 사실상 실무를 주도했다. 실제로 몇 개월 후 김찬과 박일병은 상임위원직에서 물러나고 빈자리를 다른 인물들이 채웠다. 김찬의 임무는 조직을 '기획'하고 그 조직이 자리를 잡으면 본래의 임무로 돌아가는 것이었다. 김찬은 국내부 중앙의 기획자로, 박일병은 윤덕병과 이준태가 고군분투하고 있는 노동 부문으로 돌아갔다.

김재봉의 임무는 이런 조직들이 이르쿠츠크파만의 '단일한 경향'으로 구성되었다는 시선을 피하는 것이었다. 통일된 조직을 건설해야 할 임무를 맡은 국내부 책임자로서는 당연한 행동이었다. 북성회의 국내선발대나 마찬가지였던 토요회의 민태흥 등을 신흥청년동맹에 참여시킨 것도 그런 의도였다. 신흥청년동맹은 김찬, 박헌영, 조봉암을 앞세워 전국적인 강연회를 개최했다. 강연회는 일부 도시에서 일경에 의해 갑자기 불허될 정도로 청중을 불러 모았다. 그리고 여름이 다가오자 국내부는 조직 재편에 대한 논의를 시작했다. 그 이유는 국내 활동에 따른 필요성도 있었지만 블라디보스토크에 있는 코민테른 동양비서부가 또다시 '갈 지' 자 행보를 하며 국내부의 전진을 가로막고 있었기 때문이다.

13인회와 어긋나는 명령들

━━━━━━━ 13인회. 통일적 조선공산당을 건설하기 위한 최초 회합의 다른 이름이었다. 단순히 13인이 아니라, 각 정파를 대표하는 인물들이 모인 회합이었다. 김재봉 그룹(국내부), 고려공산동맹(서울파), 북성회파 전위 조직(까엔당), 신생활파 등이 참여한 회합이었다. 불과 1년 전에는 고려총국의 전권을 가진 국내부가 당 건설을 주도했다면, 13인회는 각 정파가 대등한 위치에서 당 중앙을 건설하기 위한 모임이었다.

1923년 봄에 건설된 고려총국 국내부는 이르쿠츠크파인 김재봉과 김찬이 주도하고 북성회파의 김약수가 참여한 조직이었다. 서울파는 국내부 참여를 거부한 채 독자적으로 고려공산동맹을 건설하고 이 조직을 국내 유일당으로 코민테른의 승인을 받으려 했다. 블라디보스토크에 있는 고려총국은 대표자로 파견된 김사국의 이런 시도를 당연히 거부했다. 그런 상황에서 국내에서는 곳곳에서 국내부와 서울파가 대립하는 양상이 반복됐다. 1923년 겨울까지 대립은 계속됐고, 북성회파가 이탈하면서 국내부는 완전히 고립됐다. 국내부의 마지막 목을 쥔 것은 다름 아닌 고려총국이었다. 이동휘와 정재달이 고려총국을 탈퇴하면서 블라디보스토크의 중앙은 마비되었다. 고려총국이 와해되면서 국내부는 조직의 중앙이 없는 미아가 되어버렸다.

그해 겨울, 국내부는 '국내부파'로 전락하기 직전이었다. 김재봉과 김찬, 노동을 총괄하던 윤덕병, 그리고 청년 조직을 구축하기 위해 분투하던 조봉암에게는 적신호였다. 고려총국의 전권을 가지고 국내로 들어왔지만 김재봉은 소수파였다. 김찬과 함께 국내부를 건설하면서 짧은 기간 주도권을 장악했지만 다시 소수파로 전락했다. 그런데 묘하게도 자생적으로 국내에서 성장한 그룹들이 이들에게로 모여들었다. 안동의 권오설, 진주의 강달영 같은 인물들이었다. 이들은 바닥에서 조직을 구축하고 스스로 중앙으로 진출했다는 공통점을 가지고 있었다. 요컨대 조직을 만들고 확장시키는 데 누구보다 뛰어난 인물들이었다.

다음 해 박헌영, 김단야, 임원근이 형기를 마치고 나오면서 위기를 맞고 있는 김재봉의 국내부는 다시 전진하기 위한 진지전을 할 수 있는 진용을 갖췄다. 특히 윤덕병이 이끌고 있는 조선노동연맹회를 중심으로 노동 조직과 대중 조직들이 서울파와 어깨를 겨룰 정도로 기반이 넓어진 것은 여전히 큰 자산이었다. 하지만 주도권 장악을 위해 먼저 움직인 것은 서울파였다. 그동안 서울파는 자신들을 중심으로 독자적인 당을 건설하는 데 주력해왔다. 하지만 코민테른의 '통일조선공산당'이라는 방침은 요지부동이었다. 서울파가 독자적으로 건설한 고려공산동맹은 승인이 좌절될 수밖에 없었다. 게다가 전국적인 노동 조직 건설을 둘러싸고 서울파, 국내부, 북성회파의 힘겨루기가 계속됐다. 각 그룹들과 단일한 테이블을 꾸리는 것은 불가피했다. 블라디보스토크의 고려총국이 와해된 것도 서울파로서는 절호의 기회였다.

13인회가 본격적으로 회합을 가진 것은 1924년 4월부터였다. 하지만 그동안 첨예하게 대립했던 각 그룹이 하나의 테이블에 모이려면 시간이 필요했다. 13인회가 탄생하기 위한 논의는 4월 이전부터 계속되었던 것이다. 13인이 누구인지, 그들의 정치적 입장을 살펴볼 필요가 있다. 우선 각 그룹별로 두 명씩 대표자를 파견했다. 고려총국 국내부를 대표해 파견된 사람은 김재봉과 신백우였다. 사안이 사안이니만큼 김재봉이 전면에 나선 것이다. 언제나처럼 김찬은 2선으로 한발 빠져 있었다. 서울파의 대표는 김사국과 이영이었다. 마찬가지로 북성회는 김약수와 김종범을 내보냈다. 마지막 그룹은 잡지인 〈신생활〉에 관여하고 있던 유진희와 이혁로였다. 소위 신생활파로 지칭되는 이들이 대표권을 가지고 참여한 데는 다소 복잡한 이유가 있었다.

2년 전, 민족주의자인 김윤식의 장례식을 둘러싸고 사회주의들과 민족주의자들 사이에 격렬한 대립이 있었다. 〈동아일보〉를 중심으로 하는 민족주의자들은 사회장을 주장했지만 사회주의자들은 반대 입장을 고수했다. 김윤식이 김홍집의 친일 내각에서 외무대신을 지냈으며 동학농민봉기를 탄압한 사실 때문이었다. 당시 거의 유일한 전국적 대중 조직인 조선청년연합회는 좌우 합작으로 조직된 단체였다. 연합회에 참여하고 있던 서울청년회 역시 마찬가지였다. 장덕수를 중심으로 하는 민족주의자들과 김사국을 중심으로 하는 사회주의자들이 '조국의 독립'이라는 하나의 우산 아래 모여 있었다.

이때를 기점으로 김사국은 장덕수 등의 민족주의자들을 완전히 제거하고 서울청년회를 사회주의 조직으로 탈바꿈시켰다. 그런데 이동휘의 고려공산당 상해파는 국내에 자신들의 조직을 구축하기 위해 장덕수 등과 손잡고 있었다. 요컨대 김사국에 의해 제거된 인물들은 상해파 국내 조직원들인 셈이었다. 대개 자신이 속한 조직이 공격을 받으면 구성원들은 구심력을 가지고 단결하는 것이 일반적인 속성이다. 하지만 일단의 무리들이 장덕수 등과 결별하면서 김명식을 중심으로 사회주의자의 길을 걷기 시작했다. 이들은 〈신생활〉이라는 잡지를 중심으로 활동한 탓에 신생활파라고 불렀다. 정치적으로 보면 이들은 고려공산당 국내 상해파 좌파라 할수 있었다. 국내 상해파 우파는 당연히 장덕수였다.

네 개 그룹에 두 명씩 총 여덟 명에 개인 자격으로 다섯 명이 추가로 포함됐다. 그 다섯 명 중에 이봉수가 포함됐다. 이봉수는 원래 고려공산당 상해파(우파)의 인물이다. 이봉수와 장덕수는 이동휘가 보낸 코민테른 자금을 상해파 국내 조직원들 사이에서만 비밀리에 사용했다. 이런 사실을 알게 된 김사국은 이들을 '사기공산당'이라고 명명하며 서울청년회에서 제명시켜버렸다. 그런 이봉수가 개인 자격이라고는 하지만 13인회에 참석한 것은 확실히 의외였다. 이것은 김사국이 이봉수의 참가를 용인했다는 것을 의미했다. 어쨌거나 블라디보스토크의 고려공산당 상해파는 여전히 건재했기 때문이다.

여기에 북성회의 변희용과 김연희가 개인 자격으로 포함됐다. 변희용은 북성회이긴 하지만 일본에서 활동하는 유학생들을 대리하는 성격이 짙었다. 실제로 변희용은 이후 조선공산당이 여러 차례 재건되었지만 참여하지 않았다. 북성회의 김연희는 이때 반은 조직에서 이탈해 독자적으로 움직이기 시작하는 그룹에 속해 있었다. 이들은 8월에 북성회를 이탈해 조선노동당이라는 독자적인 조직을 건설했다. 또한 이들은 조선노동당 내부의 전위 조직인 '스파르타쿠스당'을 설치하며 조직을 확대하기 위해 움직이고 있었다. 하지만 나머지 두 명, 정백과 김유인은 명백한 서울파 인물들이었지만 개인 자격으로 참여했다. 13인회는 김사국의 서울파가 주도권을 쥐고 있었다. 이는 고려총국 국내부가 수세에 몰려 있다는 의미였다. 또 하나 분명한 것은 이 모임의 위상이 '통일조선공산당 준비위원회'라는 점이었다.

그런데 블라디보스토크에서 또 하나의 '통일조선공산당 준비위원회'가 움직이고 있었다. 1923년 겨울, 이동휘와 정재달이 탈퇴하면서 코민테른 동양비서부 산하의 고려총국은 사실상 와해되었다. 하지만 이듬해 봄, 고려공산당 이르쿠츠크파는 전면적인 반격에 나섰다. 김철훈과 남만춘은 중도파인 정재달과 장도정을 다시 끌어들여 오르그뷰로, 즉 조직총국을 조직했다. 상해파를 배제하고 독자적으로 고려총국의 대체 조직을 만든 것이었다. 조직총국이 이전 이르쿠츠크파의 독자적인 당 건설과 다른 점은 7인 대표자 중 3인을 국내 조직을 위해 비워두었다는 것이다. 이를테면 이르쿠츠크파와 국내파의 연합으로 당을 건설하겠다는 것이 이들의 새로운 계획이었다. 이를 위해 조직총국은 이백초를 국내로 파견했다.

의도한 것은 아니었지만 이르쿠츠크파의 조직 운영은, 비유하자면 베네치아공화국의 과두정과 유사한 측면이 있었다. 이를테면 훈련된 일부 집단에 의해 조직이 운영된다는 것이었다. 여기까지라면 상해파나 서울파와 차이가 없다. 하지만 결정적인 차이점은 다른 조직과 달리 필요할 경우 전권을 행사할 수 있는 대표자가 없다는 것이다. 이런 조직의 가장 큰 장점은 조직이 타격을 받았을 때 두드러진다. 비어 있는 자리는 자연스럽게 충원되고 반격을 위해 적절한 인물이 배치된다. 하지만 이런 조직은 '짧은 시간'에 '중요한 결정'을 할 때 결정적 약점이 노출된다.

1924년 봄부터 가을까지는 경성과 블라디보스토크라는 먼 거리에도 불구하고 중요한 결정들이 짧은 시간에 이뤄지고 또 뒤바뀌었다. 블라디보스토크의 조직총국이 이백초를 국내에 파견한 것은 스스로 정치력 부재를 증명하는 첫 번째 결정이었다. 3·1운동 이후 러시아로 망명한 이백초는 곧바로 적군에 입대하는 다소 독특한 행로를 걸었다. 그 후 극동공화국 제5군단 정치학교에 입학했고 졸업 후 볼셰비키에 입당했다. 이르쿠츠크파가 볼 때는 더할 나위 없이 신뢰할 수 있는 인물이고 적임자였다. 하지만 이백초는 국내 조직에서 활동한 경력이 전무한 데다 그 흔한 일본 유학파도 아니었다. 국내 조직들이 볼 때 이백초는 조직총국에서 파견한 인물이 아니라 이르쿠츠크파가 보낸 인물 그 이상도 그 이하도 아니었다. 13인회는 김재봉 그룹의 반대에도 불구하고 서울파의 강력한 요구에 의해 당을 창당하기 전까지 코민테른은 물론 해외 망명자들과도 접촉하지 않는다는 규약을 채택한 상태였다. 요컨대 이백초는 적임자는커녕 최악의 파견자였다. 김재봉 그룹만 난처한 태도를 보였을 뿐 나머지 조직들은 문전에서 이백초를 박대했다. 이백초는 맨손으로 블라디보스토크로 돌아갈 수밖에 없었다.

그런데 이백초가 조직총국에 보고한 내용이 대단히 사무적이었다. 정치적으로 볼 때 핵심을 벗어난 내용일 수도 있었다. 이백초의 보고는 조선노농총동맹과 같은 전국 조직이 각 정파의 합의에 의해 건설되었고 청년조직 역시 마찬가지라는 사실에 '강조점'을 두었다. 13인회 역시 각 정파의 합의에 의해 당 중앙을 건설하기 위한 노력이 진행되고 있다는 것도 보고에 포함되었다. 이백초의 보고는 사실에만 기반할 뿐 핵심적인 내용이 빠져 있었다. 13인회가 해외 조직을 극도로 불신하고 있다는 정치적인 문제가 얼마나 커다란 것인지 여전히 간과하고 있었다. 이백초는 그런 판단을 할 정도의 국내 '경험'이 없었다.

조직총국은 곧바로 정재달과 이성을 전권대표로 국내에 파견했다. 두 번째 잘못된 결정이자 조직총국의 수명을 단축하는 선택이었다. 정재달은 국내에서 활동할 때 중립당을 중심으로 했다. 김사국의 서울파와도 원만한 관계를 유지하고 있었다. 게다가 일본 유학 시절 김약수 그룹과도 연계를 갖고 함께 활동했다. 일본에서 국내로 귀국할 때는 김찬과 향후 계획을 논의하기도 했다. 그런데 베르흐네우딘스크 통합당대회를 놓고 참여를 주장하는 정재달과 불참을 주장하는 김사국이 대립하면서 건널 수 없는 강이 생기고 말았다.

통합당대회에서 정재달은 조직의 노선에 따라 중립을 지켰다. 코민테른은 그런 행보를 통합당을 건설하기 위한 노력으로 보고 높은 점수를 주었다. 하지만 이르쿠츠크파나 상해파가 느끼는 체감은 전혀 달랐다. 중립은커녕 결정적일 때마다 반대파의 의견에 가담하는 것으로 보일 뿐이었다. 정재달이 고려총국 국내부 전권대표로 국내에 들어왔을 때 모든 조직이 냉담한 반응을 보인 것도 과도한 것만은 아니었다. 역사에서 중립파가 두 파로부터 호감을 받는 경우를 찾기란 사실상 거의 불가능하다. 저울의 눈금이 깃털의 무게만큼 한쪽으로 움직여도 그 책임은 온전히 중립파에 있기 때문이다. 국내에 들어와 한 걸음도 앞으로 나가지 못하던 정재달과 이성이 가을 무렵 일경에 체포되면서 블라디보스토크의 계획은 실패로 돌아갔다. 조직총국의 시계는 그대로 멈춰버렸다.

1년 전, 코민테른 고려총국에서 전권을 가지고 국내로 들어온 김재봉은 서울파의 강력한 반대에 직면했다. 김재봉과 김찬은 김약수의 북성회와 함께 고려총국 국내부를 출범시켰지만, 오랫동안 국내에서 활동해 대중 조직에 탄탄한 기반을 가지고 있는 서울파가 가장 큰 난제였다. 그해 겨울 북성회마저 국내부에서 이탈했고, 이듬해 봄이 되자 국내부는 사실상 '김재봉 그룹'으로 전락했다. 서울파가 그 빈틈을 비집고 반격에 나섰다. 13인회의 주도권은 시작부터 서울파가 쥐고 있었다. 서울파가 주도하는 13인회에 무늬뿐인 국내부가 참여한 이유는 하나였다. 통일당의 건설이라는 최초의 지침을 벗어날 경우 스스로 존립 근거가 없었기 때문이다. 하지만 국내부는 충성도 높은 대중 조직들을 구축하고 있었고, 또 하나의 남겨진 카드가 있었다.

국내부가 와해되고 있던 1924년 1월, 평양형무소를 나온 박헌영을 비롯한 트로이카는 김찬이 마련한 '준비된 기획'에 참여했다. 국내부 청년 조직에 해당하는 신흥청년동맹 발기인들은 김재봉, 김찬, 박헌영, 임원근, 김단야, 조봉암, 이준태, 박일병, 홍증식 등이었다. 실무를 총괄할 집행위원장에는 임원근이 선임되었다. 남겨진 카드에는 또 하나의 그림이 숨어 있었다. 신흥청년동맹 창립 직후 박헌영이 코민테른 고려공청 책임비서임을 재확인받은 것이다. 고려공청 해외 연락책 역할을 하고 있던 조훈은 박헌영이 석방되자 즉각 식물 상태였던 조직의 책임비서를 부활시켰다.

이 낯선 시도의 의미를 알기 위해서는 시곗바늘을 2년 전으로 돌릴 필요가 있다. 모스크바에서 열린 극동민족대회에서 이르쿠츠크파와 상해파 모두 고려공산당을 승인받지 못했다. 그런데 코민테른은 산하에 국제 공산청년동맹(국제공청)을 설치하고 있었다. 극동민족대회와 별도로 개최된 국제공청 회의에서 고려공산당 이르쿠츠크파가 중심이 된 고려공산청년회가 국내 조직으로 승인받는 데 성공한 것이다. 이동휘의 상해파가 국제공청까지 개입하기에는 제반조건이 역부족이었다. 고려공청의 책임비서는 박헌영, 중앙위원은 김단야, 임원근, 조훈이었다. 이들은 극동민족대회가 끝나자 통합당대회가 열릴 예정인 베르흐네우딘스크로 향하지 않았다. 고려공청을 국내에 구축하기 위해 잠입을 시도하다 체포된 것이다. 고려공청은 사실상 정지 상태가 되었지만 박헌영이 출소하자 조훈은 기민하게 코민테른을 통해 책임비서의 직위를 재확인하는 조치를 취한 것이다. 그동안 국내에 코민테른이 승인한 통일당은 존재하지 않았다. 하지만 고려공청은 코민테른의 국제공청이 승인한 유일한 국내 조직이라는 묘한 위치에 있었다. 어쨌든 고려공청의 책임비서는 박헌영이고, 그는 '코민테른이 승인한 지위'를 가진 유일한 인물이었다.

김약수의 북성회가 국내에서 짧은 기간 동안 명성을 날리며 연착륙한 것은 전국 순회강연의 역할이 컸다. 새로운 이론으로 무장한 쟁쟁한 일본 유학파들의 강연은 단박에 청년들의 주목을 받았다. 1924년 봄, 김찬의 주도로 창립된 신흥청년동맹은 전국 순회강연에 나섰다. 강연회의 전면에 김찬이 나섰고, 박헌영과 조봉암 등이 청년을 타깃으로 전국을 함께 움직였다. 노동과 연관된 강연은 박일병이 강사로 나섰다. 순회강연은 대성공이었다. 조봉암의 탁월한 강연 실력은 시원한 봄비처럼 언제나 청중을 사로잡았다. 강연에서 박헌영은 차근차근 말했지만 청중은 그의 말 한마디도 놓치지 않으려 했다. 예나 지금이나 강연이 성공하려면 절반은 강사의 명성에 달려 있다. 게다가 이들이 일본 유학파들과 달리 혁명의 고향, 러시아에서 왔다는 사실은 나머지 절반의 성공을 예약한 것이나 마찬가지였다.

13인회의 주도권을 쥔 서울파는 김재봉 그룹이 받아들이기 힘든 요구를 하고 있었다. 서울파는 13인회가 당을 건설하기 전까지는 해외에서 활동하고 있는 사회주의자들과의 접촉을 금지할 것을 조건으로 내세웠다. 더 나아가 코민테른과의 연락조차 중단할 것을 규정으로 정하라고 요구했다. 하지만 블라디보스토크의 조직총국이 이백초에 이어 정재달과 이성을 국내에 파견하면서 이런 규정들을 지킨다는 것은 사실상 불가능했다. 정재달은 김재봉 그룹뿐만 아니라 김약수의 북성회와도 접촉하면서 조직총국의 결정을 지지해줄 것을 계속 요청했다. 요컨대 블라디보스토크의 조직총국과 13인회의 통합당 건설을 지지해달라는 것이었다. 쉽게 말하자면 당 준비위원회 대표 일곱 명 중 세 명을 13인회에서 선정해달라는 것이었다.

김재봉 그룹의 사상적 고향은 바이칼호 서쪽에 있는 조직이다. 이르쿠츠크파와의 절연은 김재봉과 김찬의 시나리오에 들어 있지 않았다. 박헌영과 트로이카들도 서울파의 주장에 동의할 수 없었다. 코민테른이 승인한 유일한 국내 조직 책임자가 스스로 권한을 포기하고 중앙위원들에게 임무 중지를 요구하는 것이나 마찬가지였기 때문이다. 코민테른이 승인한 국내 상부 조직은 없지만 고려공청은 엄연히 코민테른의 공식 조직이고 박헌영은 여전히 그 책임비서였다. 1924년 가을, 김재봉과 김찬은 13인회에서 철수를 결정했다. 하지만 그것은 진지전이 아니라 독자적으로 당을 건설하겠다는 기동전을 의미했다.

이제는 뒤를 돌아보지 않고 앞으로 나가겠다는 결정이었다. 그럼에도 불구하고 김사국은 철수 결정을 너무 가볍게 보고 있었다. 김재봉과 김사국의 짧은 오월동주는 종로 거리의 늦여름비와 함께 막을 내렸다.

낯선 사람들, 낯선 이름들

풍산 트로이카

1925년 4월 17일, 아서원

1차당의 그날

코민테른 밀사 두 사람

조선공산당의
탄생

김재봉과 김찬은 앞으로
나아가는 것 외에는 다른
우회로를 찾지 않기로
결정했다. 1924년 늦가을부터
두 사람은 조선공산당을
창당할 때까지 기동전으로
일관했으며 뒤돌아보지
않았다. 김재봉 그룹은 당을
건설하기 위한 야체이카를
전국적으로 구축하기
시작했다.

낯선 사람들, 낯선 이름들

▬▬▬▬ 고려총국 국내부는 김재봉과 김찬이라는 두 명의 뛰어난 중원 지휘관에 의해 움직이는 조직이었다. 때로는 최전선의 공격수로, 때로는 최후방의 수비수로, 그 임무를 바꾸는 것도 흔한 일이었다. 중원을 지키고 있는 두 사람의 호흡에는 아무런 문제가 없었다. 하지만 전면에 나설 야전사령관들은 턱없이 부족했다. 야전사령관으로 쓸 수 있는 카드는 모스크바를 거쳐 긴 여정 끝에 이제 막 경성으로 돌아온 조봉암이 전부였다.

1923년 겨울, 북성회가 조직에서 이탈하면서 국내부는 위기에 몰렸다. 하지만 해가 바뀌면 박헌영을 비롯한 이르쿠츠크파 트로이카가 경성으로 돌아올 예정이었다. 조봉암과 함께 막강한 야전사령관을 구축하는 것은 시간문제였다. 이 겨울 동안 국내부는 곰처럼 느리게 움직이는 것 같았지만, 반격을 준비하고 있었다. 평양형무소 문을 열고 트로이카가 나오자 곧바로 신흥청년동맹이 모습을 드러냈다. 그리고 전국 순회강연으로 신선한 바람을 일으켰다. 하지만 국내부를 지탱하고 있는 가장 큰 버팀목은 노동 조직이었다. 노동야전사령관 윤덕병이 있었고, 이준태와 신백우가 있었다. 그리고 또 한 사람, 박일병이 있었다.

일본 유학파인 박일병은 와세다 대학을 졸업하고 국내로 들어와 〈동아일보〉에 자리를 잡았다. 유학 시절 박일병은 김약수, 김찬 등과 최초의 좌파 학생단체라 할 수 있는 조선고학생동우회를 조직했다. 이들은 같은 또래로, 1세대 좌파 유학생들이었다. 약관의 나이에 동우회에 참여해 후일 김약수의 북성회에서 활동하게 되는 송봉우를 2세대라 할 수 있다. 박일병이 조선고학생동우회 초대 회장을 맡은 이유는 1세대 중 한 명이 맡는 것이 자연스러운 분위기였기 때문이다. 박일병은 유학생 사이에서도 뛰어난 이론가의 자질을 보여주곤 했다. 와세다 입학 시절에도 그랬지만 영어 실력이 상당한 수준이었다. 두만강이 눈앞에 보이는 함경북도 온성 출신인 박일병이 와세다 대학에 유학할 정도라면 집안이 제법 먹고살 만했을 것이다. 이듬해 박일병은 가장 먼저 국내로 돌아왔다. 〈동아일보〉 창간 신입사원이었다. 이제 막 창간한 〈동아일보〉의 사내 분위기는 활력이 넘쳤다. 하지만 경복궁 자경전이 한눈에 내려다보이는 편집주간 사무실 분위기는 어두웠다. 간부들의 회의가 반복되었고, 일경들이 회사를 들락거렸다.

소문은 삽시간에 퍼졌다. 창간을 불과 2주일 앞두고 홍범도가 이끄는 독립군이 온성의 일본 경찰서들을 기습해 무력화시키고 일시적으로 온성면 일대를 장악했다는 내용이었다. 3개월 후에 벌어질 봉오동전투의 서막이었다. 이제 막 창간한 〈동아일보〉는 온성전투가 특종 중 특종이었다. 하지만 매일같이 일경이 〈동아일보〉를 드나들었다. 말하자면 보도검열이었다. 박일병 입장에서는 자신의 고향 이야기였다. 기사화할 수는 없었지만 정보를 가지고 있던 편집주간 장덕수에게 박일병은 당연히 온성전투에 대해 물어보았을 것이다. 와세다 출신 신입기자는 이 일을 계기로 편집주간과 친분을 맺게 되었다.

장덕수의 제안에 따라 박일병은 조선노동공제회에 참여했다. 장덕수는 고려공산당 상해파 국내 조직원이었지만 박일병은 이들과 달리 더 왼쪽으로 움직이고 있었다. 박일병은 유학 시절 김약수, 김찬과 교류하면서 이미 절반은 사회주의자의 심장을 가지고 있었다. 박일병은 조선노동공제회에서 만난 윤덕병 등과 함께 조직에서 민족주의자들을 축출하는 데 가담했고, 사회주의자들이 중심이 된 무산자동맹회에 참여했다. 이동휘의 최대 실책 중 하나는 장덕수를 중심으로 한 상해파 국내 조직이었다. 이들은 국내에서 사회주의자들보다는 민족주의자들과 블록을 형성하면서 걸림돌로 작용하고 있었다. 유학생들의 협의회 수준이었던 조선고학생동우회가 좌파적 색깔을 지니게 된 것도 바로 이들이 주도적으로 개입한 탓이었다. 이십대 후반의 젊은 사회주의자들이 국내에서 오른쪽으로 이동할 이유는 없었다.

김찬은 블라디보스토크를 거쳐 국내로 들어와 윤덕병과 함께 곧바로 신사상연구회 창립을 기획했다. 연이어 윤덕병은 사회주의자들이 주도하는 조선노동연맹회를 창립했다. 뛰어난 이론가였던 박일병은 주로 강사로 나서면서 양 조직의 확대를 위해 분투했다. 그리고 때를 기다렸다. 이듬해 봄, 김재봉이 코민테른 동양비서부 고려총국에서 국내 조직의 건설을 '타진'하라는 '전권'을 가지고 국내로 들어왔다. 그리고 그다음 해 박헌영과 트로이카가 감옥을 나와 경성으로 돌아오자마자 신흥청년동맹 건설에 참여했다.

신흥청년동맹이 서울파에 맞서 전국 순회강연을 할 때 빠지지 않는 연사 중 한 명이 박일병이었다. 그는 준비된 이론가이자 준비된 연사였다. 이후 그의 궤적은 김찬과 일치했다. 조선노농총동맹의 발기인으로, 조선공산당 창당을 위한 사전조직인 화요회에 참여했다. 그리고 박일병은 강달영, 권오설, 이준태와 함께 신의주 사건으로 와해되는 당을 재건하기 위한 2차 조선공산당에서 이론총책을 맡았다. 박일병은 감옥에서 시력을 잃었다. 1927년 가을에 박일병이 보석으로 나온 뒤 경성에는 그의 정신이상설이 떠돌았다. 그 후 박일병에 대한 소식은 알려지지 않았다. 그리고 그의 이름은 곧 잊혔다.

1923년에 전국적인 가뭄에 이어 이듬해 여름에는 홍수가 일어나자 아사자와 이재민이 속출했다. 하지만 조선총독부는 자국으로 조선의 쌀을 수탈해가는 것에만 급급했다. 일제가 수탈해가는 양은 한 해 동안 100만 석이 넘었다. 민족주의자들과 사회주의자들이 함께 조선기근구제위원회를 만든 것도 이런 이유 때문이었다. 민족주의자들과 전선을 긋고 있던 사회주의자들이 적극적으로 참여한 것은 공동행동이 필요한 민중사업이었기 때문이다. 김재봉 그룹의 윤덕병, 북성회의 김종범, 조선노동당의 전일 등이 위원으로 참여했다. 구제위원회에서 적극적으로 활동하던 조선노동당의 전일이 1925년 여름, 경기도 광주에 출장 갔다가 익사하고 말았다. 구제위원회의 애도는 말할 것도 없었지만 조선노동당도 충격에 빠졌다. 전일의 장례식은 화요회, 북풍회, 무산자동맹회, 조선노동당의 4단체합회장으로 치러졌다. 국내에서 활동하고 있던 사회주의 조직들이 대부분 전일의 장례에 이름을 올렸다. 하지만 형식상 서울파는 빠져 있었다.

그런데 전일이 죽기 꼭 1년 전 탄생한 조선노동당이라는 조직은 대체 무엇일까? 1923년 가을, 블라보스토크에서 음악단이 국내에 공연을 오면서 경성에 화제가 되었다. 그런데 음악단에는 이남두라는 낯선 인물이 포함되어 있었다. 블라디보스토크의 고려총국이 통합당 건설을 위해 이백초에 이어 정재달까지 파견한 것이 실패로 끝난 미묘한 시기에 국내로 들어온 것이다. 그런데 음악단과 함께 조용히 블라디보스토크로 돌아간 이남두는 이듬해 경성으로 다시 돌아왔다. 그러고는 경성에 러시아어강습소를 열고 평범한 러시아 태생 한인 2세 행세를 이어갔다. 이남두는 경성으로 들어올 때 한 사람과 동행했는데, 페테르부르크 대학을 졸업하고 블라디보스토크에서 활동하던 이극광이었다. 이남두는 함경도 출신이긴 하지만 일찍 러시아로 망명해 경성에는 특별한 연고조차 없었다. 그런데 도쿄에서 이정수라는 인물이 같은 시기 경성으로 들어왔다. 얼핏 보기에도 세 명의 공통점은 불분명했다.

이정수는 전로한족중앙총회 이후 이동휘가 만든 한인사회당에 가담했다. 같은 시기에 이극광 역시 한인사회당에 참여했다. 이십대 청년 두 명이 우연히 한 조직에서 만난 것이다. 이후 이정수는 와세다 대학에 입학하기 위해 일본으로 떠났고 이극광은 페테르부르크 대학으로 떠났다. 그리고 4년 후, 이정수는 도쿄에서 경성으로, 이극광은 이남두와 함께 블라디보스토크에서 경성으로 들어온 것이다. 세 인물이 국내에서 거대한 두 파에 저항해 통일당을 만들기 위한 비주류들의 연합체가 조선노동당이었다. 우연이라고 하기엔 너무 기묘한 조합이었다.

서울파가 주도한 13인회가 파국으로 끝날 징후가 분명해지자 이남두는 일단의 인물들과 접촉하기 시작했다. 전일, 김연희, 이충모 등이었다. 북성회 혹은 서울파와 가까운 인물들이었다. 이들은 같은 해 여름 전일의 집에서 조선노동당이라는 대중 조직을 건설했다. 그리고 비밀리에 '스파르타쿠스단'이라는 전위 조직을 구축했다. 김연희는 김재봉 그룹이 주도하고 있는 신사상연구회에 가입했고, 다른 사람들은 김약수의 북성회와 접촉하기 시작했다. 서울파를 제외한 '제2차 국내부'로 향하는 흐름들이 재현된 것이다. 13인회가 해체되면서 각 조직들이 공동으로 건설한 조선노농총동맹과 조선청년총동맹도 삐걱거렸다. 박헌영은 조선청년총동맹의 중앙검사위원을 맡고 있었고, 김단야와 조봉암은 중앙집행위원을 맡고 있었다. 세 사람은 모두 〈조선일보〉 기자로 재직하고 있었다.

당시엔 사회주의자들이 신문사 기자로 일하는 경우가 많았는데 그 이유는 다목적이었다. 우선 취재를 위해 출입처들을 다니다 보면 신문에 실을 수는 없지만 중요한 고급 정보에 접근할 수 있었다. 또한 일제의 검열이라는 칼날을 피할 수는 없었지만, 가능한 범위에서 민중에게 목소리를 낼 수 있다는 것도 작은 자부심이었다. 무엇보다 알량하지만 생계를 해결할 수 있다는 점도 커다란 장점이었다. 간혹 일제가 큰 의미를 두지 않는 검열도 있었다. 이를테면 극동민족대회에 참여했던 김단야가 '레닌 회견인상기'를 연재한 경우였다. 누가 모스크바에 갔다 온 사실조차 화제가 되는 시절에 '공산주의의 수령'을 만난 이야기는 열혈독자들을 만들기도 했다.

윤덕병과 권오설은 조선노농총동맹의 중앙상무집행위원으로 활동하고 있었다. 사실상 조직의 최고결정기구인 상무집행위원에 윤덕병이 한 자리를 차지한 것은 어쩌면 당연한 일이었다. 게다가 상무집행위원이라는 직책에 걸맞게 월급이 지급됐다. 하지만 이제 막 경북 안동군 풍산읍에서 올라온 권오설에게는 파격적인 자리였다. 그만큼 권오설은 박헌영과 조봉암 등에 견줄 만한 평가를 받고 있었다. 인물을 물색하는 역할은 주로 김찬이 맡았지만 권오설을 추천한 것은 김재봉이었다.

조선노농총동맹의 중앙상무위원들 사이에서 그동안 묻어두었던 이견들이 조금씩 드러나기 시작했다. 서울파의 핵심이라고 할 수 있는 상무집행위원은 1919년 한성임시정부를 수립할 때 김사국의 행동대장이었던 장채극이었다. 그는 애초부터 타협에 익숙하지 않은 인물이었다. 하지만 상대는 산전수전 다 겪은 김재봉 그룹의 윤덕병 등이었다. 전국 조직인 조선노동공제회를 공중으로 분해시키면서까지 후퇴할 줄 모르는 인물이 윤덕병이었다. 사소한 논쟁이 생길 때마다 냉기류가 흐르곤 했지만 북성회의 김종범은 묵묵히 지켜만 보고 있었다. 권오설도 불필요한 논쟁보다는 우회로를 찾아 필요한 조직을 조금씩 구축하는 일에 전념했다.

13인회를 탈퇴한 이후 김재봉과 김찬은 앞으로 나아가는 것 외에는 다른 우회로를 찾지 않기로 결정했다. 1924년 늦가을부터 두 사람은 조선공산당을 창당할 때까지 기동전으로 일관했으며 뒤돌아보지 않았다. 김재봉 그룹은 당을 건설하기 위한 야체이카를 전국적으로 구축하기 시작했다. 그러기 위해서는 기존 조직을 재편할 필요가 있었다. 신사상연구회를 일사불란한 조직으로 개편했다.

1924년 11월 19일 화요회라는 조직이 탄생했다. 흔히 알려진 것처럼 마르크스가 화요일에 태어난 것에 착안한 것이었다. 제1차 조선공산당을 창당하면서 역사의 한 획을 그은 조직이었고, 이후에도 김재봉 그룹은 오랫동안 화요파라고 불렸다.

비슷한 시기에 북성회도 북풍회라는 이름으로 조직을 재편했다. 묘하게 조선노동당의 이충모는 북풍회에 참여했다. 일종의 이중 멤버십인 셈인데, 당연히 북풍회의 비선 중앙 조직인 까엔당의 동의가 없었다면 불가능한 일이었다. 이 무렵부터 서울파를 제외한 세 조직의 물밑논의가 빨라지기 시작했다. 그해 겨울 화요회는 당을 건설하기 위한 시나리오를 가동했다. 재경사회운동자간친회를 개최한다는 것이 신호탄이었다. 첫 번째 기동전이었다.

경성에서 유명한 중국집 중 하나인 열빈루悅賓樓에 정초부터 150명 넘는 사회주의자들이 빼곡히 자리를 잡았다. 경성의 모든 시선이 낙원동으로 몰린 것은 당연한 일이었다. 오늘날로 치면 사회운동 단체들이 시국간담회를 개최한 것이나 다름없었다. 일제 치하에서 이렇게 공개적으로 사회주의자들이 간담회를 연다는 것은 그야말로 대담한 기획이었다. 화요회, 북풍회, 조선노동당을 비롯해 조선노농총동맹에 참여한 비서울파의 주요 활동가들이 거의 대부분 참여한 회합이었다.

김찬의 사회로 진행된 이날의 회합은 "운동을 통일하자"는 지극히 당연한 결의를 확인하는 자리였다. 서울파를 제외한 조직들이 하나의 흐름으로 힘을 모은다는 암묵적인 약속을 하는 자리이기도 했다. 이날 대담한 기획에 참여한 사람들은 이후 삶이 지옥으로 가는 티켓을 예약한 것이라는 사실을 상상조차 하지 못했다. 북풍회와 조선노동당이 화요회와 본격적인 논의를 이어가자 서울파 지도부들에 적신호가 켜졌다. 서울파의 강점은 오랫동안 국내를 기반으로 활동했다는 것이었다. 지도자인 김사국을 비롯해 젊은 활동가들이 국내에서 활동하면서 청년 조직을 완전히 장악하고 있었다. 그런데 느슨한 동맹관계라 생각했던 북성회가 국내로 들어오면서 청년 조직들 사이에 보이지 않은 균열이 생기기 시작했다. 새로운 이론으로 무장한 일본 유학파에 청년들이 관심을 보인 것은 당연했다. 서울파에 의한 북성회 테러 사건이 일어난 것도 그 때문이었다. 게다가 김찬이 국내에 들어와 신사상연구회를 조직하면서 서울파는 단시간에 수세에 몰렸다.

더 큰 문제는 노동 조직이었다. 화요회가 전국적으로 노동 조직에 뿌리를 내리는 속도는 놀라울 정도였다. 게다가 충청 이남은 북풍회가 노동 조직을 주도하고 있었다. 북풍회의 핵심인 김종범은 부산을 기반으로 활동한 인물이었고, 정운해는 대구의 터줏대감이었다. 안동에는 화요회의 권오설과 김남수가 노동과 농민 조직을 완전히 장악하고 있었다. 이들은 대구까지 넘나들었다.

재경사회운동자간친회는 서울파를 제외하고 운동의 통일을 확인하고자 하는 기획이었다. 하지만 이 기획은 화요회가 의도하지 않은 결과를 가져왔다. 위기를 느낀 서울파가 대화를 제의해온 것이다. 사람에 대한 인상평은 주관적일 수밖에 없다. 타협을 모르고 인간관계에서 지나치게 냉정하다는 서울파 지도자 김사국이 화요회와 북풍회 등을 비롯한 주요 조직의 지도자들을 직접 찾아다니며 전조선사회주의운동자대회를 건설하자고 제안한 것이다. 사실 대회의 이름이나 성격은 중요하지 않았다. 그만큼 서울파는 화요회, 북풍회, 조선노동당이 자신들의 예측을 뛰어넘어 빠르게 논의를 진행하는 것에 극단적인 위기감을 느끼고 있었다.

하지만 화요회는 서울파의 제안을 냉정하게 거절했다. 게다가 북풍회와 조선노동당도 별다른 반응을 보이지 않았다. 시계추의 무게를 움직일 수 있는 조직은 북풍회였다. 북풍회는 여전히 중립적인 태도에서 경계를

오가고 있었다. 하지만 북풍회가 화요회와 물밑에서 논의를 진척시킨 데
는 몇 가지 이유가 있었다. 어쨌든 화요회는 여전히 코민테른의 지원을 받
고 있다는 점이 북풍회로서는 약한 고리였다. 게다가 국내 활동을 초기부
터 서울파가 지나치게 경계해왔다는 것도 북풍회로서는 유쾌한 일이 아
니었다. 특히 서울파가 먼저 북성회에 물리력을 행사한 사건도 두고두고
감정의 앙금으로 남아 있었다. 김약수는 네 개의 조직이 하나로 힘을 모으
는 것이 불가능하다고 판단해 차선책을 검토하기 시작했다. 그 결과물이
나타나기 시작하자 물줄기를 돌리기 위해 서울파의 김사국이 전면에 나
섰던 것이다.

  하지만 김재봉과 김찬은 더 이상 지체하는 것은 무의미하다고 판단했
다. 간친회에 이어 화요회가 내놓은 카드는 전조선민중운동자대회였다.
어떻게 보면 김사국이 제안한 대회와 명칭만 다를 뿐 내용상으로는 큰 차
이가 없었다. 화요회는 서울파가 어떤 제안을 하든 더 이상 응하지 않겠다
는 태도를 분명히 한 것이다. 1925년 2월 17일 공개적으로 발표된 준비위
원회에 이름을 올린 사람들은 김재봉, 김찬, 강달영, 윤덕병, 박헌영, 김단
야, 임원근, 조봉암, 이준태, 김남수 등이었다. 화요회 지도부가 전면에 나
선 것이다. 준비위원으로 북풍회의 정운해 등이 함께 이름을 올렸다. 정운
해는 영남과 호남을 기반으로 하는 남선노동총동맹의 지도자 중 한 명이
었다. 이것은 조선노동총동맹이 와해되고 있다는 것을 의미했다. 서울파
는 전면전을 선택했다. 1925년 봄, 경성에는 보이지 않는 총성이 오가기
시작했다.

풍산 트로이카

─────── 조심스럽게 무덤의 흙을 파 내려가자 마침내 관이 그 모습을 드러냈다. 철제관이었다. 78년 동안 동네에서 유령처럼 입소문으로 떠돌던 그 이야기는 사실이었다. 누구는 짧은 탄식을 내뱉으며 하늘로 고개를 돌렸고, 누구는 녹슬어 핏빛이 된 철제관을 뚫어져라 쳐다보았다. 관의 주인은 1930년 서대문형무소에서 출소를 100일 앞두고 싸늘한 주검으로 삶을 마친 권오설이었다. 일제는 그의 무덤을 봉분조차 없는 평장으로 할 것을 강요했다. 가족들의 입관마저 허락되지 않았다. 그가 참혹한 고문으로 죽었음을 감추기 위해 철제관을 썼다는 소문이 돌았다. 그의 집안사람들은 일제가 "죽어서도 독립운동을 하려는 영혼"을 가두려는 것이라고 믿었다.

풍산읍내에서 하회마을 방향으로 가다 보면 왼쪽으로 넓은 평야가 펼쳐지고, 하회삼거리 못 미처 오른쪽으로 저수지가 보인다. 그 위로 작은 마을이 자리 잡고 있는데, 아름다운 볕이 드는 마을이라는 뜻으로 사람들은 가일佳日 마을이라고 부른다. 권오설이 고향으로 돌아온 것은 3·1운동이 일어난 해 끝자락이었다. 학업을 위해 대구와 경성을 떠돌던 그는 졸업장을 손에 쥐지 못했다. 가난 때문이었다. 호구지책으로 일자리를 구한 곳은 연고도 없는 전남도청이었다. 하지만 그마저 3·1운동에 연루되어 짧은 감옥살이로 이어졌고, 감옥 문을 나설 무렵에는 어느덧 겨울의 문턱이었다. 그가 감옥살이에서 어떤 일을 겪었는지에 대한 기록은 존재하지 않는다. 하지만 권오설은 학업을 위해 고향을 떠났던 몇 해 전과 완전히 다른 사람이 되어 있었다. 고향에 돌아온 권오설은 조국의 독립에 모든 것을 걸기 위해 태어난 사람처럼 움직였다. 마치 시한부선고를 받아놓은 사람처럼 일분일초를 허비하지 않았다.

권오설은 문중 소유의 서원에 원흥학술강습소元興學術講習所를 설치하고 첫 여정을 시작했다. 가일마을에 독립운동을 위한 학습기관을 마련한 것이었다. 그해 겨울 개설된 것으로 보아 권오설은 고향으로 돌아오자마자 문중 어른들을 찾아뵙고 동의를 구했을 것이다. 이를테면 고향으로 돌아오기 전부터 일종의 계획을 가지고 있었던 셈이다. 해가 바뀌자 권오설은 조선노동공제회 안동지회와 안동청년회에 가담했다. 이때 예안면 출신인 김남수를 만나게 된다. 3년 후, 김남수는 조선노농총동맹 중앙집행위원으로 함께 활약하게 된다. 권오설과 김남수는 풍산소작인회를 조직해 농민투쟁의 새로운 획을 긋게 된다.

1920년 한 해 동안 권오설은 풍산읍을 중심으로 안동을 오가며 여러 조직을 직접 만들거나 그 과정에 주도적으로 참여했다. 사실상 거의 모든 조직에서 활동했다고 해도 과언이 아니다. 이렇게 전방위적으로 조직을 가동하고 직업적으로 활동하려면 적지 않은 자금이 필요했다. 안동 권씨 문중 마을인 가일마을이 권오설의 활동을 지지해주었으니 자금을 지원한 것도 사실이다. 하지만 조그마한 시골마을에서 멈추지 않는 기관차처럼 일을 벌이는 권오설의 모든 뒷감당을 할 수는 없는 노릇이었다.

권오설은 인근 일직면에 원흥학술강습소보다 더 넓은 학습기관인 일직서숙을 개설했다. 일직서숙은 원래 소호헌이라 불리는 곳으로 대구 서씨 문중 소유였다. 문중 소유의 건물을 쓴 것으로 보아 대구 서씨 중에 누군가 유력한 인물이 영향력을 발휘해 힘을 실어주었을 것이다. 예안면 출신인 김남수 역시 탁청정濯淸亭 종손 집안의 아들이었다. 풍산읍의 문중들은 독립운동과 얽히면서 조직적·재정적 기반이 되었다. 1922년에는 풍산청년회와 풍산학술강습소가 만들어졌다.

그해, 또 다른 사내가 풍산으로 돌아왔다. 와룡면 중가구리 출신 안상길이 서대문형무소를 나와 고향으로 돌아왔다. 임시정부 경북 연락책이었던 안상길이 고향으로 돌아오자 풍산은 더 바쁘게 움직였다. 다른 지역들과 마찬가지로 당시 안동 지역의 땅 소유주들은 일본인으로 바뀌고 있었다. 똑같은 황금들판이었지만 지주가 같은 민족이 아니라는 것은 또 다른 변화를 가져왔다. 조선인이 지주였을 때도 소작인의 처지는 다르지 않았다. 하지만 집성촌이 몰려 있는 안동 같은 곳은 최소한의 '대화'라는 것이 존재했다. 따라서 먹고사는 문제가 '상식'을 넘어서는 경우는 드물었다. 하지만 지주가 일본인으로 바뀌면서 그런 경계는 빠르게 무너져갔다. 권오설은 그런 소작인들을 조직하기 시작했다.

노동자들은 봄이 오면 투쟁을 준비한다. 춘투다. 광장에서 여름 소나기를 맞으며 단협이라는 이름으로 자본과 싸운다. 마지막 무기는 파업이다. 소작인들은 가을걷이가 끝나면 협상을 준비한다. 추투다. 화톳불에 마주 앉아 소작료를 놓고 지주와 협상한다. 하지만 그들에게는 파업이라는 마지막 권리가 없다.

3·1운동의 여진이 계속되던 1919년 가을, 경성의 청진동 후미진 골목에서 어느 여관으로 향하던 두 사내는 경계를 늦추지 않으면서 빠르게 움직이고 있었다. 두 사내는 경북 안동 풍산읍 출신으로 경성공업전습소를 함께 다닌 동문이기도 했다. 이준태는 풍산읍 상리 우렁골 출신이었고, 김

재봉은 풍산읍 오미리 오미마을 출신이었다. 이들이 일제의 시선을 피해 만난 인물은 와룡면 중가구리 출신의 안상길이었다. 안상길은 상해임시정부 경북 교통책으로 임명되어 이제 막 경성에 잠입한 상태였다.

임시정부는 안창호의 강력한 주장에 따라 연통제를 조직 노선으로 채택했다. 국내에 임시정부 비선 조직을 구축한다는 야심 찬 계획이었다. 요컨대 안상길은 경북 총책임자 임무를 띠고 경성에 들어온 것이었다. 임무는 크게 두 가지, 〈독립신문〉을 배포하는 조직망과 임시정부를 위한 재정을 마련하는 것이었다. 경북 지역의 군단위로 신문배포 책임자를 만든다는 것은 사실상 임시정부의 또 다른 국내 조직을 만드는 것을 의미하기도 했다. 김재봉과 안상길은 고향인 풍산읍에 자리를 잡았다. 읍내에 있는 금남여관에 포스트를 마련했다. 금남여관은 몇 년 후 조선공산당의 모체인 화요회의 안동지회에 해당하는 화성회가 발기한 곳이기도 했다. 그런데 이준태는 이들과 함께 풍산에 남지 않고 경성을 중심으로 움직였다.

안동의 금곡측량학교를 졸업한 이준태는 1911년 겨울 경성공업전습소에 입학했다. 학교에는 1년 먼저 입학한 김재봉이 있었다. 오늘날 방송통신대학교 본관 건물인 전습소에서 둘은 마치 역사가 기획한 것처럼 운명적으로 마주쳤다. 학교는 2년 과정이었으니 이들의 만남은 1년 남짓이었다. 그 1년간 무슨 이야기를 나누었는지는 기록이 없다. 아마도 김재봉은 오미마을에 대한 이야기를 했을 것이고, 이준태는 우렁골에 대한 이야기로 화답했을 것이다. 풍산읍내에 대한 소소한 기억도 대화의 단골 화제였을 것이다. 졸업 후 생활전선에 나선 김재봉은 제대로 된 일자리를 찾지 못했다. 이듬해 졸업한 이준태는 조선총독부 임시토지조사국에 취업했다.

경성에서 생활하던 김재봉이 고향인 풍산읍 오미마을로 돌아온 것은

1917년이었다. 김재봉은 몇 사람들과 함께 오릉학술강습소를 만드는 데 참여하며 교사로 활동하기 시작했다. 우리의 역사와 말을 잊지 않도록 하는 민중의 자발적인 조직이었다. 이준태와 달리 4년간 경성에서 김재봉이 구체적으로 어떤 일을 했는지에 대한 기록은 분명치 않다. 게다가 4년이라는 짧지 않은 기간 동안 둘이 만났다는 이야기도 확인되지 않는다. 하지만 둘이 왕래를 계속한 것만은 확실하다. 안상길에게 김재봉을 소개한 것이 이준태였기 때문이다. 김재봉은 고향에서 그리 오래 활동하지 못했다. 〈만주일보〉 경성지사가 설립되면서 다시 경성으로 돌아왔기 때문이다. 이때는 아직 〈조선일보〉나 〈동아일보〉가 만들어지기 전이었다. 요컨대 〈만주일보〉 경성지사라는 우회로를 통해 그야말로 숨 쉴 만큼의 소식들만 지면에 담을 수 있었다. 이후에도 그렇지만 경성지사의 기자는 추천에 의한 채용이었다. 김재봉을 추천한 사람은 누구였을까?

1919년 겨울 풍산으로 돌아온 김재봉과 안상길은 일제의 감시망이 생각보다 심하다는 것을 곳곳에서 느낄 수 있었다. 안동군뿐 아니라 인근 예천까지 일경의 움직임이 부산했다. 이미 국경 지역에서 임시정부의 연통제 관련 내용들이 발각되었기 때문이다. 두 사람은 '대한민국임시정부헌법'과 '애국금영수증' 등을 금남여관 천장에 깊숙이 감추고 상황을 지켜봐야만 했다. 금남여관을 거처 아닌 거처로 삼아 한량처럼 움직이고 있던 김재봉은 한 사람의 활동을 눈여겨보았다. 손바닥만 한 풍산읍내를 오가며 열정적으로 민중 조직을 건설하던 가일마을의 권오설이었다. 불과 2년전 김재봉 자신이 참여했던 오미마을의 오릉학술강습소와 똑같은 원흥학술강습소를 가일마을에 설립한 것도 이목을 끌었다. 게다가 권오설은 이제 막 출범한 조선노동공제회 안동지회를 만들기 위해 김남수와 함께 사람들을 모으고 있었다. 이준태는 경성에서 조
선노동공제회에 참여하고 있었다. 아마도 조선
노동공제회와 관련된 내용들을 김재봉에게 알
려주었을 것이다. 하지만 이준태가 권오설에게
김재봉과 안상길의 임무에 대해서 말할 수는
없었다. 그것은 이준태의 권한을 넘어서는 영
역이었다.

풍산읍내에서 김재봉과 권오설은 여러 차

풍산소작인회와 화요회 결성에
참여했던 권오설

례 마주쳤다. 김재봉은 특유의 부처상 같은 웃
음을 지으며 권오설을 묵묵히 지켜보았다. 권
오설은 소문으로만 들었던 김재봉의 정체가 궁금했을 것이다. 둘은 가벼
운 목례를 하며 지나쳤을까? 김재봉은 자신의 임무가 권오설의 활동에 영
향을 주면 안 된다고 생각했다. 하지만 시간은 흐르는데 상황은 나아지지
않았다. 게다가 안동청년회가 결성되면서 일경의 감시가 더욱 삼엄해졌
다. 그렇다고 시간만 죽이고 있을 수도 없었다. 마침내 김재봉이 먼저 애
국금영수증 열 장을 가지고 대구로 빠져나가 자금 마련을 시도했으나 계
획은 실패로 끝났다. 김재봉과 안상길은 체포되고 금남여관에 숨겨둔 문
서들은 모두 압수됐다. 안상길이 임시정부 경북총책임자라는 사실이 신
문에 대대적으로 보도되었다. 그리고 김재봉이 실무 책임자로 가담했다
는 사실 또한 알려졌다. 게다가 이준태 관련 소문이 뒤를 이었다. 풍산읍
내는 삽시간에 얼어붙었다. 이준태는 몇 차례 고초를 겪었지만 혐의가 입
증되지 않아 풀려났다.

임시정부 경북 연통제 사건은 안상길과 김재봉이 모든 책임을 뒤집어

썼다. 예심을 거쳐 안상길은 1년, 김재봉은 6개월형을 선고받았다. 경성에 홀로 살아남은 이준태는 몸을 사리기는커녕 노동운동에 더 적극적으로 가담했다. 조선노동공제회와 조선노동대회 간부로 활동하며 기회를 기다렸다. 그때 경성에서는 예기치 못한 논쟁이 칼바람처럼 벌어졌다. 러시아에서 개최될 극동민족대회 참가를 둘러싸고 찬반양론이 격화되었던 것이다. 국내에서도 참석해야 한다는 주장이 곳곳에서 제기됐다. 하지만 국내에서 최대 조직력을 가지고 있는 서울파는 참가를 단호하게 반대했다. 서울파의 지도자인 김사국은 "국내 운동이 분열된 것은 해외에 있는 세력들이 지속적으로 대립하며 국내 운동까지 개입해 반목을 조장한 탓"이라며 요지부동이었다. 대회가 예정된 1921년이 되었지만 국내 대표 선정은 여전히 난항을 겪고 있었다. 서울파는 보이콧 입장에서 한발도 물러서지 않았다. 하지만 서울파를 제외한 다른 조직들은 대회가 열릴 이르쿠츠크로 갈 준비를 서두르고 있었다.

대회를 불과 두 달 앞둔 그해 가을, 김재봉이 형기를 마치고 서대문형무소 문을 나섰다. 그러나 풍산으로 돌아갈 길이 여의치 않았다. 좁은 시골바닥에서 일경이 일거수일투족을 감시할 것은 불을 보듯 뻔했다. 게다가 김재봉이 움직일 때마다 권오설과 김남수를 중심으로 하는 조직들은 운신의 폭이 좁을 수밖에 없었다. 그런 김재봉에게 이준태는 뜻밖에 이르쿠츠크행을 제안했다. 이준태가 활동하고 있던 조선노동대회는 다소 부침이 있었다. 민족주의자들이 주도한 이 조직의 지도자인 문탁은 일제와 '대화'를 통해 독립을 '청원'하는 데 참여한 이력이 있었다. 조선노동대회에 참여하고 있던 사회주의자들은 그들의 정체를 폭로하고 민족주의자들을 실각시켰다. 조직은 서울파가 실질적으로 장악하고 있었다. 하지만 새로운 대표가 된 노병희는 이르쿠츠크파 국내 그룹과 연결되어 있었다. 김재봉은 조선노동대회 대표자로 이르쿠츠크로 가는 위임장에 이름을 올렸다. 위임장에는 "朝鮮獨立을 目的하고 공산주의를 희망함"이라고 자필로 적어 넣었다.

1921년 늦가을, 김재봉은 자신의 행로가 조선에 어떤 파란을 몰고 올지 상상조차 하지 못한 채 국내를 빠져나갔다. 민족주의자들과 단일 조직을 꾸리고 있던 사회주의자들은 독립이라는 공통분모만으로 조직을 유지하는 것은 한계가 있다는 현실에 직면했다. 사회주의자들이 중심이 된 독립적인 새로운 흐름이 나타나기 시작한 것이다. 김사국을 중심으로 결성된 서울청년회가 대표적인 예였다. 하지만 이들과 달리 노동자를 직접 겨냥한 또 다른 조직이 그 모습을 드러냈다. 이준태, 윤덕병, 신백우 등이 주도한 무산자동지회였다. 1922년 1월 결성된 이 조직은 두 달 후 신일용, 장병천이 주도하는 신인동맹회와 조직을 통합해 무산자동맹회로 재탄생했다. 통합이 순조롭게 진행된 것은 이들이 '노동자를 중심으로 하는 사회주의운동'과 '독립'이라는 동일한 노선을 가지고 있었기 때문이다. 김재봉이 낯선 러시아에서 사회주의라는 새로운 꿈을 꾸고 있을 때 이준태는 국내에서 좌익 노동 조직을 확대하기 위해 분투하고 있었다.

갑오개혁으로 관직에 있는 사람은 양복을 입는 것이 제도화되었다. 어지간히 밥 좀 먹는다는 사람들도 양복을 입는 것이 하나의 권위처럼 여겨지기 시작했다. 그에 따라 수요가 빠르게 늘어난 것은 구두였다. 기성품이 없던 시절이라 모두 수제구두였다. 수제구두 가격은 그야말로 천차만별이었다. 잘 숙련된 양화직공 노동자가 만드는 구두는 쌀 한 가마니 가격을 호가했다. 비숙련 양화직공이 급격히 늘어났지만 철저한 도제 시스템은 곧바로 문제를 양산했다. 봉건주의 사회에서도 그랬지만 이제 막 시작된 자본주의 사회에서 도제 시스템은 비인간적이었다. 이를테면 소수의 숙련된 노동자의 임금은 관직에 있는 사람들의 임금을 뛰어넘는 데 반해 비숙련 노동자들은 수요에 따라 거의 무한대의 노동을 하곤 했지만 임금은 구두 한 켤레조차 사지 못하는 수준이었다.

무산자동맹회는 그해 겨울 노동자들을 상대로 강연회를 개최했다. 천도교당에서 개최된 이날 강연회에는 무려 1500여 명이 참석해 주최 측마저 놀랄 정도였다. 그런데 참석자 중 200여 명이 양화직공이었다. 입소문을 들은 경성의 양화직공 대부분이 참석했다고 해도 과언이 아니었다. 일경은 이 예기치 않은 현상에 당황하면서 무산자동맹회 핵심 인사들의 행보를 추적하기 시작했다. 무산자동맹회는 이듬해 봄을 준비하면서 경성의 어둠 속에서 발걸음을 재촉하고 있었다.

이준태는 그 과정에서 김찬이라는 인물을 운명적으로 만났다. 그의 입을 통해 상해와 만주, 그리고 블라디보스토크와 이르쿠츠크에 이르는 거대한 움직임을 생생하게 전해 들을 수 있었다. 누군가 심오하게 기획하지 않았지만 경성으로 향하는 톱니바퀴는 잘 맞물리며 돌아가고 있었다. 그리고 그해 봄, 김재봉이 코민테른 국내부 책임자라는 직책을 가지고 경성에 나타났다. 이준태가 국내부 노동총책 역할을 하게 된 것은 자연스러운 일이었다.

서울파의 견제 탓에 국내부는 고전을 면치 못했지만 한 걸음씩 앞으로 나아가고 있었다. 겨울이 다가오자 이준태는 고향인 안동의 풍산읍으로 내려갔다. 안동과 대구, 진주를 중심으로 하는 영남 벨트에서는 노농운동이 거세게 타오르고 있었다. 단순한 귀향이 아니었던 것이다. 그해 여름

〈경성고무 여공女工 동맹파업의 전말顚末〉이라는 문서 작성과 배포를 주도했던 김남수가 이준태의 귀향에 동행했다. 김남수는 이준태와 함께 조선노동연맹회에서 중앙집행위원으로 활동했다. 김남수의 고향은 풍산읍에서 반나절 거리에 있는 예안면이었다. 이들은 곧바로 권오설과 회합했다. 그해 겨울 권오설은 그동안 착착 준비해두었던 풍산소작인회를 출범시켰다. 소작인회는 불과 3개월 만에 1000여 명이 회원으로 참여하는 놀라운 성과를 보여주었다.

이듬해 정월대보름에 풍산읍은 깃발과 농악을 앞세운 가운데 주민들로 인산인해를 이뤘다. 칼바람에 매서운 눈발이 몰아쳤지만 그날 하루 풍산읍은 해방구였다. 이준태와 김남수는 또 다른 일에 착수했다. 사회주의 조직을 건설하는 것이었다. 이를테면 화요회 안동지회와 같은 조직을 만드는 것이 이들의 목적이었다. 그리고 두 사람은 권오설을 김재봉에게 추천했다. 봄이 오자 권오설은 경성으로 향하는 기차에 몸을 실었다. 그에게 조선노농총동맹 상무집행위원 자리가 주어졌던 것이다. 그와 동시에 박헌영과 함께 화요회 청년 조직을 확대하는 임무도 맡았다. 안동군 풍산읍이라는 작은 마을에서 일어난 완벽한 임무교대였다.

1925년 4월 17일, 아서원

━━━━━━ 역사적으로 겨울 동안 적들이 움직이지 않는다고 그것을 휴전이라 착각하는 것만큼 치명적인 것은 없다. 대개 반격은 휴전이라고 생각하는 그 겨울에 준비되기 때문이다. 화요회는 13인회를 탈퇴하자마자

기민하게 움직였다. 자신들의 세력권에 있는 무산자동맹회를 적극적으로 활용했다. 하지만 무엇보다 강력한 제휴 대상은 여전히 북풍회였다. 경성의 밤은 부산하게 돌아갔다. 서울파는 화요회의 움직임에서 무엇인가 감지했지만 두 가지 약한 고리가 있었다. 서울파의 절대적인 결정권을 행사하는 김사국의 건강이 위험한 상황이었다. 게다가 폐병은 겨울에 활동하기에는 치명적인 질병이었다. 무엇보다 화요회의 기획은 이전과 완전히 다른 내용을 가지고 있었다. 하지만 서울파는 화요회의 움직임을 심각하게 받아들이지 않고 있었다.

경성이 세밑으로 부산할 때 화요회가 선제공격을 하고 나섰다. 신년 초 재경사회운동자간친회를 개최한다고 공개적으로 선언한 것이다. 간친회 준비위원은 김약수, 조봉암, 윤덕병, 권오설 등으로 발표됐다. 화요회와 북풍회의 연합전선이 다시 시작되고 있다는 신호였다. 그런데 조선노동당의 이충모까지 준비위원으로 이름을 올린 것이 확인되자 서울파는 급격히 동요했다. 조선노동당의 영향력은 그렇게 크지 않았지만 국내를 중심으로 통일당을 건설하자는 일관된 노선을 가지고 있었다. 조선노동당은 사회주의자들 사이에서는 편파적이지 않다는 이미지를 가지고 있었다. 결정적으로 조선노동당은 서울파와 단절할 정도로 대립관계에 있지 않았다는 것이다. 서울파 입장에서는 반쯤 우군인 조선노동당까지 등을 돌린 것이나 마찬가지였다. 간친회가 열린 낙원동의 열빈루에는 150여 명이 참석해 발 디딜 틈조차 없었다. 재경간친회라는 이름을 표방했지만 정세가 궁금한 지방의 사회주의자들이 자발적으로 참여할 정도로 대성황이었다.

사회를 맡은 사람은 준비위원에 이름도 올리지 않았던 김찬이었다. 준비된 수순이었다. 모든 시선이 간친회를 향하고 있었지만 행사 내용은 기대와 달리 평범했다. 조봉암이 그간 청년운동의 의의와 한계를 발표한 것이 주목을 끄는 정도에 불과했다. 정작 집중적으로 논의될 것으로 생각했던 운동의 통일과 관련해서는 상식적인 논의만 진행되었다. 요컨대 운동의 통일에 관해서는 향후에 논의하자는 정도로 마무리되고 말았다. 조선기근구제회에 적극적으로 후원하자는 것과 집회 금지에 대해 항의하자는 것이 결정된 사항의 전부였다. 그리고 결정사항을 이행할 대표자로 김찬과 김약수, 임세희를 선정했다. 모인 사람들의 면면과 이날의 열기를 고려하면 다소 싱거운 결론이었다. 그런데 이런 싱거운 결론을 대표할 사람으로 김약수와 김찬을 전면에 내세운 것은 의외였다. 게다가 임세희를 포함시킨 것도 뜻밖의 결정이었다. 임세희는 〈사의 찬미〉로 유명한 윤심덕을 앞세워 조선을 돌며 단막극 순회공연 단장을 하던 인물이었다. 단막극의 맨 앞과 뒤에 윤심덕의 〈황혼의 시대〉라는 독창을 집어넣어 그녀를 단박에 조선 최고의 스타로 만들면서 유명세를 타기도 했다. 그렇다고 단막극이 특별히 민중계몽 내용을 담은 것도 아니었다. 확실히 이날의 시나리오는 서울파뿐 아니라 일경이 보기에도 혼란스러웠다.

1924년 겨울부터 이듬해 4월 17일 아서원의 회합까지 숨 가쁜 행보의 기획자가 구체적으로 누구인지 알려진 바는 없다. 상식적으로 생각한다면 화요회 내부에서 논의되었을 것이다. 하지만 자세한 기획을 모두가 공유하며 논의할 수는 없었을 것이다. 하물며 경성 한복판에서 전위당을 건설한다는 것은 실로 무모한 계획일 수도 있었다. 최소한의 사람만 극비리에 모이는 것은 어쩌면 당연한 일이었다.

한 편의 잘 짜인 이 드라마에서 김찬의 손길이 느껴진다면 과도한 상상일까? 물론 고비마다 결정한 최고책임자는 김재봉이었다. 2월이 시작되면서 간친회에 이은 또 다른 기획들이 시작됐다. 전조선민중운동자대회 준비회의 결성을 선언한 것은 그 서막이었다. 대회 준비위원으로 서울파를 제외한 거의 모든 조직의 핵심인물이 참여했다. 준비회가 결성되고 위원들이 발표되자 화요회는 곧바로 자신들이 장악하고 있는 조직들을 참가시키기 위한 작업에 들어갔다.

신흥청년동맹이 총회를 개회하고 가장 먼저 참가를 결의한 것은 3월 7일이었다. 준비회 위원이 발표되고 거의 한 달 만이었다. 전격적으로 추진된 것에 비해 다소 느린 출발이었다. 아마도 화요회뿐 아니라 비선중앙이나 마찬가지인 고려총국 국내부의 역할 분담 등을 논의할 시간이 필요했을 것이다. 무엇보다 북풍회, 조선노동당과 비밀리에 협의할 시간이 필요했다. 특히 여전히 노동운동에 강력한 영향력을 가지고 있는 무산자동맹회 같은 조직들과도 사전논의가 필요했다. 신흥청년동맹에 이어 혁청단, 신의주 신만청년회 등의 참가 선언이 이어졌다. 이준태와 김남수가 주도하고 있는 안동의 화성회와 인근 예천신흥청년회 역시 참가를 선언했다. 화요회의 영향력 아래 있던 조직들이 속속 참가를 선언한 것은 당연한 일이었다.

하지만 남부 지방의 핵심 거점이라고 할 수 있는 마산노농동우회가 참가를 선언하자 상황이 급변하기 시작했다. 그동안 서울파는 적신호를 느끼면서도 공개적으로는 "화요회의 분열책동을 경고"하는 수준이었다. 하지만 마산이 참여한다는 것은 영남권과 남부 지역 전체가 움직인다는 것을 의미했다. 게다가 마산은 화요회뿐 아니라 북풍회의 영향력도 미치는 곳이었다. 북풍회의 대중 조직이 본격적으로 참가한다는 신호탄이었다.

서울파에 심각한 적신호가 켜진 셈이었다.

1923년 봄에 창립된 마산노동동우회는 좌파 민족주의 경향을 가진 청년들의 대중 조직이었다. 같은 해 여름 동우회 간부인 김명규 등을 중심으로 혜성사彗星社라는 사회주의 그룹이 만들어졌다. 비슷한 시기에 김상주를 비롯한 네 명이 사각동맹四角同盟이라는 또 다른 사회주의 그룹을 결성했다. 마산노동동우회는 다른 지역 조직들처럼 인텔리들이 많았지만 운수와 부두 등 노동자도 상당수 참여하고 있었다. 독학으로 공부한 김상주 역시 민족 자본가들이 설립한 동일상회에서 노동자로 일하고 있었다. 김상주는 2년 후 조선공산당이 창당된 아서원 회합에 참여한 20인 중 한 명이었다.

고려총국 국내부의 김찬과 박일병은 이들을 끌어들여 경남 지역 조직 거점으로 연계를 맺었다. 이듬해 국내부에서 활동하다 탈퇴한 북풍회의 신철이 두 조직의 김명규와 김상주를 중심으로 비밀리에 마산공산당이라는 지역당을 조직했다. 마산노동동우회에는 북풍회의 입김이 강하게 작용하고 있었다. 또 하나의 경남 거점인 진주와 호남 조직들도 속속 참가를 선언했다. 서울파가 느낀 적신호가 곧바로 현실로 나타난 것이다. 하지만 후속타는 더 치명적이었다. 북풍회와 조선노동당이 전조선민중운동자대회 응원회라는 것을 조직한 것이다. 화요회도 관여했지만 전면에 나선 것은 북풍회와 조선노동당이었다. 북풍회의 서정희가 의장을 맡았고 김약수와 신철이 맨 앞줄에 집행위원으로 이름을 올렸다. 조선노동당 3인방인 김연희와 전일, 이극광도 집행위원으로 가세했다. 의도한 것이라면 참으로 교묘한 전략이었다. 화요회가 주도하는 대회에 북풍회와 조선노동당이 참가를 촉구하는 모양새였기 때문이다. 전국의 대중 조직들에 참가를 촉구하면서 서울파와는 함께하지 않는다는 것을 공개적으로 드러낸 것이나 마찬가지였다. 서울파 입장에서는 충격적일 수밖에 없었다.

기세는 멈추지 않았다. 윤덕병과 권오설이 주도해 조선노농총동맹 중앙집행위원회 간담회를 기습적으로 개최하고 대회 참가를 결의했다. 물론 간담회에 서울파의 중앙집행위원들은 초청조차 받지 못했다. 서울파는 곧바로 자파를 중심으로 조선노농총동맹 회의를 소집한 후 "화요회가 주도한 간담회는 불법이며 대회를 저지"하기로 결의했다. 3월 한 달 동안 화요회는 준비된 기획으로 일사불란하게 움직였다. 하지만 상대는 경성 한복판에서 임시정부 수립을 공개적으로 시도했던 김사국이었다. 서울파의 김사국은 이제 경고나 규탄에 그치지 않았다. 1925년 4월 5일, 서울파는 전조선민중운동자대회 반대 단체인 전국연합위원회(연합회)를 조직했다. 화요회와 북풍회를 반대하는 세력을 전국적으로 조직하고 나선 것이다. 화요회 김찬의 '기획'이 치밀하고 정교하다면, 서울파 김사국의 '도전'은 때로 상상을 뛰어넘었다.

200개 넘는 단체가 참여한 연합회는 "화요회와 이르쿠츠크파, 그리고 상해파를 운동에서 구축"한다고 결의했다. 구축이라는 것은 글자 그대로 '제거'한다는 의미와 같았다. 그런데 결의 내용 중에 언급된 각 파의 '수령'들을 제거한다는 사항도 포함되어 있었다. 서울파와 나머지 분파의 대립은 비난 수위를 넘어 이젠 적대적인 대결로 치닫고 있었다. 그런데 당시 이봉수와 몇 명을 제외하면 상해파 국내 그룹은 이름뿐인 조직에 불과했다. 그런 상해파를 제거 대상으로 지목했지만 정작 북풍회는 언급되지 않았다. 조선노동당 역시 언급되지 않았다. 이후를 대비해 북풍회와 조선노동당은 공백으로 남겨놓은 것이다. 여전히 서울파의 타깃은 화요회였다. 김사국은 북풍회의 김약수를 화요회와 떨어뜨려놓기 위해 전력을 기울였다. 김사국의 도도한 전면적 선언은 북풍회를 어느 정도 흔드는 데 성공했다.

마지막으로 화요회와 북풍회가 협의회를 개최한 것은 김사국의 광폭한 선언 직후인 4월 6일이었다. 협의회에서 북풍회는 서울파를 포함한 통일당의 건설을 다시 한 번 검토할 필요가 있다는 의견을 화요회에 제안했다. 김사국의 흔들기가 성공한 것이며 북풍회가 또다시 막대를 반대 방향으로 구부린 것이었다. 북풍회의 이 제안은 조직의 비선중앙인 까엔당의 결정이기도 했다. 그것은 곧 김약수, 송봉우, 서정희, 정운해 등의 통일된 의견이라는 의미였다.

경남 하동 출신인 송봉우는 김약수와 북풍회의 시작과 끝을 함께한 인물이었다. 송봉우는 중앙고보를 중퇴한 이후 경성기독교청년회에서 영어를 공부했다. 그리고 현해탄을 건너가 세이소쿠 영어학교를 거쳐 니혼 대학에 입학했다. 그야말로 전형적인 일본 유학 코스를 밟았다고 볼 수 있다. 김약수와 함께 고학생동우회와 흑도회 결성에 참여했고, 이후 북성회와 북풍회 중앙집행위원을 거치며 행보를 함께해온 인물이었다. 이동휘에게 김립이 있었다면 김약수에게는 송봉우가 있었다. 서정희는 남선노농동맹의 대표였다. 이 동맹은 경북과 대구, 전라 지역 노동 조직의 통일된 이름이었다. 화요회와 서울파가 경성의 노동 조직을 양분하며 대립할 때 남선노농동맹은 노동 조직의 통일을 촉구하며 두 조직을 압박했다. 그 결과 탄생한 것이 조선노농총동맹이었다. 이를테면 북풍회의 개입으로 화요회와 서울파가 일시적으로 통일된 노동 조직을 건설한 것이다. 북풍회는 언제든지 판을 흔들 수 있는 힘을 가지고 있었다.

북풍회의 제안은 두 가지가 더 있었다. 단일한 강령과 화요회의 좌익맹동주의 오류에 대한 수정이었다. 후자는 민족주의자들과 종교인들에 대한 화요회의 태도를 지칭하는 것이었다. 이르쿠츠크파는 태생적으로 민족주의자들과 선을 긋는 노선을 가진 조직일 수밖에 없었다. 러시아에서 시작한 조직의 역사적 배경으로 볼 때 어쩌면 당연한 것이었다. 이런 노선은 고려총국 국내부를 거쳐 화요회까지 자연스럽게 스며든 측면이 있었다. 당의 통일뿐만 아니라 독립을 위한 통일전선의 필요성도 시기적으로 혼재되어 있었다. 하지만 화요회는 여전히 민족주의자들과의 통일전선에 부정적이었고, 특히 박헌영은 요지부동이었다. 4월 6일 회합에서는 북풍회의 제안을 화요회가 일단 묵묵히 듣고 있어야만 하는 자리였다.

다음 날 서울파는 사설 학습기관인 한성강습원漢城講習院에서 전조선민중운동자대회 반대단체전국연합회를 개최했다. 서울파는 "화요회가 운동을 분열시키며 일제를 이롭게 하고 있다"고 맹공을 퍼부었다. 화요회 중앙은 논의를 거듭해야만 했다. 수많은 논의가 오갔지만 한 가지 결론은 분명했다. 서울파와는 단일한 당을 건설하지 않는다는 것이었다. 다만 좌익맹동주의를 수정하라는 북풍회의 요구는 논란 끝에 수용하기로 결정했다. 일부의 반대에도 불구하고 이 결정을 수용한 것은 다분히 북풍회를 끌어당기려는 전략적 선택에 가까웠다.

코민테른의 노선 변화도 화요회의 결정에 영향을 미쳤다. 코민테른은 이미 제국주의에 대항하기 위해서는 민족주의자들과 통일전선을 형성할 필요가 있다는 것을 정식 노선으로 채택하고 있었다. 화요회는 고려총국 국내부를 사실상 계승한 조직이므로 일부의 반대를 잠재우는 데는 충분한 근거가 있는 셈이었다. 그럼에도 불구하고 화요회는 북풍회가 자신들을 좌익맹동주의로 비판하는 것이 유쾌하지만은 않았다. 북풍회 역시 민족주의자들과 선을 그으며 국내에서 활동해왔기 때문이다. 북풍회가 손을 잡으라고 제안하는 서울파 역시 마찬가지였다. 서울파의 지도자인 김사국은 철저하게 민족주의자들과 대립하면서 자신의 조직을 강화하고 확장해온 인물이었다. 하지만 화요회는 단일한 강령과 좌익맹동주의 오류 수정이라는 두 가지 제안을 받아들이는 결단을 내렸다. 그럼에도 불구하고 서울파와는 함께할 수 없다는 단호한 입장을 북풍회에 전달했다. 역제안이자 사실상 최후통첩이었다.

북풍회의 까엔당 중앙총국이 공을 다시 넘겨받은 것은 4월 9일이었다. 북풍회는 조선노동당을 포함한 네 개의 조직이 통일 조직을 건설하는 것은 불가능하다는 점을 인정했다. 서울파와는 함께할 수 없다는 화요회의 최후통첩이 먹혀들어간 것이다. 북풍회가 화요회의 손을 들어준 이유는 크게 두 가지다. 일본 유학파 조직인 북풍회가 국내에 들어올 때 이들을 견제한 것은 〈동아일보〉를 중심으로 하는 민족주의자들뿐만이 아니었다. 서울파도 같은 입장이었다. 서울파는 북풍회를 이르쿠츠크나 상해파와 똑같은 '해외파'라는 인식을 가지고 있었다. 자신들은 엄혹한 국내에서 일제와 민족주의자들을 상대로 싸우면서 사선을 넘나들며 교두보를 마련한 사회주의자들이라는 자부심이 강했다. 또한 그들의 눈에는 북풍회도 조선의 현실을 모르는 '먹물'이라는 사고가 짙게 배어 있었다. 이를테면 낙양관 사건이 대표적이었다. 북풍회가 국내로 넘어와 전국 순회강연회를 마치고 낙양관에서 뒤풀이를 할 때 서울파가 테러를 감행했다. 마치 영화의 한 장면처럼 구두를 신은 채 난입한 서울파에 의해 신백우 등이 중상을 입은 바 있었다. 북풍회는 서울파와 시작부터 구원舊怨이 있었고 대립관계는 계속됐다. 그럼에도 불구하고 북풍회는 서울파와 함께해야 한다는 소신을 가지고 있었다. 하지만 이제는 더 이상 서울파에 끌려가서는 안 된다는 의견이 마지막에 다수를 차지했다.

북풍회가 화요회와 함께하려는 또 다른 이유가 있었다. 이를테면 '정통' 같은 것이었다. 화요회의 중앙은 여전히 고려총국 국내부였고, 여전히 코민테른이 그들을 '옹호'하고 있었다. 코민테른의 기조는 통일당이었지만 그들이 화요회를 엄호하고 있다는 흔적은 곳곳에서 확인할 수 있었다. 북풍회는 현실을 인정하기로 결정하고 이틀 후인 4월 11일 회답을 보냈다. 서울파를 제외한 당 건설의 서막이 오른 것이다.

1차당의 그날

─────── 점심시간을 조금 앞두고 사내는 가회동에 있는 하숙집을 나섰다. 약속시간은 오후 1시였다. 사내의 걸음걸이로 약속 장소까지는 30~40분이면 충분했다. 하지만 사내가 골목을 빠져나온 것은 약속보다 훨씬 앞선 시간이었다. 짙은 눈썹에 서글서글한 인상의 사내는 오늘따라 날카로운 눈빛에 긴장한 빛마저 역력했다. 빠른 걸음으로 재동초등학교를 지나 경기여고 앞에서 잠시 멈춰 서더니 마치 볼일이라도 있는 사람처럼 느린 걸음으로 주변을 어슬렁거리며 딴짓을 하기 시작했다. 아주 잠깐이었지만 건너편의 북풍회관을 쳐다보았다가 이내 시선을 돌렸다. 얼마나 지났을까. 사내는 또 예의 빠른 걸음으로 단숨에 도로를 건너 운현궁 앞쪽으로 빠져나갔다. 파고다공원을 지나 일각을 더 걸었을까. 사내는 청

계천에 잠시 앉아 따사로운 봄볕을 감상하며 숨을 골랐다. 하지만 누군가에 쫓기는 것처럼 연신 사방을 둘러보며 경계를 늦추지 않았다. 사내는 다시 자리를 털고 일어나더니 빠른 걸음으로 조선은행을 오른쪽으로 지나 환구단 방향으로 향했다. 잠시 후 사내가 도착한 곳은 아서원이라는 중국 요릿집이었다. 사내는 바로 김재봉이었다.

김재봉이 집을 나서던 비슷한 시각, 김찬도 집을 나섰다. 김재봉의 집에서 불과 한옥 서너 채 건너에 있는 아주 가까운 거리였다. 김찬의 목적지 역시 아서원이었다. 하지만 김찬은 김재봉과 다른 길을 이용해 목적지로 향했다. 둥근 모양의 얇은 뿔테 안경, 넓은 이마에 언제나 오른쪽으로 가지런히 빗은 머리. 김약수가 북풍회관의 문을 열고 나섰다. 좌익계의 모사謀士라는 그의 별칭은 서울파와 화요회의 광폭한 대립 사이에서 얻은 숙명 같은 것이었다.

김약수와 적당한 거리를 두고 또 한 사내가 뒤를 따랐다. 북풍회의 송봉우였다. 당시 북풍회관은 다목적 회관이라고 해도 좋았다. 사무실과 회의실도 갖추고 있었지만 숙소도 있었다. 지방에서 올라온 사람들이 들락거렸고 경성의 활동가들 중에도 마땅한 거처가 없는 이들이 종종 이용했다. 북풍회의 여걸인 정종명은 회관에서 살다시피 하면서 회원들의 끼니와 일상을 챙기고 있었다. 이를테면 숙소는 만든 것이 아니라 자연발생적으로 생긴 것이나 다름없었다. 이런 현상은 노농총연맹회관이나 화요회 본부도 마찬가지였다.

훈정동薰井洞 초가집에서도 한 사내가 집을 나섰다. 사립문을 나서는 사내 뒤에는 아내가 서 있었다. 사내는 짧은 인사를 건네고 빠른 걸음으로 종묘 쪽으로 빠져나갔다. 목적지는 역시 아서원. 그는 박헌영이었다.

1925년 4월 17일 오후 1시, 아서원. 평범한 점심 약속을 가장한 이날의 모임은 바로 조선공산당 창당을 위한 자리였다. 최재형이 첫발을 내딛었던 극동의 낯선 땅 지신허, 하바롭스크, 이르쿠츠크, 상해, 블라디보스토크. 그 먼 길을 돌아 독립과 사회주의를 꿈꾸는 사람들이 모인 곳은 경성의 한복판에 위치한 중국요릿집이었다.

　　1차 조선공산당, 이른바 아서원 당대회 참가자는 열아홉 명이라는 것이 정설로 받아들여지고 있다. 하지만 기록과 증언에 따라 열네 명 또는 열일곱 명이라는 주장도 존재한다. 2차 조선공산당을 이끌게 되는 강달영은 참가하기로 되어 있었지만 기차가 연착돼 불발되었다. 계획상으로는 스무 명이라고 할 수도 있다. 아서원에 참석한 사람들의 엇갈리는 기억과 기록 속에 특이한 점도 있다. 그들의 엇갈리는 숫자의 증언에는 묘하게 박헌영이라는 이름이 등장하지 않는다. 왜 그럴까? 이를테면 아서원 회합에 참석하기로 한 숫자와 참석한 숫자가 다를 수 있었다는 것도 하나의 가능한 추론일 수 있다. 하지만 아서원 대회에 박헌영이 참석하지 않았다는 것은 상상도 할 수 없다. 무엇보다 다음 날 개최될 조선공산당 고려공청의 책임비서로 내정된 박헌영은 당연히 참석했을 것이다. 공청의 책임비서로 내정된 인물이 이튿날 공청 대회를 소집하려면 당 중앙의 결정을 정확히 알아야 했다. 이전과 이후에도 그런 것처럼 공청의 책임비서는 당 중앙의 일원을 당연직으로 겸임하는 것이 공식이었다.

　　역사적인 이날 자리에서 오간 대화는 알려진 것이 많지 않다. 중국요릿집인 아서원은 서민들이 드나들 만한 곳이 아니었다. 하지만 요리를 시키지 않고 장시간 동안 회의만 할 수 있는 곳도 아니었다. 이날 모임은 동네에서 여유가 좀 있는 한량들의 친목모임 겸 점심식사 자리로 보여야 했다.

아서원을 선택한 것도 그런 이유였다. 알려진 대화가 많지 않았던 것은 회의 시간이 짧았기 때문이다. 식사를 포함해 세 시간이면 회의는 계획한 대로 진행되었다는 뜻이다. 조선공산당 역사에서 이날의 결정에 대해 참석자들의 기억이 엇갈리지 않는 이유다. 엇갈린 것은 결정에 대한 후일의 해석뿐이었다.

김재봉의 모두발언으로 당대회가 시작됐다. 김재봉은 국내에 난립하는 사상 단체를 지도할 조직의 결성이 시급히 필요하다는 점을 강조했다. 통일당의 건설은 사상적 지도가 1차적 임무라는 것을 강조했다. 당의 성격이 전위당이라는 것을 분명히 한 것이다. 사회주의운동에 다양한 경험을 가진 인물들로 구성된 당 중앙과 전국에 구축하고 있는 야체이카가 당의 출발점이라는 선언은 화요회의 노선이기도 했다.

김약수의 사회에 따라 두 곳의 야체이카 책임자의 발언이 이어졌다. 신의주의 독고전과 마산의 김상주였다. 중국의 안둥安東으로 넘어가는 신의주는 중요한 거점이었다. 신의주 출신인 독고전은 만주를 거쳐 러시아에서 활동한 인물이었다. 독고전은 1922년 1월 개최된 극동민족대회에 신의주 부두조합 대표로 참석한 적이 있었다. 국내에서는 일면식도 없던 김재봉과 독고전은 모스크바에서 우연히 만났던 것이다. 독고전은 국내로 돌아와 고려총국 국내부의 신의주 야체이카를 구축하며 김재봉 그룹을 보이지 않게 지원하고 있었다.

이날의 회합을 두고 김재봉을 연장자라고 지칭하는 경우가 있는데, 창당 대회를 주도한 것은 화요회였고 국내부 총책은 김재봉이었다. 연장자라는 표현은 이후에 누군가가 붙인 것이다. 어쩌면 김재봉 중앙의 권위를 조금 희석시키려는 의도일 수도 있었다. 가장 연장자는 김재봉이 아니라 독고전이었다. 국내로 돌아온 독고전은 신의주의 노동 단체와 청년 단체를 대표했다. 서울파와의 대립 과정에서 독고전은 신의주를 대표해 국내부와 화요회의 입장을 대변했다. 국경 지역 책임자, 노동 대표권, 연장자. 독고전의 발언이 갖는 무게가 있었다. 물론 "혁명의 기운이 무르익고 있다"는 결론은 다소 분위기에 들뜬 측면이 있었다.

마산 야체이카 책임자인 김상주의 발언도 공통점이 있었다. 김상주는 "남부 지역에서 사회주의가 급격히 확대되고 있다"고 강조했다. 김상주는 남선노동동맹의 지도자였다. 영호남을 중심으로 하는 남선노동동맹은 노동 조직의 분열에 대해 경고음을 보내 조선노농총동맹의 탄생을 이끌었다. 경성 중심의 조직들은 남선노동동맹, 곧 영호남의 목소리를 의식하지 않을 수 없었다. 영호남 지역에서 사회주의 조직들이 빠르게 늘어나고 있는 것은 사실이었다. 단체들이 난립하고 있다는 김재봉의 지적도 무리는 아니었다. 김상주 역시 화요회였다.

보고가 끝나자 김약수는 당명에 대해 제안해줄 것을 요청했다. 곧바로 김찬은 조선공산당이라는 당명을 제안했다. 하지만 한쪽에서 조선왕조를 연상케 한다는 이의제기가 있었다. 김찬은 고려공산당은 파쟁을 답습한다는 느낌을 줄 것이라고 말했다. 고려공산당이라는 이름을 거명한 사람은 없었다. 김찬은 조선공산당이라는 당명이 왜 적절한지 설명하지 않았다. 단지 고려공산당이라는 이름의 부정적인 의미만 부각시켰다. 김찬은 필요할 때 일을 어떻게 처리해야 하는지에 대해 누구보다 뛰어났다.

당명은 마침내 조선공산당으로 결정됐다. 가장 중요한 당 중앙과 조직 체계에 대한 인선이 이어졌다. 하지만 논의는 짧게 끝났다. 신뢰할 수 있는 사람들로 전형위원을 구성하고 그들에게 위임하자는 의견이 제기됐다. 이를테면 인사위원회를 구성하자는 것이었다. 당 중앙에 해당하는 중앙집행위원과 당 조직 전반에 전권을 가진 중앙검사위원의 선출을 위임하자는 안건이었다. 신뢰할 수 있는 사람들로 구성한다는 동의를 전제로 하지만 이보다 더 강력한 위임은 일찍이 없었다. 3인의 전형위원에게 위임하는 안건은 쉽게 통과됐다. 전위당이라는 특성이 안건의 통과에 영향을 미쳤다. 참석자들도 당 중앙 구성을 모두 알 수 없는 구조, 그것이 전위당이었다.

전형위원으로는 김찬과 조봉암, 조동호가 선출됐다. 세 사람 모두 화요회였다. 북풍회와 상해파는 전권을 가진 전형위원에 한 사람도 포함되지 않았다. 이에 이의를 제기하는 사람은 없었다. 사전에 3파 중앙들의 논의가 있었기 때문이다. 그렇지 않다면 단일한 정파의 인물들로만 구성된 전형위원에 누구도 동의하지 않았을 것이다. 중앙집행위원으로는 화요회의 김재봉와 김찬, 조동호가 선출됐고, 북풍회에서는 김약수와 정운해가, 상해파에서는 유진희와 주종건이 선출되었다. 중앙검사위원으로는 화요회의 조봉암과 윤덕병, 북풍회의 송봉우가 선출됐다. 전형위원 선출은 형식이었던 것이다. 화요회가 한 명 더 많기는 했지만 이날 참석한 비율로 보면 과대대표된 것은 북풍회와 상해파였다. 아서원 창당대회에 참석한 면면을 보면 확연히 드러난다. 열아홉 명 중 북풍회는 김약수와 송봉우, 정운해가 전부였다. 상해파 역시 이봉수와 유진희, 주종건뿐이었다. 나머지 열세 명은 모두 화요회였다. 당 중앙과 검사위원회 구성만을 놓고 보면 화요회는 오히려 과소대표되었다. 김재봉 책임비서와 화요회가 주도한 조선공산당은 이렇게 시작됐다.

역사적인 결정에 참여한 사람들이 그 결정이 미칠 미래까지 예측하기란 불가능하다. 이날 세 시간에 걸친 회합은 이후 30년간 국내외 사회주의 운동을 뒤흔들었다. 하지만 그들은 다음 날, 다음 회합에 모든 것을 집중할 뿐이었다.

최초의 창당대회가 열린 아서원은 오늘날 롯데호텔 건물에 포함되어 있다. 경성 시내 한복판이다. 비밀리에 개최한 창당대회 장소로 아서원을 선택한 것은 대담한 기획이었다. 어쩌면 무모하기까지 한 이 기획은 일제의 허를 찌르기 위함이었다.

3·1운동 이후 일제는 회유정책을 들고 나왔다. 대표적인 것이 신문사 설립을 허용하는 것이었다. 신문사에는 뛰어난 인재들이 속속 모여들었고 의도와 달리 독립운동의 전진기지가 되어버렸다. 초창기에는 민족주의 좌파들이 대부분이었지만 불과 몇 해 지나지 않아 신문사는 사회주의자들의 소굴로 변모했다. 신문사들이 설립되자 일종의 기자협회라고 할수 있는 무명회無名會가 탄생했다. 무명회는 1년에 한두 번 간친회라는 이름의 친목회를 개최했다. 그런 무명회가 전조선기자대회를 준비하면서 일제의 모든 시선이 그들에게 집중됐다. 무명회는 민족주의자들이 주도하는 분위기였다. 단적인 예로, 대표 역할을 하고 있는 이종린만 하더라도 기자가 아니라 〈천도교신문〉 사장이었다. 그런데 오늘날 정치부에 해당하는 사회부 기자들만의 조직이 별도로 만들어지면서 기자대회는 그 성격과 규모가 커지기 시작했다.

심훈 등이 주도한 철필구락부는 대표, 임원 등이 주도했던 무명회와 달리 사회주의자들과 민족주의 좌파 성향의 기자들이 득실거렸다. 〈조선일보〉에 다니던 화요회의 김단야와 임원근도 철필구락부에 주도적으로 참여하고 있었다. 철필은 펜, 구락부는 클럽을 뜻한다. 오늘날에도 존재하는 국제펜클럽의 최초 한국지부는 철필구락부인 셈이다. 무명회와 철필구락부는 이틀 동안 기자대회를 안국동이 코앞인 천도교회관을 비롯해 경성 한복판에서 개최했다. 종로경찰서뿐 아니라 경무국警務局에서도 차출된 경찰들이 이들의 일거수일투족을 감시하는 데 투입됐다. 대회 장소는 물론 주요 인사들의 행적을 뒤쫓느라 일경은 손발이 모자랄 지경이었다. 기자들과 일경들이 팽팽하게 신경을 곤두세운 채 이틀을 보내고 마지막 날은 간친회로 마무리됐다. 간친회, 즉 뒤풀이 장소는 상춘원이었다.

낙산 아래 위치한 상춘원은 시내에서 한참이나 떨어진 동대문 방면에 위치해 있었다. 게다가 이곳은 3·1운동의 주모자였던 손병희의 별장으로, 감옥에서 나온 그가 요양하다 숨진 곳이었다. 간친회 장소는 경무국의 신경을 자극하기에 충분했다. 보통 사달은 마지막 날에 나는 법이다. 모든 시선이 동묘로 쏠린 바로 그날 경성 한복판에 위치한 아서원에서 조선공산당 창당대회를 개최한 것이다. 허를 찌른 이 기획은 과연 누구의 작품이었을까? 경무국까지 긴장시켰던 간친회는 너무도 조용히 끝났다.

일경의 새로운 고민은 이제 3일 후에 개최될 전조선민중운동대회뿐이었다. 아서원대회가 끝난 다음 날 또 다른 두 개의 회합이 은밀하게 진행되고 있었다. 가회동에 위치한 김찬의 집에서 조선공산당 제1차 중앙집행위원회가 개최되었다. 김찬의 집은 삼청동으로 넘어가는 언덕길 안쪽에 위치해 사람들이 드나드는 것을 확인하는 데 안성맞춤이었다. 경성고보와 담벼락 하나를 사이에 두고 붙어 있는 데다 미로 같은 골목길로 이어져 있어 위급할 때 퇴로를 확보하기에도 적합했다. 훈정동에 위치한 박헌영의 집도 유사한 지형인 것으로 보면 우연이라고 할 수만은 없었다. 이날 회합의 목적은 당 조직 책임자를 결정하는 것이었다. 그동안 당을 자임했던 조직들의 핵심 부서는 언제나 조직부와 선전부였다. 당연히 전국의 야체이카를 관리하는 부서야말로 전위당의 꽃이었다.

또 하나, 그동안 전위당들은 기관지를 발행하는 데 재정과 인력을 쏟아부었다. 이데올로기야말로 사회주의자들의 오메가였고, 선전부는 그 오메가를 책임지는 부서였다. 조직 책임자는 김찬, 선전 책임자는 조동호로 결정됐다. 북풍회의 수장인 김약수는 정치경제부라는 모호한 자리를 맡았다. 그것도 상해파의 유진희와 공동이었다. 정운해에게 노농부가 돌아갔지만, 노동 단체의 주도권을 장악하고 있는 것은 화요회 인물들이었다. 조선공산당 초대 책임비서는 김재봉으로 결정됐다. 화요회는 조선공산당이 화요회의 당임을 분명히 한 것이다. 주종건도 실권이 없는 조사부를 맡았지만, 소수파인 상해파로서는 타협이 가능한 인선이었다. 하지만 북풍회로서는 흔쾌한 인선이 아니었다. 북풍회는 그동안 화요회와 대등한 조직이라는 생각을 가지고 있었다. 일본 유학생들이 주축인 북풍회에는 엘리트가 많았고, 그에 따른 자부심도 강했다. 화요회는 당의 주도권을 장악하는 데 과도하게 집착해 어쩌면 더 큰 타협이 남아 있었지만 그걸 놓친 셈이었다.

이날 회합에서 조동호는 일종의 당 강령 초안을 제출했다. 초안은 최소 강령 수준이었다. 누가 봐도 이견이 없는 수준이었고, 설령 이견이 있더라도 충분히 수정할 수 있는 내용이었다. 북풍회는 작지만 결정적인 반격을 시도했다. 강령에 대해 이견을 제기한 것이다. 인선은 다수 의견으로 처리할 수 있지만 강령은 그렇게 할 수 없었다. 북풍회는 이견을 제시하며 강령 초안을 일단 유보시키는 데 성공했다.

조선공산당은 독특한 이중적 위치에 있었다. 국외의 개입을 철저히 차단한 국내당이지만 동시에 국내 지도력을 행사하기 위해서는 코민테른의 승인이 필수적이었다. 코민테른의 승인을 얻기 위해서는 통일당이라는 조건과 당 조직, 즉 당원 명부를 제출하는 것이 기본이었다. 무엇보다 국제공산주의에 부합하는 당 강령이 존재해야만 했다. 그런데 북풍회가 교묘한 방식으로 화요회의 일방통행에 제동을 걸고 나서는 바람에 당 강령에 대한 결정은 기약 없이 연기되었다.

같은 날 훈정동 박헌영의 집에서는 조선공산당 고려공산청년회 1차 대회가 열렸다. 고려공청은 이미 박헌영을 책임비서로 하는 국제공청의 공식 조직이었다. 1차 대회라고 규정한 것은 고려공청이 조선공산당의 하부 기관이라는 것을 분명히 한 것이다. 트로이카 중 한 명인 김단야가 사회를, 조봉암이 서기를 맡았다. 대회사는 박헌영이 했다.

이날 대회는 아서원의 당대회와 무척이나 닮아 있었다. 전형위원을 결정한 후 공청의 중앙집행위원을 선임하는 절차도 동일했다. 공청 중앙에 이름을 올린 사람은 박헌영과 김단야, 조봉암 등이었다. 책임비서로는 박헌영이 임명되었다. 공청의 핵심인 조직부 책임자로는 권오설이 선임되었다. 책임을 맡은 인물들은 주로 김찬과 관련이 있었다. 김재봉도 그들과 관련 없는 것은 아니지만 김찬만큼은 아니었다. 고려공청에서는 권오설이 핵심 부서인 조직부를 맡으며 조용히 등장했다. 권오설은 김재봉과 같은 안동의 풍산 출신이었다.

창립 대회에 참가한 스무 명의 사람들은 대부분 화요회 소속이었다. 상해파가 아무리 조직 기반이 약하다고 하더라도 참석자가 한 명도 없다는 것은 의외였다. 화요회와 대등한 위치에 있다고 자부하던 북풍회도 참석자가 없었다. 상해파와 달리 북풍회는 경성청년회라는 나름대로 탄탄한 조직을 가지고 있었다. 화요회가 북풍회의 참여를 차단한다고 해서 가능한 일이 아니었다. 북풍회는 공청의 중요성을 그만큼 간과하고 있었던 것이다. 대회는 두 가지 중요한 결정을 내렸다. 조봉암을 국제공청의 승인을 받기 위한 대표로 선임한 것이다. 모스크바에 체류하며 동방노력자공산대학을 수학한 전력이 크게 작용했다. 또 하나는 모스크바에 보낼 유학생을 선정하기로 한 것이다. 모두가 꿈꾸던 경성에서의 봄이 시작되고 있었다. 사회주의자들의 꿈이.

코민테른 밀사 두 사람

──────── 숨 가쁜 이틀이 지났다. 조봉암은 낙원동 사무실에서 다음 날 있을 대회를 점검하고 있었다. 낙원동의 화요회 본부는 낡은 목제 2층 건물이었다. 그나마 1층은 이발소가 영업 중이었기 때문에 2층만 사용하고 있었다. 요란하게 삐거덕거리는 계단 탓에 인기척을 쉽게 알 수 있을 정도였다. 전조선민중운동자대회는 화요회가 당을 창당하기 위해 준비한 두 번째 기획이었다. 기자대회에 이어 준비된 민중대회는 더 중요한 의미를 지니고 있었다. 단지 창당 대회를 위해 시선을 돌리기 위한 대회만은 아니었다.

화요회의 전위당은 민중 조직에 기반하는 것을 최우선 순위로 두고 있었다. 엘리트들이 주도하는 당이지만 당 조직은 민중 조직에 침투해야 한다는 의미였다. 화요회의 당은 레닌의 볼셰비키당과 닮아 있었다. 대회를 앞둔 3월부터 화요회 본부는 사람들로 미어터질 지경이었다. 계단의 삐거

덕거리는 소리는 잠시도 멈추지 않았다. 민중대회를 차질 없이 진행하기 위해 화요회는 본부를 이전했다. 불과 몇 분 거리로 이전한 화요회의 새로운 본부는 2층 기와집에 여유 있는 규모였다. 민중대회에 참가하는 단체들이 분담금을 내긴 했지만 대회 경비로는 턱없이 부족했다. 지방단체들이야 들여다보지 않아도 가난한 살림살이들이었다. 게다가 이런 대회의 특성상 밥값과 교제비 등 손가락 사이로 모래처럼 빠져나가는 경비도 적지 않았다. 어디에선가 다른 자금이 들어오고 있었던 것이다.

저녁시간도 이미 지난 시각, 민중대회 사무실이 갑자기 소란스러워졌다. 본정경찰서本町署에서 인편으로 조봉암에게 출석 요청이 전달된 것이다. 대회를 준비하던 사람들은 이 사태에 어떻게 대처할지 의견이 분분했다. 하지만 이틀 동안 비밀리에 조선공산당과 공청을 조직한 조봉암과 김약수는 입도 열지 못한 채 얼어붙고 말았다. 그러나 피할 수 없었다. 본정서에 출두한 조봉암에게 통보된 것은 대회 불허 통보였다. 김약수와 정운해 등이 교섭위원으로 경무국을 방문했지만 일경의 태도는 요지부동이었다. 교섭위원들이 돌아왔을 때는 이미 정사복 경관들이 화요회 본부의 출입을 통제하고 있었다. 본부에는 대회 상무위원 아홉 명만이 남아 있었다. 이튿날 아침, 대회 참가자들이 화요회 본부로 몰려왔지만 일경은 무력으로 이들을 해산시켰다. 대회 본부는 고립된 섬이 되고 말았다.

300명 넘는 대의원들은 인근 파고다공원에서 규탄대회를 시도했지만 그마저 강제로 진압되었다. 그렇게 밀려난 대오는 단성사 앞으로 후퇴했다. 대회를 참관하려던 민중도 모여들기 시작해 순식간에 대오는 1000명을 훌쩍 넘어버렸다. 신철수와 장순명이 구호를 외치며 거리행진을 주도했다. 신철수는 전날 박헌영의 집에서 조직된 고려공청의 중앙집행위원으로 선출된 인물이었다. 장순명 역시 전날 대회에 참여했었고, 조직활동 경험이 풍부한 마산 출신 김상주도 대오를 지원했다. 김상주는 아서원대회와 고려공청대회에 모두 참여한 인물이었다.

그런데 행진이 시작될 무렵 어디선가 붉은 깃발이 등장했다. 이날의 행진이 '적기赤旗 사건'으로 명명된 이유였다. 주범으로 지목된 신철수와 장순명의 예심은 두 달도 걸리지 않았다. 일제는 사건을 해프닝으로 취급했고, 두 사람은 징역 8개월을 선고받았다. 심지어 김상주는 집행유예로 석방됐다. 일제는 조선공산당의 출범을 전혀 인지하고 못하고 있었다. 불행하게도 감옥에 있던 신철수와 장순명은 8개월 만에 석방되지 못했다. 석방을 코앞에 두고 신의주 사건이 터지면서 징역살이가 갑절로 늘어났다.

화요회와 북풍회는 조선노동당의 참여를 곧바로 추진했다. 조선노동당은 서울파를 포함한 통합이 불가능하다면 1차적으로 3파만의 통합을 지지하는 입장이었다. 그런데 이들은 아서원대회에 초대받지 못했다. 내부 문제 때문이었다. 1924년 여름에 조직된 이 그룹은 그해 겨울 자신들의 기관지 〈프롤레타리아〉 창간 과정에서 일경의 감시망에 포착되어 조직원들이 체포되는 사건이 일어났다. 이들은 예심을 거쳐 이듬해 봄 집행유예로 석방됐다. 하지만 위협을 느낀 지도부 중 이정수와 김덕한은 블라디보스토크로 탈출했다.

이정수는 독특한 이력의 소유자였다. 젊은 날 연해주에서 활동하면서 이동휘가 주도한 한인사회당에 가담하며 사회주의자로 첫발을 들여놓았다. 하지만 곧바로 일본으로 유학을 떠나 와세다 대학에 적을 두고 활동했다. 그리고 1923년 경성으로 돌아와 김덕한, 이극광 등과 함께 '스파르타쿠스단'이라는 전위 조직을 결성했다. 당이라는 이름을 쓴 것은 다소 아이러니하지만, 조선노동당은 스파르타쿠스단의 공개 조직 이름이었다.

　조선노동당이 자체 사건으로 인해 일경의 주목을 받고 있는 상황에서 창당대회에 이들을 초대하는 것은 시기적으로 위험천만할 수밖에 없었다. 그럼에도 불구하고 조선노동당을 다시 접촉한 데는 이유가 있었다. 서울파를 제외하더라도 나머지 사회주의 조직을 당으로 끌어들일 필요가 있었던 것이다. 코민테른의 승인을 얻기 위해서는 통일당을 강화하려고 시도하는 모습을 보여주어야 했다. 소규모 조직이라도 배제하면 불필요한 잡음이 생길 여지가 있었다. 그리고 또 다른 이유로는 전위당이 공동의 공간에서 일할 수 있는 방안이 필요했다. 당연히 공개적인 공간이어야 했다. 사실상 화요회의 '노동 야체이카'나 마찬가지인 무산자동맹을 포함해 '4단체합동위원회'라는 외곽 단체가 탄생한 것은 그런 이유 때문이었다. 합동위원회는 북풍회관에 간판을 내걸었다. 종로구 재동 84번지는 조선공산당의 비밀 중앙당인 셈이었다. 조선노동당의 비선중앙인 스파르타쿠스단의 이극광과 김연희, 이충모 등이 자연스럽게 당에 참여했다.

　5월 초에 개최된 2차 중앙집행위원회는 여전히 매끄럽지 못했다. 조동호가 집필한 당 강령 초안에 대해 북풍회는 재차 이견을 나타냈다. 조동호의 초안은 최소강령에 머무는 수준이었기 때문에 이견을 제시하는 것은 분명 과도한 일이었다. 초안은 서두에 명시한 조선의 독립과 일제의 타도를 제외하면 당면 슬로건에 불과했기 때문이다. 이를테면 8시간 노동제, 최저임금제, 유급출산휴가와 같은 것이 대표적이었다. 강령에 해당하는 것은 "반제국주의 투쟁을 통한 민족해방"이었다. 북풍회는 민족주의자들과 연합을 통해 독립을 획득하는 것이 당면과제라고 주장해왔다. 민족주의와 선을 그었던 것은 오히려 화요회였다. 하지만 북풍회는 뚜렷한 이유 없이 강령 채택을 회피했다. 최소강령에 대한 것인지, 아니면 최소강령으로 부족하다는 것인지도 분명하지 않았다. 김재봉은 추후에 다시 논의하자며 마무리할 수밖에 없었다.

이날 회의는 두 가지 중요한 결정을 내렸다. 하나는 조선노농총동맹을 적극적으로 재편한다는 방침이었다. 서울파를 고립시키는 동시에 당 조직을 확대시키기 위해서는 필수적이라는 것이 공통된 의견이었다. 민중조직 안에 당이 기초한다는 창당 정신을 재차 확인한 것이었다. 또 하나는 코민테른 승인을 위해 조동호를 대표자로 파견하기로 결정한 것이었다. 고려공청은 이미 자체 중앙집행위원회에서 조봉암을 대표자로 파견하기로 결정한 상태였다. 조동호가 정正, 조봉암이 부副 대표로 임명된 것이다. 단 한 번도 성공하지 못한 코민테른의 승인이라는 막중한 임무가 두 사람에게 주어졌다.

당 중앙이 조금씩 기우뚱거리는 동안에도 고려공청은 거침없이 질주했다. 적기 사건으로 구속된 신철수를 대신해 임원근을 중앙집행위원으로 보선하고, 동방노력자공산대학에 스무 명을 유학 보내는 계획을 확정했다. 또한 박헌영은 전국의 군 단위까지 청년 조직을 건설한 후 전국 규모의 청년 조직을 구축하겠다는 기획을 추진했다. 바꿔 말하자면 청년 조직 안에 전국 규모의 당 야체이카를 건설하겠다는 야심 찬 기획이었다. 5월 하순, 조봉암은 모스크바로 가기 위해 조용히 경성을 빠져나갔다. 하지만 동행해야 할 조동호는 출발을 미뤄야 했다. 당 중앙집행위원회는 소집되지 못했고 최소강령의 위상은 불분명해졌다. 그렇지만 공청 대표인 조봉암이 출발한 이상 조동호는 마냥 출발을 늦출 수도 없었다. 한 달이 지나서야 조동호는 경성을 떠날 수 있었다. 조동호는 코민테른에 제출한 문서에서 강령의 성격을 "완전히 완성된 것은 아니"라고 표현했다. 모호한 표현이었다. 1차당의 강령은 당 중앙에서 논의되었지만 확정되지 않았던 것이다. 이후 당 강령의 부재는 모스크바 밀사들을 위기로 몰아넣었다.

경성을 떠난 조봉암의 첫 기착지는 상해였다. 최소한의 정세를 파악하고 정보를 얻어야만 했다. 코민테른은 상해의 거점을 강화하고 예산도 확대하고 있었다. 물론 그 대상은 이제 기지개를 켜고 있는 중국공산당이었다. 하지만 코민테른은 러시아 공산당이 아니라 국제공산당이었다. 민족해방이 최우선 목표인 동아시아 국가들을 형평에 맞게 지원해야 하는 기관이었다. 그렇다고 코민테른 산하에 국가 단위로 기구로 설치하는 것은 현실적으로 불가능한 일이었다. 상해에 있는 기관은 중국과 몽골, 조선을 지원하기 위해 설치된 것이었다. 하지만 중국공산당은 단시일 내에 역동적으로 변화하고 있었다. 코민테른이 우선순위로 지원하는 것은 당연했다. 그에 비하면 조선은 언제나 애물단지였다. 상해에 도착한 조봉암은 다양한 사람과 접촉했다. 상해는 이르쿠츠크파에 지원을 아끼지 않던 보이틴스키의 관할 지역이기도 했다.

조봉암의 지위는 이중적이었다. 조선공산당 전권대표 보좌가 첫 번째 직책이었다. 전권대표는 뒤늦게 출발한 조동호였다. 또 하나로 조선공산당 고려공청 전권대표라는 권한을 가지고 있었다. 보이틴스키는 모스크바에 가는 대표자는 한 사람이면 좋겠다는 의견을 피력했다. 대표자와 보좌가 여러 명인 경우는 흔한 일이었다. 당연히 당과 공청을 동시에 승인받기 위해 조동호와 조봉암이 함께 모스크바로 가는 것은 아무런 문제가 없었다. 하지만 조동호는 상해에 체류하고 조봉암이 단독으로 모스크바에 가는 것으로 결정됐다. 조동호는 상해에 남아 국내와 연락을 총괄하고 조봉암은 모스크바로 향했다. 위험해 보였지만 나름대로 최선의 선택이었다.

조봉암의 모스크바 방문은 이로써 두 번째가 되었다. 조봉암에게는 동방노력자공산대학에서 6개월간 수학한 이력이 있었다. 하지만 폐결핵과 향수병으로 중간에 수학을 포기하고 경성으로 돌아왔다. 동양에서 온 젊은 사회주의자들을 대상으로 한 이 대학은 통역으로 수업을 진행했다. 조봉암의 짧은 러시아어가 모스크바행에 큰 도움이 될 수 있는 것은 아니었다. 하지만 6개월이 아니라 한 달이라도 사람과의 관계는 남는 법이다. 코민테른에는 이르쿠츠크의 연락책, 조훈이 상근간부로 일하고 있었다. 조훈은 베이징에서 고려공산청년회가 탄생할 때 주도적인 역할을 하며 국제공청에서 급부상했다. 고려공청이 국제공청의 정식 지부로 승인받은 이후, 박헌영 책임비서 체제가 유지될 수 있도록 전면적인 지원을 아끼지 않았고, 체포된 박헌영이 석방되자 고려공청의 책임비서가 박헌영임을 재차 확인시키는 일도 빈틈없이 처리했다. 또한 조훈은 또 다른 이르쿠츠크의 연락책이자 형제라고 생각하는 조봉암을 지원하기 위해 소매를 걷고 나섰다.

또 한 사람, 남만춘이 조봉암을 엄호했다. 남만춘은 고려공산당 이르쿠츠크파 지도자 중 한 명이었다. 1922년, 이르쿠츠크파와 상해파의 대립이 끝을 보이지 않자 코민테른은 두 당을 해산시키는 초강수를 두었다. 이후 설치된 기관이 코민테른 고려총국이었다. 상해파와 이르쿠츠크파가 연합하여 당을 국내에 건설하라는 조치였다. 하지만 고려총국도 오래가지 못했다. 이동휘와 정재달이 이르쿠츠크파를 비난하고 탈퇴하면서 파국으로 끝맺었다. 하지만 특별한 기대를 걸지 않고 파견했던 김재봉이 2년 만에 당을 건설하고 당시 코민테른의 문을 두드리는, 누구도 예기치 못한 상황을 맞이한 것이다.

그런데 고려총국이 해산된 후 상해파와 이르쿠츠크파는 이번에 '오르그뷰로'(조직총국)를 건설하고 나섰다. 블라디보스토크에 '당 창립 대표회 준비위원회'(당 대표회)를 만든 것이다. 두 파가 세 명씩, 그리고 그들이 지명한 국내 대표 세 명으로 당 중앙을 먼저 구성하겠다는 것이었다. 국내에 당을 건설하라는 코민테른의 결정과 또다시 거꾸로 가는 행보였다. 코민테른은 이들을 외면하지 않았지만 그렇다고 적극적으로 지원하지도 않았다. 사실상 식물기구로 전락하도록 방치했다. 대표를 파견해달라는 당 대표회의 요청을 국내 사회주의자들도 냉정하게 거절했다. 당 대표회에는 남만춘과 한명세도 참여하고 있었다. 코민테른의 차가운 외면이 계속되자 당 대표회도 다른 대책이 필요해져 남만춘을 모스크바에 파견한 것이었다.

남만춘은 블라고슬로벤노예에서 태어났다. 블라고슬로벤노예는 러시아가 처음이자 마지막으로 한인들에게 땅과 재정을 지원해 건설된 정착촌이었다. 아무르강 지류의 옥토, 러시아의 재정 지원과 면세, 무엇보다 자기 땅 한 평 없는 한인들이 흘린 땀이 모여 부촌으로 재탄생했다. 한인들 사이에서는 사만리라고 불린 정착촌에서 사람들이 하나둘 부농으로 성공하자 자식들을 대도시로 유학 보내기 시작했다. 제정 러시아 시대의 인기 학교는 사관학교와 군사학교였다. 남만춘은 군사학교를 거쳐 장교로서 독일과의 전쟁에 참여했다. 러시아 혁명이 일어나자 부대 내에서 군사 소비에트를 조직하고 볼셰비키를 엄호했다. 고려공산당 이르쿠츠크파에 가담해 지도자로 활동한 이유는 단 하나였다. 가본 적도 없는 부모의 조국, 조선의 독립이었다. 상해파와의 대립으로 통일당 건설이 좌절의 끝을 보이자 남만춘은 국내 당 건설을 지원하기로 결심했다. 조봉암을 지원함으로써 자신이 참여한 당 대표회의 숨통을 끊어버리기로 작정한 것이다. 드라마틱한 배신이었다.

모스크바에 도착한 조봉암이 1차적으로 거쳐야 할 관문은 코민테른 동방부였다. 동방부는 보이틴스키와 바실리예프B. Vasiliev가 장악하고 있었다. 둘은 흔들림 없이 이르쿠츠크파를 지원해왔다. 그리고 국내 당 노선을 확고하게 지지하는 입장이었다. 담당 부서는 동방부이지만 결정 권한을 가지고 있는 곳은 코민테른 집행위원회였다. 집행위원회의 실무총괄부서는 비서부였다. 조봉암이 도착한 지 두 달이 되었지만 코민테른 집행위원회는 움직이지 않았다. 비서부는 제출한 서류만 검토한 채 미동도 하지 않았다. 조봉암은 조훈과 남만춘의 도움을 얻어 창당과 관련된 보고서를 이미 제출한 상태였다. 그렇다고 동방부가 불필요하게 시간을 허비한 것은 아니었다. 보이틴스키와 바실리예프는 이들이 보고서를 작성하는 데 필요한 모든 지원을 아끼지 않았다. 무엇보다 비서부에 신속하게 검토해줄 것을 수차례 요청했다. 코민테른 집행위원회에는 무엇인가 싸늘한 기운이 흐르고 있었다.

조훈이 차지하고 있던 자리는 원래 박진순의 것이었다. 이동휘의 한인사회당은 1차 코민테른 대회 당시 일종의 '맹아萌芽당'으로 지지를 받았다. 코민테른에 상근하면서 한인사회당을 지원한 사람은 박진순이었다. 하지만 코민테른이 지원한 자금이 문제를 일으키면서 박진순의 위치는 급격히 흔들렸다. 이르쿠츠크 고려공산당 세력이 커지면서 박진순은 실각하고 말았다. 그 자리를 이르쿠츠크파의 조훈이 차지했다. 비서부가 두 달 동안 통보하지 않았다는 것은 다른 목소리들을 청취했을 가능성도 있다는 의미였다. 코민테른에서 밀려났지만 박진순은 여전히 모스크바에서 활동하고 있었다. 극동공화국 한인부를 이끌다 체포되었던 박애도 풀려나 연해주의 러시아 공산당 조직에서 활동하고 있었다. 이들은 김재봉 중앙을 제대로 알지 못했기 때문에 불신할 이유도 없었다. 하지만 상대가 보이틴스키와 이르쿠츠크파라면 이야기가 달랐다. 그것은 곧 김재봉 중앙도 이르쿠츠크파라는 뜻이기 때문이다. 넓은 의미로 보면 크게 틀린 말도 아니었다. 상해파가 적대적인 행위를 했다는 사실은 확인된 바 없지만 그렇다고 방관하고 있지만은 않았을 것이다.

두 달이 훌쩍 넘어서야 비서부는 미츠케비치를 위원장으로 하는 위원회의 설치를 통보했다. 위원회는 제출된 서류와 인터뷰를 진행하고 코민테른 집행위원회에 최종 보고서를 작성하는 임시기구에 불과했다. 비서부는 코민테른 집행위원회 '간부회'에서 조선공산당의 승인 여부를 처리하기로 결정했다. 보이틴스키와 이르쿠츠크파의 강력한 엄호에도 불구하고 승인 문제는 간단히 끝나지 않았다. 동방부의 사무처장이라고 할 수 있는 바실리예프가 초안을 작성하고 조봉암이 의견서를 첨부했다. 하지만 첫 번째 관문부터 문제가 발생했다. 간부회는 당 강령과 규약이 없다는 것을 문제 삼았다. 사실상 코민테른을 움직이는 것은 러시아 공산당이었다. 하지만 코민테른은 국제공산당이고 최소한의 원칙과 기준을 자의적으로 해석하지 않는 기관이었다. 물론 보고서가 얼마나 충실한가는 중요한 문제였다. 그렇다고 강령과 규약을 제출하지 않은 당을 국제공산당의 지부로 인정할 수는 없었다.

조봉암은 보안상 이유로 강령과 규약을 상해에 머물고 있는 전권대표 조동호가 가지고 있다고 주장했다. 조훈과 남만춘은 추가 보고서를 통해 식민지 민족이 국내에서 당을 건설한 특수한 상황을 강조했다. 1925년 9월 21일, 코민테른 간부회는 어찌 보면 이중적인 내용들이 담긴 결정서를 의결했다. 이른바 '9월 결정서'다.

조선공산당과 고려공산청년회에 대한 코민테른의 승인을 받기 위해 러시아 블라디보스토크로 향했던 조봉암(위)과 조동호

'9월 결정서'의 첫 번째 항목은 당 강령과 규약 등이 제출될 때까지 '조선 공산 단체의 승인을 연기'한다는 것이었다. 당 강령이 기어코 발목을 잡고 만 것이다. 그런데 이 결정서가 묘한 이유는 또 다른 항목 때문이었다. 승인을 연기하면서도 이 공산 단체, 즉 조선공산당 중앙위원회를 통일당의 '기지'로 삼아야 한다고 결정한 것이다. 당 강령의 부재로 인해 당의 승인은 연기하지만 김재봉 중앙을 코민테른의 파트너로 인정한다는 내용을 동시에 결정한 것이다. 해외파들에게 충격적인 내용도 포함되었다. 결정서는 블라디보스토크의 당 대표회를 해산한다고 통보한 것이다. 사실상 조선공산당을 승인한 것이나 마찬가지였다.

화요회를 전폭적으로 지지하는 동방부는 신속하게 후속 처리를 진행했다. 조선공산당이 유일한 전진기지임을 분명히 하는 동시에 '개별 입당'을 촉구한 것이다. 물론 '이의가 있는 단체'는 절차를 밟아 항의하라는 문구도 잊지 않았다. 또 다른 결정타도 뒤따랐다. 러시아 공산당 극동국 고려부장 이영선을 해임한 것이다. 이영선은 연해주 지역 한인 단체들에 막강한 권한을 행사하는 자리에 있었다. 그리고 이영선은 국민의회 그룹의 핵심이었다. 당 대표회를 해산시킨 것뿐만 아니라 별도의 행동을 할 가능성마저 봉쇄해버린 것이다. 한때는 동맹관계로 상해파에 대응했던 이르쿠츠크파와 국민의회 그룹은 돌아올 수 없는 루비콘강을 건너고 말았다.

조봉암은 서둘러 블라디보스토크로 가는 시베리아 횡단열차를 예약했다. 그의 품에는 코민테른 간부회의 최종 서명이 담긴 '9월 결정서'가 있었다. '잠정'이라는 단서 조항이 있었지만 조선공산당의 '실체'를 인정하는 결정서였다. 결정서가 확정된 날은 1925년 9월 21일. 조봉암은 며칠 후 모스크바를 출발했다. 그동안 자신을 헌신적으로 도와준 조훈과도 기약 없는 이별을 고했다. 조봉암은 남만춘과 동행했다. 남만춘은 코민테른 동방부의 결정에 의해 공식 직책을 획득해 상해에 함께 파견되었다.

조봉암이 블라디보스토크에 도착한 것은 10월의 첫날이 밝아오는 아침이었다. 조동호를 만나 '잠정 승인'이라는 마지막 열쇠를 풀기 위해서는 서둘러야 했다. 하지만 상해로 출발하는 일정은 늦어졌다. 상해로 가는 안전한 배편이 확보되지 않았던 것이다. 이때만 하더라도 조봉암은 상해를 거쳐 국내로 돌아갈 계획을 세우고 있었다. 상해로 건너가는 배편이 마련되지 않자 아내 김조이를 보고 싶은 생각에 조급함마저 드러내곤 했다. 그런데 조봉암이 상해로 떠나고 얼마 후 김조이가 블라디보스토크에 도착했다. 일행들이 있었다. 이들은 바로 고려공산청년회가 기획한 모스크바 유학생들이었다. 김조이는 조봉암을 따라 상해로 움직일 수 없었다. 운명은 이들의 만남을 허락하지 않았다.

　상해에서 조봉암과 조동호는 완전하지 않은 '9월 결정서' 후속 조치에 대해 논의를 거듭했다. 결국 전권대표인 조동호가 직접 코민테른에 출석해 보고하는 것이 유일한 길이라는 것으로 의견이 모아졌다. 하지만 조동호의 출발은 신의주에서 예기치 않은 변고가 생기면서 늦어졌다. 국경 지역에서 사건이 발생하면 무엇보다 보안이 우선이었다. 조동호는 해를 막 넘기고서야 모스크바에 도착했다. 조봉암은 조동호에게 마지막 임무를 맡기고 국내로 귀환할 계획을 세우고 있었다. 그런데 뜻하지 않은 신의주 사건으로 망명자 신분이 되었다. 그렇다면 조봉암의 직위는 어떻게 되는 것일까? 코민테른 전권대표 보좌? 고려공청 중앙집행위원? 신의주 사건은 또 다른 혼란을 야기했고, 조봉암의 직위는 얼마 후 당을 논란의 한복판으로 끌고 갔다. 조봉암은 추운 상해 거리에서 봄이 오길 기다리며 곰처럼 웅크리고 있어야만 했다.

#6

위기의
조선공산당

8월 29일 국치일에 도쿄
한복판에 서 150여 명의
한인이 선전물을 뿌리며
시위를 전개했다. 한인들의
무장투쟁을 촉구하고 총독
타도를 주장하는 선전물이
적의 심장부에서 흩뿌려졌다.
김천해와 김한경은 체포를
피할 수 없었다. 결단을
앞두고 김천해는 번민과
갈등의 날을 보냈을 것이다.

조선공산당의 와해와 후계당

────── 코민테른의 9월 결정서 내용이 블라디보스토크를 거쳐 국내로 날아들자 경성은 발칵 뒤집혔다. 서울파는 이 사실을 '적신호'라고 판단했다. 전위당인 고려공산동맹은 즉시 중앙집행위원회를 열고 김영만과 최창익을 전권대표 자격으로 코민테른에 파견하기로 결정했다. 서울파는 조선공산당의 최종 승인이 유보되었다는 사실에는 주목하지 않고 김재봉 중앙을 배타적 공산단체로 인정한다는 것은 극히 위험한 결정이라고 보았다. 그것은 곧 김재봉 중앙을 중심으로 통일당을 건설해야 한다는 의미였기 때문이다. '유보'라는 꼬리표가 저절로 떨어지는 것은 시간문제일 뿐이었다. 김사국은 9월 결정서가 지닌 위험한 행간을 놓치지 않고 있었다.

화요회만큼이나 서울파에도 밤하늘의 별처럼 빛나는 인재들이 많았다. 와세다 대학 유학생이던 김영만은 국내로 돌아와 조선노동대회를 '기획'했다. 서울파는 조선노동대회와 조선노동공제회를 장악하면서 전국적인 조직 체계를 갖춘 세력으로 급성장할 수 있었다. 김영만은 자신도 유학생 출신이지만 김약수가 이끄는 북성회의 국내 강연을 경멸했다. 국내 운동을 책임지지 않는 "엘리트들의 현란한 말잔치"에 불과하다고 폄하했다. 북성회에 폭력을 행사한 이른바 낙양관 사건을 주도한 것도 김영만이었다. 아이러니하게도 이 사건은 북성회가 북풍회로 이름을 바꾸고 국내 조직으로 재탄생하는 계기가 되었다. 김영만은 기획자였지만 대중 연설에도 뛰어났고 일처리도 꼼꼼했다. 화요회의 조동호가 가졌던 동일한 직책, 고려공산동맹 전권대표라는 임무가 그에게 부여되었다.

김약수의 북풍회는 조금씩 침몰하고 있었다. 화요회와 함께 당을 만든 양대 산맥이었지만 당을 공동으로 운영하려는 노력은 보이지 않았다. 오히려 당에서 서서히 발을 빼는 분위기가 역력했다. 심지어 당의 위상을 '4단체합동회의' 성격으로 격하하는 발언도 마다하지 않았다. 이를테면 조선공산당이 화요회, 북풍회, 무산자동맹, 조선노동당의 합동회의에 불과하다고 주장하기 시작한 것이다. 9월 결정서에 대해 김약수는 적신호가 아니라 기회라고 판단했다. 당의 최종 승인을 유보했다는 것에 주목한 것이다. 결정서의 행간을 서울파와 정반대로 해석했지만 결론은 같았다. 그것은 그해 가을을 조선공산당이 창당된 봄 이전으로 되돌리는 것이었다. 김약수는 김사국과 접촉한 뒤 북풍회의 전위당인 까엔당의 중앙위를 소집해 신철을 전권대표로 파견하기로 결정했다. 조선공산당에 참여하지 않은 서울파나 참여한 북풍회나 당을 부정하기 위해 전력을 다하는 진풍경이 펼쳐지고 있었다.

신철은 코민테른이 고려총국을 설치했을 때 두 장의 대표권 중 한 장을 가지고 국내로 들어온 인물이었다. 김재봉이 고려총국 국내부 중앙을 조직하는 대표권을 가지고 있었다면, 신철은 공청을 조직하는 대표권을 가지고 있었다. 당을 건설하기 위해서 두 사람은 누구보다 긴밀해야 했다. 하지만 국내부를 건설한 이후 신철은 이르쿠츠크파에서 조금씩 멀어져갔다. 그리고 국내부를 이탈한 후 김약수의 북풍회에 참여했다. 모호한 행보 탓에 국내부에서 제명되기도 했다. 조선공산당이 창당될 때 특별한 역할을 맡지 못한 것도 이런 이력 탓이었다.

이들이 블라디보스토크에 도착했다는 소식이 코민테른 동양부를 통해 경성의 러시아 영사관으로 전해졌다. 소식은 곧바로 조선공산당에도 통보됐다. 김재봉 중앙은 충격에 휩싸였다. 국내부에서 이탈했던 신철이 다시 당을 와해시키려는 전권대표가 되었다는 사실은 화요회를 격앙시키기에 충분했다. 혁명도 결국 사람이 하는 일이며, 사람이 하는 일에는 감정이 따르기 마련이다. 신철의 행보는 화요회를 폭발시켰다. 김재봉은 김약수와 정운해를 즉각 당에서 제명했다. 북풍회에게 출당 결정을 내린 것이나 마찬가지였다. 이봉수를 비롯해 상해파 일부가 남아 있지만 당은 다시 '화요회의 당'으로 돌아왔다.

조선공산당 중앙은 출발부터 허약했다. 국내에 가장 큰 조직 기반을 가지고 있는 서울파와 통일당을 건설하지 못한 탓이 컸다. 서울파의 북극성인 김사국이 고려총국 국내부, 곧 화요회를 인정하지 않았기 때문이다. 김사국은 국내에 기반을 두고 활동하지 않은 사회주의 조직들을 경멸했다. 김약수가 일본 유학생들을 이끌고 국내로 들어왔을 때도 마찬가지였다. 심지어 북풍회를 테러했던 낙양관 사건에 대해서도 모른 채 외면했다. 그런 김사국과 김약수가 손잡고 김재봉 중앙의 승인을 저지하기 위해 전력을 기울이고 있었다. 당 안팎으로 김재봉 중앙은 절체절명의 위기에 직면했다. 작은 희망은 다른 곳에 있었다.

1925년 9월 24일 경성 한복판 정동의 한 건물에 적기가 휘날렸다. 비상이 걸려야 할 조선총독부는 뜻밖에도 축하 인사를 건넸다. 어떻게 된 일일까? 8개월 전인 1월, 러시아와 일본은 러일전쟁으로 중단됐던 국교를 정상화하는 조약을 체결했다. 조약에는 일제의 식민지인 조선에도 영사관을 설치하는 내용이 포함되어 있었다. 이에 따라 대한제국 시절의 러시아 부동산과 건물은 러시아에 다시 양도되었다. 그해 9월, 초대 총영사 와실리 샤르마노프가 도쿄를 거쳐 경성으로 들어왔고, 다음 날 부영사와 통역관 등이 철도를 이용해 평양을 거쳐 경성에 도착했다. 러시아는 옛 공사터를 조약에 의해 되찾았다. 그사이 러시아의 주인은 차르에서 소비에트로 바뀌어 있었다. 그렇게 해서 경성 한복판에서 적기가 일제의 축하 속에 올라갔던 것이다.

러시아와 일제는 적국이라고 할 만큼 적대적인 관계였다. 그런 양국이 왜 외교를 재개한 걸까? 일제는 1920년 시베리아 침공 이후 철수했지만, 러시아엔 여전히 많은 일본인과 정보원들이 남아 있었다. 일제는 자국민의 안전을 위한 조치가 필요했다. 하지만 그 이면에는 대륙으로 재진출하기 위한 거점을 마련하려는 목적이 있었다. 여전히 적대적인 나라들이 서로 영사관을 설치하는 이유이기도 했다. 지금이나 예전이나 마찬가지다. 대외적인 활동을 해야만 하고 동선이 쉽게 노출되는 총영사가 정보 책임자를 맡는 것은 비상식적이다. 이를테면 부영사가 코민테른 국내 결정권자이거나 통역이 단순한 통역이 아니라 그 이상의 권한을 가지고 있을 가능성이 높았다. 위기의 김재봉 중앙에 코민테른으로 향하는 핫라인이 생겼다는 것은 작은 희망 그 이상이었다. 그런데 핫라인을 통해 얻은 첫 소식은 화요회를 제외한 모든 조직이 조선공산당의 승인을 저지하기 위해 모스크바로 향하고 있다는 내용이었다. 삼시간에 작은 희망은 분노로 바뀌었다. 김재봉은 북풍회를 축출하기로 결단을 내릴 수밖에 없었다.

동짓달이 며칠 남지 않은 그해 겨울, 종묘 인근의 미로처럼 얽힌 골목들을 일경이 가득 메웠다. 일경이 목표로 삼은 곳은 한겨울에는 따뜻한 물이, 한여름에는 얼음처럼 찬물이 나온다는 훈정동의 한 초가집이었다. 초가집에 거주하던 부부는 물 샐 틈 없는 습격에 무방비상태로 체포되었다. 박헌영과 그의 아내 주세죽이었다. 두 사람은 이 황망한 사태를 전혀 예측하지 못했다. 고려공청의 책임비서인 박헌영은 일경에게 어떤 빌미도 제공한 적이 없었기 때문이다. 같은 날 체포된 중앙집행위원 유진희 역시 마찬가지였다. 사건은 일주일 전에 이미 벌어졌다.

러일전쟁을 일으킨 일제는 재빠르게 신의주까지 철도를 건설하며 대륙 침략의 발판을 마련했다. 이후 압록강철교를 건설하고 남만주철도의 안봉선安奉線과 연결되자 신의주는 일제의 만주 진출을 위한 거점 도시가 되었다. 철교를 건너자마자 도착하는 중국의 안둥과 신의주는 국경 도시로 급성장했다. 사람들이 몰려들면서 신의주는 하루가 다르게 변모해갔다. 신의주 태생인 임형관은 가난한 집안 출신이었지만 영민했다. 경성으로 유학 와서 보성전문에 입학한 것도 순전히 스스로 이룬 일이었다. 하지만 모두에게 그렇듯 가난은 학업을 계속하는 데 커다란 장벽이었다. 임형관은 보성전문 1학년을 마치지 못하고 중퇴한 후 신의주로 돌아왔다. 경성에서의 작은 인연으로 1923년 봄, 고려총국 국내부 청년 조직과 선이 닿았다. 국내부에 참여하고 있는 신의주 출신의 또 다른 인물이 있었다.

독고전이었다. 이들은 국내부의 기획에 따라 신의주로 돌아와 당 건설을 위한 기초 조직인 야체이카를 구축했다. 그리고 또 한 사람, 청년들과 친화력이 뛰어난 김경서가 참여했다. 화요회가 그랬던 것처럼 다음 행보는 신의주의 청년들을 하나의 조직으로 묶는 것이었다. 신만청년회는 신의주학우회를 재편하면서 출범했다. 신만청년회의 "대중 본위의 신사회 건설을 목표"로 한다는 슬로건은 화요회가 주도하던 경성의 신흥청년동맹을 연상케 했다. 이런 움직임은 우연이 아니었다.

신의주에서 대중적 평판이 높았던 김득린이 집행위원장을 맡았고, 임형관과 김경서가 주도적인 역할을 했다. 고려총국 국내부에 깊숙이 개입해 있던 독고전은 이들을 지원했지만 어떤 공식적인 직책도 맡지 않았다. 1년 만에 신만청년회는 신의주를 대표하는 단체로 거듭났다. 그해 가을, 신만청년회는 총회를 개최하고 국경 너머 안둥에 있는 청년 단체들과 국경청년연맹을 결성하기로 결정했다. 신만청년회 대표자는 김득린, 임형관, 김경서 등이었다. 국경청년연맹이 결성된 목적은 따로 있었다. 국경을 자유롭게 넘나들 수 있는 '빌미'를 얻기 위해서였다. 하지만 이런 시도는 일경의 촉각을 자극하기에 충분했다. 게다가 신의주는 국경 도시이기 때문에 단순히 경찰 조직뿐만 아니라 정보기관들도 날마다 탐문하고 있었다.

그것이 소영웅주의든 돌발적인 우연한 사건이든 비극의 시작은 작은 실수에서 시작됐다. 하지만 작은 실수가 가져온 결과는 참으로 비극적이었다. 1925년 11월 22일 신만청년회 한 회원의 결혼식 피로연이 열리고 있었다. 그런데 같은 장소에서 일본 경찰과 한인 순사, 친일 변호사와 지역 유지들이 친목을 도모하고 있었다. 스무 명 넘는 건장한 청년들이 추운 겨울에 독주를 들이킨 탓일까? 일부 회원들이 평소 눈엣가시로 여기던 친일 변호사에게 시비를 걸고 나섰다. 그리고 이를 제지하던 일본 경찰에게 주먹세례를 날리면서 사태는 걷잡을 수 없는 방향으로 흘러갔다. 폭행 사건은 서막에 불과했다. 일경은 폭행 사건을 빌미로 그동안 주시하고 있던 인물들을 급습했다. 독고전은 극동민족대회에 참가한 이후 이르쿠츠크파에 가담해 일찍부터 고려총국 국내부에 참여하고 있었다. 아서원 창당대회에 신의주를 대표해 참석하고 신의주 야체이카 책임자를 맡고 있었다. 이를테면 독고전은 신의주를 거점으로 하는 조선공산당 평안북도 총책이었다. 〈조선일보〉 신의주지국을 운영한 것은 생입 목적이라기보다는 경성을 오가는 위장이었다.

임형관은 아서원 당대회 다음 날 박헌영 집에서 열린 고려공산청년회에 신의주를 대표해 참석했다. 〈조선일보〉 신의주 주재기자 신분인 것 역시 독고전과 마찬가지였다. 김경서는 실무를 책임지는 연락책이었다. 신만청년회 회원들의 소영웅주의는 차치하고 신의주 야체이카는 당 문서를 이관하거나 필요하다면 폐기하는 조치를 취하지 않았다. 상황을 낙관적으로 본 것이다. 일경은 이들의 집을 급습했다. 김경서의 집에서 고려공청 회원자격심사표와 통신문이 발각되었다. 통신문의 수취인은 상해의 여운형으로 되어 있었지만 실제 수령인은 조봉암이었다. 여전히 조봉암의 신분은 고려공청 코민테른 연락책이었기 때문이다. 이른바 신의주 사건 일주일 후 조선공산당 고려공청 책임비서인 박헌영이 검거되면서 당은 궤멸 직전으로 내몰렸다.

중앙과 달리 공청은 화요회 일색으로 조직되었다는 것에 주목할 필요가 있다. 상해파나 조선노동당이 공청에 시선을 돌리지 못한 것은 여력이 없었던 이유도 있었다. 그런데 북풍회가 공청에 개입하지 않은 것은 중앙의 권력을 분점하는 것이 우선이라고 생각했기 때문이다. 김약수는 그런 정치에 익숙해 있었고, 그것은 하나의 관성 같은 것이기도 했다. 고려공청에는 몇 년 후 중앙을 대체할 만큼 뛰어난 인재들이 많았다. 필요한 건 시간이었다. 그런데 박헌영의 공청이 너무 허무하게 와해된 것이다. 실낱같은 희망이라면 모스크바 유학생들이 이미 국내를 빠져나갔다는 것뿐이었다. 비극적인 소식은 곧바로 김재봉과 김찬에게 전달됐다. 재빠르게 소식을 접할 수 있는 통로는 신문사였다. 〈조선일보〉를 비롯해 〈동아일보〉 등에 당원들이 포진해 있었고 당의 기초 조직인 야체이카를 구축하고 있었기 때문이다.

검거된 유진희를 제외하면 남은 중앙위원은 김재봉과 김찬, 주종건이 전부였다. 극비리에 세 명은 회동에 성공했다. 이들은 현재의 당 중앙이 위기를 수습하는 데 역부족이라는 현실에 공감했다. 당의 장기적인 미래였던 공청의 와해는 치명적이었다. 이들은 '망명'하기로 결론을 내렸다. 당 중앙을 해외로 옮기자는 것이었다. 그런데 국내의 당을 어떻게 수습할 것인가 하는 문제가 남아 있었다. 어쨌든 이미 당은 '화요회의 당'이 되어 있었다. 화요회의 인물을 새로운 책임자로 추천하는 것은 당연했다. 상해파인 주종건도 이를 거부할 명분이나 대안이 없었다. 살아남은 인물 중 위기의 당을 이끌 능력과 경험을 갖춘 사람은 이준태 한 명뿐이었다.

하지만 김재봉과 김찬은 다른 인물을 선택했다. 뜻밖에도 〈조선일보〉 진주지국장을 맡고 있는 강달영이었다. 이준태가 배제된 이유는 일경에게 지속적으로 노출되었기 때문이다. 위기 상황이므로 일경이 예측할 수 없는 인물이어야만 했다. 하지만 강달영이 단지 무명이어서 선택된 것만은 아니었다. 서울파와 합작으로 탄생한 조선노농총동맹 중앙위원으로 활동하면서 이미 그 능력을 검증받았고, 진주를 기반으로 인근 함안과 산청 등에 대중 조직을 구축한 경험도 있었다. 특히 강달영이 다양한 경험을 가진 삼십대 후반의 노련한 인물이라는 점도 이유였다. 위기일수록 경험만큼 중요한 것이 없다는 데 세 사람 모두 공감했다. 중앙위원 두 명은 사전에 보궐선거로 뽑기로 결정했다. 상해파에 대한 배려가 있어야 했기 때문이다. 주종건은 김철수를, 김재봉과 김찬은 이준태를 추천했다. 숨 가쁜 짧은 회동이 끝나고 세 사람은 바람처럼 사라졌다.

김재봉은 〈조선일보〉 지방부장인 홍덕유에게 강달영의 상경을 지시했다. 만약의 사태에 대비해 강달영의 경성행을 공무로 위장한 것이었다. 강달영은 박헌영의 검거를 〈조선일보〉를 통해 알고 있었다. 당 중앙의 상경 지시는 긴급한 수위 그 이상이라는 것을 직감했다. 이틀 후, 네 사람은 회동에 성공했다. 김재봉은 당 중앙의 결정을 설명하고 책임비서를 맡아 줄 것을 요청했다. 강달영이 생각한 것 이상으로 뜻밖의 제안이었다. 강달영은 즉답을 미룬 채 고민을 거듭했다. 김재봉은 재차 강력한 권고와 설득을 했다. 퇴로는 없었다. 강달영은 책임비서를 수락했다. 강달영의 당에 대한 충성도는 재론할 필요조차 없었다. 강달영만큼 화요회에 대한 소속감이 강한 인물도 없었다. 그런데 남은 문제가 있었다. 강달영 중앙의 위상이었다. 후계당인가, 아니면 새로운 중앙인가 하는 것이었다. 예기치 않은 위기의 순간, 짧은 회합, 3인 중앙위원의 지명에 의한 결정은 새벽 안개처럼 불분명했다. 당 중앙, 곧 지도자는 누구인가 하는 숙제를 남긴 회합이었다.

이틀 후, 망명을 준비하기 위해 길을 나서던 주종건이 검거됐다. 겨울의 짧은 해가 떨어진 저녁, 김재봉이 집을 나섰다. 누구를 만나러 나선 것일까? 김찬이었을까? 종로거리를 나서던 김재봉은 일경에게 검거됐다. 주종건이 붙잡힌 지 닷새 뒤였다. 두 사람의 체포로 강달영 중앙은 후계당이라는 모호한 지위에서 벗어났다. 강달영은 '새로운 중앙'의 지위를 획득했다. 하지만 김찬이 상해로 망명하는 데 성공함으로써 여전히 '중앙'에 대한 불씨는 남아 있었다.

서북노 3파와 국민당노선

──────── 1926년 1월, 모스크바에 도착한 조동호는 조훈을 만나 상해에서 결정한 내용을 설명했다. 존재하지 않는 당 강령을 대신할 방법은 하나였다. 그것은 이전보다 더 세밀한 보고서를 '조선공산당 전권대표'의 이름으로 제출하는 것이었다. 조훈은 보고서를 러시아어로 정리하기 위해 온 힘을 기울였다. 희소식도 있었다. 조훈에 따르면 코민테른 집행위원회의 기류가 확연히 변하고 있다는 것이었다. 경성에 위치한 러시아 영사관을 통해 들어오는 보고서는 조선공산당의 활동을 긍정적으로 평가하는 것이 분명했다. 조훈은 작성한 보고서를 코민테른 동양부 조선문제위원회에 제출했다. 순탄할 것만 같았던 두 사람의 노력은 방해자들이 나타나면서 뜻하지 않은 위기를 맞이했다. 방해자들은 서울파의 김영만, 북풍회의 신철, 조선노동당의 이남두였다. 이들은 재빠르게 동맹을 맺었다. 서북노(서울파, 북풍회, 조선노동당) 3파 연합이 머나먼 이국땅에서 탄생하는 순간이었다.

이들의 목표는 하나, 화요회가 주도하는 조선공산당에 대한 코민테른의 승인을 저지하는 것이었다. 화요회의 일관된 반대파였던 서울파의 행동은 어쩌면 당연한 것이었다. 조선공산당 참여를 둘러싸고 조직 내부의 격렬한 대립으로 조직이 분열로 치달은 조선노동당의 태도도 이해할 수 있었다. 하지만 북풍회는 화요회와 함께 당을 만든 조직이었다. 게다가 신철은 김재봉과 함께 고려총국 국내부를 조직하기 위해 파견된 인물이었다. 신철의 사보타주는 조동호를 격분시키기에 충분했다.

서북노 3파는 조선공산당의 승인을 저지하기 위해 교묘한 제안서를 제출했다. 제안서를 한마디로 요약하면 "국내 모든 공산주의 그룹의 대표들로 당 창립을 위한 기관을 설치하고, 각 그룹의 중앙기관을 해산한다"는 것이었다. 겉으로 보기에는 분열된 공산주의 그룹을 다시 하나로 통합하는 당을 만들자는 제안 같았다. 코민테른이 그동안 계속 주장해왔던 내용이기도 했다. 이를테면 코민테른의 '입맛'에 맞는 제안서를 제출한 것이다. 하지만 해산하는 중앙기관에는 조선공산당 중앙도 포함된다는 것이 서북노 3파의 노림수였다.

조선문제위원회는 가타야마 센, 보이틴스키, 바실리예프로 구성되어 있었다. 가타야마 센은 이르쿠츠크파, 즉 화요회의 독주에 제동을 걸고 나섰다. 그동안 대립해왔던 보이틴스키에 대한 견제이기도 했다. 하지만 화요회를 옹호하는 보이틴스키의 태도는 요지부동이었다. 또한 바실리예프는 언제나 보이틴스키와 2인조였다. 예순일곱의 노장인 가타야마 센은 이제 지쳐 있었다. 보이틴스키가 주도하는 조선문제위원회는 단호한 내용의 보고서를 코민테른 집행위원회에 제출했다. 보고서 내용은 전권대표인 조동호의 보고에 따라 조선공산당을 승인해줄 것, 각 공산주의 그룹은 조선공산당에 가입할 것, 새로운 "당 창립 기관의 설치를 배격할 것"이었다. 화요회에 대한 무조건적인 옹호였고 서북노에 대한 경고였다.

그런데 코민테른 집행위원회로 넘어간 안건은 한 달이 넘어도 처리될 기미가 보이지 않았다. 기회라고 생각한 서북노 3파는 상황을 반전시키기 위해 가타야마 센을 통해 집행위원회의 문을 줄기차게 두드렸다. 그러나 불행하게도 집행위원회의 결정이 늦어지고 공전된 이유는 따로 있었다. 코민테른 의장을 맡고 있는 지노비예프가 스탈린과 정치생명을 건 당내 투쟁을 벌이고 있었기 때문이다. 지노비예프는 스탈린에게 대항하기 위해, 카메네프는 물론 한때 적이었던 트로츠키를 설득해 동맹을 구축하느라 여념이 없었다. 지노비예프는 이들과 함께 통합반대파United Opposition라는 반스탈린 전선을 구축하기 위해 전력을 쏟고 있었다. 요컨대 1926년 2월 코민테른은 러시아 공산당의 당내 투쟁에 휘말리면서 '국제' 기능이 반쯤 정지되어 있었다.

서북노의 착각은 곧바로 드러났다. 거의 두 달이 걸렸지만 코민테른 집행위원회는 이른바 '3월 결정서'를 채택했다. 3월 결정서를 손에 쥔 조동호는 완벽한 승리라고 감격했다. 결정서는 조선공산당을 '최초'로 코민테른의 지부로 승인했을 뿐만 아니라, 유일한 '권위'를 함께 부여했던 것이다. 그 권위란 국내 공산주의 그룹은 조선공산당을 중심으로 단결해야 한다는 내용이었다. 적시하지는 않았지만, 공산주의 그룹은 조선공산당에 '입당'하라는 것이나 다름없었다. 물론 코민테른은 분열을 우려해 조선공산당을 사보타주하거나 대립하지 않는다면 공산주의 그룹으로 인정한다는 단서 조항을 잊지 않았다. 이 단서 조항은 서울파에 보내는 메시지였다. 조선공산당 전권대표인 조동호는 마침내 자신의 임무를 마무리했다. 조동호는 조훈과 보드카를 마시며 축배를 들었지만 곧바로 비극이 날아들었다.

김재봉 중앙은 와해되었고, 새로운 중앙이 구성되었지만 구체적인 것은 알 수 없다는 소식이었다. 조동호가 전권대표로 모스크바에 온 것은 '김재봉 중앙'을 승인받기 위해서였다. 그러나 승인을 받았지만 '그 중앙'이 사라진 것이다. 조동호는 혼란에 빠졌다. 모스크바에서 경성은 너무나 멀었다. 게다가 가지고 있는 정보도 실낱같았다. 빨리 상해로 돌아가는 게 최선이었다.

불행하게도 경성의 강달영은 전혀 다른 방향으로 움직이고 있었다. 신의주 사건 이후, 김재봉은 망명 계획을 세우면서 '후계당의 중앙'으로 강달영을 '임명'했다. 책임비서만 결정한 것이 아니라 중앙위원들도 같은 의견이었다. 중앙위원 두 명 중 김철수는 서울파와의 합작에 적극적이었다. 그렇기 때문에 화요회가 달갑지 않게 여기는 인물이기도 했다. 김철수가 당이 창당될 때 배제된 것은 그런 이유가 강력하게 작용했다. 하지만 성실하고 우직한 데다 마당발인 김철수를 중앙위원으로 끌어들이는 결정을 내렸다. 절체절명의 순간, 국내 상해파와의 타협을 피할 수 없다는 것이 김재봉과 김찬의 생각이었다. 김재봉이 망명에 실패하고 체포되면서 후계당은 전혀 다른 방향으로 나가기 시작했다.

먼저 광폭 행보에 나선 것은 김철수였다. 김철수는 중앙위원으로 임명되자마자 서울파와의 당 통합을 밀어붙였다. 이제 자리 잡기 시작한 강달영은 당을 장악하는 데 급급했다. 문제는 따로 있었다. 강달영이 서울파와의 통합에 부정적이지 않았다는 것이다. 김철수는 통합을 위해 발 빠르게 움직이면서 서울파의 전위당인 고려공산동맹의 책임비서 이영과의 접촉에 나섰다. 강달영의 승인 아래 양자는 비밀리에 공식 회담을 진행했다. 조선공산당에서는 김철수와 이봉수가 참석했다. 둘 다 국내 상해파였다. 통합 논의에 화요회가 배제된 것이다. 김철수는 서상파(서울·상해파)라는 꼬리표가 붙어 있을 만큼 서울파와 깊숙한 논의가 가능한 인물이었다. 고려공산동맹의 이영과 이정윤은 당 대 당 통합에 곧바로 동의했다. 당 중앙의 구성에 대해서도 조선공산당의 수적 우위를 인정했다. 실무적인 협의가 남아 있었지만 사실상 통합을 위한 회담은 끝난 것이었다.

하지만 커다란 정치적 장벽이 남아 있었다. 서울파의 지도자 김사국의 '거취'였다. 서울파 입장에서는 당연했지만, 조선공산당에 김사국이 참여한다는 것은 또 다른 문제였다. 설령 평당원으로 참여한다고 하더라도 그의 행동 하나, 말 하나가 주는 무게감은 다른 사람들과 전혀 다를 수밖에 없었다. 김사국의 참여는 직책을 떠나 '두 개의 중앙'으로 작용할 수 있었다. 게다가 재건된 강달영 중앙은 허약했다. 화요회는 김사국의 참여를 반대할 수밖에 없었다. 김철수는 화요회의 주장에 동의하는 것은 아니었지만 대통합할 수 있는 절호의 기회라고 생각했다. 김철수는 서울파의 '양해'를 요청했다. 한쪽의 지도자를 배제하고 조직을 통합하자는 초유의 요구였다. 굴욕적인 요구를 넘어 서울파가 받아들일 수 있는 제안이 아니었다. 김사국의 참여에 대한 협상은 파국으로 끝났다.

2월로 접어들면서 강달영 중앙은 제자리를 잡아가기 시작했다. 국내 상해파 두 명, 화요회 두 명으로 구성된 중앙집행위원회는 불필요한 대립을 피하고 당을 재건하는 데 전력을 다했다. 그런데 뜻밖에도 3차 중앙위에서 강달영은 국내 상해파와 화요회를 모두 당혹하게 만드는 안건을 들고 나왔다. 이른바 '국민당노선'을 제안한 것이다. 화요회의 이준태조차 예상하지 못한 내용이었다. 강달영은 "민족주의자들을 포함한" 새로운 당을 제안했다. 서울파와의 통합에 모든 것을 걸고 있던 김철수는 "화요회의 교묘한 전략"인지 의심의 눈초리를 거두지 않았다. 이를테면 실행 불가능한 국민당노선을 들고 나와 서울파와의 통합에 혼선을 주려는 사보타주가 아닌지 의구심을 가질 수밖에 없었다. 충격을 받은 사람은 따로 있었다. 김철수가 아니라 이준태였다.

이준태는 화요회의 '노동총책'이나 마찬가지였다. 강달영이 진주 지역을 기반으로 활동할 때부터 긴밀하게 연락을 주고받던 사이였다. 강달영은 진주를 포함한 인근 지역의 화요회 책임자이기도 했다. 조선노농총동맹을 만들 때 이준태는 화요회의 실질적인 책임자나 마찬가지였고, 강달영과 권오설은 중앙위원으로 함께 활동했었다. 그만큼 이준태는 강달영을 잘 알고 있다고 생각했다. 김재봉이 강달영을 후계당의 책임비서로 결정했을 때 흔쾌히 동의한 것도 그만큼 신뢰하고 있었기 때문이다. 그런데 김재봉의 '유고'는 당의 재건을 전혀 예기치 못한 방향으로 끌고 가고 있었다.

강달영의 국민당노선은 민족주의자들을 포함하는 것이 기본 전략이었다. 강달영이 구상하는 민족주의자들의 주축은 천도교였다. 국민당노선이라는 우회전은 차치하더라도 천도교 내부에 또 다른 위험이 도사리고 있었다. 천도교는 교주 손병희 사후 최린을 중심으로 하는 신파와 이종린을 중심으로 하는 구파가 대립하고 있었다. 구파는 일제와 비타협적인 민족주의 노선을 걸고 있었지만 신파는 타협하는 노선을 걷기 시작했다. 그런데 강달영의 국민당노선은 신파의 최린까지 포함하자는 것이었다. 이준태는 진퇴양난에 빠졌다. 강달영의 의견에 동의할 수도 없지만 정면으로 반박하면 허약한 당 지도부를 뿌리째 뒤흔들 수 있었기 때문이다. 이준태는 상해에 망명한 김찬에게 한 가닥 희망을 걸었다. 하지만 강달영은 해외 중앙을 자임한 상해연락부를 해산하고 만주공청 건설을 지시했다. 강달영은 상해에 서신을 보내 "해외 동지들은 국내 새로운 중앙의 지도를 따를 것"을 강조했다. 정중한 말투였으나 단호함이 느껴졌다. 김찬과 조동호의 국내 개입은 원천적으로 차단됐다. 구체적인 언급은 없었지만 두 사람의 중앙위원 권한은 무력화된 것이나 마찬가지였다.

김재봉 중앙은 국민당노선 같은 민족통일전선론을 검토한 적이 없었다. 오히려 정반대였다. 그런데 강달영이 누구도 예상하지 못한 신노선을 들고 나온 것이다. 국민당노선은 화요회의 이준태와도, 국내 상해파의 김철수와도 사전에 교감을 가진 적이 없었다. 강달영의 독자적인 기획이었다. 안건을 제출한 강달영은 그 즉시 움직였다. 강달영은 천도교 신파의 참여를 얻기 위해 다각도로 접촉했다. 교권을 장악하고 있는 신파의 최린은 구체적인 답변을 회피했다. 최린은 타협주의 노선으로 기울고 있었지만 강달영은 설득하기 위한 노력을 멈추지 않았다. 하지만 메이데이 투쟁을 계획하고 있던 당은 뜻밖의 사태에 직면했다. 16년간 창덕궁에 유폐되어 있던 순종이 심장마비로 갑작스럽게 세상을 떠난 것이다. 강달영의 기획은 전혀 다른 국면이 열리면서 좌초됐다.

중앙의 논의를 새롭게 주도한 것은 예상 외의 인물이었다. 공청 책임비서이자 당연직 중앙집행위원인 권오설이었다. 김재봉은 후계당 중앙을 구상하면서 국내 상해파와 화요회를 두 명씩 지명해 형식적으로 균형을 맞추었다. 물론 강달영을 책임비서로 지명하면서 여전히 당의 주도권은 화요회가 가지고 있었다. 또 하나의 안전장치는 공청 책임비서로 권오설을 내정한 것이다. 공청 책임비서는 당연직 중앙집행위원이 된다는 점을 고려한 것이었다. 하지만 빈틈이 있었다. 공청중앙을 재건한 후 책임비서로 인준받아야 하는 과정이 남아 있었다. 뒤늦게 중앙집행위원으로 합류한 권오설은 국민당노선에 동의하지 않았다. 하지만 권오설 역시 이준태처럼 이제 막 재건된 강달영 중앙을 뒤흔드는 것은 당을 파국으로 몰아갈 수 있다는 것을 누구보다 잘 알고 있었다. 이준태와 함께 상황을 주시하면서 한걸음 물러서 있기로 결정했다. 여전히 화요회의 당이었지만 화요회 내부는 교착 상태에 빠져 있었다.

순종이 사망하자 권오설은 장례식인 인산일에 당이 대규모 시위를 주도해 침체된 독립운동의 열기를 고조시키자는 강경책을 주장하고 나섰다. 강달영은 부정적이었다. 강달영의 의견은 당의 현실을 감안한 냉정한 고민의 결과였으며, 무엇보다 당에 시위를 주도할 여력이 없다는 것도 부정할 수 없는 사실이었다. 권오설은 실무를 책임질 인력으로 조선학생과학연구회와 천도교 청년 조직을 내세웠다. 조선학생과학연구회는 공청의 외곽 조직이라고 해도 무방할 정도였고, 천도교 청년들도 사회주의 경향이 짙은 활동가들이 상당수였다. 권오설의 주장이 터무니없는 것만은 아니었다. 그럼에도 불구하고, 강달영 중앙은 이 대규모 투쟁 계획에 대한 의견이 달랐다. 반대하는 기류가 짙었지만 '명분'이 없었다. 민중이 급속도로 술렁거리고 있는 것도 분명했다. 타협이었을까? 인산일 투쟁은 공청이 책임지고 중앙이 지원하는 쪽으로 결정되었다.

역사에서 이때의 결정은 모호한 단어들로 가득하다. 분명한 것은 공청 책임비서 권오설은 전면적인 대중 투쟁을 주장했고, 강달영 중앙은 그 실행을 공청에 '위임'하는 동시에 지원하는 것으로 결정했다는 것이다. 3·1운동 이후 두 번째 대규모 대중 투쟁 지휘부는 당 중앙이 아니라 공청, 즉 책임비서인 권오설이었다. 박헌영 공청 책임비서 밑에서 중앙집행위원을 맡고 있던 권오설은 1925년 가을 창립된 조선학생과학연구회에 주목하고 있었다. 연구회를 주도하고 있던 인물들이 화요회의 외곽 조직인 신흥청년동맹에서 활동한 이력이 있었기 때문이다.

연구회의 대표격인 이병립은 지금 북한 땅인 금강산 인근의 오지 마을인 강원도 통천 출신으로 연희전문에 입학한 수재였다. 김찬이 기획한 화요회 외곽 조직 신흥청년동맹에 가담해 간부직을 맡는 등 이미 사회주의로 기울고 있었다. 권오설은 공청 책임비서를 맡게 되자 곧바로 이병립을 입당시켰다. 권오설은 또 한 사람, 정달헌도 입당시켰다. 정달헌은 함경남도 홍원 출신으로 이병립과 같은 연희전문 학생이었다. 북청 인근 지역인 홍원은 이때도 호랑이가 출몰해 신문에 기사가 날 정도로 오지였다. 개천에서 용이 된 인물들이었다. 두 사람의 공통점은 머리도 비상했지만 조직 장악력이 뛰어나다는 점이었다. 연구회의 집행위원인 권오상도 가담했다. 역시 신흥청년동맹 출신이었으며 권오설의 사촌동생이었다. 풍산읍이라는 작은 마을의 인재들이 모두 조선공산당에 참여하는 작은 역사가 계속되고 있었다.

천도교에서 참여한 중요한 인물은 박래원이었다. 박래원은 인텔리와 거리가 멀었다. 소학교를 졸업하자 밥벌이에 나섰고, 우연히 얻은 일자리는 인쇄직공이었다. 천도교 청년동맹에 참여하면서도 인쇄직공들의 권익 모임을 주도하는 등 일찍부터 붉은색에 물들어 있었다. 신흥청년동맹에 가담하면서 자연스럽게 화요회의 일원이 되었다. 순종의 인산일에 얼마나 많은 민중이 모여들지는 알 수 없었다. 수십만 장의 격문을 인쇄하는 것이 그 무엇보다 중요한 문제였다. 박래원까지 가담함으로써 권오설의 계획은 6월 10일 목전으로 가고 있었다.

　강달영의 국민당노선, 권오설의 전면적인 대중 투쟁, 그 살얼음 같은 상황에서 김철수는 다른 방향으로 움직이고 있었다. 그해 5월, 김철수는 서울파와 통합을 위한 회합을 다시 추진하고 나섰다. 그런데 회합에 참석한 사람은 김철수와 같은 상해파인 이봉수가 아니라 화요회의 이준태였다. 짙은 안개에 둘러싸인 나날들이었지만 작은 희소식이 러시아에서 날아왔다. 조선공산당이 코민테른의 승인을 받았다는 소식이었다. 조동호와 조봉암의 긴 여정이 가져온 쾌거였다. 이준태는 지난 회합에서 논의되었던 내용들을 모두 뒤집어엎었다. 당 대 당 통합이 아니라 개별 입당을 주장하고 나선 것이다. 당 중앙의 구성도 강달영 중앙이 결정할 문제라며 단호한 태도를 취했다. 김사국의 참여 문제는 오히려 부차적이었다. 서울파에 조건 없는 백기투항을 요구한 것이다.

　김철수가 조정을 시도했지만 이준태는 물러서지 않았다. 지난 회합에 이준태가 개입하지 않은 것은 이제 막 자리 잡고 있는 강달영 중앙에 힘을 실어주기 위함이었다. 애초부터 김철수의 서울파 통합 시도에 대해 이준태는 부정적이었다. 강달영이 국민당노선을 들고 나왔을 때 이준태는 적신호를 느꼈다. 코민테른 승인 소식을 접한 이준태는 결정서 내용대로 움직이는 정공법을 선택했다. 결정서에 따르면 "조선공산당을 중심으로 단결할 것과 당 대 당 통합을 주장하는 세력을 배격할 것"이라는 내용이 너무나 명확하게 적시되어 있었기 때문이다. 서울파도 결정서 내용을 알고 있었지만 굴욕적인 통첩에 무릎을 꿇는 것은 불가능한 일이었다. 그사이 권오설은 6·10만세운동을 준비하기 위해 분초를 아끼며 전방위로 움직이고 있었다.

권오설과 6·10민중항쟁

────── 그때 또 하나의 별이 떨어졌다. 1926년 5월 8일, 서울청년 회 회관 작은 방에서 폐병으로 신음하던 김사국이 피를 토하며 끝내 세상을 떠났다. 화요회가 북두칠성이라면, 서울파의 김사국은 밤하늘에 도도하게 빛나는 북극성 같은 존재였다. 이를테면 서울파에서 김사국이 차지하는 역할은 나침반과도 같았다. 물론 처음부터 그와 같은 길을 걸어온 이영과 한신교 등이 건재하고, 1919년 4월 23일 한성정부 국민대회를 주도한 이후 변함없이 서울파의 '노동총책'이나 마찬가지인 장채극도 여전히 굳건했다. 하지만 정국은 요동치며 급변하고 있었다. 코민테른이 조선공산당을 승인하면서 통합 대신 개별 입당을 해야만 하는 수세에 몰렸으며, 불과 한 달 앞으로 다가온 순종 인산일에는 어떻게 대응해야 할지 여전히 백지상태였다. 위기의 순간에 떠난 김사국의 빈자리는 너무도 커 보였다. 김철수는 화요회와 서울파의 합동 장례식을 추진했다. 일제의 삼엄한 감시 속에서 그의 마지막을 보러 몰려든 민중은 철저히 차단됐다. 겨울처럼 냉정한 사회주의자 김사국은 따뜻한 봄날 그렇게 떠났다.

  6·10민중항쟁을 준비하는 '투쟁특별위원회' 지도부는 권오설, 박민영, 이지택으로 구성됐다. 신의주 사건으로 박헌영의 공청이 뿌리째 뽑혀나간 것은 사실이지만, 그렇다 하더라도 지도부를 맡기에 박민영과 이지택은 다소 낯선 인물들이었다. 그런데 두 사람은 비슷한 시기에 유사한 활동 기록을 가지고 있었다. 함경북도 경원이 고향이던 박민영의 부모는 구한말 대규모로 민중이 조선을 떠날 때 북간도 옌볜 한인촌으로 넘어왔고, 그도 이곳에서 태어났다. 얼마 후 박민영의 가족들은 연해주로 터전을 옮겼

다. 일본군의 시베리아 출병이 일어나자 십대 후반인 박민영도 러시아 적군에 가담해 수찬(파르티잔스크)에서 빨치산으로 활약했다. 일제의 출병이 실패로 끝나고 연해주가 해방되자 박민영에게 또 다른 기회가 찾아왔다. 동방노력자공산대학에 입학했을 때 그의 이름은 박 니키포르로 바뀌어 있었다. 그가 공산대학을 졸업하자 코민테른은 조국으로 건너가 조선공산당을 지원할 것을 지시했다. 부모 덕분에 우리말을 잊지 않았지만, 조국은 미지의 땅이었다. 1925년 여름, 박민영은 낯선 땅 경성으로 조용히 들어왔다. 동방노력자공산대학에서 훈련받고 빨치산으로 활동한 경험을 감안하면, 권오설의 공청에서 박민영이 중앙집행위원을 맡은 것은 놀라운 일이 아니었다.

평양 출신인 이지택은 역시 중국 땅인 지린성 룽징에서 활동하다 블라디보스토크로 넘어갔다. 이지택도 시베리아 출병이 일어나자 한인 니항군대韓人尼港軍隊(사할린 의용대)의 간부로 참여해 러시아 적군과 함께 일제에 맞서 싸웠다. 니항 군대에서 활약했지만 통수권자인 고려공산당 상해파의 박 일리아를 지지하지 않고 이르쿠츠크파에 가담했다. 박민영과 같은 시기에 이지택도 동방노력자공산대학에 입학했다. 이지택이 코민테른의 지시를 받고 경성으로 들어온 것은 김재봉 중앙이 와해되던 그해 겨울이었다. 조건부 승인이었지만 코민테른은 조선공산당을 시작부터 엄호하고 있었던 것이다. 이제 막 특별입당을 한 조선공산당이 궤멸하자 이지택은 본능적으로 홀로 경성의 외곽을 떠돌며 또 다른 접촉을 기다렸다. 당이 재건되자 권오설은 이지택을 고려공청 중앙집행위원으로 선임했다. 그리고 '투쟁특별위원회'의 일원으로 그를 선택했다. 국내에서 밑바닥부터 야전으로 커온 권오설과 연해주에서 빨치산을 거쳐 엘리트 훈련을 받은 기묘한 조합이 6·10민중항쟁을 '지도'하고 있었다.

항쟁을 준비하는 권오설에게 가장 큰 난제는 수만 장에 달하는 격문을 인쇄하는 것이었다. 박래원이 적임자였다. 박래원은 천도교청년동맹 간부였고, 무엇보다 인쇄 노동자 출신이었다. 박래원은 민창식과 함께 신뢰할 수 있는 인쇄 노동자들을 수소문하기 시작했다. 〈매일신보〉에서 인쇄직공으로 일했던 민창식은 신흥청년동맹과 화요회를 거쳐 조선인쇄직공조합 총연맹 상무집행위원으로 활동하고 있었다. 노동 단체들 중 '상무'직을 운영하는 경우는 흔치 않았다. 글자 그대로 상근하는 최고위급 간부라는 의미도 있었지만 그에 따른 보수를 지급했기 때문에 다른 단체들과 의미가 달랐다. 인쇄 노동자는 철야가 흔한 고된 노동이었지만 고급 기술이었기 때문에 다른 업종보다 임금이 높았다. 회원들이 내는 회비로 상근직을 둘 정도로 재정적 여유가 있었을 뿐만 아니라, 기름밥 먹는 노동자라는 특유의 의식으로 탄탄한 조직력을 자랑하고 있었다. 이런 조직의 특징은 결정이 내려지면 일사불란하게 움직인다는 것이었다.

민창식의 집에서는 밤낮을 가리지 않고 소형 인쇄기가 돌아갔다. 5만여 장의 격문은 경운동에 있는 천도교의 〈개벽〉사에 안전하게 숨겨졌다. 권오설은 6·10민중항쟁을 경성뿐 아니라 전국적으로 확산시킬 계획을 추진하고 있었다. 권오설의 계획은 〈조선일보〉 지국과 천도교에서 발행하는 잡지 〈개벽〉 〈신여성〉 등을 이용해 전국으로 격문을 배포하는 것이었다. 또 다른 안전장치도 추진했다. 상해에 있는 김찬과 김단야에게 지원을 요청한 것이다. 경성에서 인쇄하는 격문은 보안상 위험이 상존했기 때문에 다른 경로를 확보할 필요가 있었다. 추가적으로 필요한 재정도 함께 요청했다. 권오설의 고려공청을 중심으로 인산일의 민중항쟁은 빈틈없이 모

천도교에서 발행하던 잡지 〈개벽〉과 〈신여성〉

든 준비를 마치고 일주일 남은 시간을 초조하게 기다렸다. 이제는 작은 실
수 하나도 있어서는 안 되었다. 7개월 만에 다가온 신의주 사건의 재현, 비
극의 그림자는 우연처럼 또다시 조선공산당을 찾아왔다.

　도쿄에서 경성으로 잠입한 중국지폐 위조범을 쫓던 일경이 우연히 격
문 한 장을 입수하면서 사건은 일파만파로 확대되었다. 개벽사를 급습해
격문을 압수한 일경은 민족주의 세력이 주도하고 그 배후에 천도교가 있
다고 생각했다. 권오설은 격문의 명의를 '대한독립당인大韓獨立黨印'과
'대한민국임시정부지인大韓民國臨時政府之印'으로 했다. 조선공산당의 명
의를 사용하지 않았던 것이다. 일경은 재건된 조선공산당이 있을 것이라
고는 꿈에도 상상하지 못했다. 연행된 천도교 사람들이 모두 박래원을 지
목하자 일경의 태도는 급변했다. 박래원은 천도교에서도 사회주의자로
분류하던 인물이었고, 화요회와 행보를 같이한다는 사실 때문에 감시 대

상 위쪽에 이름이 올라 있었다. 배후를 캐기 위한 잔인한 고문이 박래원에게 가해졌다. 캄캄한 밀실에서 박래원에게 희망이라는 가느다란 끈은 존재하지 않았다.

6월 7일, 그의 입에서 권오설이라는 이름이 튀어나왔다. 살기 위해 맞바꾼 이름이었다. 상복을 입고 집을 나서던 권오설은 일경에 둘러싸여 그 자리에서 체포됐다. 권오설의 민중항쟁은 3일을 앞두고 허무하게 좌초됐다. 하지만 또 다른 작은 불꽃들이 멈추지 않고 타올랐다. 조선학생과학연구회는 별도의 격문을 준비하지 않았다. 재정 문제가 아니라 보안 문제 때문이었다. 권오설의 고려공청 격문을 곳곳에 배포하는 것이 그들의 임무였다. 박래원의 체포 소식은 삽시간에 연구회에 전해졌다. 이병립은 곧바로 집행위원들을 소집했다. 이병립은 독자적으로 항쟁을 강행할 것을 주장했고 집행위원들도 동의했다. 남은 문제는 격문이었다. 수소문 끝에 작은 인쇄기를 확보하는 데 성공했다. 이병립은 격문의 초안을 제안했다.

이二천만 동포의 원수를 구축하라! 피의 대가는 자유다. 대한독립만세

이견은 없었다. 격문을 인쇄할 글자 수가 제한적인 데다, 이병립의 초안은 명쾌했다. 남은 시간은 이틀, 연구회 회원인 사직동 이석훈의 집에서 유례없이 간결한 격문이 밤새워 인쇄됐다. 훗날 사람들은 이들을 '사직동계社稷洞系'라고 호명했다. 조선학생과학연구회는 고려공청의 하부 조직이나 마찬가지였다. 그런데 이들과 무관한 또 다른 흐름이 존재했다.

순종이 사망하자 중앙고보를 중심으로 인산일에 항쟁을 하자는 독자적인 모임이 만들어졌다. 중앙고보의 박용규와 이동환, 중동고보의 김재문

등이 중심인물이었다. 수차례에 걸쳐 비밀 회합이 진행됐다. 그리고 5월 말에 격문까지 인쇄를 끝내고 숨죽이며 항쟁의 날이 밝기를 기다렸다. 이들의 항쟁을 기획하고 격문의 내용을 기초한 곳은 통인동에 있는 김재문의 하숙집이었다. 사람들은 이들을 '통동계通洞系'라고 불렀다.

국장 당일, 종로에서 동대문을 지나 동묘까지 수만 명의 인파가 거리를 가득 메웠다. 하지만 일제는 일경도 모자라 군대까지 차출해 5000여 명의 병력이 사대문을 포위하고 있었다. 돈화문을 빠져나온 순종의 국장 행렬이 수은동 단성사의 파자교에 다다른 것은 8시가 조금 지난 무렵이었다. 파자교 돌다리 앞으로 조선학생과학연구회의 이선호가 뛰어나오며 '대한독립만세'를 외친 것이 신호탄이었다. 뒤이어 수십 명의 학생들이 격문을 흩뿌리자 국장 행렬은 순식간에 아수라장으로 변했다. 이선호와 학생들은 삼엄하게 행렬을 감시하던 일경에 의해 순식간에 짐승처럼 끌려갔다. 그때였다. 건너편에 있던 이병립이 일경들의 한복판으로 다시 뛰어들었다. 수십 명의 학생이 불나비처럼 그의 뒤를 이었다. 권오설의 고려공청 계획은 수포로 돌아갔지만 6·10민중항쟁은 그가 조직한 조선학생과학연구회의 지도부에 의해 다시 타올랐다.

돌이켜보면, 1925년 가을 고려공청의 중앙집행위원이었던 권오설에게 조선학생과학연구회 내부에 야체이카를 구축하는 임무를 부여한 것은 다름 아닌 박헌영이었다. 국장 행렬이 신설동에 도착하기까지 간헐적인 시위가 이어졌다. 동대문에서 〈시대일보〉 배달부 김낙환 등 몇 명이 재차 격문을 뿌리고 만세를 부른 것은 불길을 계속 이어가려는 조선학생과학연구회의 침착한 기획이었다. 동묘 앞에 도착했을 때는 벌써 오후 2시가 넘어가고 있었다. 동묘에서 격문을 뿌리며 만세시위를 주도한 것은 중앙고

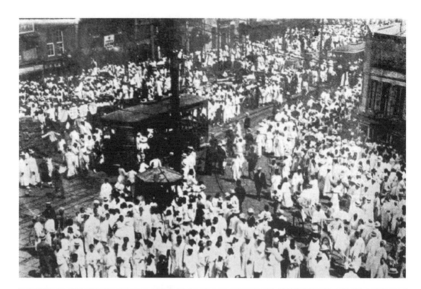

1926년 6월 10일에 치러진 순종의 장례식

보의 박용규였다. 중동고보의 김재문 등 수십 명의 학생이 시위에 가담했다. 이들은 모두 통동계였다. 중앙고보를 다니던 이선호는 통동계가 생기기 이전 조선학생과학연구회에 참여하고 있었다. 공청의 계획이 수포로 돌아가자 중앙고보의 흐름을 인지한 이선호가 양쪽을 연결시키며 시위를 단성사와 동묘로 나누도록 한 것이다. 이선호가 파자교 돌다리 앞으로 뛰쳐나갈 때 거의 동시에 그의 뒤를 따른 인물이 있었다. 같은 중앙고보의 이현상이었다.

권오설이 체포된 것은 6월 7일이었다. 일경은 3일 후에 있을 국장에서 무슨 일이 벌어질지, 관련자는 누구인지 알아내기 위해 참혹한 고문을 쏟아부었다. 죽음 같은 3일 동안 권오설은 목숨을 걸고 저항하면서 입을 열지 않았다. 잔인한 고문에도 입을 열지 않는다는 것은 배후가 있다는 의미였고, 그것은 더 잔인한 고문을 불러왔다. 항쟁 관련자들이 계속해서 잡혀들어왔다. 이준태와 이봉수도 일경의 손아귀를 벗어나는 데 실패했다. 수차례 자살을 기도하던 권오설은 끝내 강달영의 이름을 토설했다. 그렇지만 강달영이 재건된 당의 책임비서라는 사실은 말하지 않았다. 권오설이 시간을 끈 덕분에 강달영과 김철수는 어둠 속으로 은신할 수 있었다. 홍남표는 경성을 빠져나가 상해로 가는 망명길에 오르고 있었다.

고문을 견딘 대가는 컸다. 권오설의 사촌동생인 권오상은 조선학생과학연구회와 공청의 연결책으로 지목되어 고문을 몇 배로 뒤집어써야 했다. 2년 후, 권오상은 주검으로 서대문형무소를 나섰다. 그리고 2년 후, 권오설도 봉인된 철관에 갇힌 채 고향 풍산으로 돌아갔다. 그 철관이 다시 열린 것은 그로부터 78년 후였다. 일경은 강달영을 잡기 위해 경성 전역을 쥐 잡듯이 쑤시고 다녔다. 한 달이 지나도 강달영의 종적은 묘연하기만 했

6·10민중항쟁 관련 공판

다. 경성에 은신해 있는지조차 불분명했다. 확신은 없었지만 일경은 경성 일대를 수색하는 것을 중단하지 않았다. 일경이 주목한 것은 자금이었다. 민중항쟁을 위해서는 적지 않은 비용이 들었을 터이니, 어디엔가 남은 자금이 숨겨져 있을 것이라고 추측했다.

1921년 설립된 경성주식취인소는 명치정(명동)에 자리 잡고 있었다. 지금도 그렇지만 이때도 주식거래소에는 일확천금을 노리는 사람들로 바글거렸다. 거래소의 특성상 거금이 여기저기 널려 있었고 누구도 이상하게 생각하지 않았다. 수배자는 본능적으로 얼굴을 피하려는 습성이 있다. 이를테면 평범한 행상 차림에 밀짚모자를 눌러쓰는 것도 사람들 속에 섞이기에 좋은 변장이다. 바나나장수로 위장한 강달영은 명치정 거리를 어슬렁거리며 기회를 엿보고 있었다. 거래소에 당의 자금이 숨겨져 있었던 것이다.

7월 17일, 때를 기다리던 강달영은 거래소 문을 들어섰다. 어색했던 걸까, 바나나장수 차림은 일경이 보기에 거래소와 어울리지 않았다. 어쩌면 신사복 차림에 '포드T형' 택시를 타고 오는 것이 자연스러웠을지도 모른다. 거래소 문을 나서던 강달영은 몇 걸음 옮기지 못하고 일경에게 체포되었다. 재건된 조선공산당이 또다시 와해되는 순간이었다. 강달영은 담담하게 자신이 재건된 조선공산당의 책임비서라고 자백했다. 하지만 더 이상 어떤 이야기도 거부했다. 뿌리째 뽑힌 줄 알았던 조선공산당이 재건되었다는 사실에 일경은 경악했다. 강달영에게도 상상할 수 없는 고문이 이어졌다. 수차례 자살을 시도했지만 일경의 고문은 멈추지 않았다. 책임비서는 당원 명부와 보고서들을 혼자만 아는 곳에 보관하기 때문이었다. 서대문형무소에 수감될 때 강달영은 온전한 정신을 가지고 있지 않았다. 형기를 마치고 감옥을 나선 이후에도 그의 넋은 돌아오지 않았다. 그의 시계는 1926년 7월 17일에 멈춘 채 다시 움직이지 않았고, 그렇게 동지들과 자신의 삶을 기억하지 못하고 세상을 떠났다.

그해 경성의 여름은 고문과 담장 밖으로는 들리지 않는 비명 소리로 뒤덮였다. 일경은 들어맞지 않는 씨줄과 날줄을 맞추기 위해 김재봉을 다시 부르고, 박헌영을 호출했다. 모두가 죽음 같은 고통의 시간을 다시 견뎌야만 했다. 땅거미가 내린 경성의 뒷골목 선술집에서도 조선공산당은 금기어였다.

여름이 지나가자 한 사람이 움직였다. 9월 초, 잡히지 않은 김철수가 은밀히 사람들의 소재를 파악하기 시작한 것이다. 김철수는 국내에 살아남은 유일한 중앙집행위원이었다. 당의 재건을 위한 전권은 그에게 있었다. 하지만 그도 거쳐야만 하는 절차가 있었다. 후보중앙위원이 존재하기 때문이었다. 권한을 행사하려면 그들의 동의를 구하는 것이 당의 규정이었다. 구속 중인 구연흠을 제외하고 세 명의 후보위원이 체포를 피해 경성에 은신해 있었다.

원우관은 함경북도 회령에서 교사로 재직하고 있었다. 서른 살의 나이에, 평범한 삶을 살고 있던 그가 갑자기 일본으로 유학을 떠났다. 아마도 당시 조선공산당과 관련된 인물 중 최고령이라고 할 수 있는 나이에 유학을 떠나 와세다 대학에 입학했다. 3·1운동이 일어나고 상해에서 임시정부를 수립할 조짐이 보이자 1년 만에 도쿄를 떠났다. 나이가 있다고 하더라도 임시정부의 법무부차장을 맡은 것은 다소 파격적이었다. 임시정부의 내부 다툼에 질린 원우관은 다시 국내로 돌아왔다. 근거지는 경성이었다. 무산자동맹회에서 활동하면서 두각을 나타내자 김찬이 그를 주목했다. 김재봉이 귀국하자 원우관은 김찬의 권유로 고려총국 국내부에 가담했다. 조선공산당이 창립되었을 때 그가 참여하지 못한 이유는 감옥에 있었기 때문이다. 강달영 중앙이 탄생했을 때 후보중앙위원을 맡은 것은 자연스러운 과정이었다.

광주 출신인 신동호는 조선공산당 전후로 광주의 대표권자 같은 인물이었다. 조선노동공제회가 만들어졌을 때도 광주 대표였다. 고려총국 국내부 광주 야체이카 책임자 역시 그였다. 서울파와 마지막 동맹이었던 조선노농총동맹의 중앙집행위원을 맡아 활동하기도 했다. 국내에서, 광주를 근거지로 노동운동에 잔뼈가 굵은 인물이었다. 다른 한 명의 후보위원인 오희선을 포함해 공교롭게도 이들은 모두 화요회였다.

조선공산당 만주총국

──────── 1926년, 다시 돌아온 상해의 겨울바람은 유난히 추웠다. 숨 가쁜 긴 여행에 몸이 허한 탓은 아니었다. 가슴속이 추웠다. 김찬은 무엇인가 다시 '기획'해야만 했다. 황해 너머 경성은 너무 멀어 보였다. 김재봉 중앙이 너무 허무하게 무너져버린 탓이었다. 강달영 중앙과 당 재건에 나서야만 했다. 안전한 기지 마련은 어렵지 않았다. 여기서 다시 씨를 뿌리고 봄을 지나 수확의 가을을 준비해야만 했다. 다행히 조동호와 김단야는 상해의 뒷골목까지 샅샅이 알고 있었다. 시곗바늘을 잠시 돌려보면 척박한 시절 그들은 사회주의연구소 멤버였다.

1920년, 상해에 부임한 임시 대통령 이승만의 실각을 주도하던 계획이 실패로 돌아가자 이동휘는 사회주의 성향을 가지고 있는 사람들을 중심으로 상해 공산주의 그룹을 결성했다. 하지만 이동휘는 코민테른 자금을 이전의 한인사회당 자금이라고 주장하면서 그룹과 공유하지 않았고, 이에 반발한 조동호 등은 사회주의연구소를 설립하며 상해에 이르쿠츠크 그룹을 추진했다. 사회주의연구소는 박헌영도 멤버였던 이르쿠츠크파의 상해 전진기지였다. 그들은 잊었던 고향에 돌아온 셈이었다. 모스크바 밀사 조봉암도 건재했다. 최원택과 김동명도 상해에 합류했다. 김찬은 국내 당의 동의를 얻어 조선공산당 상해부를 설치했다. 김재봉은 강달영에게 중앙을 위임하면서 해외에서 '지도'하겠다는 의사를 분명히 전했다. 김재봉은 체포되면서 망명이 실패로 돌아갔지만, 망명에 성공한 김찬은 그 권한을 행사하기로 마음먹은 것이다.

상해부의 성원은 김찬과 조봉암, 조동호였다. 김단야와 조봉암으로 고려공산청년회 상해부도 설치됐다. 강달영과 논의를 거친 '임시' 조직이었다. 하지만 일종의 중앙을 자임하고 공청까지 설치한 것을 감안하면 임시라도 상해부가 주는 무게감은 다를 수밖에 없었다. 게다가 상해부는 당 중앙을 임시로 옮겨놓은 것처럼 쟁쟁한 인물들로 구성되어 있었다. 경성의 강달영 중앙은 살얼음 위를 움직이고 있었고 취약했다. 조금만 삐끗하면 '의견'과 '지도'의 경계선이 불분명해질 수 있었다. 강달영은 김재봉의 결정대로 이준태와 홍남표, 김철수, 이봉수로 당 중앙을 구성했다. 박헌영의 공청을 재건한 권오설이 일종의 당연직으로 포함되었다. 김철수와 이봉수를 제외하면 모두 화요회였다. 김철수와 이봉수는 이른바 국내 상해파였다. 화요회가 다수파였지만 당 중앙은 여전히 화요회와 상해파의 연합이었다. 공청 책임비서를 맡은 권오설은 무늬뿐인 상해파와의 당 중앙 연합에 냉소적이었다. 위기의 강달영 중앙에 보이지 않는 틈이 생긴 것이다. 하지만 남은 화요회도 한 줌밖에 되지 않아 강달영은 당 중앙 구성을 그대로 강행했다.

김재봉은 체포되기 전 김찬과 만나 강달영을 새로운 중앙으로 추천했다. 당대회 참석자가 모두 노출될 것이 분명해, 남은 것은 불참했던 강달영뿐이었다. 강달영이 중앙 무대에 잘 알려지지 않았다는 것도 고려 대상이었다. 김찬은 김재봉의 결정을 존중했다. 이때까지만 해도 김재봉 역시 망명길에 오를 계획이었다. 그러나 김재봉이 체포되면서 계획은 어긋나기 시작했다. 김찬이 수차례 고비를 넘기면서 이준태와 권오설이 창당 준비를 했다. 최원택과 김동명도 공청에서 활동하면서 권오설과 익숙해 있었다. 반면 강달영과는 긴밀하게 활동한 경험이 없었다. 새로운 중앙이 구성되었지만 체포되지 않은 중앙, 김찬과 조동호가 있었다. 김재봉과 김찬이 계획에 넣지 않았던 '신 중앙'과 '구 중앙'이 생긴 것이다.

김찬은 자신과 조동호가 여전히 강달영 중앙의 성원이라고 주장하는 것은 무리임을 알고 있었다. 강달영과 협의를 거쳐 상해부를 설치했지만 상해에서 활동하려면 그에 걸맞은 권위가 필요했다. 김찬은 모스크바 전권대표 보좌였던 조봉암을 중앙의 성원으로 인준해줄 것을 요청했다. 상해파는 즉각 반발했다. 강달영은 상해파와의 파국을 막아야만 했다. 강달영은 김찬의 요청을 거절하는 정중한 답변을 상해로 보냈다. 상해파의 반발은 멈추지 않았다. 김찬의 상해부가 '중앙 위의 중앙'으로 군림한다는 문제제기를 계속했다. 김철수는 파국도 마다하지 않는다는 의견까지 피력했다. 강달영은 문제를 해결해야만 했다. 강달영은 김찬에게 새로운 해외총국을 건설하라고 통보했다.

상해에는 망명한 인적 자원이 많았지만 지리적으로 국내와 거리가 멀었다. 더 많은 인적 자원이 있는 데다 국내와 익숙한 곳은 만주였다. 만주총국은 김재봉 중앙이 시작될 때부터 계획하고 있었다. 강달영은 이 계획을 실행에 옮길 것을 요구했다. 하지만 그것은 상해부의 해산을 통보한 것이나 마찬가지였다. 김찬과 상해부에 이 결정이 당혹스러운 이유는 따로 있었다. 만주에서 활동하고 있는 상해파와 협의를 통해 만주총국을 조직하라고 주문했기 때문이다. 망명한 화요회를 중심으로 상해부를 확대하려는 김찬의 계획은 수포로 돌아갔다. 상해부는 경성의 결정을 반대할 명분이 없었다. 명분이 있다고 하더라도 거부한다는 것은 스스로 당에서 이탈한다는 것을 의미했다. 강달영은 김찬에게 "국내 중앙의 지도를 따를 것"을 통보하며 쐐기를 박았다.

만주총국 설치와 관련해서 당으로부터 권한을 위임받은 것은 상해부였다. 조봉암과 김동명, 최원택이 전면에 나섰다. 조봉암은 조선공산당이 코민테른에 정식으로 인준받는 데 가장 큰 역할을 한 권위가 여전히 존재했다. 김동명은 동방노력자공산대학을 나온 엘리트였다. 조봉암처럼 베르흐네우딘스크 통합대회가 좌절된 이후 입학한 한인들은 종종 있지만 김동명은 첫 입학생이자 졸업생이었다. 그런 그가 국내에 들어왔을 때 김찬은 신흥청년동맹을 총괄하는 집행위원장으로 추천했다. 이를테면 박헌영, 조봉암 등과 함께 당이 건설될 경우 고려공청의 책임을 맡길 후보군 중 한 명이었다. 만주총국의 공청 책임자로 추천할 최적의 인물이었다. 국내 공청 책임자인 권오설과 연락을 주고받는 역할은 최원택이 하고 있었다. 최원택은 위기 상황에서 권오설 공청을 탄생시키는 데 일조한 후 상해로 망명했다. 김찬과 조동호는 후면에서 지원하는 역할을 자임하며 한걸음 물러섰다.

만주의 한인들은 이른바 중동선中東線을 중심으로 활동하고 있었다. 중동선은 베이징에서 지린성을 거쳐 하얼빈을 통해 러시아 국경까지 이어지는 철도노선이다. 헤이룽장성의 하얼빈이 만주총국의 거점으로 결정됐다. 하지만 이 거점은 필요에 따라 지린성 쪽으로 이동했다. 하얼빈과 창춘은 교통이 편리할 뿐만 아니라 하루만 도시에서 벗어나도 이내 산림이 시작되었다. 두 도시의 경계를 지나는 곳은 대낮에도 컴컴할 정도여서 유사시 은신하기에도 적합했다. 만주총국을 설치하기 위해 등장한 상해파의 인물은 윤자영이었다. 한때 김사국과 함께 서울파에서 활동했고 이후에는 이동휘의 상해파에 참여한 거물이었다. 게다가 윤자영 옆에 김하구도 자리하고 있었다.

1926년 초여름, 만주총국 지도부는 순조롭게 건설됐다. 책임비서에는 조봉암, 선전책임은 윤자영, 조직책임은 최원택으로 결정됐다. 만주총국의 중앙은 세 명인 셈이고 책임비서와 조직 책임자는 화요회였다. 총국 산하에 공청이 설치되고 책임비서는 김동명이었다. 상해파와 연합이지만 주도권은 화요회가 가지고 있는 모양새였다. 화요회는 조선공산당을 만드는 것을 주도하고 신의주 사건으로 와해된 당을 빠르게 재건했다. 하지만 만주에서 화요회의 기반은 대단히 허약했다. 강달영 중앙의 결정에 의해 만주총국의 상층을 장악한 것에 불과한 셈이었다. 그러나 공청의 책임비서인 김동명은 발을 떼기도 전에 엎어지고 말았다.

만주 지역에도 독자적으로 활동하는 청년사회주의 조직이 존재하고 있었다. 박윤서가 주도하는 조직이었다. 러시아 한인 2세인 박윤서는 러시아 공산당에 일찌감치 입당했다. 일제의 연해주 침략을 피해 만주로 건너와 주로 한인촌에서 활동하면서 자생적으로 조직을 만들어왔다. 시기가 미묘했다. 코민테른이 국내에 당을 건설한다는 방침을 세우면서 만주가 일시적으로 공백 상태에 놓인 것이다. 공백 기간 동안 콤소몰(러시아공산청년동맹)이 개입하면서 박윤서를 중심으로 조직이 탄생했다. 고려공산청년회 간도총국이었다. 상급 단체가 없는 다소 기이한 형태의 조직이었다. 간도총국은 없지만 '공식적인 공청'은 존재한 것이다.

얼마 후 박윤서 그룹은 러시아 공산당에서 종파 혐의로 제명되었지만 여전히 고려공산청년회라는 이름으로 활동하고 있었다. 이들은 흔히 '만주공청파'라고 불렸다. 박윤서는 자신들이 제외된 만주총국의 공청을 부정하며 격렬하게 반발했다. 그러잖아도 취약한 기반의 김동명 공청은 새로운 대안이 필요했다. 만주총국이 연착륙하지 못하는 동안 국내에서 또다른 비보가 전해졌다. 6·10만세시위를 기획하던 강달영 중앙이 일경에

코민테른 본부로 사용되었던 건물

게 모두 체포된 것이다. 권오설 공청도 궤멸되었다. 김철수 등 극소수만이
살아남고 2차당은 흔적도 없이 와해되었다. 1926년 가을, 김철수와 안광
천의 일월회가 3차당의 재건을 협의하고 있었다. 김철수가 주도한 3차당
은 만주총국을 뿌리째 흔들었다. 만주총국의 공청은 책임비서 이인수와
조직책임 박윤서 체제로 개편되었다. 공청 안에서 화요회가 축출된 것이
나 마찬가지였다. 이인수는 고려공산동맹 중앙위원을 지낸 바 있었다. 요
컨대 서울파 출신이었다.

　해주 출신인 이인수는 해주청년회를 이끌면서 자연스럽게 서울파에 참
여했다. 하지만 서울파와의 느슨한 고리는 이내 끊어졌다. 김재봉 중앙이
와해된 후 이인수는 새로운 흐름에 가담했다. 그것은 레닌주의동맹이었
다. 레닌주의동맹은 동방노력자공산대학 출신인 고광수와 한빛, 베이징

에서 활동하던 혁명사의 양명 등이 1926년 3월 국내에서 결성한 전위 조직이었다. 이들은 화요회와 서울파의 분파주의를 극복하고 통일당 건설을 조직의 목표로 내세웠다. 이인수는 김철수가 아니라 3차당, 즉 ML파(조선공산당과 서울파(고려공산동맹)에서 비밀리에 활동하고 있던 고광수 등의 레닌주의 동맹과, 김철수가 3차 당의 후계중앙으로 지명한 일월회의 안광천이 이후 당을 이끌면서 이들을 ML파라고 통칭)라고 불린 안광천 중앙의 입장을 대변하고 있었다. 만주총국 건설도 화요회의 뜻대로 흘러가지 않았다. 김찬과 상해부의 계획은 조봉암을 중심으로 최원택과 김동명이 만주총국을 주도하는 것이었다. 코민테른으로부터 김재봉 중앙을 승인받는 역할을 담당했던 조봉암은 여전히 연락책의 지위를 가지고 있었다. 신의주 사건이 터지면서 국내로 돌아가지 못해 중국에 체류하면서 조봉암의 지위가 애매해졌다. 화요회 입장에서는 코민테른과의 연락선을 확보하기 위해 현 상태를 그대로 유지하고 있었다. 그런데 코민테른에서 중국공산당과 함께 코민테른 상해부를 조직하라는 통보가 조봉암에게 날아왔다.

레닌이 죽은 이후 러시아 공산당은 격랑에 빠져들었다. 코민테른 의장인 지노비예프는 카메네프, 트로츠키와 동맹을 맺고 스탈린 축출에 전념했다. 하지만 권력을 장악한 스탈린은 지노비예프의 동맹을 와해시키고 코민테른 의장직에서 해임했다. 코민테른 집행위원회는 주로 망명가들이 자리를 차지하고 있었다. 그들은 러시아 국내 문제에 어떤 목소리도 내지 않았다. 갑작스럽게 연방제가 되어버린 코민테른 집행위원회는 중국의 전위당에 집중하는 것을 우선순위로 결정했다. 모든 지원을 아끼지 않았지만 언제나 혼선뿐인 조선은 피곤한 상대였다.

코민테른의 결정에 따라 조봉암은 최원택에게 만주총국의 책임을 맡기고 상해로 향할 수밖에 없었다. 더 큰 문제는 따로 있었다. 지린성과 헤이룽장성을 주축으로 하는 만주가 지나치게 넓다는 점이었다. 같은 헤이룽장이라고 하더라도 하얼빈과 옌볜은 지리적으로 멀었다. 대도시라고 할 수 있는 하얼빈과 그 인근에 거주하는 한인들은 소규모로 분산되어 있었다. 그러나 회령을 눈앞에 두고 있는 옌볜의 경우는 대규모로 한인촌을 형성하면서 살고 있었다. 당연히 당이 활동하는 방식이 지역에 따라 다를 수밖에 없었다.

만주총국이 결성되면서 지부 논의가 제기된 것은 어쩌면 자연스러운 일이었다. 최초의 지부가 설치된 곳은 하얼빈을 중심으로 하는 북만주지부였다. 김찬이 추천한 강화인이 조직책을 맡으면서 화요회의 입김이 여전히 작용하는 것처럼 보였다. 하지만 그해 여름 강달영 중앙이 와해되면서 만주총국의 지부 설치는 전혀 다른 방향으로 흘러갔다. 남만주에서는 정파 색채가 비교적 옅은 ML파의 김상덕을 중심으로 조직됐다. 이어 설치된 동만주 역시 이전부터 ML파와 상해파가 활동해온 지역이었기 때문에 화요회가 주도권을 행사하는 데는 한계가 있었다. 만주총국의 지부 설치는 의도한 것과 달리 각 정파의 거점 조직으로 분화할 조짐을 보이고 있었다.

조봉암이 코민테른의 결정에 따라 상해로 돌아가면서 만주총국 중앙도 개편되었다. 최원택과 김동명이 조직과 선전 책임자를 맡았지만 신설된 군사부의 책임자는 ML파의 박윤서에게 돌아갔다. 오희선 책임비서는 화요회에서 활동한 인물이었지만 색채가 강하지 않았다. 국내에서 김철수와 당 재건을 논의한 후 만주총국의 책임비서로 파견된 인물이었다. 요컨대 만주에서의 활동 경력은 거의 전무했다. 3차당이 상해파의 김철수와

ML파의 안광천을 중심으로 재건되면서 화요회는 만주에서도 급격히 영향력을 상실해갔다. 김찬과 조동호의 마지막 기획도 서서히 바닥을 드러내고 있었다.

조봉암의 임무도 순탄치만은 않았다. 코민테른은 중국공산당과 국민당의 국공합작을 지지하는 노선을 채택하고 있었다. 민족주의와 거리를 두고 당을 창당했던 화요회의 노선과 정반대였다. 물론 화요회가 노선을 변경한 것이 아니라 지난 몇 년에 걸쳐 '통일전선론'으로 테제를 바꾼 것은 코민테른이었다. 1927년 봄, 국민당의 장제스蔣介石에 의해 국공합작이 깨지면서 그 여파로 중국공산당 지도자인 천두슈가 실각했다. 조봉암은 코민테른의 연락책을 사퇴하느냐, 아니면 코민테른의 노선에 따르되 최소한으로 움직이느냐를 두고 고민한 끝에 후자를 선택했다. 한 해 동안 만주총국은 조직을 정비하느라 한발도 앞으로 나아가지 못했다. 하지만 그것은 시작에 불과했다. 공청 만주총국을 장악하고 있던 ML파가 중앙과 논의 없이 본부를 룽징으로 이전한다는 결정을 내리면서 파국은 시작됐다.

룽징은 만주공청파의 지도자인 박윤서가 과거부터 활동해오던 곳이었다. 한인촌이 형성되어 있는 데다 자신들에게는 익숙한 땅이었다. 하지만 이것은 공청이 지리적으로 중동선에서 이탈하는 것을 넘어 정파적으로 조직을 분리하는 것이나 마찬가지였다. 화요회는 만주총국 중앙을 통해 공청에 해당害黨 행위라는 최후통첩을 보냈다. 하지만 박윤서의 공청은 만주총국의 정치적 지도를 거부하는 것으로 대응했다. 사실 이런 파국은 어느 노선이 혁명을 위해 효율적인가를 이미 뛰어넘는 것이었다. 국내의 ML파 중앙은 박윤서 그룹을 옹호하고 있었기 때문이다. 만주총국 중앙에서 화요회가 수적인 우위를 어렵게 유지하고 있었지만 그조차 무기력해진 것이다. 최원택과 김동명은 만주총국 중앙에서 전방위로 움직였지만 시간이 지날수록 화요회가 고립되고 있다는 것만 확인할 뿐이었다.

조봉암은 다른 길을 가기 시작했다. 코민테른의 연락책으로 통일전선론을 충실히 따르겠다는 생각은 아니었다. 하지만 민족주의자들을 포함해 단일한 힘이 필요하다는 입장을 피력했다. 상해임시정부가 참여한 유일당 운동에 참여하면서 화요회와는 거리가 멀어지기 시작했다. 상해파의 이동휘마저 격렬하게 비난하는, 임시정부의 이동녕이 주도하는 유일당 운동에 화요회가 동의하는 것은 불가능한 일이었다. 김찬과 조동호에게 선택지는 점점 없어지고 있었다.

조선공산당 일본총국

——————— 김약수가 북성회 회원들을 이끌고 경성으로 온 이후 여전히 일본에 남아 활동하는 회원들의 위치가 애매해졌다. 이를테면 김약수 그룹을 북성회 경성지부라고 부를 수도 없는 노릇이었다. 김약수가 경성의 북성회를 북풍회로 이름을 변경한 것도 그런 현실과 무관하지 않았다. 그렇다고 문제가 해결되는 것은 아니었다. 사람들은 "일본의 북성회가 북풍회 일본지부냐"고 묻고 다닐 터였다. 그만큼 북성회에서 김약수가 차지하는 위상은 컸다. 시간이 흐르면서 안광천, 이여성, 박낙종, 하필원 같은 인물들이 나타나기 시작했다. 요컨대 지도자들로 성장하기 시작한 인물들이 등장한 것이다. 이들은 김약수의 양해 아래 새로운 조직을 출범시키기

로 결정했다. 마침 레닌 사망 1주년에 맞춰 일월회라는 조직을 결성했다.

스무 명 남짓한 사람들이 이여성의 집에 모여 일월회의 깃발을 올린 것은 1925년 1월이었다. 김한경, 김천해, 한림, 이우적 등이 참여했다. 일월회 강령 중에는 눈에 띄는 대목이 있었다. 조선 사회주의운동에 대해 '엄정한 중립'을 유지하는 것이었다. 일월회가 창립될 무렵 조선에서는 세 파가 격렬하게 대립하고 있었다. 일월회의 전신인 북풍회가 화요회와 서울파의 대립 속에서 고전을 면치 못한다는 것도 이들은 잘 알고 있었다. 일월회가 중립을 강조한 것은 다른 선택지가 없기 때문이기도 했다. 하지만 이런 중립주의는 필연적으로 '단일 조직 노선'으로 귀결될 수밖에 없었다.

대부분의 유학생들은 고학하며 좁은 다다미방에서 여러 명이 칼잠을 자는 것이 보통이었다. 스무 명가량 되는 사람들이 한 집에 모여 회의를 할 수 있었다면 집 주인의 사정이 달랐다는 뜻이다. 경북 칠곡이 고향인 이여성은 만석꾼의 맏아들로 태어났다. 칠곡에서 소작을 한다는 것은 이여성 집안의 농사를 짓는 것과 마찬가지였다. 부유한 집안 덕분에 일찍이 경성에 올라와 보성고보를 졸업하고 난징에 있는 진링 대학金陵大學으로 유학길에 올랐다. 그런데 이곳에서 운명처럼 두 사람을 만나면서 전혀 다른 삶을 걷게 되었다. 김약수와, 후일 의열단을 조직해 일제를 공포에 떨게 한 김원봉이었다. 큰형과 작은형뻘인 두 사람을 통해 이여성은 보장된 삶을 전혀 다른 방향으로 돌리기 시작했다. 이제 막 '맑스 보이'가 되기 시작한 것이다.

3·1운동이 일어나자 김약수는 귀국을 결심했다. 의기투합한 이여성도 함께 귀국길에 올랐다. 김약수와 경성에서 짧은 이별을 고하고 고향으로 내려간 이여성에게는 또 다른 여정이 준비되어 있었다. 제2차 3·1운

동을 진행하기 위한 흐름들이 있었던 것이다. 이여성은 그 한복판에 뛰어들었다. 그는 대구를 중심으로 결성된 혜성단이라는 비밀결사에 주도적으로 참여했다. 혜성단은 광범위하게 신문을 뿌리는 등의 대중투쟁을 계획했다. 일제가 3·1운동이 지방, 즉 전국으로 계속 확대되는 것을 막기 위해 모든 수단을 강구하던 시기였다. 참으로 대담하고 어쩌면 무모한 계획이었다. 문제는 자금이었다. 이여성은 간단히 그 문제를 해결했다. 부친의 땅 중 알토란같은 것을 싸게 파는 방법으로 자금을 조달했다. 혜성단 사건으로 3년간 감옥살이를 마친 이여성은 곧바로 일본으로 유학을 떠났다. 조선에서 운신하기 어렵다는 점이 크게 작용했다. 자신의 정신적 스승인 김약수를 따라간 것이라고 봐도 무방했다. 김약수는 경성을 거쳐 이미 일본으로 건너온 상태였다. 두 사람은 일본에서 다시 해후했다. 김약수가 주도한 북성회에 이여성이 참여한 것은 어쩌면 당연한 일이었다.

일월회는 처음부터 노동자 중심의 사회주의자 조직을 지향했다. 북성회가 기획에 그친 수준이었다면 일월회는 실행에 옮긴 것이 커다란 차이였다. 물론 그 불씨들은 북성회로부터 나온 것이었다. 일월회는 불과 창립 한 달 뒤 재일본조선노동총동맹 건설을 주도했다. 지역별로 흩어져 있던 노동 조직들을 하나로 묶는 것이 운동에 더 효율적이라는 판단 때문이었다. 지역의 핵심 활동가 150여 명으로 출범한 조직은 1년 만에 5000명을 넘어섰다. 2년 동안 조직에 참여한 인원은 무려 3만 명을 넘어섰다. 총동맹의 성장속도는 이전의 어떤 조직과도 비교할 수 없을 정도로 기록적이었다. 이를테면 요코하마 항구의 조선인 노동자들은 모두 총동맹 회원이라는 말이 공공연하게 회자될 정도였다. 이런 폭발적인 호응은 조선노동공제회와 닮은꼴이었고, 조선노농총동맹이 마치 일본에서 재현된 것처럼 보일 정도였다. 다양한 소규모 노동 조직들이 참여했지만 양대 축은 도쿄조선노동동맹회와 오사카조선노동동맹회였다. 두 동맹은 1923년 경성 여공파업 당시 후원금을 모아 전달하는 등 연대 투쟁을 조직한 바 있었다. 산개한 조직들을 하나로 뭉치자는 주장은 쉽게 공감대를 형성할 수 있었다. 무엇보다 이들이 단시일 내에 힘을 모을 수 있었던 것은 '정보에 대한 갈증'이었다. 시시각각 변하는 경성의 소식들은 적지에서 활동하고 있는 이들에게 계속 물음표만 안겨주고 있었다. 대립, 통합, 다시 분열과 같은 부정확하고 날선 내용들이 토막으로 현해탄을 건너 날아들었다.

역사에서 다수가 갈증을 느낄 때만큼 적절한 타이밍은 없다. 북성회가 비운 공백을 일월회가 메우며 손을 내밀자 조직의 깃발은 순식간에 올라갔다. 일월회의 리더인 안광천의 정치력도 일조했지만 뛰어난 조력자들과 타이밍이 맞아떨어진 결과였다. 물론 안광천의 인지도는 일을 쉽게 풀어나가는 열쇠로 작용했다. 조직의 행동강령에는 최저임금과 메이데이 휴무 등 색깔 있는 내용들이 포함되어 있었다. 하지만 정치노선에 해당하는 강령에는 기존 노동 조직과 확연히 구별되는 선언들이 들어 있었다. 대표적인 것은 "노동자계급과 자본가계급은 양립할 수 없다"는 표현이었다. 결과적으로 일월회의 최종 목표는 '새로운 사회 건설'이었다.

그런데 경성에서 예기치 않은 바람이 불어왔다. 경성에선 강달영의 제2차 조선공산당이 와해된 후 또다시 재건을 위한 움직임이 시작되고 있었다. 주도자는 살아남은 상해파의 김철수였다. 하지만 상해파는 예전부터 문패뿐인 조직에 불과했다. 두 차례의 체포로 화요회와 북풍회는 흔적도 없이 사라졌다. 김철수는 일월회의 안광천에게 손을 내밀었다. 김해 출신 안광천 역시 집안이 부유했다. 부친은 왕실의 병을 치료하는 어의였고, 집안의 이력에 따라 경성의전을 졸업했다. 순탄한 그의 삶을 뒤바꾼 사람은 다름 아닌 김약수였다. 북성회의 국내 강연에서 김약수와 마주친 안광천은 자신이 가야 할 길을 깨달았다. 이내 짐을 꾸려 일본으로 유학길에 오른 안광천은 곧바로 북성회에 가입했다. 김철수는 화요회에 대해 적대적인 감정을 가지고 있었지만, 그는 언제나 '통일공산당파'였다. 그런데 안광천 역시 화요회와 서울파의 통일을 역설하던 인물이었다. 김철수에게는 제2의 북풍회가 필요했다. 분파 대립을 지양하고 단일 노선을 주장하던 안광천과 일월회의 지도부는 전격적으로 조직의 해산을 결정했다. 1926년 가을, 김철수와 안광천이 주도하는 제3차 조선공산당이 재건되었다. 세칭 'ML파 공산당'의 탄생이었다. 일월회의 해산은 활동의 중지를 의미하는 것이 아니었다. 오히려 당 조직으로의 전환을 의미했다. 북풍회의 김약수가 그랬던 것처럼 일월회의 안광천과 하필원 등 일부 지도부는 경성으로 넘어가 당 중앙에 참여했다. 그리고 남은 조직들은 당의 일본 조직으로 재탄생했다.

조선공산당은 창당 당시부터 일본에 공식 기관을 설치하려는 계획을 가지고 있었다. 하지만 급박한 현실 탓에 계획은 제대로 시도조차 되지 못했다. 조선공산당이 이런 계획을 추진하려고 했던 이유는 언젠가 국내로 돌아올 사람들이었고 그들은 이미 훈련된 사람들이었기 때문이다. 또 하나는 일본으로 건너가는 조선인의 숫자가 계속 늘어나는 현실도 작용했다. 당은 그들을 책임져야 한다는 당연한 사명감을 가지고 있었다. 일월회가 당에 가담함으로써 그동안 시도하지 못했던 계획이 자연스럽게 실현되었다.

이듬해 봄에 당의 일본부가 공식적으로 조직되었다. 박낙종이 초대 책임비서를 맡았고 한림과 김한경 등이 간부로 참여했다. 모두가 일월회의 중추 역할을 하던 인물들이었다. 박낙종은 안광천과 함께 한글 인쇄를 전문으로 하는 동성사同聲社의 설립을 주도한 바 있었다. 일월회가 창립되자 박낙종은 기관지 역할을 하는 격주간 〈대중신문〉 발행에 깊숙이 개입했다. 박낙종이 일본부의 책임비서를 맡자 동성사는 수백 종의 인쇄물을 쏟아냈다. 박낙종은 레닌의 "정치신문이 조직을 건설한다"는 명제를 마치 자신의 임무라고 생각하는 듯했다. 해방 후 박낙종은 조선정판사 사장을 맡아 남로당 기관지인 〈해방일보〉의 발행을 총괄했다. 그리고 소위 '조선정판사 사건'으로 비극적인 최후를 맞이했다. 사회주의 선전·선동에 자신의 삶 전체를 태워버린 사람은 박낙종이 거의 유일했다.

신문이 정기적으로 발행된다는 것은 말단까지 실핏줄처럼 배포망이 구축되었다는 뜻이다. 당연히 일본부는 〈대중신문〉의 성격을 당 기관지로 바꿔버렸다. 일본부는 도쿄를 동부와 서부 두 개의 야체이카로 개편했다. 책임자는 김한경과 한림이었다. 그리고 일월회가 주도적으로 창립했던 재일본조선노동총동맹에도 당 야체이카를 구축하기 시작했다. 그사이 당의 책임비서는 김철수에 이어 안광천으로 교체됐다. 어느새 조선공산당은 ML당, 아니 '일월회의 당'으로 바뀌어 있었다. 하지만 안광천 중앙은 불과 9개월 만에 좌초됐다. 안광천이 책임비서에서 물러난 이후 책임비서와 중앙 간부들이 계속 바뀌는 등 당은 내부에서 와해되어갔다. 1927년 겨울부터 당은 식물화 상태에서 간부들이 차례로 일경에 체포되면서 파국을 맞이했다.

그런데 아이러니하게도 당의 일본부는 계속 성장하고 있었다. 일본부는 산하에 고려공산청년회를 설치하고 한림이 초대 책임비서를 맡았다.

일본부는 당 중앙처럼 조직을 조금씩 확대해나갔다. 일본부가 첫 번째 위기를 맞은 것은 박낙종의 '대범한 기획' 때문이었다. 3·1운동 9주년을 앞두고 박낙종은 국내에 선전물을 밀반입하려는 기획을 추진했다. 동성사를 통해 비밀리에 추진하던 이 기획은 일경의 감시를 피하지 못하고 실패로 돌아갔다. 선전물은 무려 20여만 장이었다. 동성사에서 발행하던 〈대중신문〉의 주요 편집위원은 한림과 이우적이었다. 이우적은 일본부의 선전 책임자이자 신문의 선임기자이기도 했다. 박낙종이 체포되자 이우적은 지하로 잠적해야만 했다. 서부 야체이카 책임자인 김한경은 국내로 들어가 있었다. 일본부의 중앙이 일시적으로 마비된 셈이었다. 다행이라면 몇 달 전 고려공청 책임비서가 한림에서 김상혁으로 교체되었다는 것뿐이었다.

그 사이 국내에서는 제4차 조선공산당이 출범하는 데 성공했다. 소위 '차금봉 중앙'이다. 4차 조선공산당은 서울청년회 소장파, 곧 서울파 신파를 참여시키는 데 성공했다. 하지만 여전히 탄탄한 기반을 구축하고 있는 일본부의 존재를 무시할 수는 없었다. 김한경이 중앙집행위원으로 인준된 것은 그런 배경 탓이었다. 차금봉 중앙은 일본부를 일본총국으로 확대하고 책임비서에 김한경을 겸직시켰다. 그러나 일본총국은 김한경의 겸직은 불가능하다고 판단했다. 일본총국의 책임비서는 곧 한림으로 교체됐다. 이우적과 함께 한림은 대범한 기획과 관련해 일경의 추적을 받고 있었다. 두 달 후 한림이 체포되면서 일본총국은 두 번째 위기를 맞이했다. 다행히 발 빠른 회합 끝에 김천해를 새로운 책임비서로 추천하며 조직을 정비했다. 인정근이 고려공청의 책임비서를 맡으며 김상혁의 공백을 메우는 데 성공했다. 김철수가 3차 조선공산당 재건을 위해 일월회와 손잡은 것은 이런 점 때문이었다. 다듬기만 하면 빛을 발휘할 보석 같은 인물들이 눈에 보였던 것이다. 이르쿠츠크가 마중물이라면 도쿄는 화수분이었다.

와세다 대학에 다니던 이우적은 일본총국의 이데올로그이자 저널리스트였다. 고려공청이 출범할 때 이우적은 이데올로그의 자질을 보이던 인물 한 명을 가입시켰다. 호세이 대학法政大學에 유학 중이던 인정식이었다. 이우적이 위기에 빠지고 한림이 체포되었을 때 발 빠른 회합을 주도한 인물 중 하나였다. 김천해와 이우적이 각각 일본총국과 고려공청의 책임비서를 맡아 조직을 수습했다. 그리고 일본총국의 사실상 마지막 투쟁인 '국치일 격문 살포'를 준비했다. 인정식은 1930년대 후반 〈조선중앙일보〉 논설위원으로 활동했다. 이때 사회 성격과 농업 문제를 놓고 박문병과 그 유명한 지상 논쟁을 벌였다. 최초의 사회구성체 논쟁이었다. 좌파 경제학자로 명성을 얻은 것도 이때였다. 해방 후 농림장관을 맡은 조봉암의 지상 과제는 토지개혁이었다. 조봉암은 토지개혁을 효과적으로 설명하기 위해서는 독립적인 신문사가 필요하다고 판단했다. 〈농림신보〉 사장을 맡은 김찬이 편집국장으로 임명한 사람이 인정식이었다.

화요회의 노동총책을 꼽으라면 윤덕병과 이준태일 것이다. 일월회에서 그런 인물을 찾으라면 김천해였다. 니혼 대학에 잠시 적을 두긴 했지만 그의 궤적은 노동 현장에서 찾을 수 있었다. 일본총국의 김천해 중앙은 '합의된 중앙'이었다. 책임비서였던 한림이 체포되었을 때 국내의 차금봉 중앙 역시 일경에 의해 와해되고 있었다. 김천해 중앙은 일본총국의 자생적인 산물에 가까웠다. 일본총국은 끊어지지 않는 이중허리처럼 스스로 작동하고 있었다. 김천해는 도쿄조선노동동맹회에 주도적으로 참여하면서 그 이름이 알려졌다. 다부진 체격에 강한 인상이었지만 성실한 활동으로 일월회 안에서도 좋은 평판을 유지했다. 도쿄 남쪽에 위치한 요코하마의 항만에서 발군의 조직력을 보이며 지도자로 급성장했다. 재일본조선노동총동맹 중앙집행위원을 거쳐 조직의 총책임자인 집행위원장에 올랐다. 그것은 일경의 요시찰 감시대상 최상위에 이름이 올라간다는 것을 의미했다. 1928년 여름 체포된 김천해는 다양한 명목으로 석방되지 못한 채 감옥에서 해방을 맞이했다. 무려 17년간의 옥살이였다.

　일본총국은 국치일을 앞두고 격문 살포와 시위를 준비했다. 이 기획은 마치 권오설의 6·10항쟁과 묘하게 닮아 있었다. 때론 불나비처럼 타올라야 하지만 피할 수 없는 '역사적인 선택'이 필요할 때도 있었다. 김천해와 인정식 중앙도 현재의 조직 상태로는 무리라는 것을 모를 리 없었다. 김한경이 체포를 피해 경성에서 도쿄로 숨어들어왔지만 고양이 손을 더 보탠정도에 불과했다. 결국 김천해는 계획을 강행하기로 결정했다. 대신 피해를 최소화하기 위해 우회로를 이용했다. 자신이 겸직하고 있던 재일본조선노동총동맹의 명의를 사용한 것이다. 8월 29일 국치일에 도쿄 한복판에서 150여 명의 한인이 선전물을 뿌리며 시위를 전개했다. 한인들의 무장투쟁을 촉구하고 총독 타도를 주장하는 선전물이 적의 심장부에서 흩뿌려졌다. 김천해와 김한경은 체포를 피할 수 없었다. 결단을 앞두고 김천해는 번민과 갈등의 날을 보냈을 것이다. 그 외로움은 감옥에서도 끝나지 않았다. 아군인 일본공산당위원장 사노 마나부佐野學가 전향을 선언한 것이다. 뒤이어 김한경마저 전향을 발표하며 동지들과 등을 돌려버렸다. 모두의 시선이 재판장으로 향하는 김천해에게 집중됐다. 김천해는 담담히 조선공산당의 이름으로 투쟁의 정당성을 주장했다. 김천해가 동맹의 이름으로 대회를 강행한 것은 시간을 버는 효과를 가져왔다. 인정식과 이우적, 김상혁은 일본을 탈출해 경성으로 잠입할 수 있었다.

그때 일경의 요시찰 대상이었던 또 한 명이 현해탄을 건너 경성으로 돌아가려는 시도를 하고 있었다. 김천해가 도쿄조선노동동맹회에서 주도적인 역할을 할 때 눈에 띄기 시작한 인물이었다. 일본총국의 선전 책임자인 이우적도 익히 그를 알고 있었다. 인정식은 고려공청 책임비서를 맡자 그를 공청의 선전 책임자로 임명했다. 조직을 재편할 때 그는 최상위 고려 대상 중 한 명으로 떠올랐다. 하지만 그는 현해탄을 건너지 못한 채 체포되고 말았다. 바로 이재유였다.

숨은 그림자, 레닌주의자동맹

━━━━━━ 한마디로 대담하다고 할 수밖에 없었다. 1926년 6월부터 시작된 2차 공산당원들의 검거는 그해 여름에도 계속됐다. 모두가 숨죽이고 있었지만 레닌주의동맹은 그 여름밤에 움직이고 있었다. 6·10만세를 주도한 권오설의 공청은 완전히 와해됐다. 강달영 중앙도 대부분 체포되었고, 유일하게 살아남은 김철수는 모든 연락을 끊고 잠행했다. 공청의 대표권자는 당연히 존재하지 않았다. 그런데 당에서 아무런 공식적인 권한도 가지지 않은 고광수라는 인물이 마치 공청을 대표하는 것처럼 서울파의 고려공산청년동맹과 협상을 진행하기 시작했다. 고려공산청년동맹은 김사국이 죽은 후 이른바 서울신파가 장악하고 있었다. 양당에 흩어져 있던 레닌주의동맹이 동시에 움직인 것이다.

강달영이 체포되고 일주일 후 고려공산청년동맹은 중앙집행위원회를 열고 고려공청과의 통합을 의결했다. 고려공산동맹 중앙은 전혀 모르는 독자적인 결정이었다. 감춰져 있던 이중 권력을 공백기를 이용해 작동시킨 것이다. 일주일 후 고광수가 주도하는 조선공산당의 고려공청도 통합을 '결의'했다. 분명한 것은 고광수는 '의결'할 수 있는 권한조차 가지고 있지 않았다는 것이다. 그럼에도 불구하고 또다시 일주일 후 비밀리에 회합을 거처 조선공산

조선공산당 고려공산청년회 책임비서를 맡은 고광수

당 고려공산청년회라는 이름으로 두 조직은 통합을 결의했다. 소위 '합청'이 탄생한 것이다. 임시라는 수사를 붙였지만 책임비서는 고광수가, 중앙은 이인수와 김월성 등 레닌주의동맹이 자리를 차지했다. 서울신파는 이미 정치적으로 레닌주의동맹과의 구분이 무의미해졌다.

합청의 중앙위원인 김월성은 원산 출신으로 일찍 연해주로 이주했고, 10월혁명 이후 러시아공산청년동맹에 가입해 활동했다. 대부분의 한인이 그랬듯이 독립을 위한 선택이었다. 내전이 끝나자 김월성은 연해주의 한인들을 중심으로 공산주의 단체를 조직하기 시작했다. 하지만 독립을 목적으로 하는 공산 단체를 조직하려는 김월성의 단순한 생각은 심각한 착각이었다. 코민테른은 고려공산당 상해파와 이르쿠츠크파의 격렬한 대립으로 양당의 해산을 통보하고 창구를 일원화했다. 김월성은 이 원칙을 위배했을 뿐만 아니라 러시아 공산당의 당원이 새로운 공산주의 단체를 결성한 것에 해당했다. 종파주의라고 규정한 것이다. 한인들의 공산 단체라

는 김월성의 항의는 오히려 역효과를 가져왔다. 연해주에 거주하는 피압박민족은 한인만이 아니었기 때문이다. 김월성은 당에서 제명됐다. 그에게 남은 선택지는 하나, 조국으로 돌아가는 것밖에 없었다.

　강원도 양양 대지주의 아들인 노상렬은 경성으로 유학을 왔지만 학업에 흥미를 느끼지 못했는지 시간만 보내다 변변한 졸업장도 없이 고향으로 돌아왔다. 부친의 가업을 이어받으려 했지만 토지 수탈에 혈안이 되어 있는 일제에 양양의 대지주는 좋은 먹잇감이었다. 비슷한 상황에 처한 지주들의 이야기를 전해 들은 부친은 전 재산을 처분해 가족들과 함께 한인 밀집 주거지역인 중국 지린성으로 이주했다. 훈춘에 이주한 한인들은 대부분 민족주의자들이었다. 노상렬은 연해주의 러시아공산청년동맹과 연계해 독립운동을 하고 있었다. 훈춘과 연해주의 도시들이 가깝기는 했지만 지린에서 공산당 활동을 하는 것은 극히 드문 일이었다. 그래서였을까, 노상렬은 동방노력자공산대학 1회 입학생으로 모스크바 땅을 밟게 됐다. 키릴어가 정문부터 교정 곳곳에 씌어 있는 그곳에서 고광수를 만났다. 이들은 화요회가 그랬던 것처럼 자신들이 독자적으로 국내에 통일당을 건설하겠다는 야심 찬 결의를 다졌다. 젊은 날의 치기 어린 결의는 역사가 노정한 시간표에 따라 현실로 다가왔다.

　검거 열풍이 사그라진 9월이 되자 2차당의 중앙위원 중 유일한 생존자인 김철수가 조직 재건에 나섰다. 2차당은 1차당에서 배운 반면교사가 있었다. 당 중앙이 위기에 처했을 때 신속하게 재건하는 방안이었다. 강달영 중앙은 다섯 명의 후보중앙위원을 만일의 사태에 대비해 선출해두고 있었다. 후보위원 중 검거를 피한 사람은 신동호와 원우관이었다. 두 사람은 모두 화요회였다. 후보위원을 포함하더라도 중앙위원에는 공석이 발생했다. 김철수는 공석에 화요회의 오희선을 추천했다. 상해파인 김철수가 화요회 인물로만 중앙을 구성하려고 했던 것일까? 규정이 김철수의 발목을 잡았던 것이다. 화요회를 완전히 배제하고 중앙을 구성할 수도 있었지만, 중앙위원은 후보위원인 신동호, 원우관이 승계하는 것이 규정이었다. 누구보다 정통성을 중요시하는 김철수는 고민 끝에 후보위원은 아니지만 화요회인 오희선을 중앙위원으로 추가 지명했다. 원칙을 벗어난 결정이었지만, 오희선은 화요회 색깔이 옅고 무엇보다 통일당 건설을 지지하는 입장이었다. 알량한 국내 상해파도 이제 흔적도 없이 사라졌고, 선택할 인물도 거의 없는 현실도 작용했다.

남은 한 자리, 고려공청의 책임비서는 고광수를 추천했다. 김철수가 보기에 고광수는 화요회와 무관한 인물인 데다 청년층의 신망이 높았다. 또하나 새로운 중앙의 급선무는 코민테른의 승인을 받는 것이었다. 모스크바 유학생인 고광수는 그런 점에서도 적격이었다. 하지만 고광수는 이미 공청의 책임비서를 자임하고 고려공산청년동맹과 통합을 결정했을 뿐만 아니라 독자적으로 공청 중앙을 구성한 상태였다. 물론 김철수에 의해 공청 책임비서로 추천된 이후에도 이런 사실은 보고하지 않았다. 레닌주의 동맹은 여전히 독자적으로 움직이고 있었다. 강달영 중앙이 어느 정도 자리 잡은 1926년 4월 화요회는 조직을 발전적으로 해체하고 정우회를 새롭게 조직했다. 유명무실해진 4단체합동위원회를 정우회로 재조직하는 형식이었다. 화요회가 당 건설에 전력을 기울이는 사이 서울파는 외곽 조직인 전진회를 조직하고 대중 조직들을 하나씩 장악하고 있었다. 요컨대 화요회가 주도한 정우회는 서울파의 전진회를 견제하려는 목적도 다분히 있었다. 하지만 6·10만세 사건으로 강달영의 2차당이 와해되면서 정우회 역시 뿌리째 흔들리고 있었다.

레닌주의동맹은 일본에 산하 조직을 구축하려는 시도를 한 적이 있었다. 일월회 주요 간부들을 대상으로 삼았다. 안광천과 하필원이 레닌주의동맹에 가입할 때는 형식적인 측면이 컸다. 국외에서 활동하는 조직과의 연계가 필요하다는 생각이었다. 분파주의를 청산하고 사상 단체의 통일을 주장하는 노선도 일월회와 공통점을 가지고 있었다. 하지만 자신들이 산하 조직이라는 생각은 하지도 않았다. 때로 우연이 종횡으로 움직이다 보면 필연을 가져오기도 한다. 그해 여름 일본에서 활동하던 일월회의 안광천과 하필원이 국내로 들어왔다. 이들은 분파주의 극복을 주장하며 정우회에 가입했다. 하지만 그 이면에는 흔들리는 정우회를 장악하려는 의도가 숨어 있었다.

2차당의 존재와 6·10만세 투쟁에 놀란 일제는 무차별적으로 사람들을 잡아들였다. 검거된 당원들은 악랄한 고문에도 동지들을 보호하기 위해 필사적으로 허위진술을 하며 저항했다. 일제가 가진 정보는 혼란스러웠고 정확하지 않았다. 덕분에 체포되었던 후보위원 구연흠과 홍남표가 증거불충분으로 석방되었다. 김철수의 계획과 달리 중앙위는 화요회 인물로 완전히 재구성되었다. 그런데 화요회는 다른 판단을 내렸다. 이들은 더 이상 국내에서 전위당을 건설하는 것은 무의미하다고 여긴 것이다. 김철수에게 중앙위원의 사임을 통보하고 구연흠과 홍남표는 상해로 망명했다. 뒤이어 원우관 역시 상해로 떠났다.

겨울이 시작되는 길목에서, 식물화되어 있던 고려공산동맹은 전국 도 대표자회의를 소집했다. 이정윤의 신파가 주도한 이 회의를 이영의 구파는 방관했다. 화요회가 국내에서 철수를 시작한 것이라면 서울구파는 조직에서 철수한 것이나 마찬가지였다. 대표자회의는 7인의 중앙집행위원을 새롭게 선임하고 이들에게 조직의 진로를 위임했다. 중앙위원 여섯 명이 조선공산당과의 통합에 찬성표를 던졌다. 불과 6개월 전 서울청년회 사무실 한구석에서 폐병으로 죽어가던 김사국의 서울파는 허무하게 와해됐다. 김철수는 강달영 중앙 때부터 줄기차게 서울파와의 통합을 시도했지만 좌절되곤 했다. 그런데 김철수가 3차당을 재건하기 시작하자마자 통합은 저절로 찾아왔다. 그 물밑에는 레닌주의동맹이 있었다. 고려공청의 승인을 위해 고광수가 모스크바로 떠나자 후임 책임비서로 김철수는 양명을 선임했다. 레닌주의동맹의 적자가 조용히 당 중앙에 자리 잡은 것이었다. 당 통합으로 서울신파인 김준연과 권태석에게 추가로 중앙위원을 배정했다. 그리고 일월회의 안광천이 중앙위원으로 인준됐다. 김철수는 마침내 서울신파와 통합함으로써 통일당을 건설하는 데 성공했다는 자부심이 대단했다. 하지만 김철수 자신을 제외하고 모두 레닌주의동맹 조직원이거나 동맹자들이었다. 아이러니하게도 김철수 중앙의 첫 번째 안건 중 하나는 석 달 전에 결정된 고려공청과 고려공산청년동맹의 통합 승인이었다. 김철수는 그때야 통합 사실을 알았다. 김철수는 이들의 독자적인 결정이 유쾌하지 않았다. 그렇다고 문제를 제기하지도 않았다. 오히려 중앙이 조직되지 않은 상황에서 당을 통합하려는 이들의 노력을 감싸 안았다. 통일당이라는 김철수의 신념은 모든 것에 우선했다. 하지만 그 배후에 레닌주의동맹이 존재하고 중앙마저 그들이 조용히 장악한 사실을 김철수는 국내를 떠날 때까지 끝내 알지 못했다.

서대문 전철역에서 독립문공원 방향으로 가다 보면 중간에 초등학교가 하나 있다. 옛 청수관 터다. 샘물이 유명한 데다 제법 큰 못의 경치가 뛰어나 행세깨나 하던 사람들이 나들이하던 곳이다. 일제와 수교를 맺고 처음으로 영사관이 들어선 곳이기도 하다. 사대문 안에 일체의 주거를 허용하지 않는다는 방침에 따라 서대문과 가장 가깝고 조망이 좋은 곳에 자리 잡은 것이다. 임오군란 당시 군대가 가장 먼저 불사른 곳이 바로 일제의 영사관이었다. 이곳은 경기군영, 즉 군대가 주둔하던 곳이기도 했다. 영사관은 이곳에 재건축되지 않았다. 시간이 흐르면서 이 일대에는 미로 같은 골목으로 이어진 촌락들이 계속 늘어났다. 아주 잰걸음이 아니더라도 10여 분 걸어가면 옛 서대문형무소 터를 마주할 수 있다. 서대문구 천연동, 이곳에서 김철수는 2차 당대회를 개최했다. 눈앞에 일제의 서슬이 퍼렇지만 감옥에 있는 동지들의 땀 냄새가 바람을 타고 느껴지는 기묘한 장소였다.

김철수는 당 중앙과 고려공청을 복원한 뒤 코민테른의 승인을 받는 것이 최우선 목표였다. 조선공산당의 정통성은 모두에게 중요했지만 이때의 김철수는 그 이상이었다. 그러기 위해서는 당대회가 반드시 필요했다. 아서원 당대회 이후 김재봉 중앙은 새로운 당대회를 개최하는 데 실패했다. 실패했다는 것은 계획이 있었다는 것이다. 아서원 당대회는 창당대회 색깔이 더 짙었다. 김재봉과 화요회는 창당 이후 당대회를 개최하려는 계획을 가지고 있었다. 하지만 당은 분열되고 와해됐다. 강달영 중앙 역시 마찬가지였다. 김철수는 3차당의 정통성을 위해서는 두 번째 당대회가 반드시 필요하다고 생각했다.

1926년 11월 28일, 3차당 중앙위원회가 개최됐다. 며칠 전 당 통합을 결정한 서울신파의 김준연과 권태석도 참석했다. 일월회의 안광천과 고광수의 뒤를 이어 공청 책임비서를 맡은 양명도 참석했다. 안건은 하나, 당대회 개최였다. 문제는 날짜였다. 당대회 날짜는 8일 후였다. 김철수 중앙은 보궐에 보궐을 거쳐 가까스로 구성됐다. 그사이 자신도 모르는 통합이 진행되고 있었다. 그 결과 서울신파를 포함한 중앙을 구성해야만 했다. 경성에 일제의 경찰이 개미새끼처럼 깔린 상황에서 어렵게 이뤄진 성과였다. 그런데 김철수는 곧바로 당대회를 강행했다. 그것도 불과 8일 후였다.

당대회 대표자를 선출하는 것은 물리적으로 한계가 있었다. 김철수는 2차 당대회를 통해 3차당의 정통성을 확보하려고 했다. 하지만 2차 당대회는 대표권부터 의문부호가 생길 수밖에 없었다. 이를테면 가장 큰 지역인 경기도의 대표자는 일본에서 활동하던 일월회의 하필원이었다. 경남의 노백용이 언론 활동을 하면서 사회주의를 지원한 것은 사실이지만 김해와 부산을 대표하는 인물이라고 보긴 어려웠다. 경북의 정학선은 바로 직전 일본에 유학하고 있을 때 화요회의 최원택이 가입을 권유한 인물이었다. 최원택은 적기 사건으로 일본에 망명한 상태였다. 그리고 얼마 후 상해로 넘어갔다. 국내로 돌아온 정학선은 포항을 중심으로 소규모 사회주의 조직을 구축하고 있었다. 그동안 경북 대표는 대구가 중심이었다. 전체적으로 대표권의 구성이 주관적이었다. 김철수도 문제가 있음을 부정하지 않았다.

불과 8일 만에 준비된 2차 당대회는 속전속결로 진행됐다. 김철수는 서대문형무소가 지근거리인 곳에서 당대회가 열리는 것에 대해 감격스러워하며 그 중대함을 참석자들에게 환기시켰다. 그리고 짧은 일정에도 불구하고 참석한 사람들에게 고마움을 표시했다. 대회의 핵심 결정은 두 가지였다. 첫 번째 결정은 새로운 중앙과 책임비서 선출이었다. 김철수다운 결정이었다. 자신은 3차당의 책임비서가 아니라는 것이었다. 2차당의 후보중앙위원과 보선을 통해 '임시'로 당의 책임을 맡았을 뿐이라는 것이 김철수의 주장이었다. 대표권의 허점이 있음에도 불구하고 당대회를 소집한 것은 이런 이유 때문이었다.

조선공산당 통일당 건설에 헌신한 김철수

보안을 위해 무기명으로 세 명의 전형위원을 선출하고 중앙집행위원과 책임비서를 선출하는 방식을 채택했다. 하지만 이것은 허울이었다. 책임비서를 안광천이 맡는 것은 더 이상 비밀도 아니었다. 김철수가 안광천을 직접 거명했기 때문이다. 중앙위원으로는 서울신파의 권태석과 김준연이 선출됐다. 일월회에선 하필원, 한위건, 정학선이 역시 중앙위원으로 선출됐다. 남은 한 자리는 국내에 살아남은 유일한 화요회 거물인 김남수로 채워졌다. 김남수는 당대회에 참석하지 않았다. 그런 그가 일월회의 입김에 좌우되는 전형위원들에 의해 중앙위원으로 선출될 리는 만무했다. 김철수에 의한 안배였다. 김철수가 꿈꾸는 통일당은 각 정파의 참여가 중요했다. 김남수가 이 자리를 거부하지 않은 이유는 하나였다. 소수파지만 화요회가 만든 당이 어디로 흘러가는지 방관할 수 없었기 때문이다.

두 번째 결정은 코민테른의 승인을 받기 위한 대표자를 파견하는 것이었다. 김철수는 이 자리를 자임했다. 조동호가 맡았던 코민테른 전권대표

자리였다. 김철수는 책임비서라는 지위를 사용하지 않고 2차 당대회 '전권대표'라는 지위를 자임했다. 김철수의 사전 의견에 따라 당 책임비서는 안광천으로 결정됐다. 그리고 공청의 책임비서는 같은 일월회의 하필원이 맡았다. 2차 당대회를 기획한 것은 엄연히 김철수였지만 조직 기반이 전무한 유일한 당은 국내 상해파인 김철수의 순수한 의도대로 돌아가지 않았다. 김철수의 열정과 다르게 일월회와 레닌주의동맹이 조용히 당을 장악했다. 이들을 소위 'ML파'라고 불렀다. 3차당을 ML파의 당이라고 호명하는 이유는 여기에 있었다.

김철수는 이런 '당내 당'의 존재를 까맣게 모른 채 블라디보스토크로 향하고 있었다. 김강(김 니콜라이)이 그를 수행했다. 김철수는 김강을 단순한 통역이라고 생각했다. 하지만 그것은 김철수의 심각한 착각이었다. 약관을 갓 넘은 스물한 살의 김강은 2차 당대회에 공청을 대표해 참석했다. 당대회 이전에 통합공청의 책임비서인 고광수는 국제공청의 승인을 받기 위해 러시아로 떠났다. 조선공산당의 고려공청이 국제공청의 공식기구인 것은 분명한 사실이었다. 하지만 당 중앙이 와해된 상황에서 서울신파가 주도하는 고려공산청년동맹과 조직한 통합 공청의 위치가 모호해진 것이다. 이들이 통합 공청의 명칭을 고려공산청년회를 그대로 쓰기로 한 것도, 고광수가 책임비서를 양명에게 인계하고 곧바로 러시아로 떠난 것도 그런 이유 때문이었다.

또 하나, 2차 당대회에 공청을 대표해 참석한 것은 양명이 아니라 김강이었다. 경기도 대표인 하필원이 고려공청의 책임비서로 선출되었고, 김강은 국제공청 승인을 위한 전권대표로 임명되었다. 조봉암이 맡았던 바로 그 자리였다. 김강은 고광수의 불안한 위치를 감안한 후속타였다. 레닌주의동맹은 이미 자신들의 방식으로 당을 움직이고 있었다. 김철수는 김강을 통역으로 생각하고 있었지만 그는 통역과 수행 그 이상의 권한을 가지고 움직이고 있었다. 김철수는 모스크바로 향하면서도 레닌주의동맹의 정체를 전혀 모르고 있었다.

김 니콜라이는 포시에트에서 태어났다. 최재형이 배고픔에 길을 잃어 먼 여정을 떠난 바로 그 항구도시에서 태어난 한인 2세였다. 한인촌에서 자란 아이들의 특징은 우리말을 잘하지만 자라면서 러시아어에 금방 익숙해진다는 것이다. 김강은 러시아 혁명이 일어나자 곧바로 러시아 공청에 가담했다. 학업도 주로 소비에트 학교에서 수학했다. 놀랍게도 십대 후반에 그가 맡은 직책은 러시아 공청 블라디보스토크 한인부 책임자였다. 격동의 시기였다. 고려총국이 창립되고 대립하면서 블라디보스토크에서 어떻게 와해되는지 눈으로 확인할 수 있는 위치에 있었다. 그 상황에서 김재봉이 어떻게 고려총국 국내부를 조직하고 조선공산당을 만들었는지도 잘 알고 있었다. 김재봉 중앙이 와해될 즈음 김강은 국내로 잠입했다. 그가 서울파도, 상층 몇 명만 살아남은 국내 상해파도 지지할 이유는 없었다.

강달영 중앙부터, 아니 그 이전부터 통일당에 대한 김철수의 열정과 헌신은 집요했다. 모스크바에 도착했을 때 김철수는 레닌주의동맹과 ML파의 실체를 알 수 있었다. 불행하게도 코민테른에 보고된 서류에는 레닌주의 동맹과 ML파가 독자적으로 활동한 내용들이 상세하게 기록되어 있었다. 허탈할 수밖에 없었다. 하지만 그들을 부정할 수도 없었다. 김철수는 코민테른의 승인을 받기 위해 전력을 다했다. 그동안 국내는 안광천의 ML파를 중심으로 독자적으로 돌아가고 있었다.

#7

당 재건을 위한
분투

마지막 고비는 남았지만
조선공산당 와해 이후, 새로운
물줄기가 하나로 만나는
희망이 싹트고 있었다.
하지만 희망은 곧 암흑으로
바뀌었다.

김철수와 ML파의 등장

──────── 강원도 횡성 출신인 고광수는 눈에 띄는 이력이 없었다. 보통학교를 마치고 경성으로 올라와 중동학교에 입학할 때까지만 하더라도 평범한 삶이었다. 이듬해 3·1독립혁명운동 2주년 시위에 가담했다가 감옥살이를 했다. 어쩌면 아직은 훈련되지 않은 '맑스 보이'였을 것이다. 감옥만큼 많은 소문과 정보가 돌아다니는 곳도 없다. 짧은 감옥살이를 마친 고광수는 북간도로 망명한 후 곧바로 고려공산당 상해파에 입당했다. 열아홉 살, 아직 젊은 나이였다.

연해주로 파견된 고광수는 백군과 치열한 공방전을 벌이고 있는 하바롭스크 인근 지역에 배속됐다. 사실상 상해파가 주도하고 있는 적군 6연대의 임무는 하바롭스크와 블라고베셴스크를 잇는 생명줄이자 교통의 요충지인 인In 정거장을 사수하는 것이었다. 적군과 합세한 6연대는 백군의 거점인 볼로차예프카를 기습해 탈환하는 데 성공했다. 그것은 연해주 전역의 해방을 의미했다.

6연대와 적군이 연합해 볼로차예프카 백군에 승리한 것을 기념하는 조형물

    혁혁한 전과를 올린 6연대는 '볼로차예프카 연대'로 명명되는 영광을 차지했고, 고광수는 동방노력자공산대학에 입학할 수 있는 추천서를 손에 쥐었다. 고광수는 남다른 성적을 거두었다. 졸업장을 손에 쥐었을 때, 그에게는 또 하나의 특혜가 따라왔다. 러시아 공산당 입당원서였다. 때마침 조선공산당이 창당되자 코민테른은 그에게 조선으로 돌아갈 것을 명령했다. 1925년 가을, 고광수는 동방노력자공산대학 졸업과 러시아 공산당 당원이라는 걸출한 이력을 가지고 경성으로 돌아왔다. 몇 달 후, 권오설 공청 책임비서기에는 벌써 후보중앙위원 자리에까지 올랐지만 고광수는 전혀 다른 꿈을 기획하고 있었다.

1926년 3월, 경성의 종로6정목에 위치한 중국요릿집 길순관에서는 은밀한 회동이 열렸다. 뜻밖에도 일제뿐만 아니라 조선공산당의 시선도 피하는 회동이었다. 제안자는 양명이었다. 참석자인 고광수는 공동 제안자나 마찬가지였다. 〈조선일보〉 정치부 기자인 양명은 조선공산당 당원이었다. 하지만 이 회동은 강달영 책임비서나 당 간부 누구도 알지 못했다. 거제도 사람이라면 누구나 알 만큼 부유한 집안 출신인 양명은 일찍 베이징 대학으로 유학을 떠났다. 평범한 유학생이던 양명은 장건상을 만나면서 예정된 운명처럼 사회주의자의 길로 들어섰다. 와세다 대학 정치경제학과를 중퇴한 장건상은 임시정부 창립에 참여했다. 하지만 곧 주도세력에 반대해 임정을 탈퇴했다. 이후 장건상은 고려공산당 이르쿠츠크파에 가담해 극동민족대회에 참가했다.

모스크바에서 베이징으로 돌아온 장건상은 아나키스트 경향을 가지고 있는 김성숙 등과 함께 '창일당'이라는 소규모 조직을 꾸렸다. 이 조직의 다른 이름은 '혁명사'였다. 장건상의 권유로 양명도 이 작은 분파에 발을 들여놓았다. 연방주의적인 혁명사는 하부 조직도 없는 간판뿐이었다. 그런데 기관지인 〈혁명〉을 꾸준히 발행하고 있었다. 개개인의 능력이 뛰어났기 때문이다. 작은 조직일수록 모두가 함께 일하는 구조를 가질 수밖에 없다. 양명도 〈혁명〉 발행에 참여했다. 양명에게는 짧지만 많은 것을 배울 수 있는 기회였다. 먼 베이징에도 국내 소식이 봄바람을 타고 날아들었다. 파벌 대립이 극심하다는 내용도 있었고, 당을 건설하기 위한 움직임들이 계속되고 있다는 확인되지 않은 소문도 떠돌았다. 하지만 국내 사회주의운동이 급변하고 있다는 사실만은 분명했다. 1925년 여름, 양명은 조용히 국내로 돌아왔다. 베이징 대학 졸업이라는 간판과 〈혁명〉을 만든 경험은 내세울 만한 이력이었다. 양명은 〈조선일보〉 정치부 기자로 일하기 시작했다. 〈조선일보〉에는 조선공산당의 야체이카가 구축되어 있었다. 장건상이 주도한 혁명사에서 활동했다는 것은 신뢰할 만한 평판이었다. 장건상은 한때 이르쿠츠크파였고 〈조선일보〉의 야체이카 성원들 대부분이 화요회였다. 양명의 조선공산당 입당은 자연스럽게 이뤄졌다.

함경도 태생인 한빈은 어려서 부모를 따라 블라디보스토크로 이주했다. 이른바 이주민 2세대로, 당연히 러시아어에도 능통했다. 러시아공산청년동맹에 가입해 활동한 후 동방노력자공산대학에 입학했다. 한빈이 국내로 들어온 것은 고광수와 거의 같은 시기였다. 함경도 출신인 김월성은 러시아공산청년동맹에 가입해 활동하다 역시 비슷한 시기에 국내로 들어왔다. 이들은 이제 영향력과 활동을 상실한 이르쿠츠크파의 아이들이 아니었다. 당연히 화요회와 아무런 연관이 없는 개인들이었다.

문제는 이정윤을 비롯해 이날 회동해 참석한 나머지 여섯 명이었다. 이들은 모두 서울파였다. 놀랍게도 서울파의 젊은 리더인 이정윤 역시 자신의 조직에 어떤 보고도 하지 않았다. 김사국은 물론 서울파의 조직 전반을 장악하고 있는 이영조차 까맣게 모르고 있었다. 이날 회동에서는 파벌 투쟁을 청산하고 하나의 당을 건설하자는 데 합의했다. 이들은 자신들이 아래로부터 조선공산당과 서울파를 통합시키자는 대담한 기획을 비밀리에 추진하고 있었던 것이다. '레닌주의동맹'이 등장하는 순간이었다.

1925년 러시아와 일제의 외교가 재개되어 경성에 러시아 총영사관이 설치되자 고려공청 책임비서를 맡고 있던 박헌영은 이를 활용해 비밀리에 모스크바에 유학생을 보내는 데 성공했다. 하지만 1차당은 신의주 사건으로 와해되었고, 재건된 강달영 중앙은 6월 민중항쟁을 준비하다 단명

동아시아 공산주의운동을 지원하기 위해 코민테른이 설치한 동방노력자공산대학 터

했다. 러시아 총영사관을 제대로 활용한 이들은 김철수 중앙이었다. 2차 당대회를 마친 김철수는 조동호와 마찬가지로 조선공산당 전권대표 자격으로 총영사관과 은밀히 접촉했다. 평범한 통역관을 맡고 있는 인물은 코민테른의 연락관이었다. 김철수가 원하는 것은 총영사 샤르마노프의 소개장이었다. 김철수는 이런 일처리에 철두철미할 정도로 꼼꼼했다. 소개장은 사실상 '신임장'이기도 했다. 소개장을 손에 쥔 김철수는 김강과 함께 곧바로 블라디보스토크를 향해 떠났다.

김철수는 연락관과 접촉하는 과정에서 충격적인 소식을 전해 들었다. 바로 고광수의 행보였다. 한동안 연락이 닿지 않던 고광수가 모스크바로 떠났다는 소식이었다. 김철수가 일경의 체포를 피해 잠행하는 동안, 고광수는 서울신파와 손잡고 통합고려공산청년회, 소위 합청을 독자적으로 조직했다. 김철수는 잠행을 풀고 남은 사람들을 접촉하는 과정에서 이런 사실을 알게 됐다. 절차에 따르지 않는 결정에 대해 김철수는 언제나 분노했다. 하지만 서울파와 함께 통일당을 건설하는 것이 일관된 목표였던 김철수는 사후추인 방식으로 결정을 승인했다. 김철수로서는 이례적인 결정이었다. 그런데 김철수가 당의 재건을 위해 움직이는 동안 고광수는 공청의 승인을 받기 위해 독단적으로 모스크바로 떠났다. 당대회가 끝난 후 이런 사실을 알게 된 김철수는 격분했다. 김철수는 연락관에게 고광수는 당을 대리할 어떤 권한도 없으며 그가 가지고 있는 모든 지위를 박탈해줄 것을 요청했다.

블라디보스토크에 도착한 김철수는 뜻밖의 인물과 조우했다. 김찬이었다. 이들이 마주친 곳은 코민테른 블라디보스토크 연락부 사무소였다. 김철수는 소개장을 정식 신임장으로 바꾸는 게 급선무였다. 신임장은 정치적으로는 의미가 없지만 시베리아를 횡단하기 위한 안전과 비용을 확보할 수 있었다. 상해에 있던 김찬이 블라디보스토크로 건너온 것은 활동자금을 마련하기 위해서였다. 마치 누군가 기획한 것 같은 운명적인 만남이었다.

김찬은 김철수의 모스크바행을 저지하기 위해 필사적으로 노력했다. 자신들이 주도적으로 만든 당이 김철수에 의해 완전히 '탈각'되었다고 보았던 것이다. 블라디보스토크 연락부도 마치 제3자인 것처럼 행동하며 신임장을 발부하지 않고 시간을 끌었다. 명백한 사보타주였다. 그들은 언제나 이르쿠츠크의 아이들, 화요회를 엄호했다. 그사이 김찬은 상해에 있는 코민테른 극동비서부의 보이틴스키와 조동호에게 급전을 띄우며 지원을 요청했다. 김철수는 연락부에 거듭 항의하는 한편, 동맹군을 조직하기 시작했다. 때마침, 만주총국에서 활동하던 윤자영이 블라디보스토크에 체류하고 있었다. 윤자영은 얼마 남지 않은 상해파의 지도급 인물이었다. 김철수에게는 천군만마와도 같은 동맹군이었다. 또 한 사람, 조봉암의 코민테른 승인을 저지하기 위해 모스크바에 갔던 서울파의 김영만도 이곳에 머물고 있었다. 서울·상해파의 거물급 인물들이 먼 이국땅에서 극적으로 회합하는 순간이었다.

언제나 화요회 편이었던 보이틴스키도 이번에는 난처할 수밖에 없었다. 총영사의 소개장이 발목을 잡았던 것이다. 코민테른 승인과 관련된 문제라면 어떤 식으로든 개입할 수 있었다. 하지만 승인을 받으러 가는 길을 막고 신임장을 발부하지 않는 것은 다른 문제였다. 소개장에 서명한 총영사에 대한 월권이 발생할 여지도 다분했다. 보이틴스키는 타협책을 제시했다. 2차 당대회를 인정하되, 조동호를 코민테른 파견 대표로 하자는 것이었다. 또한 서울파와 통합한 당을 상해 원동부가 지도한다는 의견을 덧붙였다. 마치 제3자가 사무적으로 제안하는 것이나 마찬가지였다. 김찬은 보이틴스키의 타협안을 단호히 거부했다. 서울·상해파의 당을 인정하는 것은 화요회를 배신하는 것이었기 때문에 김찬에게는 있을 수 없는 일이었다.

한 달 가까이 시간을 끌던 블라디보스토크 연락부는 신임장을 발부하면서 후퇴했다. 김철수는 연락부의 동행까지 포함해줄 것을 요청했다. 신임장이 발부되면 약간 명의 동행이 허용되는 관례를 활용한 것이다. 김철수를 보좌할 동행은 윤자영과 김영만이었다. 연락부는 동행을 포함한 모든 필요 비용을 승인했다. 만주총국을 분점하면서 화요회와 대립했던 윤자영과 조선공산당의 승인을 저지하려고 했던 서울파의 김영만이 김철수 전권대표의 공식 수행원으로 둔갑한 것이다.

김찬에게는 청천벽력과도 같은 이야기였다. 김찬은 모스크바로 가기 위해 연락부에 신임장을 요청했다. 하지만 연락부가 사보타주를 하며 은밀히 도와주는 것과 공식 문서를 발행해주는 것은 엄연히 다른 문제였다. 상해 원동부의 보이틴스키에게 급전을 띄웠지만 답신은 돌아오지 않았다. 규율 위반이었지만, 김찬은 독자적으로 모스크바로 향했다. 시베리아 횡단열차 비용은 겨우 마련했지만 신임장이 없는 탓에 여유가 전혀 없었다. 러시아인들이 남긴 음식을 얻어먹으며 열흘 넘는 긴 여정을 거지꼴로 견뎌야 했다. 보이틴스키가 사태를 방관하자 조동호도 상해에서 모스크바로 출발했다.

2년 전과 정반대 위치에서 이번에는 화요회가 당의 승인을 저지해야 하는 기묘한 상황이었다. 다행히 김찬에게는 코민테른 공청주재대표로 자리를 지키고 있는 조훈이 있었다. 게다가 지난해 여름 동방노력자공산대학에 입학한 김단야도 건재했다. 냉철하지만 물불 가리지 않는 김찬은 선제공격을 시도했다. 오랫동안 코민테른에서 상주하고 있는 조훈의 도움을 얻어 조선위원회에 보고서를 제출했다. 2차 당대회는 정통성이 없으며 사회주의에 부정적인 개량주의자들로 구성되었다는 것이 요지였다. 격렬한 비난투의 말이 보고서를 가득 채웠다.

얼마 후 제출한 김철수의 보고서는 '통일당'을 건설했다는 것에 초점을 맞췄다. 그런데 김철수는 치밀했다. 조훈이 주재대표라고 할 만한 근거가 없다고 주장한 것이다. 조선공산당 공청대표인 조봉암이 그 자리에 있었다면 논란을 잠재울 여지가 있었지만 조훈의 위치가 모호한 것은 사실이었다. 김철수는 거기에 그치지 않았다. 당의 규율을 어긴 김찬과 고광수에 대해 조치해줄 것을 요청했다. 김철수는 빈틈을 정확히 꿰뚫고 있었다. 조선위원회는 조훈의 지위를 해임했다. 그리고 규정을 어긴 김찬과 고광수에게 국내로 돌아갈 것을 통보했다. 살을 에는 붉은 광장 앞에서 갈 길을 잃은 김찬은 피눈물을 흘렸다.

살아남은 사람은 조동호뿐이었다. 조동호는 자신의 전권대표 자격이 당의 어떤 기구에서도 박탈된 적 없다는 사실을 집중적으로 강조했다. 어쨌거나 조동호의 주장은 사실이었다. 조선위원회는 최종 결정이 날 때까지 일시적으로 그의 자격을 인정하기로 결정했다. 실무를 총괄하는 바실리예프는 보이틴스키와 같은 그룹이었다. 조동호를 엄호하면서 김철수에게는 사무적으로 대응했다. 그동안 보이틴스키의 행보에 질린 가타야마 센은 바실리예프가 편파적이라며 공개석상에서 격노했다. 위원회의 분위기는 보이틴스키가 전권을 휘두르던 과거와 확연히 달랐다. 바실리예프도 새로운 타협책이 필요했다. 바실리예프는 모든 분파의 참여를 보장하는 '새로운 당대회 특별위원회'를 설치하자는 내용의 초안을 제출했다. 사실상 2차 당대회를 무효화하는 내용이었기 때문에 김철수는 격렬하게 반발했다. 가타야마 센도 김철수를 지원하고 나섰지만 실권을 가진 바실리예프는 초안을 동양비서부에 상정하려 했다.

1927년 3월 한 달 동안 날선 논쟁이 계속되면서 동양비서부는 고민을 거듭했다. 바실리예프의 초안에 대한 비판의 목소리도 커져만 갔다. 김철수는 초강수를 들고 나왔다. 바실리예프가 '지노비예프 일당'이라고 공공연하게 주장하기 시작한 것이다. 위험수위를 넘는 발언이었다. 그것은 '반혁명파'라는 의미였기 때문이다. 김철수의 저격은 성공했다. 집행위원회가 개입하면서 조선위원회의 책임자가 영국공산당의 머피로 교체된 것이다. 바실리예프는 위원직을 유지했지만 정치적으로 실각했다. 코민테른 집행위원회는 새로운 결정을 내렸다.

우선 2차 당대회와 중앙위원, 그리고 고광수가 주도한 통합공청을 승인했다. 또한 분쟁의 소지로 작동했던 조선공산당과 공청의 코민테른 주재 대표 지위를 폐지했다. 이로써 조동호와 조봉암, 조훈의 신분은 코민테른은 물론 조선공산당과도 무관해졌다. 마지막으로 해외 망명자들이 국내 중앙을 지도하거나 개입하는 것을 금지했다. 이것은 화요회의 완전한 파탄을 의미했다. 김철수와 서울·상해파의 완벽한 승리였다. 위기의 순간에서 당대회를 거쳐 코민테른 승인까지, 김철수가 감격해하는 것도 무리는 아니었다.

노동자 책임비서, 차금봉 중앙

────── 국내에서는 안광천이 일시적으로 전권을 휘두르고 있었다. 1925년 가을, 북풍회와 조선노동당이 이탈한 이후 4단체합동위원회는 유명무실해졌다. 이듬해 강달영은 화요회가 주도하는 새로운 대중 단체인 '정우회'를 창립하고 민족주의자들과 통로를 열고자 했다. 하지만 6·10민중항쟁으로 당이 와해되면서 정우회의 집행 기능도 마비되었다. 그해 여름, 〈분립으로부터 통일에〉라는 팸플릿을 발표하면서 화요회와 서울파의 통합을 주장했던 안광천이 국내에 머무르고 있었다. 여름이 지나자 안광천은 하필원과 함께 정우회에 가입했다. 안광천은 머리가 명석한 데다 성격도 호탕했다. 그런 장점은 일월회를 이끌 당시에도 두각을 나타냈다. 이론가로서도 뛰어났지만 시기를 놓치지 않는 감각도 탁월했다. 안광천은

빠르게 정우회의 집행 기능을 정상화시키고 상임집행위원에 올랐다. 그리고 내용과 시기를 놓치지 않고 '정우회 선언'을 공개적으로 발표하면서 주목을 받았다.

정우회 선언을 요약하면 "경제 투쟁을 넘어 정치 투쟁으로 나갈 것과 비타협적 민족주의자들과 통일전선을 구축할 것"이었다. 정치 투쟁과 통일 전선을 강조한 것은 같은 시기 일본의 대표적인 사회주의자 후쿠모토 카즈오福本和夫가 주창한 후쿠모토福本주의의 영향을 받은 것이 역력했다. 이른바 '방향 전환론'이었다. 당 재건을 위해 분투하던 김철수는 이런 안광천의 행보를 주목했다. 김철수는 분파주의를 청산하고 통일당 건설을 일관되게 주장하는 안광천을 당에 참여시키는 게 무엇보다 필요하다고 생각했다. 이론가로서의 자질뿐만 아니라 일월회를 이끌었던 지도력도 주요한 고려사항이었다. 김철수는 이미 2차 당대회를 계획하는 동시에 자신이 직접 전권대표를 맡아 코민테른의 승인을 받겠다는 생각을 가지고 있었다. 그렇게 하려면 신뢰할 만한 사람이 당의 책임비서를 맡아야 했다. 당대회는 안광천이 책임비서로 화려하게 등장하는 절차에 가까웠다. 모스크바로 떠난 김철수가 몰랐던 것은 당 내 당, 요컨대 안광천과 레닌주의동맹이 주도하는 'ML파'가 당을 장악하고 있었다는 사실이다.

정우회 선언을 발표하고 당의 책임비서에 오른 안광천은 정우회를 해체하고 민족주의자들과 새로운 대중 단체를 조직하는 데 참여했다. 1927년 2월 출범한 '신간회'는 이상재, 허헌, 홍명희, 신채호 등 지도자급 민족주의자가 대거 참여하는 최초의 좌우합작 단체였다. 신간회의 등장으로 위기의식을 느낀 것은 서울구파였다. 서울신파가 대거 ML당에 참여하면서 급격히 위축된 서울구파는 신간회에 불참할 명분이 없었다. 구파는 신간회에 참여하면서 안광천의 통일전선론을 반대쪽으로 비틀었다. 이른바 '청산론'이었다. ML파의 통일전선론은 한마디로 '프롤레타리아 헤게모니'로 요약할 수 있는데, 전위 조직인 당이 신간회에 참여하는 이론적 근거이기도 했다. 서울구파는 진정한 통일전선을 위해서는 헤게모니를 폐기, 즉 청산해야 한다고 주장했다. 이들의 주장은 신간회에서 조선공산당을 견제, 혹은 부정하기 위해 막대를 다른 쪽으로 구부린 것이었다. 하지만 서울구파의 지도자인 이영과 박형병 등이 차례로 ML당에 입당하면서 논쟁은 수면 아래로 가라앉았다. 김사국의 부인인 박원희를 비롯해 일부 구파가 여전히 서울파를 사수하고 있었지만, 이영의 입당으로 ML당은 통일당이라는 정통성을 확보하는 데 성공했다.

이론가이자 기획가인 안광천의 행보는 거칠 것이 없었다. 그런데 비타협적인 민족주의자와 타협적인 민족주의자를 구분하기란 말처럼 쉽지 않았다. 게다가 대중적인 단체에서는 민족주의자와 친일의 색깔이 겹치는 경우를 피하는 것 또한 쉽지 않았다. 1927년 여름에 등장한 영남친목회는 민족주의자들과 친일 전력이 의심되는 사람들이 뒤섞인 단체였다. 이런 모호한 단체의 근저에는 '지역주의'가 자리 잡고 있었다. 광폭 행보를 거듭하던 안광천은 경계를 넘기 시작하면서 영남친목회의 선언문을 자신이 직접 써주는 수위에 이르렀다. 그때 신간회가 영남친목회를 정면 배격하기로 결의하고 나서면서 사태는 묘한 방향으로 흘러갔다. 비타협적 민족주의자들이 극도로 경계하는 것이 바로 지역주의였다. 지역적 배경으로 타협적 민족주의자들과 친일 세력의 공존을 용인하면 신간회의 존립에 치명적일 수 있기 때문이었다. 무엇보다 비타협적 민족주의자들은 그동안의 경험을 통해 누구보다 그 위험성을 피부로 느끼고 있었다. 영남친목회를 배격하자는 주장이 줄을 이었다.

ML당은 예기치 않은 뜻밖의 위기에 직면했다. 당내 ML파는 입을 열지 않고 회피했다. 그런데 당에 참여하고 있던 서울파가 안광천에 대해 전면적인 비판을 제기하고 나서면서 사태는 급변했다. ML파가 당을 장악하고 있었지만 안광천이 안팎의 비판을 피하는 데는 한계가 있었다. 안광천의 후퇴 방식은 교묘했다. 자신뿐만 아니라 중앙 전체가 사퇴하자고 제안하며 중앙집행위원이자 ML파인 김준연에게 전권을 주자고 한 것이다. 설령 당 중앙의 오류가 있다고 하더라도 동반 사퇴를 거부하는 것 또한 명분이 없었다. 중앙집행위원인 권태석을 중심으로 하는 서울파는 동반 사퇴라는 명분에 밀려 당 중앙에서 '제거'되었다. 김준연을 책임비서로 세우고 안광천은 슬그머니 중앙위원의 자리로 복귀했다. 김준연 책임비서가 등장한 그해 가을, 이영과 권태석이 탈당했다. 안광천은 자신이 살아남기 위해 계책을 사용했지만 그것은 ML당의 급속한 와해를 가져오는 서막에 불과했다.

도쿄제국대학 법학부를 졸업하고 베를린 대학에 유학하고 있던 김준연이 런던을 거쳐 상해에 도착한 것은 1925년 새해였다. 이때 그는 〈조선일보〉로부터 예기치 않은 제안을 받았다. 모스크바로 가서 취재한 후 연재 기사를 써달라는 요청이었다. 이를테면 모스크바 임시특파원을 제안받은 것이었다. 1925년 4월 모스크바에 도착한 김준연을 반갑게 맞아준 것은 코민테른에 상주하고 있던 조훈이었다. 조훈의 주선으로 가타야마 센과 만날 기회를 얻었고, 때마침 열린 소비에트 대회에 참관할 행운도 거머쥐었다. 모스크바에서의 체류 기간은 한 달 정도로 조훈과 가타야마 센을 통해 혁명의 의미를 듣는 정도에 불과했다. 국내로 돌아온 김준연은 〈조선일보〉에 '노농노서아의 현상'이라는 연재기사를 쓰면서 생계를 유지하고 있었다.

유학 이전에도 그랬지만 유학 이후에도 김준연이 사회주의자로 경도될 계기는 없었다. 그가 〈조선일보〉에 발을 들여놓기 두 달 전, 조선공산당이 창당되었고 〈조선일보〉는 화요회의 소굴이나 마찬가지였다. 하지만 누구도 그에게 당 가입을 권유하지 않았다. 오히려 국내에 정착한 이후 시간이 흐르자 김준연은 김사국의 권유로 서울파의 전위 정당에 가담했다. 그랬다 하더라도 김준연은 여전히 평판이 좋은 민족주의자에 불과했다. 2차 당대회를 앞두고 김철수가 김준연 영입에 힘을 쏟은 것은 그가 성실하고 뛰어난 인재라고 보았기 때문이다. 안광천이 실각하고 김준연이 책임비서를 맡는 사태는 김철수의 시나리오에 존재하지 않았다.

김준연은 계획에 없던 당의 책임비서를 맡게 되었지만 그에게는 애초부터 맞지 않는 자리였다. 두 차례 조선공산당 사건으로 〈조선일보〉가 쑥대밭이 되자 김준연은 〈동아일보〉로 옮겨 편집국장을 맡고 있었다. 〈동아일보〉라고 총독부의 감시 대상에서 자유로운 것은 아니었다. 총독부는 낌새만 이상하면 사장인 송진우를 불러 이런저런 이야기를 물어보며 겁박하곤 했다. 편집국장인 김준연에 대한 이야기가 나오는 것은 당연했다. 견디기 어려웠던 걸까, 아니면 다른 조짐이 있었던 걸까.

1927년 11월 3일, 김준연은 남산병목정 전차 종점에 있는 중국요릿집으로 당의 중앙위원들을 비밀리에 소집했다. 김준연의 제안은 다소 충격적이었다. 경찰의 주목을 끌고 있는 것으로 보이니 자신을 포함해 총사퇴하는 것이 좋겠다는 것이었다. 사실상 당을 일시적으로 해산하자는 주장이나 다름없었다. 김준연은 책임비서로서의 무책임만큼은 피하겠다는 생각에 단서를 달았다. 한 사람에게 당 중앙을 재구성할 권한을 주자는 것이었다. 이후 그 사람이 망명하면 당 중앙이 어떻게 구성되었는지 아무도 모를 것이라는 발상이었다. 기발했지만 희극적인 제안이었다. 책임비서가 당을 책임질 수 없다는데 만류하기도 불가능할 뿐만 아니라 의미도 없다는 것을 참석자들은 직감했다. 김준연은 양명에게 전권을 이양하기로 결정했다. 전권을 이양하면서 김준연은 어유부중魚遊釜中, 즉 당이 오래가지 못할 것이라는 말을 사람들 앞에서 되뇌었다. 김철수가 주도한 당은 바람처럼 흔들리고 있었다.

ML당을 이탈한 서울파는 또 다른 '기획'을 시작하고 있었다. 김준연이 보안을 이유로 당 중앙을 해산하는 극단적인 조치를 취하고 한 달 후, 무교동 중국요릿집 춘경원에서 서울파의 독자적인 회합이 이뤄졌다. 놀랍게도 이 모임은 당대회를 자임하고 있었다. 이정윤과 정백은 참석하지 않았지만 회합에는 서울구파의 지도인인 이영뿐만 아니라 신파의 권태석도 자리를 같이했다. 김준연의 사임을 접한 이들은 ML당이 무너지는 것은 시간문제라고 생각한 것이다. 이들은 '새로운 조선공산당'의 당대회를 자임했지만 안을 들여다보면 서울파 재건 모임이나 마찬가지였다. 이른바 '춘경원당'이었다.

이날 회합은 이영을 책임비서로, 김영만을 코민테른에 파견하는 전권대표로 결정하며 당이 재건되었음을 선언했다. 당 중앙의 권위가 춘추전국시대로 접어들고 있었다. 해가 바뀌자마자 ML당은 와해됐다. 전권을 가진 양명은 일월회 출신인 김세연에게 책임비서를 넘기면서 다시 ML파의 주도권을 꿈꿨지만 현실은 정반대였다. 서로 아는 사람들이 돌려막는다는 것은 김준연의 일말의 기대와 달리 보안에 더 취약했다. 1928년 2월, ML당의 관련자들이 속속 체포됐다. 이들과 통일당을 일시적으로 형성했던 춘경원당도 곧이어 대거 체포됐다. 같은 해 봄에는 ML당과 춘경원당에 참여했던 사람들로 경찰서가 바글거렸다. 일경도 잡아들인 사람들의 복잡한 관계를 정리하느라 골머리를 앓을 정도였다.

정작 ML당을 주도했던 양명과 고광수는 체포를 피해 은신했다. 안광천 역시 연행 도중 일경이 한눈파는 사이 극적으로 탈출했다. 김준연은 고문을 받으면서까지 ML당을 사수할 이유가 없었다. 그러나 서울파가 주도해 만든 춘경원당의 관련자들은 달랐다. 김영만이 코민테른의 승인을 받기 위해 블라디보스토크로 이미 떠났기 때문이다. 서울파의 노동 책임자 중 한 명인 이병의는 동지들을 지키다 죽어서야 경찰서를 나갈 수 있었다. ML당 사건으로 경찰서에 있던 서울신파의 이정윤과 정백은 혼란 속에서 빈틈을 이용해 후계당을 선임했다. 무모하지만 대담한 결정이었다. 이들은 전형위원이라는 권한을 사용했기 때문에 정통성 논란을 피할 수 있었다. 코민테른은 지속적으로 "당 지도기관에 노동계급의 숫자를 강화"하라는 지침을 내리고 있었다. 책임비서를 맡은 인물은 서울파 출신으로 ML당에 참여하고 있던 차금봉이었다. 차금봉은 태생이 노동자였다.

글쓰기 자질은 훈련만으로 한계가 있다. 그런 자질은 타고난다고 한다. 일제 치하 사회주의자들 가운데 그런 인물들도 적지 않았다. 이성태도 그중 한 명이었다. 이성태는 조선공산당에서 활동한 인물 중 흔치 않은 제주도 출신이었다. 경성으로 올라와 휘문고보를 졸업한 이성태는 3·1운동이 일어나자 상해로 망명했다. 상해에서는 자질을 살려 임시정부의 〈독립신문〉에서 기자로 활약했다. 국내로 돌아온 이성태가 자리 잡은 곳은 월간 잡지 〈신생활〉이었다. 이성태 정도의 경력이라면 〈동아일보〉 같은 번듯한 언론사에 들어가는 것도 어렵지 않았을 것이다. 그런데 이성태는 이제 막 창간된 월간지에 발을 들여놓았다. 이성태는 작지만 탄탄한 〈신생활〉에서 자신의 꿈을 펼치고자 했다.

〈신생활〉 창간을 주도한 사람은 김명식이었다. 그는 주필을 맡았다. 김명식은 제법 부유한 집안 출신이었다. 일찍 일본으로 유학해 와세다 대학 정치경제학과를 졸업했다. 2·8독립선언에도 참여했다. 이를테면 김명식은 1세대 좌파 민족주의자였다. 국내로 돌아온 김명식은 전위 조직인 '사회혁명당'에 참여했다. 최초의 국내 사회주의 조직이라고 할 수 있는 사회혁명당을 주도한 것은 장덕수였다. 하지만 장덕수는 사회주의자는커녕 좌파 민족주의자로서도 함량 미달이었다. 이때 참여한 인물들 중에 조선 공산당에서 파란만장한 역할을 맡게 되는 김철수와 이봉수가 있었다.

사회혁명당은 이동휘가 이끄는 한인사회당이 고려공산당 상해파를 조직할 때 참여했다. 이를테면 사회혁명당은 상해파의 국내 그룹이라고 할 수 있었다. 엘리트를 중심으로 결성된 사회혁명당은 연방주의적인 성격이 강했고 이내 분화됐다. 〈동아일보〉 사장이었던 김윤식의 장례식을 둘러싸고 장덕수는 사회장을 주도했지만, 김명식은 일제에 협력한 전력을 문제 삼으며 격렬하게 대립했다. 서울청년회의 젊은 지도자였던 김사국은 김명식을 옹호하면서 장덕수의 지도력을 실각시켰다. 하지만 김사국은 독립은 국내 사회주의자들의 힘으로 쟁취해야 한다는 일관된 입장을 가지고 있었다. 고려공산당 상해파든 이르쿠츠크파든 모두 적이었다. 사회혁명당, 곧 고려공산당 국내 상해파의 김명식도 김사국에게는 제거 대상이었다.

김명식은 〈신생활〉 창간을 주도하며 독자적인 길을 모색했다. 최초의 합법적인 좌파 월간지는 그렇게 탄생했다. 하나의 독자적인 정치 조직은 아니었지만 이들은 이후 신생활 그룹이라고 호명됐다. 탄탄한 이사진과 자금을 갖춘 〈신생활〉은 11호 만에 단명했다. 대담하게도 러시아 혁명 5주년 특집을 실었기 때문이다. 사장인 박희도와 김명식, 그리고 기자들이 구속되면서 잡지사는 그야말로 풍비박산 났다. 이 사건으로 김명식은 감옥에서 한쪽 다리와 청력을 잃었고, 출감 후 가난과 병마라는 더 잔인한 적들과 싸우다 비참하게 죽었다. 〈신생활〉이 폐간되기 전에 이성태가 쓴 기사가 눈길을 끈다. 바로 '크로포트킨 학설 연구'다. 러시아 혁명이 5년이나 되어가지만 아직도 국내에는 제대로 된 혁명 이론이 전파조차 되지 못하고 있었다. 그런데 이성태가 아나키즘의 선구자인 크로포트킨의 이론에 대해 쓴 것이다. 이성태는 이론가로서의 자질이 탁월했다.

그동안 재건된 당이 그랬지만 차금봉 중앙은 더 극도의 혼란 속에서 출범했다. 계획대로라면 이정윤과 정백 같은 인물들이 당의 핵심 역할을 맡아야 했다. 정백은 〈신생활〉에서 기자로 활동한 적도 있고, 이성태와 같이 민중사에 참여하기도 했다. 차금봉은 ML파의 안광천과 김한경을 중앙위원으로 다시 끌어들여야만 했다. 하지만 차금봉에게는 자파의 조직가는 커녕 이론가도 없었다. 서울파이자 이론가인 이성태는 차금봉에게 중요한 인물로 급부상했다. 이성태는 자연스럽게 중앙위원으로 선임됐다. 또 다른 중앙위원으로는 양명 등이 포함되었다. 당연직 중앙위원인 공청 책임비서에는 김재명이 선출됐다.

김재명은 주로 전남에서 활동하던 서울파 사회주의자였다. 화요회에 대한 그의 태도는 적대적인 수준을 넘었다. 광주와 전남의 화요회 계열 조직들에 대해 물리력을 행사할 정도였기 때문이다. 당연히 공청을 이끌어 가는 정치력에는 의문 부호가 붙을 수밖에 없었다. 서울파인 차금봉이 당중앙을 장악했지만 비상한 시기였기에 믿을 만한 사람이 거의 없었다. 체포된 이정윤과 정백이 후보중앙위원으로 선출될 정도로 당 중앙은 임시적인 성격이 짙었다. 그런 탓에 이성태는 차금봉에게 없어서는 안 되는 인물이었다. 그런 이성태가 가장 먼저 전선을 이탈했다. 차금봉에게 필요한 사람은 당의 2인자이자 판단력이 뛰어난 기획자였다. 이론가인 이성태에게는 애초부터 무리한 자리였다. 중앙위원을 사퇴한 이성태는 당을 떠났지만 이내 일경에 체포되고 말았다. 차금봉은 급격히 위축되면서 갈피를 잡지 못했다.

사대문 밖에서 한밤중에 소집된 중앙집행위원회에서 차금봉은 책임비서를 사임한다는 의사를 밝혔다. 일경의 추격이 거센 탓에 후일을 도모하자는 의미였지만 사실상 당을 해산하는 선언이나 마찬가지였다. 차금봉은 일본으로 망명길에 올랐고, 당 중앙은 공중으로 분해되었다. 그해 여름부터 차금봉 중앙은 차례로 일경에 체포되기 시작했다. 맨 마지막으로 차금봉까지 체포되면서 당의 재건은 또다시 실패로 돌아갔다. 노동자 출신당 책임비서는 이렇다 할 의미를 남기지 못한 채 막을 내렸다.

일경은 서울파 출신이면서 ML파라는 교집합을 가진 인물들을 더 집요하게 고문했다. 비슷한 시기에 체포된 춘경원당의 서울파와 ML당 서울파의 진술이 엇갈렸기 때문이다. 이들이 서로의 조직에 대해 모르고 있었던 것이 사실이지만, 일경은 그것을 인정하지 않았다. 서울파 출신에 ML당 책임비서를 맡고 있던 차금봉에게 더 잔인한 고문이 쏟아진 이유였다. 김사국과 함께 한성정부 수립을 주도했던 차금봉도 그의 뒤를 따라 비참하게 삶을 마감했다. 서울파까지 모두 감옥으로 잡혀 들어가자 경성에는 더 이상 사회주의자들의 그림자가 남아 있지 않았다. 조선공산당의 숨통을 끊는 비보는 모스크바에서 날아왔다. 코민테른은 '12월 테제'를 발표하고 조선공산당의 승인을 취소한다는 결정을 내렸다. 사회주의자들이 모두 감옥에서 기약 없는 날을 기다릴 때 코민테른은 당의 해산을 통보했다.

실패한 세 그룹의 동맹

————— 1926년 봄, 송도고보 학생들은 비밀리에 동맹 휴학을 준비 중이었다. 신문지상에는 연일 조선공산당 사건이 큼지막하게 실리고 있었다. 체포되는 사람들이 계속 늘어났다. 조선인들은 충격과 동시에 마음으로 그들의 안위를 응원하고 있었다. 학생들의 동맹 휴학도 그런 의미를 내포하고 있었다. 이재유도 동맹 휴학에 주도적으로 가담했다. 조금은 위험한 결정이었다. 신문에 오르내리는 이름 중에는 자신의 이종사촌누이와 매형도 포함되어 있었기 때문이다. 그 두 사람은 주세죽과 박헌영이었다. 새들도 쉬어 넘는다는 삼수갑산, 이재유의 고향은 함경도에서도 오지인 삼수였다. 그런 그가 경성으로 왔을 때 피붙이라고는 그 사촌누이 부부밖에 없었다. 그들은 이재유의 학비를 대주기도 했다. 하지만 지금은 박헌영과 관련된 사람이라면 누구든 쥐도 새도 모르게 잡혀가는 상황이었다. 이재유는 동맹 휴학에 참여했다. 선전물에는 조선공산당 공개재판을 요구하는 내용이 포함되어 있었다. 그 대가는 퇴학이었다. 그리고 입소문이

나기 시작했다. 박헌영의 이름을 들먹이기 시작한 것이다. 이재유는 조선을 떠나기로 결정했다. 조봉암이 그랬던 것처럼 이재유는 편도 배표만 들고 기약 없이 현해탄을 건넜다.

이재유가 세이소쿠 학원을 거쳐 니혼 대학 전문부에 입학한 것은 1926년 겨울이었다. 이전에도 마찬가지였지만 세이소쿠 학원을 거쳐 일본에 유학하는 것은 이때 하나의 공식처럼 자리 잡고 있었다. 그들 대부분은 노동자로 살면서 사회주의자를 꿈꾸며 배우고자 했다. 반쯤은 적색의 피를 가지고 유학 온 청년들이 일본의 대학에 입학하는 이유는 하나였다. 졸업이 목표가 아니라 다양한 사람들을 만날 수 있었기 때문이다. 이들이 1~2년을 넘기지 못하고 대부분 휴학생이 되는 이유도 거기에 있었다. 휴학생이지만 신분상으로는 여전히 대학생이었다. 자유롭게 활동할 수 있는 알리바이 같은 것이었다. 이재유 역시 마찬가지였다. 대부분의 노동자 유학생들이 그렇듯이 이재유도 더 이상 학비를 감당할 수 없어 불과 몇 달 만에 학업을 끝냈다. 그리고 이내 노동자의 삶으로 돌아왔다.

이재유가 거점으로 활동한 곳은 닛포리日暮里역 인근이었다. 오늘날 도쿄를 빠져나가는 기차의 최대 환승역이지만 당시도 마찬가지였다. 이런 곳에는 다양한 노동자들과 사람들이 존재한다. 숙박업에서부터 철도 노동자, 온갖 일용직 노동자까지 백화점 노동이 넘쳐나는 곳이다. 후일에도 증명되지만 이재유의 성품은 타고났다고 할 수 있었다. 민첩한 움직임, 노동을 머리만으로 존중하는 것이 아니라 가슴으로 느끼는 체질이었다. 김약수 북성회의 아들이었지만 안광천의 일월회는 지향하는 바가 조금 달랐다. 일월회 역시 인텔리들이 주도하는 조직이었지만, 노동자들과 긴밀하게 결합하려는 시도가 그 어느 때보다 활발했다. 도쿄조선노동조합에 가입해 활동하는 동안 이재유의 평판은 점점 높아졌다. 그해 겨울 일월회가 주도하는 조선공산당 일본총국은 이재유에게 입당을 제안했다. 후보당원이었다.

하지만 불과 몇 개월 뒤 이재유는 정식당원을 넘어 일본총국 산하 고려공청의 주요 야체이카에 배치되었다. 그의 조직력과 헌신성이 높은 평가를 받은 탓도 있었지만 일본총국의 주요 지도자들이 체포와 수배를 당한 탓에 조직을 재구성해야 하는 이유도 작용했다. 이재유가 일본총국에 가담했을 때는 그 주기가 더 짧아지고 있었다. 1928년 봄 일본총국의 이론가인 인정식이 공청의 책임비서를 맡을 정도로 상황은 위태로웠다. 이재유는 어느새 공청의 선전 책임자 자리에 올랐다. 국내로 넘어가 3차 조선공산당을 주도했던 일월회의 지도부가 체포되면서 당연히 일본총국에까지 여파가 미쳤다. 인정식과 이우적을 비롯해 체포되지 않은 일본총국의 주요 지도부는 거꾸로 국내로 도피했다. 인정식에 앞서 공청 책임비서를 맡았던 김상혁도 일본을 빠져나가는 데 성공했다. 하지만 이재유는 자기 발로 현해탄을 넘는 데 실패했다. 이때 우연이 또 다른 우연을 낳았다.

일본총국의 지도부인 김천해 등은 모두 일본 법정에서 재판을 받았다. 하지만 유독 이재유만 그해 가을 국내로 압송됐다. 1차 조선공산당을 와해시킨 일제는 그 후 한 가지 고민에 빠졌다. 곧바로 후계당이 건설될 뿐만 아니라 심지어 자신들의 심장에 조선공산당 일본총국이 조직된 것에 적지 않은 충격에 빠졌다. 일제는 1차당, 곧 화요회의 당에 주목했다. 여기에 조금이라도 관련된 사람들이 또다시 당을 재건하고 있었다. 이재유가 국내로 압송된 것은 이종사촌 매형인 박헌영과 어떤 연계점이 있는가 하는 의구심 때문이었다. 하지만 이재유와 박헌영은 조직적인 연계점이 존재하지 않았다. 그럼에도 불구하고 이재유는 3년 6개월의 징역형을 선고받았다. 이런 징역형은 당 중앙들의 형량과 맞먹는 것이었다. 1928년 가을, 이재유는 서대문형무소에서 짧지 않은 징역살이를 시작했다.

이현상이 서대문경찰서에 체포된 것은 1928년 겨울이었다. 하지만 조선공산당 검거 사건 이후 언론에 대한 보도 통제가 기승을 부려 그의 이름은 단 한 줄도 나오지 않았다. 그의 이름이 등장한 것은 무려 13개월 후였다. 조선학생공산당, 소위 'CS 공산당' 사건 관련자 중 한 명으로 이현상의 이름이 언론에 등장했다. CS 공산당의 책임비서는 전주고보 시절 6·10만세운동을 주도했던 송병채였다. 하지만 심문 과정에서 가장 높은 형량을 받은 것은 4년형을 받은 이현상이었다. 4년은 당 중앙과 맞먹는 형량이었다. 왜 그랬을까?

1차 조선공산당의 고려공청, 즉 박헌영이 책임비서로 활동하던 시기에 주요 사업의 하나는 학생 조직을 건설하는 것이었다. 그리고 그 안에 프랙션, 곧 당원을 파견하는 것이었다. 1925년 가을에 공청의 개입으로 조선학생과학연구회라는 조직이 창립되었다. 물론 공개적인 대중 조직이었다. 조직의 골간을 갖추었지만 그해 겨울, 당이 와해되면서 활동은 일시적으로 위축되었다. 2차당의 공청 책임비서를 맡은 권오설은 공세적으로 학생 조직에 개입했다. 권오설은 조선학생과학연구회에서 활동하던 인물 중 두 명을 당으로 끌어들였다. 그중 한 명이 사촌동생인 권오상이었다. 권오상은 중앙고보를 나와 연희전문에 재학 중이었다. 안동 권씨 집성촌의 기대를 한 몸에 받고 있는 엘리트였다. 6·10만세시위를 기획하고 있던 권오설이 사전에 체포되자 수천 명의 일경이 깔려 있는 경성 한복판에서 시위를 강행한 청년들 중 한 명이 권오상이었다. 권오상은 고문 후유증이 심해

병보석으로 석방되었지만 곧바로 운명했다.

또 다른 인물은 정달헌이었다. 권오설은 경성 학생 야체이카 책임자 자리를 맡길 만큼 정달헌을 신뢰했다. 정달헌은 함경남도 출신에 개성의 송도고보를 거쳐 역시 연희전문에 입학했다. 권오상과 정달헌은 태어난 곳은 다르지만 묘하게 닮아 있었다. 하지만 죽음의 사신은 두 사람에게 다른 모습으로 다가왔다. 권오상은 비극적으로 짧은 삶을 마감했지만 정달헌은 체포를 피해 국외로 탈출하는 데 성공했다. 정달헌은 동방노력자공산대학에 입학한 후 1930년 초 평양으로 잠입했다. 그리고 조선공산당이 모두 와해된 이후 평양을 중심으로 적색노조를 이끌었다.

조선학생과학연구회 지도부가 6·10민중항쟁에 대거 가담한 탓에 한동안 침체기를 거쳐야만 했다. 1928년 봄, 조직을 재편할 때 이현상은 집행위원을 맡아 본격적으로 일경의 감시망에 노출됐다. 몇 차례 대규모 체포에도 불구하고 계속 조선공산당이 재건되자 일경은 학생 야체이카를 뿌리 뽑을 기회를 엿보고 있었다. 일경의 추적은 한층 엄중해졌고, 체포된 학생들은 가혹한 고문에 시달렸다. CS 공산당 사건으로 체포되었을 때 이현상은 고려공청의 경성학생야체이카 책임자였다. 이현상이 혹독한 취조와 높은 형량을 받은 것은 바로 그런 이유 때문이었다. 서대문형무소에서 이현상은 소문으로만 듣던 이재유와 마주쳤다.

이재유와 이현상이 감옥 생활에 적응하기 시작할 무렵 두메산골에서 농사를 짓다 갑자기 끌려온 행색의 청년이 있었다. 김삼룡이었다. 고려공청의 야체이카에는 엘리트들이 많지만 김삼룡은 그들과 출신성분이나 삶이 완전히 달랐다. 소작을 짓는 홀어머니에 여섯 형제. 김삼룡의 유년은 하루하루 먹고살기 위한 노동으로 점철되어 있었다. 그렇지만 보통학교

성적은 1, 2등을 다툴 만큼 명석한 구석이 있었다. 경성으로 올라온 김삼룡은 당연히 무일푼이었다. 낮에는 노동으로 생계비를 벌고 밤에는 갈돕회에서 운영하는 야학을 다녔다. 갈돕회는 민족주의자들이 후원하는 고학생 단체였다. 고려공청은 갈돕회에도 개입을 시도했다. 김삼룡은 고학생들로 조직된 사회주의 독서회 사건으로 체포됐다. 징역 1년, 서대문형무소에 들어온 것은 1930년 겨울이 시작될 무렵이었다.

이재유와 이현상, 김삼룡의 만남은 우연에 불과했다. 이전까지 그들은 일면식은커녕 겨우 이름 정도만 알고 있던 사이였다. 그런 그들이 새로운 조직을 건설하자는 데 의기투합했다. 이재유는 스물일곱, 이현상은 스물여섯, 김삼룡은 스물네 살이었다. 서대문형무소에 조선공산당 관련자들이 우글거릴 때였다. 하지만 이재유는 다른 계획을 꿈꾸고 있었다. 그 첫걸음은 조선공산당과의 결별이었다. 당이 분파적으로 운영되어왔다는 것이 이유였다. 당이 재건될 때마다 통일을 내세웠지만 그들조차 분파적이었다는 것이 이재유의 생각이었다. 그리고 결정적인 이유는 따로 있었다. 인텔리가 아니라 노동자를 중심으로 당을 건설해야 한다는 것이 이재유의 확고한 신념이었다. 1932년 12월, 세 사람 중 마지막으로 이재유가 감옥을 나섰다. 경성에 연고가 없던 이재유가 짐 보따리를 푼 곳은 조카인 이인행이 하숙하고 있던 연건동이었다. 공교롭게도 경성제국대학교가 코앞에 보이는 곳이었다.

이재유의 노선을 한 문장으로 압축한다면 "당의 저수지인 혁명적 노동조합은 산업별 원칙으로!"라고 할 수 있다. 공장에 세포, 즉 야체이카를 유기적으로 구축한 후 적색노조를 건설하는 것이 첫 번째 출발점이다. 적색노조가 강화되고 야체이카가 확대되면 이를 통해 당을 건설한다는 것

'경성 트로이카' 일원으로 1930년대 공산주의운동을 이끈 이재유(왼쪽)
와 이현상

일제가 만든 이재유(왼쪽)와 이현상의 감시대상 인물카드

이 두 번째 단계다. 적색노조가 당의 저수지라는 은유는 바로 그런 의미
였다. 그런데 적색노조가 공장이 아니라 '산업별 원칙'을 내세우고 있는
것에 주목할 필요가 있다. 물론 이 원칙은 이재유의 머릿속에서 하루아침
에 튀어나온 것이 아니라 일본총국에서 활동하던 당시의 '경험'에 착안한
것이었다.

서대문형무소 트로이카의 임무는 간단하게 결정됐다. 이재유가 조직 책임을, 이현상이 화학산별을, 김삼룡이 인천의 항만산별을 맡기로 한 것이다. 일제는 일본 기업을 내세워 대규모 방직 공장을 설립하기 시작했다. 지금의 신설동에 미쓰이가 설립한 종연방직이 대표적이었다. 이들에게 여성 노동자의 값싼 인건비와 일제의 기술력은 매력적인 조합이었다. 방직 공장은 계속 늘어났고, 지방에까지 확대됐다. 항만과 광산을 제외하면 대규모 남성 노동자들이 일하는 공장은 극히 적었다. 그만큼 이현상이 맡은 화학산별은 중요한 의미를 가지고 있었다. 항만 역시 마찬가지였다. 이재유는 일본총국에서 활동할 때 도쿄 남부 항만 지역의 야체이카가 급성장했던 기억을 가지고 있었다. 김삼룡은 인천으로 잠입했다. 그런데 또 다른 예기치 않은 우연이 끼어들었다.

안병춘은 경기도 양지면에서 홀어머니에 여섯 자녀 중 막내로 태어났다. 이때의 양지면이라면 오지나 마찬가지였다. 가난에 지친 시골사람들이 그렇듯 안병춘의 가족도 먹고살기 위해 친척이 있는 서울로 올라왔다. 안병춘은 남들이 고보를 졸업할 나이에 보통학교를 겨우 졸업했다. 노동자로 전전하다 보성고보에서 급사 자리를 얻어 생계를 잇고 있었다. 그즈음 독서회 사건에 가담해 일경에게 끌려가 치도곤당한 경험이 있었다. 그런데 우연히 이재유가 머물고 있던 하숙집에 안병춘의 모친이 밥을 해주고 있었다. 이재유와 안병춘의 만남은 우연히 이뤄졌다.

이재유는 안병춘에게 금속산별을 맡아줄 것을 요청했다. 막중한 자리지만 이재유는 인물의 경력을 중요시하지 않았다. 안병춘이 잠입한 곳은 용산공작주식회사 영등포공장이었다. 용산공작은 증기기관차를 생산하는 공장으로 오늘날의 철도청에 해당하는 전략 기업이었다. 고급 숙련 노동자들부터 단조공까지 다양한 노동자들이 하나의 공장에 몰려 있었다. 임금 격차로 인한 소외감도 컸지만 안전 문제는 무방비 상태에 가까웠다. 안병춘은 일제의 전략 기업에 야체이카를 구축하기 위해 잠입한 것이었다.

3차 조선공산당, 소위 ML파 공산당이 와해된 후 일경의 체포를 피해 중국으로 망명한 인물들이 있었다. 선전 책임자였던 한위건과 공청 책임비서를 맡았던 양명도 포함되었다. 양명은 ML당 중앙 재건을 위한 전권을 가지고 있었다. 이들은 상해를 거점으로 〈적기〉라는 기관지를 발행하는 등 당 재건 운동을 계속했다. 재건 방식은 여전히 청년과 학생을 대상으로 한 것이었다. 이들은 일경에게 비교적 알려지지 않은 이종림과 이평산을 국내로 파견했다. 학생 조직 사업은 성공적이었다. 단시간에 경성 대부분의 학교에 학생 조직이 구축되었기 때문이다. 이유는 간단했다. 4차 조선공산당마저 와해된 이후 학생들은 길을 잃었기 때문이다. 국외지만 양명과 한위건의 당 재건 운동은 어쨌든 '대표권'을 가지고 있었고, 그 대표권은 학생들에게 작동했다. 불을 붙이면 타오를 준비가 되어 있던 학생들은 삽시간에 하나의 깃발 아래로 모여들었다. 하지만 훈련된 인물들이 운영한 조선공산당이 와해되는 판국에 이 느슨한 비밀 학생 조직이 일경의 눈을 벗어나기란 애초부터 불가능했다.

함경도 덕원 태생인 이종림이 연해주 니콜스크로 이주한 것은 1920년 봄이었다. 갓 스무 살의 이종림이 연해주로 넘어왔을 때는 볼셰비키 적군이 백군의 마지막 숨통을 끊어버리기 위해 전력을 기울일 때였다. 적군에 가담해 전투에 참여했던 이종림은 러시아 공산당에 입당할 수 있는 기회를 얻었다. 연해주에는 러시아 공산당에 입당한 한인 2세들이 계속 늘어나고 있었고, 이들은 조국의 독립을 지원하기 위한 별도의 조직을 결성했다.

1924년 레닌이 죽자 당내 투쟁이 본격화되면서 모든 조직이 감시 대상에 오르기 시작했다. 러시아 공산당은 연해주의 한인 조직을 종파 행위로 규정하고 주모자들을 당에서 제명했다. 당에서 제명된 이종림은 만주로 활동무대를 옮겨 '만주공청' 그룹에서 활동했다. 1929년 봄 지린에서 ML파가 주도하는 '조선공산당재건 그룹' 결성에 참여한 후 그해 가을 국내로 잠입했다. 이를테면 국내에 당 건설을 위한 ML파의 전권을 가지고 들어온 것이다. 국내로 들어온 이종림은 과거의 ML파와 접촉했으나 대부분 운동에서 이탈한 데다 살아남은 사람도 극소수였다. 이종림은 조선공산당 와해 이후 지도 조직 없이 자생적으로 성장하고 있는 학생 조직에 주목했다.

이종림은 서울 시내 주요 학교에 적색독서회를 구축하기 시작했다. 이종림의 경력과 ML파에서 부여한 대표권은 생각보다 강력한 영향력을 발휘했다. 단시간에 휘문고보, 중앙고보, 동덕여고에 비밀스러운 적색독서회가 만들어졌고 점차 다른 학교들로 확산됐다. 느슨한 연합체인 적색독서회는 경성RS(Reading Society)협의회로 발전했다. 함경남도 명천 출신인 박진홍은 동덕여고에서 동맹 휴학을 주도하다 퇴학당한 전력이 있었다. 이후 대창고무 공장과 같은 노동현장에서 활동하며 독립사회주의자로 활동하고 있었다. 독특하게도 지도선이 없는 자생적인 적색노조 활동가인 셈이었다. 박진홍은 징역 2년을 선고받았다. 그런데 역시 동덕여고 출신 이순금이 같은 사건으로 체포되었다. 다행히 이순금은 일경의 눈에 아직 위험인물로 분류되지 않아 불기소처분으로 석방된 뒤 이재유와 마주쳤다. 경성 트로이카에서 여성 노동자를 조직하는 마지막 퍼즐이 완성되는 순간이었다.

함경남도 홍원 출신의 채규항은 일본 유학 1세대라고 할 수 있다. 니혼대학을 순조롭게 졸업한 것만 봐도 먹고살 만한 집안 아들이었다는 것을 알 수 있다. 김약수가 주도한 북성회가 국내로 들어오기 전에 한발 앞서 국내로 들어왔다. 물론 경성이 아니라 고향인 함경남도 주변에서 독립운동을 주도했다. 함경남도 지역의 화요회 좌장인 채규항은 조선노농총동맹 집행위원을 거쳐 2차 조선공산당 사건으로 체포되어 1년 반 동안 옥살이를 하고 고향으로 돌아와 있었다. 한동안 물밑에서 잠행하던 채규항은 얼마 후 코민테른이 기획한 당 재건에 참여한다.

　동방노력자공산대학을 졸업한 김단야와 권오직 등은 코민테른의 결정에 따라 조선공산당 재건을 위해 국내로 잠입했다. 권오설의 동생인 권오직은 박헌영의 공청이 모스크바 유학생을 파견하는 기획에 따라 동방노력자공산대학을 졸업하고 국내로 들어온 것이었다. 이들은 함경도에 전진기지를 설치했다. 얼굴과 이름이 노출된 인물들이 경성에서 전위 조직을 재건하는 것은 위험천만한 일이었다. 기획은 실패했다. 코민테른 연락책을 맡은 김정하는 블라디보스토크에서 재건 과정을 설명하기 위해 국내를 빠져나가는 바람에 체포를 피했고, 김단야도 아슬아슬하게 위기를 모면했다. 그러나 권오직과 채규항은 칼날을 피하지 못했다.

　홍원 출신인 권영태는 채규항이 함경남도에 구축한 말단 조직원이었다. 권영태는 홍원보통학교를 졸업하고 형과 함께 집안의 과수원 농사를 지으며 살았다. 부유한 집안은 아니었지만 그렇다고 끼니를 걱정할 정도도 아니었다. 대담한 기획에 연루된 권영태는 치도곤을 당한 후 집행유예로 석방됐다. 하지만 채규항이 징역 5년을 선고받자 홍원과 함남 일대는 급격히 싸늘해졌다. 언제든 다른 명목으로 연루될 것이라는 위기감은 함경남도에서 익숙한 경험이었다. 집안과 사건에 연루되지 않은 사람들의 도움으로 권영태는 예고 없는 여정을 떠났다. 국내를 빠져나간 권영태는 이곳저곳 둘러보지 않고 권오직이 그랬던 것처럼 모스크바로 직행했다. 그리고 동방노력자공산대학에 입학했다.

필연처럼 우연이 겹쳤다. 이재유가 감옥을 나선 바로 그 시기에 권영태도 국내로 돌아온 것이다. 그런데 권영태는 국제적색노조의 신임장을 가지고 있었다. 국제적색노조의 지침은 "인텔리 중심의 운동을 청산하고, 노동자 중심으로 적색노조를 구축할 것"으로 요약할 수 있었다. 채규항의 함경남도 하부 조직원이었던 권영태에게 경성에 조직망이 있을 리 만무했다. 하지만 그에게는 국제적색노조에서 준 일종의 전권이 있었다. 이 권한은 빠르게 조직의 맹아를 구축하는 데 강력하게 작용했다. 좁은 경성의 공장들 사이에서 두 개의 그룹이 뒤섞여 암약하고 있었다. 그런데 또 하나의 그룹이 공장에 야체이카를 조직하기 위해 움직이고 있었다.

당 재건을 위한 흐름들

──────── 가난한 집안과 홀어머니, 정태식의 어린 시절도 김삼룡과 다르지 않았다. 그런데 한 가지만은 달랐다. 김삼룡도 영민하다는 소리를 들었지만 정태식은 그 이상이었다. 천재였다. 가난했지만 어머니는 정태식이 학업을 계속하도록 모든 걸 쏟아부었다. 청주고보를 우등으로 졸업한 정태식은 경성제국대학에 입학하며 기대를 저버리지 않았다. 경성제대는 조선인만을 뽑는 대학이 아니었다. 오히려 일본인이 다수였고 조선

인은 소수였다. 법문학부 정원이 100여 명이라면 조선인은 20명 정도에 불과했다. 이를테면 바늘 끝보다 작은 틈을 통과한 사람들이 입학하던 시기였다. 예과를 거쳐 법문학부에 진학한 정태식은 운명적인 인물을 만났다. 지도교수인 미야케 시카노스케三宅鹿之助였다.

도쿄제대 경제학과를 졸업한 미야케가 경성제대 조교수로 부임한 것은 1927년이었다. 재건되던 조선공산당이 계속 와해되던 시기였다. 미야케는 얼마 후 경성을 떠나 영국을 거쳐 프랑스와 독일에서 한동안 유학 생활을 한 뒤 다시 경성으로 돌아왔다. 하지만 이 유학은 허울이었다. 코민테른과 접선 라인을 확보하기 위한 행보였던 것이다. 블라디보스토크로 바로 움직이면 신분이 노출될 가능성이 높았다. 미야케는 일본에 있을 때부터 이미 사회주의자였다. 그만큼 치밀했다. 그런데 정태식 이전에 미야케를 중심으로 경성제대에 똬리를 튼 인물들이 있었다. 또 다른 천재들이었다. 경성제대 2회 입학생인 이강국, 최용달, 박문규였다.

함흥고보를 나온 최용달, 대구고보를 나온 박문규, 보성고보를 수석으로 졸업한 이강국은 경성제대의 트로이카였다. 이들은 1회 입학생인 유진오가 창립한 경제연구회에 가담했다. 그리고 이곳에서 사회주의를 학습했다. 세 사람은 졸업 후에도 대학에 조교로 남았다. 이강국은 공법연구실, 최용달은 사법연구실, 박문규는 경제연구실의 조교로 남아 사회주의 활동을 계속했다. 뒤늦게 입학한 정태식은 이들의 전철을 그대로 밟았다. 이들의 후일담을 조금 언급하자면 박문규는 농업경제학의 시금석 같은 자취를 남겼다. 해방 후 월북한 최용달은 북한의 헌법 기초를 마련했다. 아이러니하게도 남한의 헌법 기초에 공헌한 인물은 유진오였다. 그 자체로 명문인 보성고보를 수석으로 졸업한 이강국은 또 달랐다. 이를테면 다른 사람들이 마르크스나 러시아의 글을 번역해 소개하는 수준이었다면 이강국은 그것조차 뛰어넘었다. 독일 자본주의가 붕괴하는 이유와 그에 따른 파시즘 등장의 연관성에 대한 글을 쓸 정도였다. 천재들마저 감탄하는 천재가 바로 이강국이었다.

이들은 경성제대를 기지로 국내당의 맹아를 구축하려는 야심 찬 기획을 추진하기 시작했다. 1932년 봄, 미야케의 주선으로 이강국은 독일 베를린 대학 유학길에 올랐다. 그리고 조용히 독일공산당에 입당했다. 이강국의 목적은 유학이 아니라 베를린에서 코민테른과 연락망을 구축하는 것이었다. 정태식은 재학 시절 정략결혼을 했다. 검사 자리가 눈앞까지 와 있다고 생각한 매파들이 그의 어머니를 부추겼다. 검사 사위가 필요한 경성의 한 대부호에게 아무것도 가진 것 없는 정태식은 매력적인 그림이었다. 가난한 홀어머니의 아들, 정태식은 이 결정을 묵묵히 받아들였다. 하지만 정작 결혼한 정태식은 이내 딴살림을 차렸다.

원산 출신인 김월옥은 경성으로 유학을 와서 용곡여학교에 입학했다. 아주 없는 집안 출신은 아니었던 셈이다. 그런데 용곡여학교는 일본불교인 본원사가 세운 학교였다. 이미 조선불교도 친일로 전락했고 일본불교가 세운 용곡여학교는 더욱 노골적이었다. 일본어를 배우는 것도 서러운데 일본불교까지 정규 과목에 포함되어 있었다. 당시 여학교를 다닐 정도라면 깨어 있는 여성일 수밖에 없었다. 김월옥은 독서회를 조직해 독립운동에 나섰고 그 때문에 퇴학을 당했다. 정태식과 만난 김월옥은 처음에는 이화여고보 등 학교에 독서회를 만들기 시작했다.

그런데 독특하게도 김월옥은 백화점의 여성 노동자들에게 주목했다. 지금의 신세계백화점 자리에 있던 미쓰코시 백화점은 노동자의 숫자가 수백 명을 넘을 정도로 급성장하고 있었다. 김월옥은 지금의 충무로 대연각빌딩에 있던 히라타 백화점에 야체이카를 만들기 위해 은밀하지만 분주하게 움직였다. 멀지 않은 곳에는 또 다른 백화점들이 있었고, 조선인이 설립한 동아백화점도 성황이었다. 명동, 충무로, 그리고 그 너머까지 백화점에는 1000명 넘는 여성 노동자들이 감정노동을 하고 있었다. 1930년대 경성 한편에선 벌써 불야성을 이루고 있었다.

정태식이 눈을 돌린 곳은 섬유와 화학 노동자였다. 즉, 방직과 고무 공장이었다. 경성의 인구는 계속 늘어나고 옷과 신발 같은 생필품의 소비도 증가했다. 그에 따라 섬유와 화학 노동자들의 숫자도 급속도로 늘어났다. 대부분 여성 노동자였다. 그해 여름 소화제사 여성 노동자들이 파업에 돌입했다. 요구 조건은 경제적 요구가 아닌 공장 감독관 해임이었다. 감독관은 잦은 인격모독과 빈번한 해고 등의 횡포로 여성 노동자들을 위협했다. 이런 탄압은 거의 모든 공장이 비슷한 실정이었다. 취업하려는 여성들이 언제나 대기하고 있었기 때문이다. 이때도 공장들은 1970년대 한국의 공장처럼 기숙사를 운영하고 있었다. 휴일은 한 달에 두 번 정도이거나 아예 휴일이 없는 공장들도 부지기수였다. 소화제사는 적당한 요구 조건을 수용하는 선에서 타협하려 했지만 노동자들은 한 발도 물러서지 않았다. 이재유 그룹이 개입하고 있던 것이다.

섬유 책임자인 변홍대는 양평과 여주에서 적색농민조합운동으로 잔뼈가 굵은 인물이었다. 싸움을 어떻게 하는지 밑바닥에서 체험했던 것이다. 또 한 명, 이를테면 현장 책임자가 참여하고 있었다. 예산 출신의 유순희는 아서원 당대회에서 중앙집행위원으로 선출된 상해파의 거물 유진희의 조카였다. 소화제사 파업이 계속되자 동대문경찰서도 신경을 곤두세우기 시작했다. 그런데 조선견직에 이어 경성고무까지 파업에 합류하면서 동대문 전체가 활활 타올랐다. 동대문경찰서에는 비상이 걸렸다. 이내 배후가 있다는 것을 직감한 일경은 한밤중에 공장의 강경파 여성 노동자들을 잡아들이기 시작했다. 공장들에는 이재유 그룹만이 아니라 권영태 그룹도 개입하고 있었다. 권영태 그룹의 박정두는 소화제사에, 안종서는 종연방직에서 야체이카를 구축하고 있었다. 게다가 정태식도 김월옥과 함께 선을 만들기 위해 움직이고 있었다.

그해 늦가을, 각 그룹은 서로의 존재를 일경보다 빠르게 눈치챘다. 같은 공장 안에서 다른 그룹이 활동하면, 보안이 담보되지 않을 것이라는 사실을 서로 모를 리 없었다. 이재유는 문제를 해결해야 한다고 생각했다. 하지만 국외에서 지도받는 조직을 단호히 배격한다는 자신의 노선을 변경해야 하는 문제가 있었다.

그해 여름, 이재유는 상해에 있는 박헌영의 국제선 그룹의 국내 책임자 김형선과 몇 차례 회합을 가졌다. 이재유는 국제선 그룹의 전국적 정치신문에는 공감을 표시했지만, 지도부가 국외에 있다는 것이 걸림돌로 작용했다. 이런 상태의 통합에선 이재유 그룹이 국제선의 하부 조직으로 전락할 수도 있었다. 회합이 겉돌고 있을 때, 김형선과 국제선 그룹의 국내 조직원들이 검거되면서 이재유의 고민은 수면 아래로 내려갔다.

그런데 불과 몇 달 만에 똑같은 상황에 직면한 것이다. 교착 상태를 풀 수 있는 것은 미야케의 경성제대 그룹뿐이었다. 정태식의 주선으로 이재유와 미야케의 회합이 성사됐다. 회합에서는 의미 있는 대화들이 오갔다. 다시, 전국적 정치신문의 필요성과 적색노조를 통한 당의 건설에 공감대를 형성했다. 마치 오랫동안 함께 활동한 동지처럼 거리낌 없이 진지한 대화가 계속됐다. 하지만 권영태 그룹과 함께해야 한다는 미야케의 제안에 이재유는 확답을 하지 않았다. 경성 트로이카 내부에서 토론을 통해 결정해야 한다는 입장을 고수했다. 마지막 고비는 남았지만 조선공산당 와해 이후, 새로운 물줄기가 하나로 만나는 희망이 싹트고 있었다. 하지만 희망은 곧 암흑으로 바뀌었다. 종연방직 파업을 기점으로 일경은 현장 노동자를 검거하면서 배후를 캐기 위해 혈안이 되어 있었다. 가혹한 고문이 쏟아지면서 윗선이 조금씩 드러났다. 그해 겨울, 대량 검거가 시작됐다. 200여 명의 대규모 인원이었다.

현장을 지도하던 이현상과 김삼룡에 이어 이재유까지 체포되면서 경성 트로이카는 와해되기 직전이었다. 서대문경찰서에서 취조받는 동안 일경의 예상과 달리 이재유는 순순히 조사에 응했다. 하지만 그것은 계책이었다. 3개월 동안 별다른 소동이 일어나지 않자 일경의 경계가 느슨해졌다. 어느 날 밤, 이재유는 경찰서 2층에서 뛰어내려 탈옥에 성공했다. 일경이 비상경계령을 내릴 것이라고 생각한 이재유는 가까이 있는 정동의 러시아 영사관의 담을 넘었다. 그러나 이재유의 선택은 실패로 돌아갔다. 한밤중에 담을 넘은 낯선 침입자를 경비원은 단순한 범죄자로 생각해 비상경계 중이던 일경에게 넘겨준 것이다. 너무 늦은 시간이어서 이재유는 러시아 영사는커녕 비서조차 만날 수 없었다.

일경은 탈옥에 실패한 이재유를 손뿐 아니라 발목에까지 족쇄를 채운 후, 고등계 숙직실에 가둬 외부와 완전히 차단했다. 강도 높은 조사가 9개월 동안 계속되면서 이재유는 무장해제되는 듯했다. 하지만 그는 암흑 속에서도 여전히 기회를 엿보고 있었다. 우연히 방치된 담뱃대가 두 번째 탈옥 기회를 제공했다. 단단한 대나무뿌리로 만든 담뱃대를 이용해 다리에 있는 자물쇠를 여는 데 성공한 뒤 이번엔 대담하게 정문을 유유히 통과해 새벽의 어둠 속으로 사라졌다.

두 번째 탈옥에 성공한 이재유는 지리에 익숙한 곳이자 모두의 의표를 찌르는 미야케 교수의 관사를 찾아갔다. 관사의 다다미방 밑에 은신처를 만들고 한 달 동안 숨을 죽이며 기다렸지만 폭풍은 멈추지 않았다. 정태식이 체포된 것이다.

정태식이 체포되고 이틀 후 권영태마저 체포되면서 두 그룹의 조직은 궤멸 상태에 이르렀다. 체포된 관련자만 100명이 넘을 정도였다. 며칠 후

이재유의 탈출을 보도한 신문. 사진 속 인물이 미야케 교수

동숭동 관사에 들이닥친 일경은 미야케 교수를 연행했다. 다행히 은신해 있던 이재유에 대해서는 눈치채지 못했다. 연행된 미야케는 전향했다. 다만 그가 입을 연 것은 이틀 후였다. 이재유는 그사이 관사를 빠져나와 다시 잠행에 들어갔다. 미야케의 관사를 "조선공산당 재건운동의 총본영"이라는 제목을 단 기사가 신문 1면을 장식했다. 1934년 봄, 남은 사람은 이재유뿐이었다. 하지만 이재유는 멈추지 않았다.

히로시마 사범학교를 졸업한 이관술은 국내로 돌아와 동덕여고 교사로 부임했다. 학교에는 동생인 이순금이 재학하고 있었다. 이듬해인 1930년 동덕여고 학생들이 일본인 교장의 부당한 지시를 거부하고 동맹 휴학을 준비하자 이들을 은밀히 지원했다. 이관술이 '경성반제동맹 사건'으로 체포되었다가 병보석으로 가출옥한 것은 1934년 봄이었다. 요양 중이던 이관술을 동덕여고 제자인 박진홍이 찾아왔다. 이재유의 경성 트로이카 사건으로 체포되었던 박진홍이 기소유예로 석방된 직후였다. 우연히 이관술을 수소문해 찾아온 또 한 사람이 있었다. 교토 대학을 다니다 귀국한 박영출이었다. 박영출은 이재유만큼이나 멈출 줄 모르는 붉은 심장을 가진 인물이었다.

부산 동래고보의 학생회장이던 박영출은 일본인 교사의 부당한 처우에 대항해 대규모 동맹 휴학을 조직했다. 무려 200명 넘는 학생들이 정학처분을 당한 초유의 사건이었다. 퇴학당한 박영출은 일본으로 건너가 고등학교 과정을 거쳐 교토 대학에 입학했다. 대학 시절에는 강연회에서 불온한 사상을 주장하다 체포되었다가 석방되기도 했다. 방학을 이용해 국내에 들어왔을 때 부산 동래에서 대규모 불법집회를 시도하다 다시 체포되

었다. 달리는 기관차의 엔진처럼 잠시도 식을
줄 모르는 인물이었다.

이관술이 보석으로 감옥에서 나왔을 때, 경
성은 온통 경성 트로이카의 체포 소식으로 뒤
덮여 있었다. 얼마 후, 이재유가 탈옥했다는 이
야기가 언론의 1면을 장식하며 그의 이야기가
마치 전설처럼 떠돌았다. 새로운 길을 모색하
고 있던 이관술에게 동덕여고 제자인 박진홍이
찾아왔다. 이재유의 연락책이었다. 1934년 가
을, 박진홍을 통해 이재유와 이관술, 박영출의
비밀 회합이 이뤄졌다. 이재유는 총괄책임을,

'조선공산당 경성재건 그룹'의
핵심으로 일제의 집중감시 대
상이었던 이관술

이관술은 정보를 모으는 역할을 맡았다. 경성에서 아직 덜 노출된 박영출
은 사람을 조직하는 역할이었다. 경성 트로이카의 다른 이름인 '조선공산
당 경성재건 그룹'의 목표는 여전히 노동자들 사이에서 적색 조직을 건설
하는 것이었다. 하지만 적색노조를 구축하려는 시도는 불꽃을 향해 뛰어
드는 불나방과도 같았다. 그동안 수차례 파업으로 일경의 감시망은 그 어
느 때보다 물샐 틈 없었기 때문이다. 또한 종횡으로 조직원들의 접촉이 이
뤄지는 트로이카 체제는 상부 조직이 쉽게 노출될 수 있는 약점을 지니고
있었다. 용산공작소를 중심으로 적색노조를 건설하려는 시도는 불과 몇
개월 만에 일경에 꼬리가 잡혀 박영출과 박진홍을 비롯한 10여 명이 체포
되면서 조직 전체가 위기를 맞았다. 경성에서 적색노조를 조직하는 것은
국내에서 당을 재건하는 것만큼이나 어려운 일이었다. 이재유와 이관술
은 경성을 빠져나가 농부로 위장하며 잠행에 들어가야만 했다.

이재유와 이관술은 한동안 미동조차 하지 않았다. 트로이카 방식, 즉 사람을 만나 토론하고 서로 합의를 통해 조직을 만드는 것은 더 이상 불가능해졌다. 이재유는 현실과 이상 사이에서 교착 상태에 빠졌다. 트로이카 방식은 이제 한계에 부딪힌 것이 분명했다. 이전보다 더 심해진 일경의 감시체계가 가장 큰 이유였다. 더 큰 이유는 더 이상 조직할 사람들이 남아 있지 않다는 것이었다. 하지만 이재유는 트로이카 방식을 포기하지 않았다. 1935년 가을부터 이듬해 봄까지 이재유가 만날 수 있는 사람은 극소수에 불과했다. 경성재건 그룹은 이재유라는 거목에 의한 상징적인 조직을 넘지 못했다. 후일, 이재유는 서대문형무소에서 이때의 오류를 자기비판하는 글을 발표하는 냉철함을 보여주었다.

이재유는 이때, 그동안 계속 고민했으나 실행에 옮기지 않았던 정치신문을 발행하기 시작했다. 〈적기〉는 경성을 겨냥한 정치신문이었다. 전국적인 정치신문을 발행한다는 것은 불가능했기 때문이다. 이를테면 레닌이 〈이스크라〉를 발행하던 초창기와 유사했다. 무차별로 배포하는 신문이 아니라 손에서 손으로 쥐여주는, 조직자로서의 신문이었다. 〈적기〉는 이재유와 이관술에 의해 기획되고 배포되었다. 조직자로서의 신문은 장기적인 기획을 전제로 할 수밖에 없었다. 1936년 한 해 동안 경성재건 그룹의 활동은 미미했다. 일경의 눈을 피해 〈적기〉를 배포하는 것도 여전히 수공업적인 현실을 벗어나지 못했다. 하지만 이재유와 이관술은 멈추지 않고 끊임없이 움직였다. 최소한의 조직을 복원하는 것이 우선이라는 사실을 잊지 않았다.

이제 막 스무 살이 넘은 강진 출신 윤순달은 경성전기 노동자였다. 경성트로이카에 소속되어 활동하던 윤순달은 안병춘이 체포되면서 연락선이 끊어졌다. 자고 일어나면 사람들이 잡혀가자 윤순달은 몸을 움츠리며 폭풍이 지나가기만을 기다렸다. 경성의 공장들에는 윤순달과 같은 처지에 놓인 노동자들이 적지 않았다. 해가 바뀌고 공장들이 잠잠해지자 선을 복원하려는 인물이 나타났다. 김희성이었다. 김희성은 경성 트로이카가 아니라 종연방직의 파업을 지원하던 권영태 그룹의 책임자였다. 체포를 피한 사람들을 중심으로 기존 조직을 막론하고 적색노조운동을 복원하려고 나선 것이다. 조직이 와해되면 중요한 것은 '대표권'이다. 김희성은 권영태가 가지고 있던 국제적색노조의 대표권을 승계했다고 주장했다. 언제나 대표권은 힘을 발휘했다.

소속이 달랐던 낯선 인물들 간의 회합이 성공했다. 김희성은 이 작은 그룹을 중심으로 공장에서 적색노조와 독서회를 조직하기 시작했다. 윤순달도 이 그룹에 참여했다. 경성 트로이카 조직원도 포함된 이 그룹은 이재유에게도 알려졌다. 이재유는 이 그룹과 통합을 시도하기 위해 경기도에서 경성을 넘나들었다. 그해 겨울, 김희성이 먼저 체포되면서 이 작은 그룹의 시도는 실패로 돌아갔다. 김희성 그룹이 와해되면서 접촉을 시도했던 이재유의 은신처는 일경의 사정권으로 좁혀졌다. 언론이 어떤 보도도 하지 않아 이재유는 이런 사실을 알 수 없었다.

1936년 12월 25일, 이재유는 지금의 창동역 인근 은신처에서 체포됐다. 체포될 때 그는 소리를 지르며 격렬하게 저항했다. 함께 활동하던 이관술이 은신처에 있지 않았기 때문이다. 그것은 마치 상해에서 박헌영이 체포되면서 격렬하게 저항한 것과 묘하게 일치했다. 박헌영의 저항으로 김단야는 체포를 모면했고, 이재유의 저항으로 이관술도 살아남을 수 있었다. 이재유를 체포한 일경들은 잠복 복장 그대로 기념촬영을 하며 쾌거를 자

1936년 〈경성일보〉에 실린 이재유 체포 기사

축했다. 관제 언론 〈경성일보〉는 '추격 개시 이래 4년여, 원흉 이재유 드디어 잡혀 묶이다'라는 제목의 기사를 1면에 실으면서 조선공산당은 이제 궤멸되었다고 단언했다. 이재유가 체포되면서 경성재건 그룹은 막을 내렸다. 하지만 이관술은 여정을 멈추지 않았다.

박헌영과 경성콤그룹

─────── 이재유가 체포되자 일본경찰은 이제 조선공산당 재건운동이 끝났다고 생각했다. 하지만 일경이 이재유를 체포하며 축배의 단체사진을 찍고 있을 때, 이관술은 잡화행상으로 변장하고 강원도로 빠져나가

고 있었다. 변장과 지하활동 방법에 대해서는 이관술이 이재유의 수제자라고 해도 좋았다. 일경은 이관술이 얼마나 위험한 인물인지 직감하지 못했다. 이재유만큼이나 거물급 지도자의 자질을 가지고 있다는 것도 알지 못했다. 반년 가까이 강원도 일대를 전전하던 이관술은 대담하게 경성으로 다시 돌아왔다. 이관술은 조직 재건을 위해 영등포에 거점을 마련하고 두 사람과 접촉을 시도했다. 동덕여고 제자인 박진홍과 여동생 이순금이었다. 믿을 수 있는 사람부터 접촉하는 것은 당연했다. 섬유 공장 노동자들은 기하급수적으로 늘어나고 있었고, 박진홍의 경험은 이관술에게 중요했다.

1937년 여름, 두 사람은 회합에 성공했다. 길지 않은 시간이었지만 많은 대화가 오갔다. 이관술은 트로이카의 재건을 위해 함께해줄 것을 요청했다. 계속된 체포와 감옥살이에도 박진홍은 흔쾌히 동참할 것을 약속했다. 박진홍의 도움으로 며칠 후, 이순금과 약속을 잡는 데 성공했다. 한밤중 여의도비행장에 공교롭게도 폭우가 쏟아지기 시작했다. 샛강을 그냥 건너려던 이관술은 불어난 강물 때문에 나무다리를 이용해야만 했다. 폭우가 내리는 한밤중, 수상한 두 남녀는 일경에게 곧바로 체포됐다. 갈대가 무성한 여름밤을 이용한 만남이었지만 예상치 못한 폭우가 발목을 잡았다. 비행장 인근이라는 것도 일경의 눈에 수상할 수밖에 없었다. 이때 중일전쟁을 일으킨 일제는 신경을 곤두세우고 있었다. 지서로 연행된 남매에게 일경은 중국말로 자꾸 물어보았다. 남매를 중국인으로 오인했던 것이다.

날이 밝고 영등포경찰서로 넘겨지면 이관술의 정체가 탄로 날 것은 불을 보듯 뻔한 일이었다. 폭우가 내리는 새벽, 남매가 함께 탈출하기는 불가능했다. 한 치 앞도 보이지 않는 폭우를 뚫고 이관술 혼자 탈출에 나섰다. 이순금은 다시 영어의 몸이 됐다. 이관술은 다리 밑에서 자는 등걸인 행세를 하면서 대전을 거쳐 대구까지 도피하며 1년 가까이 은신했다. 이순금이 다시 감옥 문을 나선 것은 1938년 여름이 막 시작될 무렵이었다.

경성콤그룹의 일원으로 적색노조 활동을 하던 이순금

일경은 이순금을 계속 추적했고, 결국 또다시 수감했다. 죄명은 공산주의 활동자금 마련이었다. 이순금은 자금 모집에 관여한 적이 없었기 때문에 경찰서에 있는 예심기간만 엿가락처럼 늘어났다. 일경의 목적은 다른 데 있었다. 경성 트로이카에서 검거되지 않은 사람, 그녀의 오빠 이관술 때문이었다. 일경은 이재유와 마지막까지 함께했지만 붙잡지 못한 이관술을 잡아야 사건을 매조지할 수 있다는 강박에 시달렸다. 두 차례의 탈옥에도 조직의 재건을 위해 멈추지 않았던 이재유의 그림자는 그만큼 컸다.

이순금이 출감하자 지방을 전전하고 있던 이관술은 다시 경성으로 잠입했다. 남매는 수원화성 북문에서 극적으로 다시 만났다. 혼자 남은 이관술에게 필요한 것은 '정보'였다. 누가 남아 있는지, 누가 출옥했는지 알아야 했다. 이현상이 출옥해 고향에 머물고 있었지만 이관술은 이현상과 연결 루트가 없었다. 다행히 이때 김삼룡이 출옥해 있었다.

대구로 다시 내려가 신변을 정리한 이관술은 그해 겨울, 청주 엄정의 고향에 있던 김삼룡을 찾아갔다. 이관술은 두 가지를 요청했다. 조직을 재건하는 데 함께해줄 것과 지도자를 맡아달라는 것이었다. 역사적으로 볼 때 이관술이 지도자의 자질을 갖춘 것은 분명하지만 정작 자신은 그렇게 생각하지 않았다. 이관술은 사람들이 그런 요청을 할 때면 오히려 경계심을 드러내곤 했다. 김삼룡은 자신의 아내 이옥숙이 일하고 있는 경성의 태창직물을 적색노조의 거점으로 삼아 조직을 재건하자고 제안했다. 1939년 봄, 이관술과 김삼룡, 이현상은 조직의 재건을 위한 붉은 깃발을 올렸다. 당 재건을 위한 마지막 시도, 경성콤그룹이 시작된 것이다.

정태식은 독특한 인물을 한 명 끌어들였다. 경성제국대학에 입학할 때부터 화제의 인물이었던 김태준이었다. 대학 설립 이래 최초의 실업계 출신이었기 때문이다. 명문고보의 수재 중에서도 수재만이 들어간다는 경성제국대학이었기 때문에, 그의 출신은 이목을 끌기에 충분했다. 그런 김태준은 조선어문학회를 만들어 활동하며 《조선한문학사》와 《조선소설사》를 쓰는 등 뛰어난 학자의 자질을 보였다. 김태준은 《춘향전》을 유물사관 입장에서 해석하는 글을 발표하기도 했다. 사회주의자로 경도되고 있었던 것이다. 하지만 일제가 보기에는 위험한 인물 같지 않았다. 어느 때보다 보안이 최우선인 경성콤그룹에 김태준은 연락책으로 적격이었다. 이관술은 느슨한 연합체인 경성콤그룹을 하나로 묶기 위해 기관지 〈공산주의자〉를 만들었다. 이때는 조선어 수업이 폐지되고 본격적인 강제징병이 시작되고 있었다. 재판은 형식에 불과했고 고문은 일상이었다. 신문 발행은 30부를 넘지 않았고, 공장에서 손에서 손으로 전해지는 방식이었다. 사람들을 하나씩 수공업적으로 조직해야 했다. 조직 재건은 느리게 진행되었지만 애초부터 감수해야 할 부분이었다.

그해 가을, 경성의 모든 시선을 받으며 박헌영이 감옥 문을 나왔다. 일제는 조선에서 가장 위험한 박헌영의 일거수일투족을 감시했다. 박헌영은 고향인 예산에서 작은 곰처럼 조용히 웅크리고 있었다. 이관술은 엄혹한 이 시기에 조직을 책임지고 이끌 지도자가 필요하다고 생각했다. 김삼룡에게 그 역할을 주문했지만 김삼룡은 지도자를 자임하지 않았다. 대담하게도, 이관술은 박헌영과 접선할 계획을 추진하기 시작했다. 해방 후 이관술은 이날을 회고하며 암호 표식을 통해 회합에 성공했다고 말했다. 암호 표식이 어떻게 전달되었는지는 언급하지 않았다. 경성에서 예산까지는 반나절 거리였다. 암호 표식은 수차례 확인을 거쳐야만 했고, 시간은 두 달 넘게 흘러갔다. 그해 겨울, 장충동 산속에서 한밤중에 두 사람은 회합에 성공했다. 이관술은 경성콤그룹에 대해 설명하고 지도자를 맡아달라고 요청했다. 박헌영은 동지들의 노고에 경의를 표하고 요청을 수락했다. 단 한 번도 같은 조직에서 활동한 적 없는 두 사람은 단 한 번의 회합으로 당의 재건을 결의하고 어둠 속으로 사라졌다.

이듬해 박헌영과 이관술은 경성콤그룹의 체제를 새롭게 정비했다. 기본적으로는 경성 트로이카 체제를 계승했지만 몇 가지 점에서는 확연히 달랐다. 산별 중심으로 적색노조를 구축하는 것은 이전과 크게 다르지 않았다. 다만 이전보다 더 은밀했고, 대중 모임에 대한 개입은 신중했다. 적색노조의 총괄책임은 김삼룡이 맡았다. 당 조직에서나 볼 수 있는 조직부를 설치한 것이 트로이카와 확연히 다른 점이었다. 이를 통해 소규모지만 경성 밖에 지역 조직을 만들기 시작했다. 조선공산당을 만든 이후 국내외를 막론하고 처음으로 등장한 부서는 '인민전선부'였다. 인민전선부는 러시아 혁명으로 말하자면 혁명을 위한 '무장준비기관'에 해당했다. 다소 놀라운 시도였지만 박헌영이 인민전선부를 설치한 이유가 있었다. 일제의 도발로 중일전쟁이 발발하자 국제정세로 볼 때 일제가 패배하리라 판단했던 것이다. 인민전선부는 중국의 정보를 수집하고, 과거 혁명가들이나 민족주의자들이 현재 어떤 상태에 놓여 있는지 조사하는 임무를 맡았다.

이관술, 김삼룡 등과 경성콤그룹으로 활동하던 박헌영

전시 체제가 시작되면서 일제의 겁박을 견디지 못하고 "친일의 경계를 넘나드는" 인물들이 속출했다. 일제가 패배했을 때, 그에 따라 "예기치 않는 혁명 시기가 도래했을 때", 박헌영은 누가 우리 편인지 확인할 수 있는 정보가 중요하다고 생각했다. 인민전선부는 이현상과 정태식이 책임을 맡았다. 정태식은 김태준을 추가로 추천했다. 박헌영은 그동안 이관술이 발행하던 〈공산주의자〉의 이름을 〈코뮤니스트〉로 바꾸고 근거지를 인천으로 옮겼다. 〈코뮤니스트〉, 낯익은 이름이었다. 상해에서 박헌영이 김단야와 함께 이른바 '국제선 그룹' 활동할 때 기관지의 이름이었다. 박헌영은 기관지를 국내로 반입하기 위해 처절하게 노력하다 체포되어 세 번째로 영어의 몸이 되었다. 기관지 이름을 〈코뮤니스트〉로 바꾼 것은 국제선 그룹의 노선을 이어가겠다는 의지였다.

과거의 신문들이 일제의 야만에 대한 정치적 폭로가 주를 이루었다면 기관지는 그에 더해 진일보한 내용을 담고 있었다. 이를테면 혁명이론과 혁명사, 국제정세, 반전운동과 같은 내용들이 포함되었다. 노동자와 민중에게 국제정세는 다소 동떨어진 이야기라고 치부할 수도 있지만 전시 체제에서 일제가 패배할 가능성이 있다고 선동하는 것은 그 어느 때보다 중요한 이슈였다.

신의주에서 태어난 김재병이 경성의 보성전문으로 유학 온 것은 세 살 위 형인 김재갑의 영향이 컸다. 경성제대 법문학부에 다니던 김재갑은 학내 반제운동의 중심인 적색독서회에 깊숙이 개입하고 있었다. 형의 영향을 받은 김재병은 자연스럽게 사회주의자의 길로 접어들었다. 1940년 보성전문을 졸업한 김재병은 적색노조를 건설하기 위해 경성스프링제작소에 취업했다. 이를테면 위장 취업이었다. 자동차의 생산도 늘어났지만 전시 체제가 시작되면서 핵심 부품을 생산하는 회사들이 급성장하고 있었다. 김재병에게는 '지도 조직'이 없었다. 권영태 그룹은 빠르게 와해되었고, 이재유는 전설로만 남아 있었다. 김재병처럼 각개약진하는 사회주의자들이 대부분이었다. 이름도 없는, 몇 사람에 의한 소규모 모임들이 자유로운 혁명 기관처럼 산개해서 움직이고 있었다.

충남 아산 출신인 이주상 역시 마찬가지였다. 그는 제대로 된 교육을 받지 못했지만 영민했다. 공장과 막노동을 하는 밑바닥 노동자의 삶을 전전하다 김삼룡을 만났다. 이주상은 적색노조 금속부문 책임자인 동시에 〈코뮤니스트〉를 은밀하게 배포하는 중책을 맡았다. 김삼룡은 이름 없이 흩어져 공장에서 일하는 사람들을 한 명씩 계속 모았다.

태창직물의 백낙승은 중국에서 직물을 수입하던 대규모 도매상이었다. 만주사변에 이어 중일전쟁이 터지면서 수입이 불가능해지자 직접 생산 공장을 차렸다. 300대 넘는 기계는 당시 최대였고 당연히 많은 노동자가 필요해졌다. 경성콤그룹은 가장 먼저 태창직물에 적색노조의 근거지를 구축했다. 먹을 것을 제외하면 전쟁에서 필요한 소모품은 의류와 기계류였다. 움직이는 각종 차량의 부품을 만드는 경성스프링제작소에 김재병이 있었다. 그리고 적색노조는 일본정공 같은 동일 직종의 회사로 스며들었다. 박헌영의 경성콤그룹은 이재유 그룹의 확장판을 지향하고 있었다. 요컨대, 박헌영은 시작부터 당 건설을 위한 맹아 조직을 지향하고 있었다.

잊힌 이름들이 다시 북녘 땅으로 모여들기 시작했다. 함경도의 작은 두 별, 장순명과 김형관은 계속 길이 엇갈렸다. 함경남도 원산 출신인 장순명은 조선공산당 창당에 참여해 박헌영 공청 책임비서 밑에서 함경도 책임자를 맡았다. 박헌영과는 신흥청년동맹에서 함께 활동했고 화요회 조직원이기도 했다. 1차 조선공산당 사건으로 체포되어 감옥살이를 한 장순명은 고향인 함경도로 돌아갔다. 장순명에게는 '뛰어난 조직력'과 '고려공청 중앙위원'이라는 경력이 있었다. 재차 언급하지만 무언가를 새롭게 시도하려면 경력과 평판만큼 중요한 것이 없다. 장순명은 회령, 청진 등지에서 다양한 노동자 조직을 건설하고 이끌었다. 하지만 조선공산당 재건과 관련한 사건에 가담한 사실이 드러나면서 또다시 긴 감옥살이를 해야만 했다.

장순명이 고향으로 다시 돌아온 것은 1939년 봄 무렵이었다. 함경북도 경성 출신인 김형관은 장순명과 함께 고려공청 창당에 참여했다. 김형관에게는 뜻하지 않은 여정에 참여하라는 결정이 내려졌다. 공청에서 파견하는 모스크바 유학생 중 한 명으로 선정된 것이다. 김형관이 동방노력자공산대학을 졸업하고 함경도로 돌아왔을 때 남은 것은 그 혼자뿐이었다. 조선공산당은 사라졌고, 같은 화요회인 장순명은 감옥에 있었다. 거점조차 없었다. 몸을 감추고 작은 모임들에 얼굴을 비추며 때를 기다렸다. 마침 장순명이 출옥했다. 장순명과 김형관이 적색노조 모임을 만들기 위해 분투할 때 경성에서 희소식이 날아왔다. 경성콤그룹에 관한 것이었다.

장순명은 적색노조와 정치신문이 유일한 대안이라 확신하고 있었다. 그는 박헌영에게 함경도로 와서 전국을 지도해줄 것을 요청했다. 박헌영은 자신이 해야 할 일은 인천에서 기관지를 만들고 경성을 지도하는 것이라고 생각했다. 1940년 여름이 시작될 무렵, 함경도로 간 사람은 〈코뮤니스트〉의 실무 책임자인 이관술이었다. 함경도로 넘어간 이관술은 산자락에 토굴을 짓고 거처를 마련했다. 이재유에게 배운 경험이었다. 이관술은 함경도 그룹과 정치신문 제작을 추진했지만 상황은 엄혹했다. 몇 차례 적색노조 건설 시도와 검거 열풍이 휩쓸고 간 함경도는 경성만큼이나 일경의 감시망이 삼엄했다. 모든 것이 느리게 진행되었고 수공업적이었다.

비보였다. 정보 수집에 전념하던 이현상과 적색노조를 총괄하던 김삼룡이 연이어 체포되었다는 소식이 전해졌다. 이관술은 함경도 활동을 중단하고 다급하게 경성으로 귀환했다. 경성에 돌아오자마자 정태식마저 체포됐다. 박헌영은 기관지를 발행하고 있던 인천을 떠나 사라졌다. 순식간에 모든 연락망이 끊어진 이관술은 일경의 시선에서 피해 있던 김태준과 접촉을 시도했다. 그러나 두 사람의 접촉마저 노출되고 말았다. 그동안 일경은 김태준을 감시해왔던 것이다. 긴 여정을 계속해온 이관술은 끝내 체포됐다. 살아남은 지도부는 박헌영과 이순금뿐이었다. 공장에 있던 조직원들은 재빨리 자취를 감추고 산개했다.

함경남도 북청 출신인 조재옥은 경성콤그룹이 은밀하게 조직되고 있던 1939년 가을, 자신의 하숙집에서 조희영 등과 모임을 갖고 사회주의자 소그룹을 결성했다. 조재옥과 조희영은 경성법학전문학교 동문이었다. 이들은 독자적으로 움직였다. 전설의 이재유가 형무소에 갇히고 경성에는 지도적인 그룹이 없다고 생각한 이들은 독서회를 꾸리고 개미처럼 움직였다. 박헌영을 중심으로 경성콤그룹이 재편된 뒤 이들에게 끈이 이어졌다. 학생부 책임자인 김한성에 의해 자연스럽게 경성콤그룹에 가입했다. 경성콤그룹의 지도부가 와해된 후 반년가량 몸을 숨기고 은신해 있던 이들은 다시 독자적으로 움직이기 시작했다.

1941년 여름 문턱, 체포를 피한 김한성의 집에서 회합이 이뤄졌다. 회합을 주도한 것은 이주상과 김재병이었고, 조재옥과 조희영 등도 참석했다. 이날의 토론 결과는 다소 극좌적이었다. 때마침 독일과 러시아의 전쟁이 발발하자 이들은 러시아와 일제의 전쟁은 시간문제라고 보았다. 불과 반년 만에 국제정세가 급변했다고 판단한 이들은 민중 '선동'이야말로 당면한 임무라는 데 의견을 모았다. 시급히 발행을 추진한 기관지 이름은 '선전宣戰'이었다. 일제를 상대로 전쟁을 선포한다는 대담한 의지였다. 놀란 일경은 총력을 기울여 추격에 나섰다. 얼마 후 조재옥과 조희영이 체포되었다. 일경은 박헌영의 소재를 캐물었다. 김삼룡과 이관술도 모르는 박헌영의 행방을 이들이 알 턱이 없었다. 돌아온 것은 가혹한 고문이었다. 곧이어 '선전' 그룹의 임시지도부 역할을 했던 이주상과 김재병도 체포되었다. 두 사람에게도 김한성의 거취를 캐내기 위해 잔인한 고문이 이어졌다. 고문을 이기지 못한 김재병은 죽어서야 감옥을 나설 수 있었다. 조재옥은 병보석으로 석방되었지만 죽음의 문턱에 다가선 상태였다. 고향 북청으로 돌아간 조재옥은 얼마 후 쓸쓸히 숨을 거뒀다. 도피를 거듭하던 김한성은 해가 바뀐 1942년 5월에 체포됐다. 2년 후 겨울, 경성지방법원의 짧은 공판 기록이 그의 마지막 행적이었다.

해방 후 살아남은 사람들은 곳곳에서 그 모습을 드러냈다. 하지만 김한성의 흔적은 그 어디에서도 나타나지 않았다. 죽었는지 살았는지조차 알 수 없었다. 이들이 죽임을 당한 이유는 한 가지, 박헌영의 행방을 모른다는 것이었다.

경성콤그룹 조직원들이 하나둘 체포되자 박헌영은 기관지를 제작하던 인천을 빠져나와 대전을 거쳐 광주에 은신했다. 박헌영이 은신처로 택한 곳은 아이러니하게도 종연방직 광주 공장이었다. 화장실 청소 같은 허드렛일을 하며 신분을 숨겼다. 광주 공장은 경성 공장보다 더 크게 확장되고 있었기 때문에 노동자 숫자도 계속 늘어나고 있었다. 박헌영은 이곳에 은신하며 정보를 입수하는 한편 재건을 도모할 생각이었다. 하지만 박헌영이 예측하지 못한 것이 있었다. 많은 사람이 들락거리는 공장에서 낯선 말투와 출신이 불분명한 사람은 이내 입방아에 오르기 마련이었다. 박헌영은 얼마 후 공장을 벗어나 다시 한적한 벽돌 공장 노동자로 위장해야만 했다.

전남 지역에는 경성콤그룹의 지역 조직이 있었다. 박헌영은 이들과 주기적으로 연락을 시도했다. 연락 책임자는 이순금이었다. 경성의 조직 재건을 위한 끈도 놓지 않았다. 박헌영은 계속 신호를 보냈지만 신호에 응답하는 소규모 그룹조차 없었다. 그것은 일제가 패망으로 질주한다는 것을 의미했고, 동시에 반격을 꿈꾸는 혁명가들의 씨가 말라버렸다는 뜻이었다. 해방을 앞둔 3년간 모두 숨을 죽이고 엎드려 지냈다. 일제가 항복하고 이틀 후, 박헌영은 벽돌공장 책임자에게 "더 나은 미래를 위해 떠난다"라는 짧은 편지를 남기고 광주를 떠났다. 경성으로 가는 교통편을 겨우 마련할 수 있었다. 박헌영의 교통편은 건국준비위원회 전남대표단이 탄 목탄차의 말석이었다. 건준위 대표단은 박헌영을 알아보지 못했다. 박헌영도 도움에 감사하다는 말만 남기고 예의 굳은 입을 다물었다. 얼마 남지 않은

8월이 그 어느 때보다 중요하다는 것을 박헌영은 직감으로 알 수 있었다. 그의 머릿속에는 경성에 도착하면 전광석화처럼 움직여야 한다는 생각뿐이었다. 낡은 목탄차는 전주에서 한동안 여정을 멈추었다. 환한 미소가 익숙지 않은 김삼룡이 그곳에서 박헌영을 기다리고 있었다.

디아스포라

———— "조봉암 때문에 팔자에 없는 사장 노릇을 다 해보는구먼."
김찬이 〈농림신보〉 사장을 맡으면서 호탕하게 내뱉은 일성이었다. 정부
수립 이후 조봉암은 농림부장관으로 입각했다. 최대 현안은 토지 개혁과
일제가 남긴 적산가옥 처리 문제였다. 조봉암은 국민들에게 적극적으로
알리기 위해서는 신문이 필요하다고 생각했다. 조선공산당의 기획자이
자 정치감각이 뛰어난 김찬이 적격이었다. 두 사람은 논리적인 설파가 필
요하다는 데 공감했다. 편집국장으로 조선공산당 일본총국의 이론가였던
인정식을 끌어들였다. 그러나 토지 개혁은 이승만의 방해로 좌초됐다. 김
찬은 한동안 수면 아래로 사라졌다.

김찬이 마지막으로 역사의 한 페이지에 등장한 것은 2대 국회의원 선
거였다. 용산갑구에 선거사무실을 차린 김찬은 이른바 '성시백 간첩 사건'
에 휘말리면서 제대로 된 선거운동조차 해보지 못하고 후보 자격을 박탈
당했다. 그렇다고 김찬이 구속되거나 재판정에 선 것은 아니었다. 제헌의

회에 참여하지 않았던 남북 협상파들이 선거에 대거 참여하자, 검찰이 후보들의 확인되지 않은 '혐의'를 언론에 공개함으로써 일파만파 확산되었다. 조소앙과 원세훈 같은 거물들은 물론, 이승만을 공개적으로 비난해왔던 후보들이 언론에 대거 거명되면서 선거는 위협적인 분위기에서 치러졌다. 선거가 끝나고 불과 한 달도 지나지 않아 한국전쟁이 발발하면서 진실은 미궁 속으로 빠져버렸다.

1950년 5·30 국회의원 선거 전후 김찬의 행적은 사라졌다. 조선공산당의 주요 인물들은 어떤 방식으로든 그 마지막 행적이 알려졌지만 '유독' 김찬의 흔적은 지금까지 묘연하다. 밤하늘의 별을 벗 삼아 어디론가 길을 떠났다가 담담하게 어디에선가 마지막을 맞이했을까? 아니면 한국전쟁의 회오리 속에서 알려지지 않은 비극적인 최후를 맞이한 것은 아닐까? 김찬은 조선공산당 창당을 주도했던 인물 중 가장 늦게 체포되었다. 덕분에 그의 예심종결서는 '조선공산당사의 짧은 브리프'라고 불러야 할 정도였다. 판사가 10년형을 선고한 후 형량에서 예심기간을 줄여준다고 말하는 순간, 김찬은 "뭐 하자는 거냐. 집어치워라"라고 말하며 재판정을 박차고 나갔다. 그의 마지막은 알 수 없지만, 그 순간에도 당당함을 잃지 않았을 것이다.

최재형이 부모를 따라 연해주의 포시에트 지역으로 막 이주했을 무렵, 멀지 않은 곳에서 한발 앞서 이주한 한인 부부 사이에서 김만겸이 태어났다. 또 한 명의 디아스포라Diaspora의 아들인 김만겸은 성실히 일한 부모 덕분에 블라디보스토크에 유학을 떠날 수 있었다. 중등과정(김나지움)을 마치고 신한촌에서 교사로 일하는 평범한 삶에 첫 번째 선택이 찾아왔다. 〈변경〉이라는 이름의 러시아 신문 경성주재 기자 자리를 제안받은 것이다. 김만겸은 한 번도 가본 적 없는 조국을 둘러볼 기회를 놓치지 않았다. 2년간 체류한 그의 눈에 비친 조국은 한마디로 '일본인의 땅'이었다.

연해주로 돌아온 그는 대한국민의회가 발행하는 〈청구신보〉 편집자로 일하며 본격적으로 독립운동가의 길에 들어섰다. 대한국민의회는 임시정부와 달리 사회주의 색채가 짙게 깔려 있었다. 〈청구신보〉가 폐간되고 얼마 후, 그의 남은 삶을 지배할 두 번째 선택의 순간이 찾아왔다. 코민테른에 의해 상해로 파견된 보이틴스키가 우리말과 러시아에 능통하고, 사상적으로 '신뢰할 수 있는 인물'을 찾고 있었다. 김만겸은 보이틴스키와 동행했다.

보이틴스키는 이동휘를 중심으로 단일한 사회주의 정당을 건설하는 것이 당연하다고 생각했다. 이에 따라, 사실상 임시정부와 결별을 선택한 이동휘와 한인사회당 출신을 중심으로 '한인공산당'이 출범했다. 김만겸의 권유로 여운형, 신채호, 조동호가 한인공산당에 참여했다. 이들의 참여는 보이틴스키의 영향력이 주효하게 작용했기 때문이다. 하지만 이동휘는 한인사회당 출신들만을 맹목적으로 신뢰해 다른 사람들과 점점 틈이 벌어졌다.

극동민족대회를 주도적으로 준비하던 이르쿠츠크의 한인 사회주의자들이 이동휘를 정면으로 비판하면서 여운형이 탈퇴하자 한인공산당은 무늬뿐인 조직으로 전락했다. 한인공산당이 와해된 이면에는 이른바 코민테른 자금 사건도 뒤엉켜 있었다. 김만겸은 보이틴스키의 후원 아래 조동호와 사회주의연구소를 설립하며 독자적으로 움직였다. 사회주의연구소는 이르쿠츠크파의 상해 지부나 마찬가지였다. 연구소는 뛰어난 젊은 청년들을 상근으로 참여시키며 기반을 확대해나갔다. 박헌영, 김단야, 임원근이 그 청년들이었다.

김만겸은 고려공산당 이르쿠츠크파 중앙위원을 거쳐 코민테른 4차 대회에 출석한 후 조선문제위원회 위원으로 활동했다. 이후 흔들림 없이 이르쿠츠크파를 엄호하곤 했지만, 상해파와의 불필요한 대립은 언제나 경계했다. 1921년 여름 베이징에서 김만겸의 적극적인 지원으로 박헌영이 고려공산청년회 책임비서를 맡게 된 것은 조선 사회주의운동에 결정적인 영향을 미치는 계기가 되었다. 이듬해 봄 박헌영 등이 국내로 고려공산청년회 중앙을 옮기려 할 때 후원한 사람도 김만겸이었다. 화요회를 탄생시킨 그 전사前史에 고려공산당 이르쿠츠크파가 있었고, 대표적인 인물 중 한 명이 김만겸이었다.

블라디보스토크에서 동쪽으로 400리 길, 파르티잔스크에서 박진순이 태어났다. 시호테알린산맥에 둘러싸인 이곳을 옛날에는 수찬이라 불렀지만, 지금은 파르티잔스크라고 하는 이유는 내전 기간 동안 적군이 밀림지역을 배경으로 치열한 게릴라전을 펼친 곳이기 때문이다. 그런 오지에서 태어난 박진순은 연해주 한인 2세로는 처음으로 모스크바로 유학을 떠났다. 타고난 수재였다.

인민주의자였던 박진순은 2월혁명이 일어나자 급격하게 볼셰비즘에 경도됐다. 볼셰비키의 국제주의는 피압박 민족들의 지지를 받았고 한인의 피가 흐르는 박진순도 적극적으로 볼셰비키를 옹호했다. 이듬해 볼셰비키 연해주 조직 책임자인 쿠레코르노프Kurekornov의 후원 아래 하바롭스크에서 이동휘를 중심으로 최초의 사회주의 정당인 한인사회당이 창당됐다. 쿠레코르노프와 이동휘를 연결해준 인물은 박진순이었다.

한인사회당은 박진순을 코민테른 대표로 파견했다. 코민테른은 한인사회당을 공식 승인하진 않았지만 박진순에게 의결권을 가진 대표 자격을 부여하는 파격적인 결정을 내렸다. 내전 기간 동안 한인사회당을 비롯한 사회주의자들이 볼셰비키의 적군을 적극적으로 엄호한 것이 주효하게 작용했다.

박진순은 코민테른에 한인사회주의를 대표해 상주할 수 있는 자리를 획득했다. 이후 고려공산당 상해파의 입장을 대변하는 것으로 일관했다. 고려공산당 통합이 실패로 돌아가자 코민테른은 이르쿠츠크파와 상해파 모두 해산을 통보하며 국내에 통일당을 만들기로 결정했다. 그것은 곧 박진순의 실각을 의미했다.

연해주 소비에트 집행위원을 지낸 김만겸은 스탈린 대숙청 기간에 '일제의 간첩'이라는 죄목으로 처형당했다. 이르쿠츠크파 중앙위원인 한명세가 그랬고, 박헌영과 한 몸처럼 움직였던 김단야 역시 같은 죄목이었다. 스탈린을 제외하고 모든 볼셰비키가 '독일의 간첩'이었던 것처럼, 디아스포라의 자식들은 일제의 간첩이라는 죄목으로 죽임을 당했다.

상해파였던 박진순도 예외가 아니었다. 박진순은 모스크바 남부의 부토보-코무나르카 숲에서 처형당했다. 1000여 명의 한인들도 함께였다. 역사의 경험으로 볼 때, 시간이 흐를수록 이들을 온전히 수습하는 것은 아마 불가능할 것이다. 역사의 전면으로 이들을 복원하는 것 역시 쉬운 일은 아닐 것이다. 그래서 계속 이들의 이름을 호명함으로써 역사의 작은 한 줄에라도 남겨두는 것이 우리의 숙제일 것이다.